多层次资本市场系列丛书
总编　贺　强

证券风雨　导航实录

——监管人资本市场口述史

主　编　贺　强

副主编　李　为　季仙华　王汀汀

中国金融出版社

封面题字：陈　明
责任编辑：马云霞
责任校对：李俊英
责任印制：张也男

图书在版编目（CIP）数据

证券风雨　导航实录：监管人资本市场口述史/贺强，主编. —北京：中国金融出版社，2021.5
（多层次资本市场系列丛书）
ISBN 978-7-5220-1136-3

Ⅰ.①证…　Ⅱ.①贺…　Ⅲ.①资本市场—金融监管—历史—中国
Ⅳ.①F832.51

中国版本图书馆CIP数据核字（2021）第082108号

证券风雨　导航实录——监管人资本市场口述史
ZHENGQUAN FENGYU　DAOHANGSHILU: JIANGUANREN ZIBEN SHICHANG KOUSHUSHI

出版发行　中国金融出版社
社址　北京市丰台区益泽路2号
市场开发部　（010）66024766，63805472，63439533（传真）
网 上 书 店　www.cfph.cn
（010）66024766，63372837（传真）
读者服务部　（010）66070833，62568380
邮编　100071
经销　新华书店
印刷　北京市松源印刷有限公司
尺寸　185毫米×260毫米
印张　25.5
字数　467千
版次　2021年6月第1版
印次　2021年6月第1次印刷
定价　108.00元
ISBN 978-7-5220-1136-3

多层次资本市场系列丛书

编委会

《证券风雨　导航实录——监管人资本市场口述史》

编委会

序　言

我国资本市场发展的历史回顾

◎贺　强

2019年是我国资本市场的而立之年，也是中央财经大学70年华诞。我们产生了一个想法，要给我国的资本市场做一个总结，留下一点有价值的东西，准备编写一部资本市场口述史。

在中央财经大学金融学院的支持下，我们证券期货研究所聘请了部分校友，也聘请了我们研究所的高级顾问、中国证监会的老领导们，请他们把自己在资本市场里的所见所闻、体会与感想贡献出来，作为历史见证和记录，给资本市场的参与者们留下一点历史的印记。

作为口述史，其视角独特，可能会更加真实，更加生动，更有可读性。大家读了这部资本市场口述史，肯定会有强烈的感受。

在序言部分，我想先系统地介绍一下我国资本市场产生与发展的历史，文风可能会严肃一些，供大家研究与参考。

大家知道，资本市场的核心与主体是证券市场，证券市场的核心与主体是股票市场。我介绍的资本市场的历史实际上就是证券市场与股票市场的历史。

我国资本市场的历史就像一条长河，源远流长。

存在一种可能，我国的资本市场启蒙于宋朝，希望有兴趣的朋友进一步去研究。仅仅从近代来讲，我国的资本市场已经横跨晚清时期、民国时期、革命根据地时期、解放初期与改革开放时期等几个历史阶段，已经延续了一百多年。

据我们中央财经大学金融史学教授姚遂讲，早在宋朝就出现了可以代替食盐、代替茶叶甚至代替货币进行流通的凭证。我们知道，也正是在宋朝，四川自贡凿出世界公认的第一口超千米深井之后，经过漫长的发展演变，在当地出现了一些既像股份契约，又似证券的凭证。这种凭证明显地体现了共同投资、共担风险、共享收益的股份制三共原则，它虽然还不是真正意义上的股票，但是它充分证明了股份制并不是西方的舶来品，而是在我国长期封建社会中土生土长出来的东西。

到了清朝，爆发了鸦片战争，帝国主义用洋枪洋炮打开了中国的大门，外国资本借机侵入中国。外国人在中国的土地上办起了股份公司，发行了股票。1864年，外商大英自来火房股票在中国发行。1869年，英商在上海设立了长利公司，专门从事外商股票买卖。

值得关注的是1872年，李鸿章办洋务，成立了上海轮船招商局，它是中国第一家近代意义的股份制企业，它所发行的股票是中国人自己的第一张正式的股票。1882年，上海平准股票公司成立，它是中国人自办的第一家专门从事股票买卖的公司；1891年，由外商经纪人在上海建立了“上海股份公所”和“上海众业公所”；1898年，清政府模仿外国政府的做法，发行昭信股票，名为股票，实为债券，以此筹措资金，偿还对日赔款。此后，我国的债券市场也发展起来。

1918年夏天，由中国人自己创办的北平证券交易所正式成立。但是，由于战乱，证券交易所几经间断，最终导致关闭。

值得一提的是，早在20世纪20年代，革命根据地的中华苏维埃政权就利用股票、债券等方式集资、集粮，支持革命战争，而且在当时由中华苏维埃政府发行的股票、债券上面，有许多是印着毛泽东、朱德同志头像的。可是到了20世纪90年代，我们有一些人还在争论股票、股份制姓资姓社的问题。

新中国成立以后，于1950年成立了天津证券交易所，该交易所在1952年被关闭。但是，我国农村信用合作社、供销合作社，发行了大量股票。在公债方面，我国政府发行了历史上赫赫有名的人民胜利折实公债，还发行了五期经济建设公债。

在“文化大革命”期间，股票、股份制被认为是资本主义的东西加以批判。许多人认为，我国证券的历史被“文革”割裂，出现了断代。可是没有想到的是1998年那一年，我们在中央财经大学举办中国百年证券精品展时发现，北京房山一位农村妇女的农村供销社股权证，清楚地记录了从20世纪60年代到80年代每一年分红派息的情况，这张看着不起眼的小小凭证衔接上了几乎在“文革”期间要断掉的我国证券历史。

改革开放以后，我国的资本市场重新得到了恢复和发展。我国的资本市场与各国资本市场发展的历史逻辑完全一致，均是沿着先发行、后交易，先场外、后场内的历史不断演进。

1981年，财政部发行了48亿元国库券。1983年，哈尔滨松江木器厂向社会公开发行3000万股股票，同年，深圳宝安公司也发行了股票。1984年，北京天桥、上海小飞乐公开发行股票，上海小飞乐股票在工商银行上海分行静安服务社进行柜台交易。1987年，深圳特区证券公司成立，并将深保安、深发展等股票放在柜台上交易。与此同时，成都、鞍山等地的“一级半市场”也开始在马路上逐渐兴盛起来。

对于我国的资本市场与证券市场来讲，有一个非常重要的历史时刻：1990年12月19日，经国务院批准，上海证券交易所（以下简称上交所）正式开业。黄浦江畔一声锣响，标志着中国的证券市场正式建立起来了。随后，在1991年7月3日，深圳证券交易所（以下简称深交所）正式开业。两家证券交易所先后开业，标志着我国改革开放之后的证券市场重新正式建立起来了。我国以两家证券交易所为代表的证券场内市场几经变革，快速发展。

在早期，我们的证券交易所场内市场叫作个人流通股市场。因为按照当时的政策，国有股不能流通，只有上市公司向社会公开发行，由社会上个人购买的股票才能够流通交易，这就是我们早期所谓个人流通股市场的由来。

1992年，我们发行了B股，建立了B股市场，因此证券交易所的个人流通股市场改名为A股市场。A股是用人民币标价，用人民币计价结算的人民币普通股票。它是由注册地在境内的公司发行，在境内交易所上市，由境内投资者用人民币购买的股票。自2013年4月1日起，A股向境外投资者开放。

B股正式名称叫作人民币特种股票，它是以人民币标明面值，注册地在境内的公司在境内交易所上市，由境外投资者在境内证券交易所用外币认购和买卖（上交所用美元、深交所用港元进行交易）的股票。B股公司的注册地与上市地都在境内，在当时叫外资股。

1993年之后，我们又发行了H股。H股是注册地在境内的公司在香港证券交易所发行上市，由境外投资者与境内投资机构认购与交易的股票。H股在以前也叫国企股，在香港用港元进行买卖，现在投资者的范围已经扩大到境内投资者。当年7月，青岛啤酒作为国有企业，在香港证券交易所成功上市，开创了国有企业在境外上市的先河。

在我国证券市场的发展过程中，随着对外开放的不断扩大，注册地在国内的公司在美国纽约证券交易所发行上市了N股，在新加坡发行上市了S股，在美国也曾经发行了存托凭证（ADR）。为了方便投资者跨境投资，我们还开通了沪港通、深港通、沪伦通。

过去，我们将境内公司在境内交易所发行上市，由境内投资者用人民币认购与交易的股票市场统称为A股市场。2004年5月，为了促进中小企业自主创新，中国证监会批准在深圳证券交易所建立中小企业板市场。中小板市场主要面向高科技与高成长性的、流通股本规模相对较小的公司。由于在深圳建立了中小板市场，因此上海的交易所市场就改名为主板市场。但是，中小板市场其发行上市的条件与主板市场完全相同。

为了进一步促进企业转型，进一步推动创新发展，2009年10月30日，经中国证监会批准，创业板在深圳证券交易所正式上市。

创业板发行上市的门槛明显降低，条件比主板、中小板更加宽松。创业板市场建立以来，出现了快速发展的局面。

2018年11月5日，习近平主席在中国国际进口博览会开幕式上公开宣布：将在上海证券交易所设立科创板并试点注册制，支持上海国际金融中心和科技创新中心建设，不断完善资本市场基础制度。在管理层与业内人士共同精心设计与准备下，2019年7月22日，首批25家公司在上海科创板成功上市。为了更好地为高新技术企业服务，科创板规定了5套发行上市的标准，甚至亏损的高科技公司、小股控大权的公司也有可能发行上市。科创板还在国内首次试行了股票发行的注册制，股票交易实行上市前5个交易日不设涨跌幅限制，此后交易设置涨跌幅限制为20%。

在科创板与注册制成功推行之后，为了推动我国证券市场的深化改革，2020年4月27日，管理层进一步推出了《创业板改革并试点注册制总体实施方案》。创业板不仅在股票发行制度上实行注册制改革，而且在股票交易制度上也要实行全方位的改革，进一步增强创业板服务企业、推动创新的功能作用。

20世纪90年代，以证券交易所为代表的证券场内市场呈现迅猛发展之势，同时也促进了我国的证券场外市场不断发展壮大。我们已经形成了以两家证券交易所为龙头，以NET与STAQ两个全国性的法人股市场为两翼，29家地区性的证券交易中心为基础的多层次资本市场。

1998年，为了防御东南亚金融危机的风险，我们发布了与证券市场有关的文件，做出一个明确的规定，证券只能在证券交易所交易，在证券交易所以外的交易均属违法。在当时，我们准备把证券场外市场全部关闭，但是在市场上产生了一些问题。为此，我曾经邀请中财大的刘桓教授一起，对当时的NET市场存在的问题进行了广泛的调研，写出2.4万字的调查报告，递交时任总理朱镕基。朱总理在我们报告的封面上亲自签名并作出了批示，责成中国证监会处理解决问题。后来，管理层把NET市场的南海发展与STAQ市场的海南航空两家挂牌公司转到证券交易所上市，其他的挂牌公司送到上海证券公司的柜台上进行交易，这就是最早的三板市场的产生。

2010年与2011年我连续两年向国务院办公厅与中国证监会递交了关于建立全国性证券场外市场，进一步解决中小企业融资难问题的政协委员提案。

2012年9月，国务院终于发布了关于建立全国中小企业股份转让公司与转让系统的文件，新三板市场正式建立起来了。新三板市场建立后，受到企业普遍的欢迎，在短短的几年内，挂牌的公司最多时达到了12000多家。由于在市场初期发展过快，管理缺乏经验，出现了许多问题。2019年10月25日，中国证监会启动了全面深化新三板改革。目前，全国中小企业股转系统已经在为数众多的挂牌公司层面之中又划分出创新层与精选层，精选层够条件的挂牌公司可以直接对接两家证券交易所进行转板。

我国改革开放以后建立的证券市场转瞬之间已经到了30而立之年，从我国证券市场初期发展情况来看，可以用一个字来形容，就是“小”。

上海证券市场在成立之初，只有8家上市公司，1991年的上市总股本为2.72亿股，市价总值为29.43亿元，成交金额为8.07亿元，单日最高成交金额为2845.39万元。

深圳证券市场在建立之初，上市公司仅5家，上市股本为3.57亿股，市价总值为80.76亿元，全年累计成交金额为35.6亿元。

我国证券市场的发展历程也可以用一个字来形容，就是“快”！我国的证券市场创造了一系列的历史第一，堪称世界奇迹。

例如：在2007年，我国证券市场连创历史第一。

2007年，我国股市连创新高，为投资者带来了丰厚的收益，在巨大财富效应的吸引下，新的投资者带着资金源源不断地入市，推动了股市不断高涨，使我国股市连续创出许多历史第一。其一，创造了上市公司家数的历史第一，截至2007年12月19日，沪深两市上市公司家数已达到1523家。其二，创造了两市总股本和流通股本的历史第一，截至2007年12月19日，沪深两市总股本达到16803亿股，流通股本达到4797亿股。其三，创造了总市值的历史第一，经历调整后的2007年12月17日，沪深市场A股总市值达29.35万亿元，占全球股票市场总市值比例超过6%，我国证券市场成为市值最大的新兴市场和全球第四大市值市场。其四，创造了证券化率的历史第一，截至2007年9月28日，沪深总市值为25.05万亿元，前三季度GDP为16.59万亿元，相应证券化率为151%，达到成熟市场证券化率水平。其五，创造了个人开户数的历史第一，截至2007年12月18日，沪深两市的A股账户达到10909万个，B股账户达到231.72万个，基金账户达到2580万个。其六，创造了单个公司市值的历史第一，2007年11月5日，中石油在上海证券交易所上市交易，当日收盘A股市值达7.12万亿元，总市值近10075亿美元（含H股），超过了美国埃克森美孚公司的4877亿美元，成为全球市值最大的上市公司。其七，创造了单日成交量的历史第一，2007年5月30日，两市单日成交量之和达到4165亿元。其八，创造了募集资金数的历史第一，2007年的新股IPO家数为120家，合计募集资金高达4469.96亿元，是2006年新股IPO募集资金量的2.7倍。其九，创造了单个公司募集资金数的历史第一，中国石油在A股发行上市，募集资金668亿元。其十，创造了申购单只股票冻结资金的历史第一，中铁集团上市过程中，共冻结资金3.383万亿元。

2019年是我国证券市场建立30周年，我用一张表格让大家看一看我们创造了什么样的世界奇迹：

时间 指标	1991年 沪市	1991年 深市	1991年 沪深两市	2019年 沪深两市	增长倍数 （四舍五入）	2020年 沪深两市	增长倍数 （四舍五入）
上市家数 （家）	8	5	13	3777	290	4173	321
上市总额 （亿股）	2.72	3.57	6.29	61720	9812	65456	10406
市价总值 （亿元）	29.43	80.76	110.19	592935	5381	797238	7235
成交金额 （亿元）	8.07	35.60	43.67	1274159	29716	2068253	47361

1991年底与2020年底相比，我国上市公司家数从13家，增加到4173家，增长约321倍；上市公司总股本从6.29亿股，增加到65456亿股，增长约10406倍；上市公司总市值从110.19亿元，增加到797238亿元，增长约7235倍；上市公司全年累计成交金额从43.67亿元，增加到2068253亿元，增长约47361倍。

做了以上介绍以后，我再为大家介绍一下我国期货市场发展的具体历程。

我国的期货市场发展开始于20世纪80年代末，随着改革开放的逐步深化，价格体制逐步放开。这时，不解决价格调控的滞后性问题，就难以满足供求双方对远期价格信息的需要。期货市场发展主要经历了以下几个时期。

第一个时期：方案研究和初步实施阶段（1988—1990年）

1988年5月，国务院决定进行期货市场试点；1990年10月12日，中国郑州粮食批发市场经国务院批准，以现货交易为基础，正式引入期货交易机制，从而作为我国第一家商品期货市场，迈出了中国期货市场发展的第一步。

第二个时期：迅猛发展阶段（1990—1993年）

这一时期我国期货市场发展走出了一个“小高潮”。但是，由于人们认识上的偏差，尤其是受到部门和地方利益的驱动，在缺乏统一管理和没有完善法规的情况下，中国期货市场出现盲目高速发展的趋势。到1993年底，全国期货交易所达到50多家，期货经纪公司300多家，而各类期货兼营机构不计其数。这一超常规的发展也给期货市场带来了一系列问题，如交易所数量过多，交易品种严重重复，期货机构运作不规范，地下期货交易四处泛滥，从业人员鱼龙混杂，良莠不齐。这些都严重制约了我国期货市场的进一步发展，并且导致了人们对期货市场的种种误解。

第三个时期：治理整顿时期（1993—1998年）

为了遏制期货市场盲目发展，国务院授权中国证监会从1993年开始对期货市场主体进行大规模的清理整顿和结构调整。1993年11月，国务院发出《关于制止期货市场盲目发展的通知》。

1994年5月，国务院办公厅批转国务院证券委《关于坚决制止期货市场盲目发展若干意见的请示》，开始对期货交易所进行全面审核，到1998年，14家交易所重组调整为大连商品交易所、郑州商品交易所、上海期货交易所3家；35个期货交易品种调减为12个；兼营机构退出了期货经纪代理业，原有的294家期货经纪公司缩减为180家左右。

1999年9月起，一个条例（《期货交易管理暂行条例》）、四个管理办法（《期货经纪公司高级管理人员任职资格管理办法》《期货从业人员管理办法》《期货交易所管理办法》《期货经纪公司管理办法》）的正式实施，构建了期货市场规范发展的监管框架。这样，经过几年较大力度的结构调整和规范整顿，以《期货交易管理暂行条例》及四个管理办法为主的期货市场规划框架基本确立，中国证监会、中国期货业协会、期货交易所三层次的市场监管体系已经初步形成，期货市场主体行为逐步规范，期货交易所的市场管理和风险控制能力不断增强，期货投资者越来越成熟和理智，整个市场的规范化程度有了很大提高。

第四个时期：步入正轨，稳步发展时期（1998年至今）

在清理整顿过程中，我国期货市场交易量有了比较大的下滑，但是从2000年开始，期货市场逐步走出低谷。上海期货交易所目前已经成为亚洲最大，世界第二大的铜期货交易中心，2003年的成交量达到11166.29万吨，10年内增长了50多倍。大连商品交易所的大豆期货品种的交易量在2003年达到了2818.80万吨，已经成为亚洲第一，世界第二的大豆期货交易中心，成交量仅次于美国的CBOT。

2004年1月31日，国家发布了《关于推进资本市场改革开放和稳定发展的若干意见》，明确提出了稳步发展期货市场，对期货市场的政策也由规范整顿向稳步发展转变。证券公司和上市公司纷纷参股期货公司，使期货行业获得新的资金流入。大米、股指期货等新品种也即将推出。在我国加入世界贸易组织、融入国际经济大家庭之际，作为发现价格和规避风险的重要金融市场，期货市场步入正轨。

经过多年的发展，中国的期货市场取得巨大的发展，市场环境有了长足进步，规范化程度进一步提高，监管更加严厉。2006年9月8日，中国金融期货交易所在上海成立，标志着中国要大力发展金融类期货，与世界接轨。

2007年我国玉米期货的成交量位居世界第二位，白糖期货成交量位居世界第二位。到2008年，我国期货成交额超70万亿元。而到了2019年，全国期货市场累计成交量约为39.62亿手，累计成交金额为290.61万亿元，同比分别增长30.81%和37.85%。

2019年，我国共有上市期货品种64种，包括商品期货58种，金融期货6种，其中2019年新上市的商品期货有7种，分别为红枣、尿素、20号胶、粳米、不锈钢、苯乙烯和纯碱期货。

2019年，我国商品期货成交量累计为38.96亿手，同比增加29.8%，占全市场份额的98.32%。成交额累计220.99万亿元，同比增加19.65%，占全市场的76.04%。其中，螺纹钢、PTA以及铁矿石期货位列商品期货以及全市场成交量前三名，成交量分别为465.17亿手、312.47亿手和296.54亿手，同比变化分别为-12.39%、82.9%和25.39%。成交金额排名前三位的分别是铁矿石、镍和螺纹钢，成交金额分别为19.87万亿元、18.39万亿元和16.95万亿元，同比变化分别为72.39%、53.62%和-15.98%。

2019年，我国金融期货共有沪深300指数、5年期国债期货、10年期国债期货、上证50股指期货、中证500股指期货和2年期国债期货6个品种。金融期货成交量累计为6641万手，同比增加144.07%，占全市场份额的1.68%。累计成交金额为69.62万亿元，同比增加166.52%，占全市场份额的23.96%。

2019年，我国期权市场共有期权品种11种，其中商品期权10种，金融期权1种，累计成交量40675987手，成交金额343.75亿元，同比增长122.17%和63.57%。其中，商品期权累计成交量为40549018手，累计成交金额为330.73亿元。沪深300股指期权126969手，成交金额13.02亿元。

以上情况说明，我国期货市场发展迅速，取得了很大的成绩。中国正在一步步与国际资本市场接轨，中国巨大的经济发展潜力正在不断体现，期货市场正在不断蓬勃发展！

我国期货市场快速发展特别是金融期货快速发展，使我想起了在2009年，我曾经向中国证监会递交了建议推出股指期货的政协委员提案，当时证监会积极响应，表示尽快推出，结果在2010年4月，股指期货就在上海中国金融期货交易所（以下简称中金所）正式上市。当时，中金所专门邀请了我们几个专家，到上海参加了股指期货上市敲锣的仪式。

我也想到，在几年以前我曾经向中国证监会递交的一个全国政协委员提案，我建议尽快结束我国期货市场无“法”运作的问题，尽快推出《中国的期货法》。

介绍了我国期货市场之后，我接着再给大家简要地介绍一下我国债券市场的历史情况。

自清朝末期我国发行债券开始，我国的债券市场也有一百多年的历史了。1898年，清政府模仿外国政府的做法，发行昭信股票，这是中国在历史上正式发行的第一张债券，清政府以此筹措资金，偿还对日赔款。

20世纪20年代，我国革命根据地的中华苏维埃政权发行债券进行集资、集粮，支持革命战争。

特别是新中国成立后，我国连续发行了5期经济建设债券，还发行了历史上著名的人民胜利折实公债。1981年，我国恢复国债发行，当年发行了48亿元国库券，此后国债发行规模逐渐扩大。

到2016年12月31日，我国国债现券市场存量规模已达到25.47万亿元，地方政府债券存量规模达到27.53万亿元，金融债的存量规模为16.83万亿元，企业债的存量规模为6.44万亿元，公司债的规模为4.47万亿元，中期票据累计存量规模为4.68万亿元，短期融资券的规模也达到1.96万亿元。

到了2019年，我国累计发行各类债券共计452073亿元，其中政府债券85187亿元，金融债券259360亿元，公司信用类债券107058亿元，国际机构债券468亿元。

我记得在1995年，由于震惊中外的国债期货“327”事件，我国关闭了国债期货市场。十几年过去了，我认为条件已经成熟了，因此在2012年两会期间，我递交了关于恢复推出国债期货的政协委员提案。在中金所国债期货上市交易之后，我又向有关部门递交了建议推出10年期国债期货的政协委员提案。目前，中金所推出了2年期、5年期与10年期品种的国债期货产品，交易正常稳定。

我国债券市场正在快速发展，成绩很好，但是也存在一些基本的问题。一个是多头管理的问题，几大部委都涉及债券市场，导致管理难以统一。一个是市场分割的问题，我们把债券市场人为切分为银行间债券市场与交易所债券市场。债券市场的分割，进一步造成监管的分割，管理的混乱，降低了市场的效率，阻碍了市场功能的发挥。

到目前为止，我国已经形成了一个多层次的资本市场。在我国资本市场的发展中，有一个重要的内容，有一段重要的历史值得关注。

下面我想把我国证券市场监管体制演进的历史做一个系统介绍。

我国证券市场监管体制发展演进的过程分为以下几个阶段。

一、证券市场监管体制建设

从1981年中国恢复国债发行以来，监管体系经历了由分散监管、多头监管到集中统一监管三个发展阶段。

（一）分散监管阶段（1981年至1992年5月）

从1981年到1985年，我国证券市场以国债发行为主，股票和企业债券发行很少。1986年以后，以柜台形式存在的股票交易市场开始起步，国债二级市场也逐步形成，特别是1990年上海、深圳两家证券交易所相继成立，股票交易开始有了集中的场内场所，市场规模有一定的扩大，但此时的交易市场还是地方性市场试点。在这个时期，对证券市场的监管是分散的、不成体系的。主要表现为以下特征：

一是以中国人民银行为主、多部门介入的监管格局。根据1986年1月颁布的《银行管理暂行条例》，人民银行为证券市场的主管机关，负责金融债券、企业债券等证券的发行管理，审批股票公开发行，管理证券交易市场。财政部负责国债的发行，并参与国债交易市场的管理。国家计划委员会（以下简称国家计委）自1988年逐步介入证券市场的计划管理，会同人民银行制订国内证券发行计划。1990年后，国家经济体制改革委员会（以下简称国家体改委）介入股份制试点企业的审批管理。1991年，由人民银行牵头，设立了由国家计委、国家体改委、财政部、国有资产管理局、国家经贸委、国家工商局、外汇管理局8个部门组成的股票市场办公室会议制度，对证券市场进行监管。

二是地方政府在证券市场监管中扮演着重要的角色。尽管人民银行是法定的证券市场主管机关，但由于其监管职责不够明确，加上当时上海、深圳股票市场仍是地方性市场，在实际运作中，证券市场监管职能主要由上海、深圳地方政府和人民银行当地分行承担，地方政府充当了重要管理者的角色。

三是证券交易所的自律监管发挥了重要作用。由于当时缺乏明确的监管主体，上海、深圳证券交易所在实践中承担了重要的监管职责。证券交易所实施的涨跌停板制度、全面开放股价限制等措施，对当时的股市走势产生了重要的影响。

（二）多头监管阶段（1992年5月至1997年底）

1992年5月，人民银行成立证券管理办公室；同年7月，国务院建立证券管理办公会议制度，对证券市场行使日常管理职能；同年8月10日，深圳发生了抢购股票认购抽签表的“8·10事件”，表明我国需要设立专门监管机构对证券市场实行集中统一监管。为此，国务院总结了地方性证券市场试点的经验教训，同年10月，决定成立专门的国家证券监管机构——国务院证券委员会及其执行机构——中国证券监督管理委员会，行使对证券业的日常管理职能。证券委和证监会的成立，标志着中国证券市场的管理重心从地方政府转移到中央政府。

1992年12月，国务院发布《关于进一步加强证券市场宏观管理的通知》，确立了中央政府对证券市场统一管理的体制，明确证券委是国家对全国证券市场进行统一宏观管理的主管机构，证监会是证券委的监管执行机构，并将公开发行股票的试点由上海、深圳等地推广到全国。同时，国务院赋予中央有关部门部分证券监管的职责，此外，地方政府在证券管理中仍发挥着重要作用，从而形成了国务院各部门和地方政府共同参与管理的体制。其主要特点如下：

一是证券委是国家对全国证券市场进行统一宏观管理的主管机构。证券委归口管理证监会，证监会是证券委的监管执行机构。

二是国务院其他部委具有相当一部分证券监管权力。国家计委根据证券委的计划建议进行综合平衡，编制证券发行计划；人民银行负责审批证券经营机构，审批和管理各类债券市场；财政部负责管理国债市场，归口管理注册会计师和会计师事务所；国家体改委负责拟定股份制试点的法规，并组织协调有关试点工作。

三是地方政府和行业主管部门负责选拔推荐公开发行股票的企业，会同企业主管部门审批地方企业的股份制试点。上海、深圳政府归口管理上海、深圳证券交易所。

另外，证监会于1992年10月26日与证券委同时成立，证监会机构性质定位事业单位，不定行政级别，成立之初的工作人员，主要来自国务院有关部门中有证券专业知识和实践经验的人士。1995年3月，国务院重新确定证监会为国务院直属副部级事业单位，增加了证监会多项职责。

（三）集中统一监管阶段（1997年底至今）

随着我国证券市场的迅速发展，为加强对证券市场的规范化建设，防范和化解市场风险，1997年8月，国务院决定将上海、深圳证券交易所统一划归证监会管理。同年11月，全国金融工作会议召开，党中央、国务院决定对银行业、证券业、保险业分业管理，决定“建立全国统一的证券期货监管体系，理顺中央和地方监管部门的关系”，由“证监会统一负责对全国证券、期货业的监管”。

1998年4月，国务院决定撤销证券委，将其全部职能和人民银行履行的对证券经营机构的监管职能划入证监会，证监会成为国务院直属正部级事业单位；同时，对地方证券监管体制进行了改革，原隶属于地方政府的证券监管部门收归证监会领导，成为其派出机构，并在全国中心城市设立9个证券监管办公室（天津、沈阳、上海、济南、武汉、广州、深圳、成都、西安），2个直属于证监会的办事处（北京、重庆），在25个省、自治区、计划单列市设证券监管特派员办事处，自此，证监会成为全国证券市场的统一监管部门。1998年12月，通过《中华人民共和国证券法》，进一步明确了国务院证券监督管理机构（证监会）对市场进行集中统一监管的职责。1999年7月1日，证监会36个派出机构统一挂牌，从而逐步建立了集中统一的证券监管体系。

2002年，国务院将原上海金属交易所、上海粮油商品交易所和上海商品交易所3家期货交易所合并为上海期货交易所，划归证监会管理。由地方政府的证管办变为证监会的派出机构，其职责发生了重大变化，从为地方推荐企业上市转变为进行市场监管。

二、证券期货交易所一线监管体系的建设

证券期货交易所扮演着市场交易组织者的角色，对资本市场的稳定、有序运行，起着至关重要的作用。目前，我国资本市场证券期货交易所包括上海证券交易所、深圳证券交易所两个以股票为主的证券交易场所，以及中国金融期货交易所、上海期货交易所、大连商品交易所、郑州商品交易所四个期货交易所。以下重点介绍股票交易所建立。

1990年3月，国家允许上海、深圳两地试点公开发行股票，批准设立上海证券交易所、深圳证券交易所，上海和深圳地方政府分别颁布了有关股票发行和交易的管理办法。两家交易所于1990年先后开始营业。1991年4月4日，深交所以前一天为基期100点，开始发布深证综合指数；1991年7月15日，上交所以1990年12月19日为基期100点，开始发布上证综合指数。

由于当时一些股票的分红派息方案优于银行存款，加上当时股份制企业数量较少，股票发行数量有限，供求关系由冷转热，大量的投资者涌向深圳和上海购买股票。限量发售的股票认购证严重供不应求，并出现内部交易和私自截留行为，最终导致了深圳抢购股票认购证的“8·10事件”。

1992年初，邓小平南方谈话针对证券市场指出“证券、股市，这些东西究竟好不好，有没有危险，是不是资本主义独有的东西，社会主义能不能用？允许看，但要坚决地试”。在邓小平谈话精神的鼓舞下，中国掀起了新一轮改革开放的浪潮。股票发行试点由上海、深圳走向全国。上海、深圳交易所成为全国性的证券交易所。

三、自律组织的发展

中国资本市场监管体制一方面是监管机构的监管，另一方面是行业自律组织的自我约束。除交易所一线监管机构以外，还成立了中国证券业协会、中国期货业协会、中国证券投资基金业协会、中国上市公司协会四个自律性组织。中国证券业协会成立于1991年8月28日，是中国资本市场最早成立的自律性组织。各省、自治区、直辖市也建立了地方证券业协会。中国期货业协会成立于2000年12月29日。中国上市公司协会成立于2012年2月15日，中国证券投资基金业协会成立于2012年6月6日。自律性组织是依法注册的非营利性社会团体法人。各协会采取会员制的组织形式。协会在国家对证券业实行集中统一监督管理的前提下进行自律管理，发挥政府与行业间的桥梁和纽带作用。

下面主要介绍一下我国证券业协会的历史沿革：

中国证券业协会（Securities Association of China，SAC）是依据

《中华人民共和国证券法》和《社会团体登记管理条例》的有关规定设立的证券业自律性组织，属于非营利性社会团体法人，接受中国证监会和国家民政部的业务指导和监督管理。

中国证券业协会发展时间轴

中国证券业协会自1991年成立以来，有20多年的发展历史，它与中国证券市场的发展几乎是同步的，主要经历了创立发展、快速发展、稳定发展和创新发展四个发展阶段。

1. 创立发展阶段（1991年8月至1999年）：发挥桥梁和纽带作用

中国证券业协会筹建工作会议于1991年8月4日在北京召开，商讨证券业协会成立的相关事宜。1991年8月28日，由中国人民银行批准，中国证券业协会正式成立。至此，中国证券业有了全国性的行业自律性组织。同年，第一次会员大会召开并制定了《中国证券业协会章程》，其中明确了证券业协会的宗旨：根据发展社会主义有计划商品经济与市场调节相结合的要求，贯彻执行国家有关方针、政策和法规，发挥政府与证券经营机构之间的桥梁和纽带作用，促进证券业的开拓发展，加强证券业的自律管理，维护会员的合法权益，建立和完善具有中国特色的证券市场体系。

初期创立阶段，虽然证券业协会的定位是自律性组织，但其自律管理的作用尚未体现，而是发挥了政府与证券经营机构之间的桥梁和纽带作用。这种状况一直持续到1999年《中华人民共和国证券法》（以下简称《证券法》）的颁布实施。在《证券法》颁布前，中国证券业协会没有明确的法律地位和必要的管理权力，其工作主要集中在宣传普及证券知识和组织相关活动，没有明确的自律管理的目标和具体的自律管理的模式，并不像其章程第一条规定的那样，发挥“全国证券业行业自律性组织”的作用。其职能更多体现的是“传导”与“服务”，而不是“自律”。

2. 快速发展阶段（1999年至2007年1月）：搭建自律管理框架，担负自律管理职能

1999年颁布实施的《证券法》第八条规定“在国家对证券发行交易活动实行集中统一监督管理的前提下，依法设立证券业协会，实行自律

性管理”；第一百六十二条规定“证券业协会是证券业的自律性组织，是社会团体法人”。这是国家首次以立法的形式明确证券业协会的性质和法律地位。在《证券法》的法律框架下，协会的自律管理功能有了实质性增强。同年12月，证券业协会召开第二次会员大会，并根据《证券法》修订了《中国证券业协会章程》，改变了协会宗旨的表述，修订后的章程第二条规定“在国家对证券发行、交易活动实行集中统一监督管理的前提下，实行自律性管理；发挥政府与会员之间的桥梁和纽带作用维护会员的合法权益维持证券市场的公开、公平、公正和有序进行，促进证券市场的健康稳定发展”。由此可以看出，协会开始由发挥桥梁纽带作用向自律性管理职能偏移。

中国证券业协会依据《证券法》进行了改组，并于2002年7月召开第三次会员大会，完善了组织机构体系并进一步修订了自律规则，将协会职能定义为“自律、传导、服务”，初步搭建起了行业自律的框架。

与此同时，监管机构也开始逐步放松对证券市场的严格管制，把能够通过市场和自律解决的问题，交给市场和协会去做。2002年11月1日，中国证监会取消第一批行政审批项目，共32项。2003年2月27日，中国证监会取消第二批行政审批项目，共27项。中国证监会两批共取消59项行政审批项目，并明确规定“对改变管理方式的行政审批项目，要做好向行业组织的移交工作，提出由行业组织自律的原则，指导行业组织制定操作规程，建立自律性运行机制”；于是将“证券从业人员从业资格核准”“证券投资咨询从业人员执业资格核准”“基金从业人员资格审核”“证券从业人员培训机构指定”“股票承销商材料备案”“证券从业人员改变受聘机构备案”“证券中介机构聘任人员备案”等移交给中国证券业协会行使自律管理。在中国证监会逐步放权的过程中，中国证券业协会自律管理的自主性和权威性逐步增强。

2004年1月，国务院发布《关于推进资本市场改革开放和稳定发展的若干意见》（简称“国九条”），为资本市场的改革与发展奠定了坚实的基础，证券业协会按照“国九条”精神开展工作，不断完善协会的自律管理职能。

2005年10月修订的《中华人民共和国证券法》中第一百七十六条对

证券业协会的地位和职责进行了细致的规定，更加重视自律组织的监管作用，赋予了协会一定的证券监管权。在这一发展阶段，证券业协会逐步建立行业自律的组织架构，建立了比较完善的自律制度体系，自律监管范围扩大，进一步发挥了在证券业各参与者之间的桥梁作用，并担负起行业自律管理的责任。

3. 稳步发展阶段（2007年1月至2011年6月）：加强自律管理，推动证券业稳步健康发展

2007年1月，证券业协会召开了第四次会员大会，确定未来5年的3条工作主线是拓展会员单位自律管理、从业人员自律管理和代办股份转让系统自律管理，进一步完善和加强行业自律管理和服务的基础性制度建设。会议审议通过了《中国证券业协会会员管理办法》，对协会会员和从业人员的管理做出相关规定，加强会员的自律性管理。2009年2月，协会召开IPO询价对象自律工作会议，对首次公开发行股票中36家询价对象采取自律处理措施，推动新股发行工作的规范发展，发挥实实在在的自律监管作用,有效增强协会自律管理的权威性。2010年12月，证券业协会发布《证券公司信息隔离墙制度指引》，指导证券公司建立健全信息隔离墙制度，完善基础性制度建设。

2011年6月24日，中国证券业协会在第四届理事会第五次会议上表示，目前我国行业自律管理体系基本形成，会员单位的自我约束能力明显增强。在这一发展阶段，证券业协会更加有效地履行“自律、服务、传导”职责，不断完善自律管理体系和制度体系，推动证券业稳步发展。

4. 创新发展阶段（2011年6月至今）：深化自律管理，推动行业创新发展

随着我国资本市场的飞跃式发展，证券经营机构整体快速发展壮大，这也使得我国证券行业的发展面临瓶颈，未来业务发展方向亟待创新。作为对证券行业发展起着举足轻重作用的证券业协会开启了创新发展的大门，在深化自律管理的同时，创新服务方式，提高服务品质，推动行业创新。以新“国九条”的出台为界，又可以将创新发展阶段分为创新发展初期和创新发展推进期。

（1）创新发展初期（2011年6月至2014年5月）：拉开创新发展序幕

2011年6月，协会第五次会员大会的召开拉开了创新发展的序幕，会上提出协会未来要着重提高自律规则的执行效力，加强自律管理力度，实现协会“归位尽责”，要把握证券业发展机遇，推动行业创新发展。2012年10月，根据《国务院关于第六批取消和调整行政审批项目的决定》的有关规定,保荐代表人的注册和变更执业机构登记工作今后将由中国证券业协会进行自律管理。证券业协会能够充分发挥行业组织在人员资格管理和行为监管方面的自律功能,将保荐代表人纳入证券从业人员管理体系统一进行管理,推动市场诚信建设和各方归位尽责。2013年3月15日中国证券业协会发布《证券公司私募产品备案管理办法》，推动私募市场的建立。2013年发布了《证券公司创新业务（产品）专业评价工作指引》，引导证券公司业务创新。

（2）创新发展推进期（2014年5月至今）：推动行业自主创新

2014年5月国务院发布了《关于进一步促进资本市场健康发展的若干意见》（简称新“国九条”），证券业协会组织会员单位进行了学习，并提到协会将按照新“国九条”的要求，进一步推动证券经营机构实施差异化、专业化、特色化发展，推进各证券经营机构的自主创新。中国证监会发布《关于进一步推进证券经营机构创新发展的意见》后，协会在2015年3月修订发布了《证券公司信息隔离墙制度指引》，进一步优化证券公司信息隔离墙制度体系，为经营机构的创新发展提供保障。

在创新发展阶段，证券业协会在政策方针的指导下，不断创新工作理念和思路，提高服务质量，健全体制与机制，加强自身建设，为行业创新发展提供了必要的保障。

在序言里林林总总写了许多，可能有一些人看烦了，不想看了可以翻页。不过如果能够结合我介绍的资本市场历史，再去阅读一下市场中的老校友、老专家、老领导对证券历史的口述，可能体会更加深刻。

因此，我要感谢为资本市场口述史提供大量宝贵资料的朋友，他们之中的许多人是资本市场的老兵，他们参加了我国资本市场的设计，参与了我国资本市场的建设，功不可没。

在此，我要感谢深圳理想投资股份有限公司对中央财经大学证券期货研究所多年的支持，我还要感谢为我的序言提供新数据的博士以及与我们共同进行证券监管历史研究的合作单位，感谢你们提供了许多关于监管的历史资料。

特别要感谢证监会的一些老领导们，非常认真，而且他们提供的资料非常宝贵！

最后，我要感谢中央财经大学金融学院以及校友们，感谢你们的大力支持，才使我们实现了一个多年的小小夙愿！

值此我国资本市场设立30周年，回顾我国资本市场的发展历史，特此纪念！

贺　强

全国政协委员

中央财经大学金融学院教授

中央财经大学证券期货研究所所长

2021年5月4日

于北京市朝阳区

目　录 / Contents

第一篇　证监会主席话监管

第二篇　监管人资本市场追忆

第三篇　监管人资本市场见证

第四篇　政协委员与监管者的对话

后记

第一篇

证监会主席话监管

中国第一批企业海外上市的那些人和事

刘鸿儒（中国证监会原主席）

中国证监会首任主席刘鸿儒

说H股的历史要从B股讲起。中国实行改革开放以后，在通过资本市场吸引外资方面逐步蹚开了路子。最初的方式是借用境外贷款，包括来自政府的和国外商业银行的；以后又进行了在境外国际资本市场发行债券的尝试。这两种方式的主要优点是融资量大、速度快，但也存在着不够灵活、成本较高和承担外汇风险等问题。利用股市直接融资成为呼之欲出的迫切需求。

过去谈到外资股，只是指B股，现在我们明确了外资股包括两种：在内地发行的B股和在我国香港发行的H股——H就是取自英文“香港”的第一个字母。B股市场是我国通过资本市场利用外资迈出的第一步，但对中国企业进入国际资本市场来说，只是迈了半步。上市公司和企业都在境内，只是投资者是境外的。H股的出现，标志着中国企业真正进入了国际资本市场。

中国企业登陆国际资本市场的探索和决策经历了将近两年的时间。

1990年我们开始研究利用国内股票市场吸引外资的办法。研究B股方案时，我们认为这是一种过渡形式，因为一个国家不可长期并存两类股票。后来的实践也证明，发行B股对吸引外资，促进企业转换机制都起了积极作用。

但也存在不少问题，主要是上市公司和股票交易都在内地，与国际资本市场相比存在许多不规范之处。如信息披露较差，海外投资者不易了解公司情况；发行和交易量比较少，市场不活跃。在研究B股之后，香港的一些朋友提出国有企业改组后到香港上市的问题。1990年6月香港联交所组织了30多位专家，成立了“中国研究小组”，专门研究内地企业到香港上市的有关问题。1992年2月14日，香港联交所中国研究小组完成了一份非公开的有关今后发展方向的中期报告。该报告主要研究了中国内地证券在香港上市时可能发生的情况，指出中国内地与香港在若干重要方面的主要问题与分歧，并且提出对未来发展方向的建议，建议中国内地制定了区域性或全国性的证券法律后，再允许内地企业到香港上市，到香港上市的方式是间接上市或采用第二板的方式。

香港考察和考察报告助推中国国企海外上市起航。1991年，香港有关方面邀请我，组织有关人员去香港研究国有企业到香港上市的可能性。由于当时对企业到香港上市的利弊尚无定论，发展前景没有把握，不便以官方名义出面考察。于是，经国务院批准，由我牵头组织了一个专家组，作为新华社香港分社的客人到香港考察研究。专家组成员有国家体改委的孙效良、李青原和人民银行的聂庆平。时间是1991年12月20日至28日。考察期间，专家小组走访了香港财政司、金融司、香港证券及期货事务监察委员会、香港联交所有限公司，以及一些大型证券商、会计师事务所和律师事务所。专家小组还就内地与香港的金融关系问题同新华社分社、中银集团、华润公司、光大金融进行了座谈。每一次座谈都会围绕一个话题，即中国企业在海外上市法律上的可行性。座谈的气氛总是很热烈，结论鼓舞人心。香港方面热切希望中国企业到香港上市，他们看好中国企业到香港上市的前景。香港考察使我们了解了国际投资者和香港金融机构的共识，他们一致认为中国内地企业可以去香港直接上市。我们本来对于是否去香港上市的想法还看不清楚，而香港之行让我们对这个问题看得很清楚很透彻。我们知道这条路我们会坚定地走下去。考察结束后，专家小组写了一个关于中国内地企业在香港上市问题的研究报告。这个报告是为高层做决策服务的，所以主要是进行利弊分析。报告提出：内地企业到香港上市，有几大明显的好处：一是有利于保持香港的稳定和繁荣；二是可以通过香港股市筹集资金；三是有利于内地企业走向国际市场。报告还指出：内地企业在香港上市也有不利之处。不利之处在于：（1）开办中外合资企业，不仅可以利用外资，还可以引进先进技术。利用香港股市筹集资金，则不能同时引进先进技术。（2）上市公司必须是盈利状况好的，否则就无人购买股票。（3）内地企业在香港上市，实际上也是对香港证券成长的一种支持。这与支持上海、深圳证券市场可能会有冲突。

对这个问题我们的认识是：我国需要从股票市场筹集资金的企业很多，如果我们对香港上市的企业数量把控好，就会使香港市场和深沪市场同时得到发展，不会产生冲突。如果站在更高的层面来看，支持香港市场发展也是支持中国的发展，有利于提高中国在国际上的地位，况且香港证券市场成熟度高于上海、深圳证券市场。我们应该利用这个优势把香港打造成可与纽约、东京、伦敦比肩的全球国际金融中心。报告对利弊分析得出的初步结论是：虽然内地企业到香港上市利弊兼有，但利大，弊小。而且，可以通过我们的工作扬利抑弊。因此内地企业赴香港上市应当积极而又审慎地进行。考察报告按程序向国家体改委和人民银行提交了，这份报告是否能得到国务院领导的首肯，是推动中国内地企业到香港上市的关键。

李业广到访推开了中国企业海外上市的大门。1992年4月初，我以国家体改委副主任的身份，向国务院领导同志汇报了我们的考察意见，力主推动企业赴港上市。当时国务院领导的决定是，企业上市要慎之又慎。首先还是要搞好上海、深圳两个证券市场。领导这一表态，赴港上市一事似乎已没有了日程表，被放下了。可是天佑中华，到了月底事情突然有了转机。4月29日下午，时任联交所主席的李业广率团到北京访问，朱镕基副总理接见。席间，李业广提出内地企业到香港上市的问题，朱镕基副总理马上表示，可以选择一批经营管理基础好，有技术改造任务的大型国有企业到香港上市。但一开始不要多，不要超过10个。就这样，中国企业海外上市的大门一下子被推开了。

内地香港证券事务联合工作小组披荆斩棘。为了联手操作内地企业海外上市项目，当时朱镕基副总理同意我们成立一个联合工作小组。经与港方协商，国务院有关部门批准，工作小组定名为"内地香港证券事务联合工作小组"，包括10名成员和2名秘书。内地方面的成员有：刘鸿儒（国家体改委副主任）、孙效良（国家体改委专职委员）、金建栋（中国人民银行金融管理司司长）、陈宝瑛（国务院港澳办公室研究所副所长）、李青原（国家体改委处长），秘书为聂庆平（中国人民银行副处长）；香港方面的成员有：李业广（香港联交所主席）、周文耀（香港联交所行政总裁）、赵志昌（香港联交所理事）、梁定邦（香港联交所理事、御用大律师）、李礼文（公司财务专家），秘书何敏慧（香港联交所高级经理）；另有香港联交所副主席吴树炽先生为轮替成员。小组由体改委牵头，中国人民银行、港澳办参加。工作小组一开始不对外公开，受朱镕基副总理的重托，我是工作小组组长。

1992年7月11日至12日，在北京钓鱼台国宾馆，工作小组举行了第一次会议，确定每月轮流在内地和香港召开一次例会。内地企业到香港上市，主要涉及三类问题：一是法律问题，二是会计问题，三是上市方式、交易、交收、外汇问题及合作监管等问题。我们相应地成立了三个专家小组进行具体研究。会计专家小组召集人为李青原、赵志昌；法律专家小组召集人为孙效良、梁定邦；上市方式及外汇税务专家小组召集人为金建栋、周耀文。还有很多政府官员和行业翘楚加入我们的小组工作。如财政部会计司司长冯淑萍（后任财政部部长助理）主要负责会计制度修订，香港大学法学院教授、著名律师何美欢负责梳理、比较内地与香港两地在企业制度、证券制度上的法律差异。高西庆、张新文、张云东等都为海外上市的法规配套条例殚精竭虑地工作过。

这是一项前所未有的开创性的金融系统工程，我们怀着一颗火热的心，为中国企业海外上市这个庞大的、复杂的系统工程披荆斩棘。一年多的时间里，我们苦战、奋战、鏖战，对一些关键问题达成共识，对一些细节问题作出安排。高西庆曾回忆："内地企业要到香港上市，所涉及的法律和会计方面的问题最大。从1992年的五六月间开始，由国家体改委牵头，开始与香港的专家小组商讨发行H股的具体事情。记得当时是在深圳银湖宾馆，内地方面包括我大概有十多个人。每天从早到晚，翻来覆去地谈，开了很多次会，前后持续了十几个月。谈判过程中双方一直是由律师主谈，还有一些会计师谈与审计有关的章节。最后双方把每一个细小的问题都涉及了，搞出了一个在内地和香港两边的法律体系下都可以通过的东西。我们这边以国务院的特殊规定的形式发布，也就是1994年8月4日公布的《国务院关于股份有限公司境外募集股份及上市的特别规定》的附件——到境外上市公司章程必备条款。香港方面也以法规形式公布，两边都走了完整的立法程序，除了一些表达上的区别，文字上完全一样。这真是一件不得了的事，在中国改革开放的历史上都是具有创造性意义的。

当时我们的《公司法》还没有出台，企业的股份制改造主要遵循国家体改委等部门的《股份有限公司规范意见》。但这份文件与香港的《公司条例》之间存在一些法律规定上的差异。我们的联合工作小组在1992年11月香港第四次工作会议上，与港方协商确定，通过制定三个文件来弥补这种差距：第一，以国家体改委的名义发一份"《股份有限公司规范意见》的补充规定"。例如，补充规定明确"外资股"包括在内地发行的B股和在香港发行的H股两种。第二，以国家体改委名义给香港联合交易所发一封函件，对我们的法规中一些不易为香港和其他境外投资人理解的概念和条款加以说明。例如，《规范意见》中把股份分成国家股、法人股、个人股和外资股等。在致函中，要说明这只是按投资主体不同而做的一种划分，并不影响同股同权的原则。第三，双方共同起草了一个文件，明确到香港上市的公司章程必须载明的事项和条款。通过以上文件，两地法律方面存有差距的约200个问题基本得到了解决。

联合工作小组一共开过七次重要会议。第七次黄山会议于1993年4月20日举行。这次会议对解决中国企业在香港上市的会计问题有了突破的、创新性的共识。为了弥补内地企业到香港上市所涉及的会计制度差异，联合工作小组创造性地、以补充规定的方式进行弥合。比如制定《股份制试点企业股票香港上市有关会计处理问题的补充规定》，使企业尽可能地向国际会计制度和会计准则靠近，在上市规则中以“特别加订”对已有上市规则进行修改。

为会计处理补充规定的实施亲自写长信恳求财政部特事特办。联合工作小组关于中国内地企业去香港上市的会计处理补充规定的思路确定后，需要财政部起草并签发《关于股份制试点企业股票香港上市有关会计处理问题的补充规定》《关于股份制试点企业股票香港上市报表有关项目调整的意见》。当时时间异常紧张，已经到了1993年4月下旬，朱镕基副总理要求我们争取6月份能有一家企业赴港上市，财政部通不过，海外上市的临门一脚就踢不出去了。如果上市延后，会有很多负面影响，将大大损害中国改革开放的形象。然而，现实非常严峻，财政部当时正做政策调整，要求股份制企业执行统一的行业会计制度。会计处理的改变，意味着我们与香港方面的谈判前功尽弃，内地企业赴港上市的进程将要终止。我非常焦急，不断协调各方关系，好不容易财政部答应特事特办，为我们发文，但是财政部有关部门对此有不同意见，我们的文件迟迟不能签发。到了4月23日，财政部还是没有回音。我焦急不已，给时任财政部的部长刘仲藜和副部长张佑才写了一封长信。我在信中写道：“这两个文件宜快发，拖延不得，因为对外影响较大。一是我们与香港方面关于会计问题的谈判，一直是以股份制会计制度为基础。经过一年的协商，现在基本达成一致意见，一旦改变这个基础，则意味着全部谈判前功尽弃。已经起草好的有关补充规定也将全部作废。而且也容易让香港方面感到我们在股份制会计制度方面政策多变，形象不好。二是拖延九家企业到香港上市的进度。到香港上市一事双方已经开会达七次之多，有关专家也进行了多次研究磋商。朱镕基副总理也要求能在6月间有一家企业到港上市，海内外已有诸多报道，实际上向全世界公布了。如果上市时间往后拖得太长，甚至不能上市，对外也不好交代，影响我国改革开放形象。九家企业到香港上市，涉及的部门多，难度大，朱镕基同志委托我做具体工作，并要求有关部门充分协商。现在会计方面遇到了问题，恳请二位部长多多给予支持。作为特殊问题处理，尽快签发两个文件。如果确有困难，只好烦请你们给朱副总理写个报告，因涉外问题我无能为力。多谢。”这封长信也许给两位部长施加了很大的压力，也许财政部从这封信中了解到意义重大，他们很快特事特办，签发了那两份文件。在我的斡旋下，《关于股份制试点企业股票香港上市有关会计处理问题的补充规定》顺利实施。这一次努力，终于为内地企业赴港上市扫清了会计制度的障碍。事实上这次成功离不开财政部的支持，时任财政部会计司司长、后任财政部部长助理的冯淑萍做了大量的沟通和推动工作。在她的协助下我写了分量很重的长信，并向朱镕基副总理反映情况，得到支持，才使得海外上市在会计制度方面迈出了突破性的一步。

为一家企业海外上市改制牵头12个部委开八天会议。中石化，是我们挑选的第一批9家海外上市的试点企业。中石化从一家国有大型企业，转变为一家规范的国际性上市公司走过一条艰难坎坷的探索之路。中石化实行股份制并到海外上市我们也做了艰巨的制度创新工作。涉及法律、会计制度、产权界定、资产评估、企业重组、发行上市等一系列内容。虽然联合工作小组前期对内地企业赴港上市在法律、会计制度以及股份公司制度在国有企业的实施方面的问题做了很多准备，但具体实施到一家大型国企的改制与上市，依然面临很多挑战。上海石化属于一家资产规模大、主辅分流重组难度大、涉及政策调整面最广的大型国企，为了认真做好这家企业的股份制改造，建立与之相配套的政策规定，使其走入国际资本市场，我们付出了很多心血。在国家体改委的协调下，国家经贸委、国家计委、财政部、中国人民银行、国资局等国务院12个部委6次听取了上海石化改造试点的阶段性报告，两次到企业现场办公，当场拍板解决各种问题。12个部委共同成立了专家组，帮助企业解决具体问题。令我们记忆犹新的是，国家体改委牵头，国务院12个部委，在北京首都宾馆举行的八天工作会议，形成了“关于将上海石油化工总厂改组为股份制企业试点批复”，在批复中提出了上海石化16条股份制企业试点的意见，明确了上海石化以何种方式成立股份公司；初步规定了股票发行的额度、种类及上市地；明确了资产投入的原则；非生产性资产的剥离和管理；投入资产的评估和调账及确认；国家股权的管理、改组后的税收问题及上交渠道；原油的供应办法；劳动工资、人事管理等有关政策及各项审批程序。这16条意见为上海石化，也为国家大型企业海外上市的股份制改造指明了方向。

1993年7月26日，上海石化同时在香港、纽约挂牌上市。1996年2月，上海石化荣获香港联交所颁发的“最佳资料披露奖”大奖，成为内地首家海外上市获奖的上市公司，也被国际资本市场誉为“中国最规范的公司”。上海石化总结自己海外上市成功的经验时写道：上海石化之所以能在境外成功上市，与其自身进行了艰苦细致、开创性的改制工作分不开。回顾上海石化改制历程，可以用“历经艰难”四个字来概括。之所以难，难就难在它是一项全新的开创性工作，无任何先例可遵循，无任何经验可借鉴。人们不会忘记陈锦华、刘鸿儒、洪虎、王忠禹、张佑才等领导为上海石化改制所倾注的心血，人们更不会忘记孙树义、李小雪、聂庆平、冯淑萍、管维立、陈月明等专家的亲临现场、精心辅导。

第一位为内地企业去海外上市做推介的证监会主席。1993年，中国证监会与香港联交所组织了中国H股海外推荐团赴美国、英国、日本推介H股，我这个H股总指挥亲自上阵，全程参加，还在H股海外推介中发表主题演讲。我带领按国际标准改造的H股试点企业的高管们走出国门，再一次置身国际资本市场舞台，在聚光灯下接受国际投资者审视挑剔的目光。我感受到很多挑战。路演中，一些投资者发现，有的大型国企在产值、规模上堪称世界级，职工好几万人，但是这些“庞然大物”的管理者，年工资却只有区区几万元，他们觉得难以理解。待遇和贡献不匹配的企业领导人，怎样才能尽心尽力把公司经营好呢？中方解释说，我们是党员，要讲奉献，外国投资者摇摇头表示难以理解。还有的企业中，企业主要领导人由组织部门直接任命，外国投资者很纳闷儿：我们买了你们的股票，成为了你们的股东，为什么不能决定企业管理层的人选？对于路演中碰到各种挑战性的提问我最深的感受是，H股企业要想提高竞争力，光改头换面不行，还必须彻底消除国有企业遗留下来的弊端，从机制、管理、制度上全面脱胎换骨才行。

我带领企业高管们去海外推介时也体会到内地企业海外上市的推介过程是艰辛的。企业的高管们投入了很多心血，倾情投入。内地九家海外上市试点之一的企业马鞍山钢铁股份制公司在H股全球招股之前，与主承销商一同进行了22天全球推介活动，会见了100多位基金经理，给投资者留下了深刻印象，马钢被国际知名财经杂志《国际金融评论》评为1993年度全球新兴市场最成功的上市公司。

第一位在美国纽交所成功登陆的中国企业山东华能发电在H股海外路演中发表主题演讲，股份公司对全球路演做了充分的准备后开始全球推介。路演先后去了美国、荷兰、瑞士等七个国家和地区，与投资者一对一交谈50场，大型演讲会14场，电话会议4场，接触机构投资者300余家，获得股票订单10亿美元，高出发行量3倍。

第一批9家境外上市企业的遴选过程与标准。9家境外上市企业的选定及选定条件是联合工作小组报告提出的，主要条件是有技术改造任务，但资金不足，且可以利用外资的大型企业。国务院同意工作小组的报告后，国家体改委与国务院生产办公室（后改为国家经贸委）共同协商，初步提出一个18家企业名单，在对18家企业的情况做调查后最后选出9家。我们调查以下下几个方面：（1）资产净值；（2）1989年到1991年三年实现的利润；

（3）1992年销售额；（4）主导产品；（5）“八五”期间及时改造项目及核定的投资额；（6）已落实的资金及资金缺口。我们对调查结果反复研究，并征询国家计委、国有资产管理局等部门意见，从中选出生产企业、规模较大的企业、盈利状况较好的企业共9家。这9家企业满足我们的四个条件：大中型企业规模；建设任务已列入计划，但缺少资金，可利用外资；经营管理状况较好，有连续盈利记录；有体制基础，企业和主管部门有改组为股份公司的意愿。1992年7月21日，我向朱镕基副总理汇报了情况，提出派国内专家组进入企业调查并帮助其设计股份制改制的初步方案。朱副总理批示：为慎重起见，9家企业名单要逐个征得主管省、市及部门的领导同志同意，不能只听主办部门的意见。我们按朱副总理意见办了，逐一得到了相关部门的同意。在此基础上，王忠禹和我联名向朱镕基副总理提出正式书面报告，确定了上海石化总厂、仪征化纤联合公司、昆明机床厂、广州造船厂、青岛啤酒厂、马鞍山钢铁公司、东方电机厂、天津渤海化工集团公司、北京人民机器厂9家企业。我们最初的计划是让这些企业先在上海或深圳上市，发行A股，根据实际进展情况再选择具备条件的企业到香港上市，发行H股。我们给朱副总理提交的报告中提出，由于能否成功上市还不能把握，这9家企业暂定为“股份制规范化试点企业”，并明确不对外公布。朱镕基副总理8月4日在我们的报告上做了批示：拟同意，请贵鲜同志合批。李贵鲜同志8月18日圈阅同意。就这样，第一批内地境外上市企业名单出炉，我们一一正式通知了有关省、市及主管部门，我们和9家企业及所在地方政府开始了紧张的上市准备工作。

三军过后尽开颜。1993年7月15日，香港联交所交易大厅迎来有史以来最热烈、最隆重的上市仪式——第一只H股青岛啤酒股份正式挂牌。当彩色显示屏上跳跃出一个崭新的证券代码“六一八”时，大厅内爆发出一阵阵掌声，经久不息。主席台上我和时任香港证监会主席罗德滔、香港联交所主席李业广、新华社香港分社副社长乌兰木伦并排而站，手中握着醇香的青岛啤酒，而不是联交所以往挂牌后庆祝用的香槟酒。参加挂牌仪式的还有我们内地与香港联合工作小组成员：孙效良、金建东、陈宝瑛，香港联交所副主席陈葆心、行政总裁周文耀等。主席台下，各国电视台、各大报记者的镁光灯不停地闪，内地和香港的证券嘉宾云集，频频举杯，沉浸在喜悦中。此时此刻，我却百感交集，深深地吸一口气，这一天是载入史册的一天。然而，有多少人知道，为了这一天，为了这历史性的一步，我们做了多少艰苦而繁杂的工作，又付出了多少心血和汗水呢？但我深知，我们曾经的辛劳付出和全力拼搏都是值得的。尽管国际资本市场对中国国企了解得不多，但青岛啤酒在短短7天的认购时间里，获超额认购110.5倍。

1993年7月15日，庆祝第一只H股青岛啤酒在香港上市

接下来，1993—1994年陆续登陆境外上市的企业是：第二家上海石化；第三家广船国际（也称广州广船）；第四家北人印刷；第五家马鞍山钢铁；第六家昆明机床；第七家，也是1994年首家在香港上市的H股公司仪征化纤；第八家，1994年5月上市的天津渤海化工；第九家1994年5月上市的东方电机。总体而言，九家国有企业在境外上市，尽管表现不同，但是普遍受到香港本地及境外投资者的欢迎。主要表现在以下几个方面：（1）虽然各方面政策不利，但是挡不住的火热，招股认购踊跃。1993年内地实施宏观调控、外汇并轨、税务新规等不利政策也没有挡住招股认购的火热。九家企业共集资114.92亿元，青岛啤酒招股时曾冻结资金843亿元，广州广船和马鞍山钢铁的认购倍数分别是1.75倍和1.04倍。最后一家东方电机，招股超额认购15倍。（2）集资金额庞大。昆明机床为1.287亿元；北人印刷、广州广船、渤海化工、东方电机的集资额在2亿至5亿元之间；青岛啤酒约10亿元；上海石化、马鞍山钢铁及仪征化纤集资额在23亿至40亿元之间。其中马鞍山钢铁集资额最高，高达39.3亿元。上海石化、马鞍山钢铁和仪征化纤三家集资额占九家国有企业集资总额的78%。（3）股价表现基本平稳。虽然受到内地宏观经济调控、汇价并轨的政策影响，有一段时间股价徐徐回落，不过其后数月仍然维持在平稳状态。首家在港上市的青岛啤酒，最受市场追捧。上市首日以每股3.6元收市，较其招股价上升28.6%。上市11个月以来，股价节节攀升，最高曾上升至10.8元。其他八家国企的股价表现也都很好。

上海石化本应该是H股发行第一股。历史上九家内地企业境外上市，我们曾计划把上海石化安排为第一家H股上市企业，让上海石化打响境外上市的第一炮。为此我们在北京牵头12个部委在首都宾馆连续开八天会议，我们成立过专家小组多次去上海石化现场办公，我曾拉着时任国家体改委副主任的洪虎及财政部的同志多次跑到上海协调，当时上海市长是黄菊。问题卡在哪里了呢？在于中央财政和地方财政的关系出了问题，政府财政和企业财务的划分出了问题，很多问题有分歧，不能达成一致。上海石化当时就像是一座城市，有医院、有公安、有幼儿园等政府职能的机构，政府行为，包括公、检、法，警察都是公司管的，不是市场化概念。争论在哪儿呢？在于企业上市必须把政府职能分开。财政开支，中央财政和上海市政府财政哪些归政府承担，哪些归企业承担，两家争论很大。财政核定企业的划分出问题了。政府职能的划分，中央财政、地方财政、企业财务负担，很多问题没有解决好，时间耽误了。所以上海石化没有成为第一家上市的H股企业。我们拟定的第一名变为第二名了。我们花了很大力气也没有把上海石化推为第一名海外上市企业。青岛啤酒为什么能第一个在香港上市呢？因为青岛啤酒酒厂规模小，全在青岛市范围内，问题单纯是企业问题，没有政府的职能问题，企业改制进行得比较快。同时有青岛市政府对企业的鼎力支持。

在1998年出版的《中国企业海外上市回顾与展望》一书中，真实记录了上海石化和青岛啤酒当时企业改制的艰难历程和与时间赛跑的难忘经历。上海石化回忆到：前上海石化总厂是企业办社会的典型，20多年建设发展，不仅建立了一个现代化联合企业，也造就了一座美丽的现代化城市。在这15平方公里土地上，从公、检、法到民政、商业、交通、市政等部门，从教育系统到卫生系统，一个都市所包含的部门、设施几乎应有尽有。对于这样一个包含了多项政府与社会职能的特大企业按照国际惯例和股份制要求进行重组，等于给企业进行一次彻底的外科手术，难度相当大。它涉及各方面的利益。1992年，我国尚未颁布《公司法》，尚无与国际接轨的一系列会计制度、评估制度。上海石化就是在这样的情况下，敢为天下先，奋勇担负起探索我国国有大型企业改制的历史使命。作为国务院首批试点企业，上海石化一开始就以高标准、高质量、规范化为原则，在国务院和上海、香港、纽约三地交易所的指导下，取得了直接到境外发行股票上市的成功。上海石化以自己的实践找到了中国首次在境外上市面临的复杂问题的解决模式，为探索中国企业直接进入国际资本市场进行了有益的探索，在首批9家试点企业中真正起到了“领头羊”的作用。

我与青啤的不解之缘。青岛啤酒作为中国内地企业海外上市的第一家，H股第一家是我们作为股份制改制试点的成功案例。青啤还是几乎在同一时间既发行H股又发行A股的公司。一个是1993年7月15日，一个是1993年8月27日。内地企业境外上市实施过程中，有一个重大问题即上市方式的问题，即规定动作。九家企业除发行外资股外，还要求发行部分A股，筹集人民币资金。按照用一套招股说明书和一套财务会计报表的要求，双方确定A股和H股同时发售，并于大致相同的日期在香港联交所、上海或深圳交易所同时挂牌交易。在帮助青岛啤酒公司实施这一上市方案时，我与时任青岛市委书记的俞正声几乎成了战友，联手奋力地将我们的方案完美落地，不仅确保了其A股的顺利发行，还使得青岛啤酒成为H股上市夺魁的第一家企业。

青岛啤酒准备发行A股时，中国股市刚刚经历过深圳“8·10”事件，我暗暗下决心要对股票发行方式进行改革，建立一个高度透明的股票发行和上市制度。我经过深入调研，决定采纳我国台湾的办法，即无限量发行认购表，先抽签再汇入资金，方案的关键是“无限量”。我的方案报国务院后得到时任副总理朱镕基的批准。在青岛啤酒A股发行时，我对俞正声说：“老俞，咱俩联手就在你这里做实验。”然而，深圳“8·10”事件阴影未散，青岛啤酒的A股发行成为一场输不起的战役。我和俞正声反复商量了各个细节，力求做到万无一失。因为他知道，这次发行不能再有任何差错，一旦出问题，整个股票市场就要停下来，事关大局，必须全力以赴。

青岛市特别成立了青岛啤酒股票承销领导小组，俞正声亲任组长。第一次领导小组开会，我专程参会。一向随和的他严肃地一再叮嘱一定要精心准备，万无一失。在领导小组下面又设立了保卫组、宣传组、监察组、监督稽查组，分别由青岛市公安局、宣传部、建管办负责人任组长。股票发行前夕，青岛市动员了政府、银行、公安、检察院等各个部门，各个环节集中投入，严阵以待。主承销商上海申银证券公司大量印刷认购表，保证供应充分。证监会派出28位干部由朱从玖（时任证监会办公室副主任）带队直接奔赴青岛参与发行准备工作。青岛市委、市政府不断通过电视等媒体向蜂拥而来的、持币待购的人们宣传，一再地说明，认购表无限量供应，不要怕买不到，同时也反复地解释购买的人越多，中签率越低，等于是拿人民币打了水漂。

已经是万事俱备，只欠东风啦。突然间，朱镕基副总理踩了刹车。他要求推迟发行，还是担心出事。我一再向他报告并保证说，准备工作达到了要求，不会出事。朱副总理仍然迟迟不拍板。我见此情形，马上对俞正声说：“老俞，我这儿不行了，你来吧！”俞正声再次向朱副总理报告，说明市委、市政府已全力以赴做好发行准备工作，而且如果再拖下去，将会影响全市的其他工作。最后，朱副总理终于拍板同意发行。尽管投资者还是如“8·10”事件那样蜂拥而来，人民币还是大量汇入青岛各个银行，人们的股市发财梦还是那样热切，但这次的发行，由于采用了更加公开透明的方法，却有了截然不同的结局。人们的抢购热情逐渐平淡下来。没有徇私舞弊和违法乱纪，发行过程秩序井然，发行任务也就顺利地完成了。

虽然青岛啤酒H股发行在前，A股在后，但几乎是同期，同一时间我与俞正声，中国证监会与青岛政府在为青啤上市战斗在同一战场，我们的实验给国务院、给朱副总理、给中国的投资者和国际投资者交了一份满意的答卷。这是政府与企业的共同努力，把青岛啤酒这条船开出了海，拉开了中国企业海外上市的序幕，迈出了中国证券市场发展的历史一步。

1998年我主编过一本珍贵的书——《中国企业海外上市回顾与展望》，这本书收录了青岛啤酒的文章《历史的里程碑》，此文对青啤改制与上市有过令人感怀的记录。青啤文章回忆到：对青岛啤酒厂来说，进行股份制改造这条道路并不平坦。股份制对绝大多数企业员工来说是一件完全陌生的事情，企业既缺乏股份制的经验，更缺少这方面的人才。青啤人只能边探索边前进，付出了后人无法想象的艰苦努力。海外上市的境外法律、法规有许多地方与国内不同，协调执行两地的法规，工作难度很大。面对陌生的国际资本市场，青啤人对海外上市所涉及的资产评估、财务审计、公关推介等方面的知识少之又少，而需要做的工作却浩如烟海。国家体改委于1992年9月，批准青岛啤酒作为股份制规范化试点企业到拟定的海外上市时间只有8个月，要完成如此之多的任务，参加改制的工作人员，只能加班加点，牺牲大量休息时间。

青啤的改制和上市成功，离不开内地和香港上市监管机构、中介机构的大力支持和帮助，也凝聚了青啤员工辛勤的汗水。在改制和上市最紧张的日子里，青啤改制小组的成员没日没夜地加班赶工作进度，有的人长达一年没有休息过星期日和节假日，有的人十天半个月回不了一次家，有的出差半夜回家，第二天一早就又踏上了旅程。他们身边总有一个装了简单日常生活用品的旅行箱，为了联系或办理有关工作，随时都做好了立即出发的准备。出发急促，没买到卧铺票，坐硬座、坐餐车更是家常便饭。这里还不能不说的是政府部门对青啤改制的大力支持。青啤作为青岛市的直属国有企业，青岛市政府对青啤的改制十分重视。时任市委书记俞正声曾要求政府有关部门把青啤改制上市当作一项重要的政治任务来完成。俞书记和秦家浩市长都多次主持有关会议，协调政府有关部门为青啤改制排除障碍，提供方便。而且俞书记和秦市长都曾亲自带队，到北京有关国家机关进行请示和协商。而青岛财政局、税务局、海关等，凡是与青啤改制相关的政府部门都是一路绿灯。

在H股发行前，青啤有关人员准备赴香港与联交所磋商具体发行事宜，却不料途中在深圳被盗，五个人的护照全部丢失，眼看与联交所方面商定的会晤时间就错过了，青啤人急得火烧火燎，急迫中他们想到了当地政府，在当地人员积极配合下，连夜找齐了公安局、海关等相关部门的工作人员加班工作，第二天一早，五本崭新的护照已摆在了青啤人的面前。

青啤的回忆也是对我及我工作团队的回忆，对我工作状态的回忆，对我和老俞的回忆。在青啤H股及A股上市的那些拼搏岁月里，我们都奉献了最好的年华。

第一批内地企业境外上市成功带来了什么？从各家企业海外证券市场招股的情况可以看出，国际证券界、投资界对国有企业在海外上市的市场反应强烈，投资踊跃，说明这项试点工作是成功的。它使投资者进一步了解了中国的情况，增强了投资信心，同时加速了国有大型企业经营机制的转换，拓宽了企业发展的融资渠道，提高了企业国际知名度，增强了企业在国际市场上的竞争能力，势必将带动国内经济的发展，并对抑制通货膨胀起到促进作用。9家国企发行H股筹集资金后，都较好地运用所筹资金发展生产，进行技术改造。

通过中国内地企业到香港发行H股并上市的试点，我们已经看到利用股权方式吸收外资是一种较好的方式，它有利于充分、灵活、便捷地吸引国际资本，有利于外国投资者分享中国经济增长潜力的好处，同时进行长期投资，有利于推动国内股票市场的迅速发展，并逐步与国际市场接轨。从发展趋势看，让外国投资者直接投资于中国企业的股票，采用股权方式利用外资，将是一条越走越宽的渠道。同时，选一批效益好和有发展潜力的大型基础产业和工业企业到香港上市，也有利于改变香港股票市场上市公司的结构，繁荣香港金融市场，促进香港经济的发展。

“桐花万里丹山路，雏凤清于老凤声”。经历香港上市一役，青岛啤酒、上海石化等公司的名字，开始出现在国际证券交易所的显示屏上和海外证券人士的分析报告里。上海石化这座上海西南70公里以外的曾经负债累累的石化企业，在世界目光的关注和审视下走出生死边缘，并获得香港联交所“最佳信息披露奖”。置身于国际资本市场，中国企业迅速成长起来。

迅速成长起来的上市企业，带动相关产业不断突破发展瓶颈。青岛啤酒等第一批企业上市后，中石油、中海油、中石化“三桶油”陆续“出海”。石油能源行业的国际竞争力不断增强；中国工商银行、中国建设银行、中国银行等上市后跻身于全球大银行之列。金融产业实力的壮大，推动了国家竞争力的提升，构筑了牢固的国家安全屏障。

在青岛啤酒香港上市的背后，由此探索出的国有资产剥离、评估、折股办法以及主辅分离的改制模式，董事诚信责任、中小股东权益保护、独立董事制度、分类投票制度等理念和制度在A股市场的应用，股份公司会计制度、法律制度与国际标准的接轨，均成为此后我国国企改革、资本市场制度建设、股份制改革以及经济体制改革的重要精神财富。

对于香港，正如香港联交所前主席李业广所说，自1993年青岛啤酒以H股形式在香港上市以来，大量内地企业的上市，支持香港证券市场由一个以房地产和金融业为主的市场，转变为一个企业股份种类更加多元、产品更加丰富的市场。借助于H股和内地因素，如今的香港市场已经牢牢居于世界十大证券市场之列，成为真正具有国际竞争力的国际金融中心。

昨夜星辰昨夜风，一转眼，国企海外上市已走过27年的历程，作为H股或者说国企海外上市创始人之一，我对H股市场将始终持有一份独特的感情。期盼更多的中国企业走出国门，在国际资本市场一展风采。期盼H股企业在后疫情时代，立于不败之地。会当凌绝顶，一览众山小。

注：此文为李为根据刘鸿儒口述整理，完成于2020年7月，文中部分内容曾发表于《中国证券》2020年第12期。

作者简介：

刘鸿儒，男，1930年出生。1992—1995年创建中国证监会并担任首任主席；1992—2002年担任全国政协经济委员会副主任；1980年创立中国人民银行研究生部，并一直担任学位委员会主席、教授、博士生导师；1987年创办中国金融学院，并担任院长至1992年；1997年被香港城市大学授予工商管理名誉博士学位。著有《社会主义货币与银行问题》《社会主义信贷问题》《中国金融体制改革》《变革》《突破》等专著。

李为，武汉大学理学博士，中国政法大学法学博士。曾任中国证监会国际部副处长、信息中心副主任，证监会政务公开领导小组办公室成员。

注册制改革的意义和内容

肖钢（中国证监会原主席）

肖钢主席是注册制的倡导者。2015年12月21日肖钢在十二届全国人大常委会第十八次会议上做《关于授权国务院在实施股票发行注册制改革中调整适用证券法有关规定的决定（草案）》的说明。

一、注册制的意义

推进股票发行注册制改革，是资本市场改革的核心内容，是落实市场在资源配置中起决定性作用和更好发挥政府作用的集中体现，是牵一发而动全身的“牛鼻子”项目。

注册制是体现市场化、法治化要求，在市场参与各方主体责任配置合理、责任分配到位的共管共担的综合性治理体系和治理机制。推进注册制改革的核心在于理顺市场与政府的关系。[①]注册制的巧妙之处在于，一方面推动解决发行人与投资者信息不对称所引发的问题，另一方面又规范监管部门的

① 《聚焦监管转型　提高监管效能》——肖钢同志在2015年全国证券期货监管工作会议上的讲话，2015年1月15日。

职责边界，避免监管部门的过度干预，不再对发行人背书，避免道德风险。对于企业以往业绩、未来发展前景，都交由投资者判断和选择，让市场各方充分博弈，发挥好市场在配置资源中的决定性作用，这对于加快资本形成与流转，增强市场的包容性，提高市场效率和覆盖面，大力提高直接融资比重，增强服务实体经济能力，促进创新创业和健全现代市场体系，都具有十分重要的意义。

在2015年6月的陆家嘴论坛上，证监会曾就股票发行注册制的改革理念及制度建构等内容对外界予以阐述。[①]注册制应保障企业融资的天然经济权利，处于不同发展阶段和水平的企业，都可以依法进行股权融资。[②] 注册审核应当以信息披露为中心。要从“选秀”“选优”转变到督促企业向投资者披露充分和必要的投资决策信息上来，注册审核机关不对企业的资产质量和投资价值进行实质判断、投资者根据披露信息所做的投资决策也不应由注册审核机关承担责任。

注册审核不应以否认发行申请为目的。审核过程是一个提出问题、回答问题，不断丰富和完善信息披露内容的互动过程。发行人向投资者披露的内容达到了信息披露制度和规则的标准，就可以发行上市。对于不符合信息披露规则要求，违背国家利益和公共利益的申请企业，应当依法对其发行申请予以否决，但否决发行申请不应成为注册审核工作的目标。

注册审核应当以大力强化监管执法为基础。监管机关的职责重在监管执法，集中精力查处信息披露违法违规行为，采取一切必要手段惩治市场欺诈，责成失信违法主体付出沉重的经济代价，维护投资者合法权益。

我国境内实行的股票发行核准制，在股市发展进程中起到了重要作用，但在实践中逐渐暴露出它的缺陷和不足，即还没有形成市场化的机制，与上述注册制理念相差甚远，主要表现在以下四个方面：一是由证监会审核把关，试图通过严格审批方式或选拔“优秀公司”上市，这实际上超出了审核人员的能力范围，反而在客观上形成了政府部门对新股发行人盈利能力和投资价值的背书，降低了市场参与主体的风险判断与选择要求，弱化了发行人、保荐机构以及会计师事务所的责任，这是多年来上市公司一旦发生“业绩变脸”，投资者都怪罪证监会“把关不严”的重要原因。现在要回到事物的本源，上市公司有没有发展前景，有哪些风险，都需要由投资者自主判断。二是证监会对新股发行“控规模、调节奏、管价格”，股市价格上涨

① 参见时任中国证监会党委委员、主席助理黄炜同志在“2015 陆家嘴论坛”上所做的报告——《股票发行注册制的改革理念、责任配置与制度建构》。

② 只要不违背国家利益和公共利益，企业能不能发行，何时发行，以什么方式和价格发行股票，都应由企业和市场自主决定。

时，增加新股发行，股市行情不好时减少新股发行，在行政管制新股发行数量的条件下，市场对股票供给缺乏稳定预期，往往会造成投资需求过大、发行价格偏高的问题，监管部门为了控制公司超募集资，又不得不控制发行上市价格，进一步扭曲了市场供求关系。这种做法不利于培育发行人、承销商和投资者的自我约束机制，也是我国境内股市多年来所谓“博傻”理论、“新股不败”神话盛行的根本原因。三是行政审核过于看重以往业绩，对拟上市公司门槛规定较为单一，包容性不强，已经不适应经济转型升级和高质量发展需要，迫使不少科技型、创新型企业纷纷到境外上市，不利于改善境内上市公司结构，提高上市公司质量，吸引长期资金进入市场，改善投资者结构，影响了股市长期稳定健康发展。四是行政干预和介入过多，随意性较强，“朝令夕改”的现象增多，“窗口指导”过于频繁且缺乏规范，行政措施“一刀切式”“叠加式”“运动式”“立竿见影式”的运作，常常使市场参与主体不知所措，莫衷一是，造成市场预期不稳。同时，行政部门有时候既当运动员，又当裁判员，甚至用监管部门与市场主体的博弈代替市场主体之间的博弈，不利于规范市场主体行为。因此，推进注册制改革势在必行。

注册制改革将在股票供给与需求两方面完善市场机制，新股供给常态化，市场担心改革后发行节奏加快，股票供给增加，会导致市场资金短缺，加大股票价格下行压力。这是注册制迟迟没有出台的重要原因。事实上，多年来，有关IPO对二级市场影响的争论从未停息，新股发行时不时被指责为市场下跌的“罪魁祸首”，甚至成为广大散户投资者的“心头大患”。可见，研究这个问题对于推进注册制改革具有很强的现实意义。

2015年中国上市公司研究院发布了研究报告①，从过去20多年的IPO与二级市场走势的关系中找出合理的逻辑和解释。考察1990年以来IPO增减变动情况：1990—1993年呈增加趋势；1994—1995年呈下降趋势；1995—2000年呈增加趋势；2001—2005年呈下降趋势；2006—2007年大幅增加；2008年大幅下降；2009—2010年大幅增加；2011—2013年呈下降趋势；2014年开始呈增加趋势。这个分段趋势正好与上证综指波段相对应，即牛市时IPO随指数上升而增加，熊市中IPO随指数走低而下降。新股发行对二级市场的价格会产生影响，原因在于老股估值过高，新股可能带来更高的收益预期，于是投资者抛售老股、追逐新股。因此老股价格下跌的原因不是有了新的可选择对象，而是自身的质量不够好。即使没有IPO，老股价格也在持续下跌，这充分说明了把股市下跌归咎于新股发行是站不住脚的。从资金面来看，资金总是追求高收益的，而一旦这个领域资金流入过多，收益率就会下降，所以，

① 载于《证券日报》2015 年 4 月 15 日 A4 版。

在正常条件下，IPO并不会导致股市资金不足，不应当用停止新股发行的办法来解决资金问题。

我国境内股市建立以来，已经历了9次IPO暂停，累计暂停时间超过五年，这在境外股票市场是少见的。暂停的原因大都是市场低迷，实际上监管层把暂停IPO作为救市的一个工具。各种实证分析表明，暂停IPO或重启IPO都与股市涨跌没有必然联系，也不能决定股市的中长期走势。因此，在这个问题上要处理好短期效应与长期效应的关系，注册制改革就是着眼于改善市场环境、稳定市场预期的根本出路，从某种意义上说，就是要管住监管部门这只“看得见的手”，减少行政干预，更多地发挥市场主导作用。

二、注册制改革内容

从2014年到2015年上半年，证监会组织有关方面研究注册制改革方案，经过多次讨论，数易其稿。改革的内容归纳起来可概括为“三取消”和“三强化”。

（一）注册制改革的“三取消”

在发行上市条件和标准方面，取消分板块设置的发行条件，设立统一发行条件，改变现行交易所按板块分别设置发行条件的做法，统一规定股票公开发行基本条件。由证券交易所按照服务实体经济需求导向进行市场内部分层，设立差异化的、具有更大包容性和更广覆盖面的上市条件，包括允许处于特定阶段但尚未实现盈利的企业发行上市。发行条件主要是关于发行人组织结构、财务报告和合规状况等基本要求。上市条件则是由交易所设置的包括财务指标、市场指标、公司治理等不同要求的差异化条件，由企业根据自身条件和需要自主选择上市的交易所与上市板块。发行条件和上市条件的规定尽量客观、明确，减少自由裁量空间。

在注册审核机制方面，取消证监会发行审核委员会，建立交易所审核发行上市申请文件、报证监会注册生效的体制。发行上市注册审核职责由沪深证券交易所履行，两所上市委员会对审核部门出具的审核报告提出审议意见，以会议形式履行职责，通过集体讨论形成合议意见，不再实行票决制。实行交易所审核再报证监会注册生效的制度，两者并非同步审核。企业申请股票公开发行并在交易所上市交易的，应当向证券交易所报送申请文件。证券交易所履行审核职责，形成正式审核意见。证券交易所审核同意的，应当报送证监会注册，经过10日，证监会不提出异议的，注册即自动生效。监管机关和交易所履行程序宣布文件注册有效，但不为企业质量背书。注册生效，并不表明监管机关和证券交易所对股票的投资价值或者投资收益做出了实质性判断，也不是对公开发行股票文件的真实性、准确性、完整性的保证。这是当事人基于注册生效与否所产生的市场后果寻求法律救济的责任认定基础。

为什么在改革方案中提出由交易所来审核?当时对这个问题的争论是比较激烈的。其实由谁来审核，本身并不重要，境外市场由监管部门或交易所审核，或是双重审核的模式都有。并不存在最优模式，而且都可以在实践中调整完善。我们经过反复权衡利弊、总结过去未核准制执行中的实际问题，最后还是选择由交易所审核的方案。当时主要从以下四个方面进行了考虑。一是有利于宣示市场化改革的决心。因为核准制与注册制的审核理念、方式存在较大差别，如果改革后还继续由证监会审核，容易造成“换汤不换药”的后果，不利于摆脱过去长期以来证监会对新股发行的背书。改由交易所审核后，也可以回归交易所审核上市申请的本源，按照证券法规定，公开发行由证监会核准，但到哪个交易所上市则由交易所决定，长期以来证监会取代了交易所的职能，发行上市一起审批了，使交易所上市委员会形同虚设。二是有利于证监会加强事中事后监管。证监会不再担任具体审核职责后，可以腾出人力物力，集中精力抓监管，而且可以较好地解决过去长期存在的“自己监管自己”的弊端，不仅加强对市场的监管，还要加强对交易所的监管，弥补过去监管的短板，符合深化“放管服”改革、转变政府部门职能的要求。三是有利于充分发挥交易所的资源优势。履行审核职责需要大量的专业技术人才和经费保障，由于证监会参照公务员管理办法，人员编制受到严格限制，薪酬待遇缺乏吸引力，而由交易所审核后可以突破这些现实瓶颈，按照工作需要，选聘和留住高水平的专业审核人才。四是有利于审核工作与一线监管无缝衔接。交易所根据法律授权，承担着重要的一线监管职能，对上市公司信息持续披露和每日市场交易都有专门部门进行跟踪监察，把发行上市审核职责交给交易所后，有利于对上市公司的全过程监管，提高监管效率，改进上市公司的服务。

那么，进一步分析，交易所审核发行注册是不是行政许可，属于什么性质的行为？各方对这个问题存在不同认识。我们研究认为，新股公开发行面对的是不特定的社会公众投资者，涉及公共利益，符合一般行政许可设立的原理，但我国《行政许可法》确立了行政许可的排除原则，其核心内容是，若公民、法人或者其他组织能够自主决定的、市场竞争机制能够有效调节的、行业组织或者中介机构能够自律管理的，以及采用事后监督方式能够解决的，即使相关事项涉及社会公共利益，也可以不设行政许可。国务院清理行政审批事项、转变政府职能的相关规定也进一步明确了上述原则。注册制改革的本质是还权于市场，因此，交易所审核职能不属于一般行政许可，而是一种法定的自律管理，非典型的许可行为。由于公开发行的股票必然上市交易，发行注册与上市审核合二为一，上市审核吸收了发行审核，交易所作为集中交易场所，与上市企业形成民事关系，且法律授予交易所的审核权利，是这种民事关系的延伸与拓展。这样，交易所就承担着公共职能。如何确保这种公共职能与交易所的商业职能平衡?如何确保两个交易所的良性竞争?这就需要制定发行注册的程序要求，交易所内部控制机制以及证监会加强对交易所发行注册行为的监管规则，接受市场和社会监督，来防范交易所的商业利益与公共利益的冲突问题发生。

为什么在改革方案设计中提出交易所上市委员会不实行票决制?主要原因是交易所上市委员会的法律地位、性质与作用都不同于现行证监会的发审会，不是审核的决策机构。审核的主体责任由交易所承担，交易所要设立专门的团队，建立初审、复审等公开透明、相互制约的流程与机制进行审核，对拟同意的发行上市公司提交上市委员会审议提出意见，主要发挥一定的再把关、再复核、再监督作用，对合议的意见和问题，由交易所根据实际分别处理，一般性问题，可由交易所做出解释；不清楚的问题可由发行人或保荐机构做出说明；重大疑难问题，要报证监会研究决定。如果上市委员会采取票决制，与现行发审会就没有什么区别。从过去长期实践来看，发审会搞票决制，委员个人因素影响过大，审核理念、审核经验各不相同，对审核标准的理解和掌握也不一致，实际运作中常常发生对同类问题投票表决结果差异明显，影响了审核工作的公信力的情况。由于一票定终身，权力过于集中，寻租、公关现象时有发生，产生了不少弊病。因此我们在注册制方案设计中，特别取消了票决制。虽然这是改革的细节问题，但充分体现了“细节决定成败”的理念，对于真正落实注册制的本质要求意义重大。

改革内容的第三个“取消”，是取消对发行节奏的行政管制，待条件基本具备后逐步放开发行价格。发行节奏由发行人和中介机构自主选择发行时机，证券交易所可根据市场情况，适当进行引导，最终过渡到市场自主调节。要推动完善市场化的价格形成机制，改革初期交易所加强对价格的窗口指导，继续坚持低价持续发行，实现IPO常态化。同时，交易所和行业协会加强对相关市场主体询价定价行为的自律监管，待市场供求基本平衡且形成市场约束机制后，再逐步放开发行价格，当时设想用五年时间过渡。

新股发行定价机制既是推进市场化改革的核心问题，又是改革难点和痛点。我国股市建立以来，在这方面进行了艰辛的探索，经历了一个逐步演变的发展过程，大体上可以分为以下三个阶段。

第一阶段是采用固定价格机制。1993年《公司法》和1998年《证券法》规定新股发行价格须经证券监管部门核准。在1997年7月1日《证券法》实施前，股票发行采用额度制和指标制，股票市场规模小、需求旺盛、缺乏机构投资者，市场没有买方约束机制，IPO定价主要采用发行人与承销商协商定价的固定价格机制。这就是说，在新股发行前，发行价格已经确定，投资者不参与定价博弈。1996年以前，发行人和承销商根据自己选定的市盈率和预测每股税后利润确定新股发行价格，导致一些公司人为做高盈利预测，抬高发行价格，使新股一上市便跌破发行价，投资者对此极为不满。1996年新股发行定价改为以过去三年已经实现的每股税后利润算术平均值为依据，但仍不见效。股票发行价格仍居高不下，这背离了公司基本面。为此，证监会根据二级市场同行业公司市盈率情况，具体核定每家公司的市盈率。1997年证监会对股票发行价格的计算方法进行了调整，按发行前一年每股税后利润与发行当年摊薄后预测每股税后利润的加权平均数及核定的市盈率计算新股发行价格。1998年再次做了调整，按发行当年加权平均的预测每股税后利润及核定的市盈率计算新股发行价格，删除了发行前一年每股盈利的因素。1999年开始，逐步放松了对市盈率的管制，2000年以后新股发行定价完全放开，发行市盈率明显提高，其中2000年6月发行的闽东电力以88.69倍的市盈率创出历史最高，2001年4月发行的用友软件市盈率高达64.35倍，引起了市场巨大反响和非议，普遍指责监管部门没有尽到监管职责，迫使新股发行又回到控制价格的老路上来。从2001年下半年至2004年，在继续使用固定价格机制的基础上，重新对发行市盈率进行管制，当时一般确定在20倍。

第二阶段初步建立询价制度。2004年修订的《公司法》和《证券法》取消了新股发行价格须经监管部门核准的规定，据此，证监会从2005年1月开始试行询价制度，由发行人及其保荐机构通过询价的方式确定股票发行价格。2006年底，由于股市快速上涨，为了防范风险，抑制过高价格，证监会又强化了对中小盘进行“窗口指导”。询价制度把市场力量即买卖双方的判断和意愿引入发行价格的确定上来，体现了市场运行的基本规律，改革方向得到市场参与各方的广泛认可，期间不少企业实现了“A+H”（内地A股和香港H股）同步发行上市，股票价格发现功能得到完善。但在实施过程中也暴露了一些问题，主要是买卖双方不能充分博弈，询价对象随意报价，监管部门“窗口指导”带来发行抑价，实际上定价市场化程度不高。公司上市后除向公众发行的股份外，其他股份均有锁定期，可供交易的股份数量较少，上市首日股价涨幅较大，比如，2007年沪、深交易所新股上市首日平均涨幅分别超过100%和200%。

第三阶段继续深化定价机制改革。2009年6月和2010年11月，证监会推出了两次改革举措，监管部门不再指导和干预新股定价，把投资者报价、承销商估值结论和申购新股风险予以公开披露，加强公众的监督约束，提前做出中止发行、股份回拨安排，既增加发行承销运转的有效性，又方便承销商管理风险。改革后新股发行价格逐步与二级市场接轨，一级、二级市场的不合理价差得以消除，巨额资金囤积有效缓解。2011年上海主板公司网上发行平均冻结资金量为3256亿元，而2008年高达23105亿元。买卖双方博弈增强，高定价股出现破发，甚至中止发行，市盈率出现理性回归。以创业板为例，2010年第四季度平均发行市盈率为90.56倍，2011年5月到12月降至38.07倍。2012年进一步强化以行业市盈率为基准的定价要求（不高于平均市盈率25%），2013年以来，取消25%的要求，改为对新股发行价格进行窗口指导，市盈率在20倍左右，至今一直坚持低价持续发行的原则。

回顾我国股票定价机制改革的历程，我们深切地感到，改革不可能一蹴而就，也不是“一招见效”的灵丹妙药，而应当是一个在坚持市场化改革方向基础上逐渐完善的过程。改革的长期目标应当是发行节奏和发行定价的市场化，让新股申购变成有赚有赔的买卖，实现承销商自主配售，最终回归新股发行需要承销商“推销”的本源。

我国股票市场以散户投资者为主，投资者风险识别和风险承受能力相对较弱。同样的改革措施，在市场上行和下行的不同条件下，市场效果往往会有明显不同，对于改革举措的评价也会截然相反。比如允许发行价格随行就市，意图打破新股不败的神话，容忍新股破发，发行失败，打新亏损，也是市场化改革的应有之义，但来自市场的声音褒贬各异，有时批评和质疑十分强烈，因此，对于决策者来说，增强改革的定力和决心就显得尤为重要，正确、理性面对责难，该坚持的必须坚持。

当前，当重新启动注册制改革时，我们必然需要面对我国境内特殊的市场环境和投资文化的挑战，仍然面临着稳妥处理发行节奏和发行价格完全放开和必要管制之间的微妙平衡的现实难题，同样面临着新股定价市场化与配售公平性的矛盾，为此，需要改革的决心与勇气，做到统筹谋划，稳步推进，把握好改革的节奏、力度和市场承受度之间的关系。

境外股票市场发行定价机制，大体可以分为三种基本类型。一是固定价格机制。由发行人与承销商协商确定发行价格，然后根据该发行价格出售股票。20世纪90年代以前，除美国、加拿大以外，大部分股票市场采用这项制度。在引入拍卖制度和累计投标制度以后，大多数市场依然保留了这种机制供市场选择。二是拍卖机制。投资者以不低于承销商或发行人事前宣布的竞标底价提交申购价格和申购数量，发行人或承销商根据投资者的竞标结果确定新股发行价格。如果是统一价格拍卖，则所有中标者按一个价格购买新股（荷兰式拍卖）；如果是差别价格拍卖，每个中标者以自己的报价作为自己购买新股的实际价格（美国式拍卖）。拍卖制度最早出现在欧洲，英国和法国分别在1960年和1964年将其引入IPO定价，1980年荷兰、瑞士、西班牙、意大利等国引入该制度，逐渐成为重要的IPO定价制度，但到20世纪80年代后期逐渐放弃，到20世纪90年代末21世纪初大多数市场都已经不用了。但有两个例外：一个是美国市场从1999年开始引入创新的拍卖机制，比如谷歌在2004年上市时，选择了荷兰式拍卖，IPO价格最终确定在85美元，上市首日股票上涨了18%；另一个是印度市场在1999年引入累计投标制度后，监管当局考虑到询价过程中中介机构行为难以监控，在2005年废除累计投标制度，转而改用拍卖制度。三是累计投标询价机制。发行人与承销商事先确定一个初始发行价格区间，然后通过路演、询价方式向机构投资者进行推介，收集投资者需求信息，接着建立一个账簿，以记录新股发行的相关信息，包括每一个提交的报价以及对应的报价机构投资者名称及申购数量。在此基础上，进一步修正价格，形成最终的发行价格，最后再根据账簿记录的信息自主向机构投资者配售股票。[①]从20世纪90年代开始，源于美国的累计投标制度逐渐被引入北美以外的主要证券市场，并使拍卖制度退出市场。目前全球主要证券市场基本都以累计投标制度为主，且经常将其与固定价格制度混合使用。

（二）注册制改革的“三强化”

强化以信息披露为中心的审核理念，完善相关规则体系。证券交易所注册审核工作重点关注发行人信息披露齐备性、一致性和可理解性，通过提出问题、回答问题，不断完善发行人信息披露内容。发行人优劣和价值由市场决定，审核部门不做实质性判断。符合条件的发行人充分披露信息后即可发行上市，投资者自主判断发行人投资价值，自担投资风险。发行人、中介机构对信息披露真实性、准确性和完整性承担法律责任。以投资者需求为导向，整合完善信息披露规则体系，将首次公开发行股票的信息披露与上市公司持续信息披露、再融资、并购重组等不同环节的信息披露内容有机衔接，对同类事项所规定的要求与标准应当一致。督促发行人使用浅白语言，便于投资者阅读和比较。明确发行人预先披露的法律责任，建立统一信息披露平台，加强社会监督。

强化发行人诚信责任和中介机构把关责任，完善相关制度。发行人是信息披露第一责任人，必须确保信息披露真实、准确、完整，发行人控股股东、实际控制人不得要求或协助发行人隐瞒重要信息。招股说明书如有虚假记载、误导性陈述或者重大遗漏，发行人及其控股股东、实际控制人应依法

① 杨记军、赵昌文、杨丹：《IPO 发售机制研究进展：一个评论》，载《会计研究》，2008（11）。

承担民事、行政和刑事责任。保荐机构、会计师事务所等中介机构必须诚实守信，勤勉尽责，充分了解发行人的经营情况和风险，并对发行人申请文件和信息披露资料进行全面核查验证、审阅其他中介机构出具的专业意见，对发行人是否符合上市条件做出专业判断，并承担相应的法律责任。

强化事中事后监管，建立对证券交易所审核工作的监督制约机制。证监会发现涉嫌违法违规的，应当立即调查核实，并视情况中止、终止或撤销注册。大幅提升行政罚款和刑事罚金数额，让失信欺诈者付出沉重的经济代价①。证监会对证券交易所审核工作的监督是一项新的内容，要对审核规则和上市条件履行审批职责，交易所在审核中遇到的重要政策和复杂疑难问题要提交证监会决定。同时，督促交易所建立内部防火墙制度，定期或不定期地检查审核工作，落实监督问责机制。

会计师事务所的执业质量直接关系到信息披露的质量，财务信息是发行人信息披露的核心，因此，加强对会计师事务所的监管关系到注册制改革的成败。从事公众公司审计业务的会计师事务所不同于一般会计师事务所，承担对委托人和投资者的双重责任与义务，目前由证监会和财政部共管的模式，带来责任不清、重复监管、效率低下等问题，迫切需要进行改革。

以上“三取消”“三强化”概括了注册制改革的主要内容，集中体现在改革的目标上，即建立市场主导、责任到位、披露为本、预期明确、监管有力的股票发行上市制度。抓住这个“牛鼻子”，就能带动和促进资本市场的一系列改革，优化资本市场发展的生态环境。可以说，注册制是带有长远性、根本性、全局性的重大改革。

作者简介：

肖钢，1958年8月出生于湖南长沙，法学硕士，1976年参加工作，曾任中国证券监督管理委员会主席、党委书记。中共十七大代表，中共第十七届中央候补委员、第十八届中央委员。

① 要全面落实负有责任的董事、监事和高级管理人员个人的法律责任，实行最严厉的市场禁入措施，改革完善民事赔偿责任制度，针对欺诈发行和虚假陈述民事赔偿案件涉及人数众多的特征，对代表人诉讼制度做出有针对性的安排，着力优化方便投资者获得民事赔偿的机制和途径。同时，出台责令回购股份，责令现行赔付等制度，更好地适应证券市场民事赔偿的特殊性，让投资者有效地获得经济补偿。

八千里路云和月

——记1998年证券市场的清理整顿

陈耀先（中国证监会原副主席）

陈耀先在中国（深圳）国际期货大会上发言

1998年3月至1999年下半年，我们在全国范围内对证券市场进行了五项清理整顿。为此，我们成立了一个清理整顿办公室，具体负责出面和协调各方的关系。

这五项整顿是：清理整顿场外非法交易场所、清理整顿证券经营机构、清理整顿期货市场、清理整顿证券交易中心、清理规范原有投资基金。

这个过程充满了矛盾，利益交织，很多困难和问题前所未有。完成清理整顿任务的整个过程是艰苦卓绝的。如果没有党中央和国务院的支持，没有证监会统一监管与集中制控制的垂直管理的监管体系，没有我们这样一支懂宏观、知业务、识法规、能战斗的集中起来的监管队伍，是不可能完成任务的。现在看，这是一支证券期货市场的监管生力军。

我来简要谈谈这五项清理整顿的原因、政策、方法及结果。

（一）清理整顿证券交易中心

这里所称证券交易中心，是指1991年以来未经中国人民银行总行批准越权设立的（人民银行的分支机构批设的），从事上海、深圳证券交易所联网交易业务，及从事非法股权证、基金挂牌交易的证券交易场所。1991年以来，各地自行批设的证券交易中心有26家。

证券交易中心是在特定历史背景下产生的，在证券市场起步时期，曾发挥了一定的积极作用，但随着证券监管工作的逐步规范和技术手段的日臻成熟，证券交易中心原有一些功能已为沪深证券交易所取代。证券商已可以直接与上海、深圳证券交易所联网，不必通过证券交易中心完成交易和清算过程，也无须增设新的证券交易所。证券交易中心管理上的问题和风险隐患日益突出，亟须进行清理整顿。

当时，证券交易中心存在的问题集中体现在五个方面：一是在会员管理上存在严重漏洞，一些不具备证券经营资格的非法机构，也成为交易中心会员，参与证券交易所的代理买卖活动，存在巨大的风险隐患；二是有的证券交易中心利用交易跑道和信息优势，直接参与证券买卖，非法从事证券自营等证券公司业务；三是少数证券交易中心擅自挪用会员清算资金或对外拆借资金，自行申购新股，甚至从事房地产经营，形成巨额资金缺口；四是有些证券交易中心严重违反国家规定，开具虚假国债代保管凭证，开展虚假国债回购交易，酿成巨大债务链，长期难以清偿；五是部分证券交易中心擅自从事非上市公司股票、股权证、投资基金等场外非法证券交易活动，这些交易品种没有经过严格审查，缺乏统一的上市标准和信息披露制度，交易和清算风险难以控制，投资者的利益得不到保障。

上述这些问题，不仅不利于证券市场的安全运行和规范发展，而且扰乱金融秩序，蕴含着极大的金融风险，必须下决心进行清理整顿。

1998年9月国务院批转了证监会关于《清理整顿证券交易中心的方案》，基本原则有三点：一是要彻底，不留尾巴；二是要妥善处理，不出风险；三是要有计划、有组织地进行。明确宣布不再设立全国第三家证券交易所，打消一些地方政府的预期。

根据方案规定，全国现有的29家证券交易中心（含STAQ系统和黑龙江证券登记公司），都是本次清理整顿的对象。有的证券交易中心以一套班子、两块牌子的方式，注册成立了证券登记公司，也要一并清理撤销。天津、武汉证券交易中心和STAQ系统（全国证券交易自动报价系统），因开展违规证券回购交易活动，造成了会员间的巨额债务拖欠，应当在有关部门依照国发〔1996〕20号文件的要求，对其回购债务清理工作作出结论之后，再由当地政府或主管部门负责，比照该方案进行清理整顿。少数仍在挂牌交易非上市公司股权类证券和证券投资基金的证券交易中心，按照清理场外非法股票交易的文件规定进行彻底清理后，再解决出路问题。

陈耀先和周正庆主席（右）在工作中

根据方案的规定，清理整顿证券交易中心要在中国证监会的统一组织和指导下，由当地人民政府具体组织实施。拟分三步走，即清查资产、分流业务、撤销机构。

清查资产是做好证券交易中心清理的基础，各证券交易中心占用的会员席位费，原则上应当退还给会员。确保联网业务的顺利交接，是整个清理工作的重中之重，必须平稳过渡。目前，各证券交易中心联网股票交易量约占上海、深圳交易所股票交易量的40%左右。因此，确保证券交易中心联网业务的顺利交接，也是维护整个证券市场正常进行的关键。清理整顿中联网交易业务的分流工作主要由沪深证券交易所负责。为此上海、深圳证券交易所分别设立了专门工作小组。各地证券交易中心要积极配合证券交易所，制订周密方案，认真组织落实。

该方案对撤销后的证券交易中心给了三条出路：一是可以由符合条件的证券公司收购，改组为证券交易营业部；二是符合证券经纪公司设立条件的证券交易中心，可以申请改组为证券经纪公司；三是几家证券交易中心可以联合收购一家证券公司，改组为新的证券经营机构。这里所说的证券经营机构是指，达到设立综合证券公司条件的可申请设立证券公司，达到设立经纪公司条件的只能申请设立经纪公司。经过清理整顿，到1999年底，26家证券交易中心的原有业务已经停止或者分流，开始进入改组阶段，中国证监会组织力量，对各地清理整顿工作进行检查和验收。对清理完毕并经地方政府和上海、深圳证券交易所验收合格的证券交易中心改组为证券公司的营业部，比如青岛、安徽、江西、新疆、重庆5家证券交易中心改制为证券公司的营业部；山东、河南、湖南、福建等省证券交易中心申请联合改组为一家证券经纪公司。

我讲一下关闭联办STAQ系统的故事。摘联办STAQ系统牌子的时候，我们工作小组召集了九个省的秘书长开会，那天我来主持会议，讨论来讨论去，拿不定主意。到底摘不摘？那个时候联办因为技术问题，已经关闭了。最后，我决定不开了，那一天是1999年9月9日，我们将STAQ系统彻底关了。关闭STAQ系统的决定就是在这次会议上定下来的。

无独有偶，时隔19年，2018年11月基金业协会在苏州让我给王波明颁奖（中国基金业个人杰出贡献奖），王波明是中国改革开放后最早的一批留学生之一，曾在美国纽约交易所任职。1987年回国后，他积极推动、策划并参与了中国证券市场的创建。20世纪90年代初，他亲自组织和实施了许多重大项目的投资，开创了多项投融资先例，STAQ系统就是他和几个年轻人创办的，我颁奖时，对王波明开了个玩笑。

我说：波明，你在中国证券市场的建设中是顶层设计的高参，当时创办的联办STAQ系统不容易，也是开放市场的需要，是我决定给关了。王波明马上说，“陈主席，你关得对、关得对”。苏州会议还对我们这段对话专门做了花絮报道。

2018年11月，陈耀先在苏州给王波明颁奖

（二）关于清理整顿场外非法股票交易

场外非法股票交易是指未经国务院和国家有关部门批准，擅自设立股票（股权证）交易场所，从事非法交易的活动。1997年底对12个省、市的调查表明，已设立股票（股权证）交易场所21家，挂牌公司248家，总股本约211亿股（其中流通股71亿股），平均股价4元左右，投资者人数约286万人。

根据当时的法律法规，未经国务院批准而擅自设立的证券交易场所和开展股票（股权证）交易活动都是非法的。除上海、深圳证券交易所外，各地存在的证券交易场所，都在清理之列，在非法交易场所进行的交易活动，是不受法律保护的。虽然大部分是在本地开展股票交易业务，表面看也没有出什么大的事情，但风险是隐藏着的，也是逐步积累的，在一定条件下，可能因一件小事引发和暴露问题，进而酿成全国性的风波和危机。因此，对场外非法股票交易如不尽早下决心清理整顿，必然后患无穷，这绝不是危言耸听。我们报了一个方案，3月经国务院办公厅批转明确：凡是未经国务院批准擅自设立的产权交易中心、证券交易报价系统、证券交易中心等机构所从事的非上市公司股票、股权证等股权类证券的交易活动，都在清理之内。也包括证券公司、信托投资公司等从事股票柜台交易的交易场所。

总的原则是，清理整顿工作由地方政府负责，中国证监会负责组织、指导、协调和督促工作。说句土话叫“谁的孩子谁抱走”。

对于那么多的挂牌企业我们给出七条政策措施：

一是有条件的挂牌企业，可按照市场价格赎回其流通股。所谓有条件，主要是指企业有资金、市场股价接近发行价或每股净资产值。

二是在自愿的前提下，鼓励其他企业收购有发展前景的挂牌企业的流通股，作为长期战略投资。这里所说的其他企业，既包括上市企业，也包括非上市企业；既包括国有企业，也包括集体企业、私营企业。所谓有发展前景的挂牌企业，是指资产质量较好，产品有市场、有销路，预计将来经营业绩较好的企业。

三是鼓励行业相同或相近的拟上市或已上市公司吸收合并资产质量较好、有发展前景的挂牌企业；此类挂牌企业的流通股，可在转换为上市公司的股份期满三年后，到上海或深圳证券交易所上市。这是指在合并双方自愿的前提下，将一些比较好的挂牌企业并入已取得上市指标准备上市的公司或已在上海、深圳证券交易所上市的公司，将挂牌企业的股份转换为拟上市或已上市公司的股份。

四是少数效益较好、偿债能力强、具备发行企业债券条件的挂牌企业，经国家发展计划委员会会同中国人民银行、中国证监会依法严格审批后，可将其流通股转换为企业债券。所谓发行企业债券条件，主要是指《企业债券管理条例》第十二条规定的条件，即企业规模达到国家的要求、财会制度符合国家规定、发行企业债券前连续三年盈利、所筹资金用途符合国家产业政策等。

五是对少数业绩较好、规模较大、符合上市条件的挂牌企业，可依法推荐单独上市；若干业绩较好、行业相同或相近但规模不大的挂牌企业，可经过资产重组后推荐上市。推荐挂牌企业上市，列入所在省（自治区、直辖市）的新股发行上市计划。

六是对不具备以上条件的挂牌企业，要动员现有股东（特别是内部职工）继续持有其股份，享受股东权益。

七是非法股票交易场所全部业务清理完毕之后，由所在地政府负责关闭；符合条件的，经中国证监会批准，可以转为证券营业部。

山东省是这次清理整顿的重点，也是这次清理整顿最富有成效的地区。经过近两年的紧张工作，在山东挂牌的148户企业全部摘牌，143个交易网点全部关闭或退出该项业务，整个过程基本平稳，实现了清理整顿的主要目标。

到1999年底，涉及全国18个省、自治区、直辖市和340万投资者的41个非法股票交易场所全部关闭，520家挂牌企业已全部摘牌，在没有花中央财政一分钱、没有出现大的问题的情况下，基本化解了风险隐患。

这件事情我们干得很精彩。事后我向时任副总理温家宝（当时还兼任中央金融工委书记）汇报时，他非常满意，表扬了我们清理整顿七条意见政策的有效性。戴相龙也在，他当着温家宝副总理的面问我，你们不花财政一分钱，是怎么做到的？他说人民银行在解决历史问题上可是花了不少钱呢！

（三）清理整顿证券经营机构

截至1997年底，我国的证券公司已发展到90家，另有237家信托投资公司获准兼营证券业务，遍及全国的证券营业部已达2240个。证券经营机构的发展，在筹资者与投资人之间搭起了专家服务和信息系统的桥梁，推动了国有企业改革和投融资体制改革，促进了证券市场的发育，也为利用证券市场筹集建设资金作出了重要贡献。但是，由于我国证券市场的发展时间不长，证券经营机构的运行尚处在规范当中，不少机构在经营管理和资金运营方面存在比较严重的问题，不仅不利于自身的健康发展，而且危及证券市场的稳健运行。这些证券经营机构的主要问题是：经营模式单一，业务范围雷同；非证券类资产比例过高，资产质量差；信托业与证券业混业经营，风险相互渗透；部分财政证券机构违规参与股票业务；有些地方存在非法经营证券业务的情况；挪用客户保证金现象普遍存在。

国务院办公厅转发的《清理整顿证券经营机构方案》，明确了进行证券经营机构清理整顿工作的原则、对象和主要措施：清理整顿的根本目的，在于规范证券经营机构的运营，实现标本兼治，要按照分业经营、分类管理的原则；清理整顿的对象和范围包括现有证券公司、兼营证券业务的信托投资公司以及它们设立的证券营业部，还包括部分财政证券公司、国债服务部以及各类非法设立的证券经营机构和证券交易网点。

通过对证券经营机构的分类注册和分类管理，建立起证券经营机构的专业化分工体系，将证券公司分为综合类和经纪类；规范证券经营机构的业务范围，逐步分离其非证券类业务；清理整顿从事证券业务的信托投资公司；对财政系统经营证券业务的机构进行清理和重组；清理和取缔各类非法的证券经营机构和证券营业网点。

清理整顿前，全国90家证券公司普遍存在挪用客户交易结算资金等问题，违规经营十分严重，有的甚至大搞账外经营，形成了严重的风险隐患。经过一年多的清理整顿，到1999年底，已有35家证券公司完全归还了客户交易保证金，在严格规范审查的基础上，新批准了15家证券公司增资改制，批准了4家证券公司为综合类券商，并逐步健全合规业务，各地、各公司十分重视依法规范问题，证券公司自律意识有较大增强。对清理整顿中的困难、风险和问题有了充分的准备，遇有类似广东国民信托那样重大的问题，立即采取了有效措施，化解了矛盾，保持了社会稳定。

（四）清理整顿期货市场

我国的期货市场自20世纪90年代初开始试点以来，存在很多不容忽视的问题，当时从主观认识上和客观条件上都不具备大力发展期货市场的条件。虽然经过1994年的规范整顿，到1997年底，我国还有期货交易所14家，期货经纪公司286家，期货品种35个。期货交易所和期货经纪公司仍然过多，运作不规范；少数机构和个人为了牟取暴利，蓄意违规，联手操纵市场，造成期货价格异常波动；有的交易所为利益所驱动，盲目追求交易量，放松管理，默许甚至纵容操纵市场的行为；一些机构和个人利用国有资产、银行贷款进行期货炒作；有的用重金收买、出租席位，以期货名义进行非法集资，非法进行境外期货交易、外汇按金交易等。

1998年8月，我们开始对期货市场进行清理，当时存在14家期货交易所太多太乱，拟进行清理和撤并，只在上海、大连和郑州保留3家期货交易所，其他地方的期货交易所改组为地方交易厅、期货经纪公司或证券经营机构，撤销的9家交易所停止期货交易并作出客户保证金、会员资格费和席位费清退计划，提出了改组方案。同时，保留的3家期货交易所根据中国证监会下发的指导性原则，已完成对交易所章程、交易规则和期货合约的修订工作。保留的12个期货交易品种，多数已完成重新设计。600家期货兼营机构已基本停止代理业务并清退了客户保证金。期货市场运行比较平稳，成交规模进一步下降；成交量进一步向保留的3家交易所集中；成交量进一步向少数品种集中。

1998年期货交易主要集中在绿豆、铜、大豆和天然橡胶四个品种，分别占总成交金额的56%、 15.7%、18.4%和2.6% ，合计占总成交金额的92.7%。此后，出台了《期货交易管理暂行条例》及四个配套管理办法，期货市场开始步入了规范试点的轨道。

（五）清理规范原有投资基金

所谓原有投资基金，是指在《证券投资基金管理暂行办法》颁布以前，已经存在的各类投资基金，俗称老基金，是由中国人民银行总行批设、各地越权或擅自批设的投资基金。

截至1996年末，中国人民银行总行和地方分行、个别地方政府陆续批设了75只投资基金，实际发行73只，扣除两只已经到期清盘的基金，现存71只，募集资金50多亿元，总资产为96亿元，共有投资者120多万名，平均每只基金有1.7万名投资者。这些基金分布于27个省、市，涉及地区范围较大。

这些基金由于各种原因形成了许多问题，主要是：

1.设立不规范。除4只基金由中国人民银行总行批准，其余都是各地越权或擅自批准设立。

2.资产结构不合理。50%以上的资金投资于房地产或实业，证券投资比例平均不足30%，有的已经发生严重亏损。

3.运作不规范。有的基金管理人和托管人两位一体，有的没有托管人，基金资产与管理人资产混用，有相当一批基金由信托公司管理，基金资产的安全性很差。

4.交易方式混乱。绝大多数基金是在缺乏法律设立基础的地方证券交易中心挂牌，交易活动无法可依。

上述情况表明，原有投资基金已经不能适应我国证券市场规范发展和严格监管的要求，不能适应广大投资者对基金理性投资的需要，有必要对原有投资基金进行清理和规范。

1997年11月，国务院证券委发布了《证券投资基金暂行办法》，据此，新的证券投资基金开始筹建。在新基金试点的同时，中国证监会开始着手对原有投资基金进行清理整顿。

根据国务院批转的《清理原有投资基金的方案》（以下简称《方案》），要求原有投资基金未经批准，一律不得扩募，不得续期，不得改变交易方式和变更交易场所。对已到期但尚未清盘的原有投资基金，自《方案》下发之日起3个月内清盘完毕。对未到期的原有投资基金，首先调整存续期，封闭式基金存续期要调整为10年以内，原有开放式基金转为10年以内的封闭式基金，在未转为封闭式基金之前，原则上只允许赎回，不得申购；其次，要调整资产组合，原有投资基金的资产应逐步调整为上市公司流通股、国债和现金等高流动性资产；最后，停止原有投资基金在地方证券交易中心的交易，并在各证券交易中心关闭之前摘牌。

采取以上措施后，区别不同情况，分类规范处理。

1.经规范符合条件的基金，纳入正常监管轨道。考虑到完全按照《证券投资基金管理暂行办法》来规范，原有投资基金难以达标。为使原有投资基金的规范具有可操作性，《方案》规定，在《方案》下发后半年内，存续期调整为10年以内，基金资产全部调整为上市公司流通股、国债、现金等高流动性资产，规模在2亿元人民币以上的原有投资基金，经具有从事证券业相关业务资格的会计师事务所审计，报经中国证监会组织验收后，交由中国证监会批设的基金管理公司管理，由中国证监会和中国人民银行核准的基金托管人托管，纳入正常监管轨道。已在证券交易所交易并符合交易所有关上市条件的可继续交易，符合上市条件但未在证券交易所交易的，可以在证券交易所交易。存续期及资产组合调整后，符合上述规定但基金规模不足2亿元人民币的原有投资基金，经持有人大会同意，可进行合并，合并之后达到上述条件的原有投资基金期限不得超过10年（以合并方最早设立的时间为起点）。经验收合格后，也可交由经批设的现有基金管理公司管理，纳入正常监管轨道，从而使那些规模较大、运作较为规范的基金得以存续发展。

2.根据《方案》，具备转为金融债券条件的基金，经中国人民银行批准，可转为以原有基金的主要发起人、管理机构或其股东为债务人的金融债券。

3.经规范达不到规定条件，也不能按规定转为金融债券的基金，或持有人大会通过决议要求清盘的原有投资基金，在本方案下发后1年内完成清盘任务。拟清盘基金资产变现后，基金资产不足按面值90%支付给个人持有人的，不足部分由发起人、管理机构和托管机构协商解决。

4.原有投资基金清理规范完毕后，有关人员要妥善安置，现有设备要充分利用，原有基金管理机构予以撤销。对具有省级以上人民银行分行颁发的许可证，经营较好、在清理规范过程中认真履行职责的独立的基金管理机构，撤销后符合设立证券经营机构条件的，经批准，可由证券经营机构收购改组为其下属证券交易营业部。

简言之，就是把有条件的老基金改造成规范的新基金，不具备条件的改为金融债券或者清盘。

这项清理规范工作，由各原有基金管理机构、托管机构、发起人等共同提出清理规范方案，经地方人民政府审批后，报中国证监会、中国人民银行备案。

值得说明的是，原有投资基金清盘的风险在于基金资产质量较差，清盘变现后的价值与基金交易价格有较大差距。交易价格与清盘基金变现价值差距越大，基金清盘面临的风险就越大。操作不慎，会引发大量投资者的不满而影响市场稳定。为增加原有投资基金清理规范的透明度，自《方案》公布之日起，原有基金管理机构应每月至少一次在中国证监会指定报刊上公布基金资产净值。通过真实和充分的信息披露降低基金持有人的心理预期，减少人为的市场炒作，使基金市价逐步向净资产回落，降低基金清盘时的差价风险。

到1999年底，已经有三个省的清理规范方案获得批准，涉及11只基金，有10只老基金通过资产置换，合并改制成4只证券投资基金，这项工作进展顺利。

我们搞清理整顿，规范证券市场用了一年多时间。其中碰到过很多难题，在这项工作结束后我常常感念当时证监会清理整顿工作小组成员，还有派出机构的许多干部，很多问题是他们去接触，具体问题都是批给他们去解决的。

证券市场违法违规机构的清理整顿，与资本市场规范发展相生相伴。历史可能重演，然而历史是螺旋式发展并不断进步的。“三十功名尘与土，八千里路云和月”。难忘清理整顿的那些艰难而又光辉的岁月，难忘在全国各地开过的大大小小的会议，发送的无数个传真件，多少个夜晚辗转反侧，多少个时刻面对风险和危机，我们的经验和教训对今天处理好全国交易场所和区域性股权市场发展之间的关系，对今后多层次资本市场健康有序发展具有重要的可借鉴的意义。

谨以此文献给中国证券市场建立三十周年，感谢我们这任的周正庆主席和党组成员们（王益、耿亮、陈东征、范福春、马忠智）；感谢曾经与我一路走过的证监会系统的全体干部；感谢始终在清理整顿办公室日夜辛苦的所有同志们、朋友们。

2020年6月16日于北京

作者简介：

陈耀先，1997年至2000年任国务院证券委员会副主任，中国证监会党组书记，中国证监会党委副书记、副主席，中国人民银行货币政策委员会第一届委员。2000年至2002年任国务院经济专题调研办公室副主任。后任中国证券登记结算公司董事长，北京金融街商会会长。兼任中国金融学会副会长，中国国际金融学会副会长，是第十届全国政协委员、全国政协经济委员会副主任。2008年被授予世界生产力科学院中国籍院士。

帮助越南建立资本市场

陈耀先（中国证监会原副主席）

右：越南总理潘文凯　左：陈耀先

1998年2月，我率领中国证监会代表团出席在印度孟买举行的证监会国际组织亚太地区委员会，会上做了主旨发言，题目是“证券市场需要完善的监管体系”。

会后，我们一行应越南政府邀请访问了越南。那年，越南国家证券委员会（SSC）刚成立不久，还没有交易所。他们急于向中国取经。因为中国和越南都是社会主义政体，体制相同，都是高度集中的政治体制和经济体制，都在从计划经济向市场经济转轨的过程之中。所以越南方面对我们的来访十分重视。

刚上任不久的越南总理潘文凯接见了我们。一个国家的总理接见中国证券市场的代表团这还是第一次。

潘文凯总理是越南的改革派，刚刚上台不久就遭遇了东南亚金融危机的冲击，他与时任越南证券委的阮主任认真听取了我们的介绍并与我们进行了详细的讨论。在座的还有中国驻越南大使李家忠。

左：越南总理潘文凯　中间：陈耀先

中越交流座谈会

我们讲述了中国证券市场创设之初姓资还是姓社的理论之争，我们告诉他们股份制和证券市场作为在经济改革中出现的新事物必须经历一个认识上逐步统一和深化的过程。

我们讲述了邓小平同志1992年南方谈话的故事。邓小平在南方谈话的时候说过："证券、股市这些东西究竟好不好？有没有危险？是不是资本主义独有的东西，社会主义能不能用？允许看，但要坚决地试，看对了，搞一两年对了，放开；错了，纠正，关了就是了。关，也可以快关，也可以慢关，也可以留一点尾巴。总之，社会主义要赢得与资本主义相比较的优势，就必须大胆地吸收和借鉴人类社会创造的一切文明成果，吸引和借鉴当今世界包括资本主义发达国家的一切反映现代社会化生产规律的先进经营方式、管理方法。”我们告诉越南朋友，邓小平同志这些重要观点，解决了如何认识社会主义与资本主义的大是大非问题，给我们带来了思想的彻底解放，为中国证券新兴市场的发展铺平了道路。

接下来我们详细介绍了中国两家交易所创设过程的情况，特别向他们讲述了中国证券市场的功能、监管体系及监管理念。1998年我们初步完成了监管体系的重大改革。我们向越南证券委讲述了我们是如何建立统一监管与集中控制的监管体系，包括对交易所的行政集中控制和全国监管机构的垂直整合。

完善的证券市场监管体系恰恰是我在刚刚结束的国际会议上的发言主题。1998年2月16日，中国证券报就我的发言内容做了综述报道，而报道的内容也是我们向越南证券委及潘文凯总理传达的。我们告诉越南朋友，中国证券市场是一个新兴市场，还在不断规范发展之中。经过几年的实践，证券市场进一步明确了发展方向，即根据本国的国情，利用股票市场为国有企业开辟融资渠道，促进企业制度创新，促进国有经济的战略性改组和结构调整，提高经济效益。用三年左右时间为大多数国有大中型企业摆脱困境作出贡献。

我们告诉潘文凯总理：中国政府对证券市场的建设和发展十分重视，制定了“法治、监管、自律、规范”的八字方针。中国证监会以此作为指导思想，在培育市场需求、增强有效供给、完善法律法规、加强市场监管、严格信息披露、规范市场行为、保护投资者方面取得了较大进展。我们共同探讨了东南亚金融危机对证券市场带来的影响和加强统一监管的必要性与迫切性。

我向潘总理表示：中国证监会一贯重视借鉴其他国家和地区证券市场发展的经验和教训，将一如既往地加强与证监会国际组织及其成员在证券监管方面的交流与合作。

我们的访问受到热烈的欢迎。我们的交流气氛热烈而友好。我们的经验介绍对刚刚起步的越南证券市场有很大的帮助。他们一开始就借鉴了我们的经验。我们离开后，越南便创设了两家交易所。胡志明市证券交易所（HOSE）和河内证券交易所（HNX），分别成立于2000年7月和2005年3月。

越南晚于中国证券市场的发展，自然而然地较多借鉴了中国的经验，其

陈耀先与潘文凯（右二）交谈

胡志明市证券交易所

证券市场在结构方面较类似于中国证券市场。层次结构方面也区分为主板市场和中小企业板市场，也有两个分别处于不同城市的证券所；股票品种结构方面也是国有企业股票和私人企业股票并存，上市国有企业的规模较大而私人企业的规模较小。在监管上两国政府都是中央政府主导证券市场的发展，可以对证券市场进行强烈的干预。

越南证券市场的发展，其速度是惊人的，其成绩也是令人瞩目的。1998年我们出访后不到两年，2000年7月，胡志明市证券交易中心正式成立，仅有2家上市公司；2004年底增加到27家。此外，还交易30多种国债、2只企业

代表团成员从左至右：王京、戴建国、戴文华、陈耀先、金旭、李冬萍、崔伟

越南证券委2019年工作会议

债券和1只证券投资基金。2005年3月，又成立了第二个证券交易中心，河内市证券交易中心，其地位相当于中小企业板，成立之初也仅有6家上市公司。同年，政府宣布，除金融、银行和电信业等少数行业以外，取消了外国个人和机构投资者持股不得超过30%的限制。发展至今，两个交易所共有上市公司200余家，流通股总市值约400亿美元，另有数千家公司通过非正式的“柜

越南证券委到访深交所

台市场OTC”交易股票，柜台市场的确切规模和市值不得而知。但是据西贡证券公司的总裁阮维兴估计，至少有50万越南人在OTC进行股票交易，是河内和胡志明市证交所登记股民的5倍。

我们第一次出访越南后，越南国家证券委与中国证监会就建立了正式的合作关系。2005年6月27日，中国证监会尚福林主席与越南证券委员会陈春河主席在北京签署了《证券期货监管合作谅解备忘录》。

2018年11月29日上午，越南国家证券委员会主席陈文勇一行到访深交所。吴利军表示，中越两国关系基础良好，经济联系紧密，各领域保持着长期友好交往和合作。交易所作为重要金融平台，是国与国合作的重要载体。深交所与越南资本市场各界往来密切，越南证券业界代表团7次访问深交所，越南交易所4次来深进行专题业务交流，深交所也多次赴越开展合作调研，探索合作路径，推动跨境资本市场合作项目落地。在两国各界支持下，本次访问将进一步推动两国资本市场及交易所之间的合作，在探索市场互联互通、加强技术经验交流合作、加强人员交流培养、加强相互合作协调等方面取得广泛共识，为中国与东盟资本市场合作增添了新的动力。陈文勇一行还参观了深交所金融博览中心、技术中心等，了解中国资本市场发展历史、深交所建设历程以及深交所服务实体经济、促进对外开放等情况，并对深交所建设成绩以及与越南方面持续合作予以高度评价。我以为越南证券市场的飞速发展和巨大成就离不开中国的帮助，而源头就是我1998年带团的出访。

我们那次出访的意义非常深远：是桥梁，是宣言，是宣传队，是播种机。

此文完成于2020年7月29日

我与证券市场一起成长

——追记资本市场上所经历的几个片段

马忠智（中国证监会原副主席）

一、崭露头角

1980年9月，我眷恋不舍地离开了已工作16年的中国人民银行沈阳市分行大东区办事处，被调到市人民银行机关工作。在过去的16年里，大部分时间处于“以阶级斗争为纲”的“文化大革命”时期，在那“龙生龙凤生凤，老鼠天生会打洞”极“左”思潮阴影笼罩下，由于家庭出身和社会关系复杂问题，我高中毕业后便失去了升学机会，参加工作后又失去了入党提干晋升机会。但我从未气馁，以“可以教育好的子女”身份，夹着尾巴做人，永不言输，奋力拼搏，越挫越勇，从银行出纳部门清点损伤券这一最基层的工作做起，一下登上了银行业务金字塔尖——工业信贷部门，一干就是15年，历练人生、丰富和积淀自己。在史无前例的“文化大革命”时期，我被排斥在“革命”队伍之外，便充分利用别人“闹革命”的时间，潜心苦读大学课程和书籍，并在“文革”后期“抓革命，促生产”有利时机得以应用和完善，从而熟练掌握银行信贷知识、企业财务知识和企业经营管理与生产知识，取得骄人成绩：有生以来第一次独立完成的调查研究报告就得到了市委书记批示和高度评价（这也是沈阳市银行系统首次得到市委书记批示的调研报告）；在全国性清产核资工作中两次均在选定的试点之外，凭一己之力率先取得经验在全市范围交流推广；全区总结学雷锋先进事迹共上报五件，其中我一人独占两件；在全市两次统一业务竞赛考核中均获全市、全省第一名；多次在省行金融研究所理论刊物上发表颇有见地、独特性的理论文章，进而引起了省、市人民银行领导的高度重视。恰逢金融改革大潮来临，急需人才，组织上把我从区办事处调到市行机关专司研究金融改革工作，为我人生成长提供了新的更大的平台。

我刚被调到市行机关不久便被提拔为副科长，这是我艰苦奋斗18年第一次从普通员工提拔到领导岗位。这完全得益于中组部明令不再强调家庭出身，一视同仁等大的政治环境的变化；得益于我十几年如一日坚信“路漫漫其修远兮，吾将上下而求索”，坚忍不拔、历练自己，不倦追求、积淀自己。我已年过37岁，耗费了工作生涯百分之四十以上的时间，无怨无悔地奉献了最宝贵的青春年华换来的第一次晋升机会，表明组织上对我多年不懈努力所取得的成绩的认可，也预示着我人生春天的到来。

同我一起调入市行机关的另外一名老同志邱明晔（我称其邱老）是旧社会银行襄理（相当于现在市行的副行长），时任某区办事处副主任。我们一老一小肩负重任，共同研究探索金融改革之路。按邱老的指示，拿着市人民银行的介绍信到省、市图书馆查阅“敌伪档案”（对外没有公开的日伪和民国时期的历史资料），对照现在的银行业务，挖掘被我们摒弃的银行传统业务。通过查阅，我惊异地发现早在20世纪30年代中叶，我国经济和金融业相当发达。特别是在金融方面，大上海，十里洋场，发达程度难以想象，雄踞亚洲第一，远超东京、香港、新加坡、汉城。上海外滩就是在那个时期，各国外资银行在那里竞相建造营业大楼，形成赫赫有名的上海外滩街景，成为一个时代的符号。我被当时银行业务发达程度所震撼，利用两个多月时间认真苦读，博学强记，潜心研究，在浩瀚的“敌伪档案”里汲取养分，挖掘一切可以借鉴利用的东西。当我看到股票业务时，眼前便浮现小说《日出》里描绘的股票投机惊心动魄的场面，并对我产生了磁石般的吸引力。按金融理论讲，银行业务都属于间接融资，股票证券业务属于直接融资，是截然不同的范畴。我国旧社会证券业务相当发达，在现代发达资本主义国家直接融资比重已超过间接融资比重。新中国成立以后我们照搬苏联计划经济模式，完全摒弃市场经济，使已经遥遥领先亚洲各国的资本市场业务戛然而止，实在可惜。我们所尊崇的马克思对股份公司发行股票在国民经济中的作用阐述得淋漓尽致，他说：“假如必须等待积累去使某些单位个别资本增加到能够修建铁路的程度，那么恐怕直到今天世界上还没有铁路。但是，集中通过股份公司转瞬之间就把这件事情完成了（《马克思恩格斯全集》第23卷第688页）。”我们共产党人推崇马克思主义，不知为什么把这段教诲忘记得一干二净，甚至背道而驰，百思不得其解。

我在博览群书、融会贯通、深入研究基础上，感到我们完全可以学习、借鉴，古为今用。我先后摘抄了三万多字笔记，成为我在证券市场上收获的“第一桶金（知识）”，使我在后来证券市场工作中，以先入为主、一步领先步步领先的优势在市场上游刃有余，为我日后开拓此项业务，著书和代中央机关乃至国务院起草文件奠定坚实基础。直到现在，每每听到一些同志讲话，看到一些文章，可以断定绝大部分人没有看过当年我所研究过的历史资料，暴露其缺乏历史研究，知识之浅薄，观点之谬误，有违客观历史事实。譬如，在20世纪90年代初，我国改革开放重新恢复和建立证券市场，注意我这里用的是“重新恢复和建立”，而不是许多人所说的“开始建立”证券市场，两种截然不同的判断和观点。那是不符合历史事实的，是隔断历史知识的浅薄表现。当时几乎所有媒体都讲，我国建立了第一个证券交易所、第一部证券法、第一……似乎中国过去从来就没有证券市场似的，岂非咄咄怪事。要知道，早在1914年北洋政府就颁布了《证券交易所法》，1920年革命先驱孙中山等就发起设立了上海证券物品交易所，1934年上海证券交易大楼落成开业，确立了远东地区金融中心地位，曾使上海证券业盛极一时。新中国成立以后随着我国抛弃市场经济及其为之服务的金融工具，证券市场很快销声灭迹，上海的亚洲金融中心地位很快陨灭失色，被他国所替代，实在令人痛心。我决心利用我的后半生，献身证券事业，为重振中国资本市场雄风奋斗终生。

1985年1月，沈阳人民银行与工商银行分设之后专司中央银行职能后，我幸运地被提拔为沈阳市人民银行副行长兼沈阳外汇管理局副局长。在现行银行制度下，中央银行是我国调节宏观经济和金融的中心环节。它执行着发行的银行、政府的银行和银行的银行三大职能。为了防止地方政府干预银行正常业务工作，人民银行实行人、财、物垂直领导管理体制，由中国人民银行（总行）进行统一管理。基层人民银行的职责更多地体现在管理货币发行金库和管理银行的银行以及研究、指导辖区内金融改革工作上。在此期间，我发现刚刚兴起的以国库券、企业债券为主的债券市场，由于发行中存在变相摊派等不规范行为，而且一经认购只能长期持有，不能上市流通变现，严重束缚证券市场的发展。于是，我利用查阅“敌伪档案”获得的“第一桶金（知识）”，发挥对证券市场先知先觉的优势，利用我市金融改革试点城市有利条件，充分利用我担任分行行长拥有一定决策权力的机遇，决定牛刀小试，以开办证券转让业务为突破口，推动我市金融改革进程。将“三个有利条件”（先得证券知识、试点城市和决策权力）发挥到极致，于1986年8月6日亲自导演、组织、审批，沈阳市信托投资公司在全国率先开办了证券转让（交易）业务，为我国重新恢复和建立证券交易市场进行了有益探索，成为轰动一时的金融体制改革重大新闻。这一段史实的具体决策过程、出台经过和国内外反应等，在下一部分详述。正因为我在最基层埋头苦干18年，虽然职务没有升迁，但在长期逆境中求生存，历练了坚忍不拔、勇往直前的精神，掌握了搞好证券市场必不可少的专业知识，为尽快深入市场，熟悉市场，把握市场，厚积薄发开拓新业务奠定了坚实基础。

正是：潜心积淀十八年，事竟成从磨砺出。

　　证券市场探奥妙，梅花香自苦寒来。

二、有意的尝试

1986年8月5日，在中国现代证券史上是个具有里程碑意义、值得纪念的日子。这一天，位居中国东北重镇沈阳市的信托投资公司在全国率先开办了有价证券柜台转让（交易）业务。这不仅是我国金融体制改革的重大成果，同时也是社会主义国度里开天辟地的新鲜事。从而，引起了国内外经济界、金融界、学术界和新闻界的极大关注，国内外各大新闻媒体广为报道和评论。沈阳市开办证券交易之后，国外反响比国内大，外地比本市反映强烈，这件事还曾被一些西方新闻媒体评为1986中国十大新闻之一。一时间，引来了许多国内外专家学者和新闻媒体的到访和考察。众所周知只有建立证券交易市场，证券发行市场才能得以延续，股份经济才能发展。在西方人眼里，中国搞了股份经济就是搞私有化，就是向资本主义靠拢。所以当时许多外国政客见到我第一句话就是“很高兴看到你们搞了私有化”。在20世纪80年代中叶，最忌讳的就是“私有化”这三个字。我反复宣传解释，我们建设社会主义是在坚持公有制基础上，发展包括股份经济在内的多种经济，不会完全照搬西方资本主义固有做法，我们要探索建立具有中国特色的证券市场。他们造访的目的归纳起来主要有三点：一是探究沈阳这项改革出台背后的故事和秘密；二是沈阳这项改革是货真价实，还是“挂羊头卖狗肉”，距国际规范市场差距有多大；三是沈阳这项改革“红旗到底能立多久”，能否坚持下去。的确，在我国国情下经济生活每项重大事件问世，每项重大改革措施出台，都要有一定的政治、经济环境和社会背景，都要经历反复曲折的过程，都要有一些人付出艰辛努力才能得以实践。可是人们常常陶醉于成功的喜悦，却往往忽略了成功背后的艰辛，如同登山一样，只看到“会当凌绝顶，一览众山小”，没看到登山的艰辛过程，不能认真总结经验教训，导致一些工作忘记了初衷，迷失了方向，停滞不前，甚至倒退。虽然现在已时过三十多年，但回顾当年一些鲜为人知的情节，颇有情趣。我想这也是这项改革得以出台的背后“秘密”吧。

（一）沈阳市为什么能在全国率先开办证券交易业务

这是许多有识之士苦苦思索和探究的问题。对此，人们有不同的揣测和判断，以致有人认为沈阳这项重大改革措施出台纯属偶然。其实不然，任何国家和地区若开办证券交易，必须具备一定的政治、经济和社会环境。不可否认，沈阳当时具备的改革条件，有些城市同时也具备一些，但几乎很少同时具备以下五个基本条件：

一是，政局稳定，环境较为宽松。当时沈阳市是全国计划单列城市，经济体制改革试点城市之一，也是全国五个金融体制改革试点城市之一。沈阳市市委、市政府为支持和鼓励改革第一线的同志放心大胆地投身改革开放事业，当时提出一个响亮的口号是“允许改革犯错误，不允许不改革”，使我们基层领导无后顾之忧，全身心地投入改革开放事业。在这项改革出台之前，上届沈阳市市长李长春同志，克服重重阻力，身体力行，亲自带领我们率先研究制定并出台破产管理办法，率先垂范激励我们在改革道路上奋勇向前。我们这项改革得以顺利出台，是与其旗帜鲜明的改革意志和地方领导率先垂范示范效应分不开的。

二是，经济相对发达，经济、金融环境较为开放。沈阳市改革开放以来，经济得到迅猛发展，呈现出经济稳步增长，物价稳定，市场繁荣，货币回笼，居民购买力不断提高；金融环境宽松，间接融资和直接融资比翼齐飞，双双得到较快发展的良好局面，形成难得的历史机遇。

三是，金融业相对发达，特别是证券市场初具规模。沈阳市自1985年起作为全国五个金融体制改革试点城市之一，进行大刀阔斧的改革，取得一些成果。从金融体制来看，先后完成了农业银行和工商银行分设工作，筹建了保险公司，同时在全国较早创办了16个城市信用社，5家信托投资公司，初步形成了以人民银行为领导，专业银行为骨干，其他金融机构为补充的组织体系。1986年当年，国家银行贷款规模较上年增长39%，这个增长幅度至今没有突破。证券市场取得了长足发展。当时沈阳企业债券发行量和人均持有量均居全国首位。证券发行市场相对发达，为市场提供了较充足的金融商品，为开放证券交易市场提供了不可或缺的前提条件。这在当时，除了上海市达到这一水平外，其他地方是无法比拟的。非常遗憾，沈阳这一优势至20世纪80年代后期逐渐丧失，其原因值得深思，有待深入探究和剖析。

四是，有一批勇于探索、具备一定专业理论水平和实践经验的金融工作者。沈阳市作为东北重镇，是在日伪和民国时期就建立起来的以机械制造为主体的重工业城市，新中国成立后“一五”期间苏联援助中国的156个项目中，沈阳就占9项居全国之首。沈阳市工业总产值20世纪50年代至80年代初，始终居全国前四位。工业相对发达，孕育和锻炼了一批优秀金融工作者。在改革开放大潮中涌现出一批具有不畏艰险、敢为人先的精神，勇于探索，敢于担当的“改革闯将”。譬如，我们在研究开办证券交易业务过程中，制定证券上市交易价格时，由于当时国库券存在摊派问题（多采用在发工资时直接扣收的做法），许多群众急需现金时很难兑现，私下交易价格较低。当时，国库券或企业债券面额一般为50元，期限在2~5年，利率在2%至4%，债券持有人持有2~3个月后，私下交易价格仅在42元左右，在开办柜台交易业务后交易价格上涨到48元左右。对此，有些人（甚至一些老领导）把这种纯属市场行为形成的交易价格，硬拉到政治路线高度来认识和批判。当时组织上审批这项改革的人提醒我：人家说你们搞证券交易，提出质疑“社会主义是好还是坏，五十块（元）给四十块（元）”。听到这样“上纲上线”的质问，对于一个长期备受压抑，刚刚从“二等公民”解放出来的我来说，承受的巨大压力是常人难以想象的。如果没有勇于探索、一往无前、敢于担当的改革精神，这项改革就有可能会夭折。这项改革说不定推迟到何时、何地才能出台。当然，这也提醒了我们改革措施出台之前一定要反复论证，慎之又慎，绝不授人以柄。

五是，在党的方针政策指引下，在中央有关部门直接指导下，以金融理论研究为先导，敢为人先，大胆实践。沈阳市这项金融改革措施出台，从策划到实施是在中国人民银行总行和国家体改委的指导下开展起来的。时任中国人民银行副行长刘鸿儒同志，国家体改委副主任安子文同志、试点组组长吴佩伦同志，多次听取我们的汇报并给予极大鼓励、支持和指导，推进这项改革工作的落实。特别是人民银行总行为了加强对试点工作的指导，通过向五个试点城市分别派出联络员的工作方式，使上情及时下达，下情得以迅速上传，发挥了积极作用。但对于这项改革具体出台时间一直没有向总行领导和联络员正式报告，主要是我个人有意而为之。其原因在于，我国许多重大改革措施出台，往往在“临门一脚”（即将出台时），如果哪个部门提点异议就有可能暂时被搁置，使前期准备工作前功尽弃，功亏一篑。任何一项重大改革措施出台，相关部门肯定各有各的难处，因此互相理解，互相鼓励，

时任国家体改委副主任安子文、中国人民银行副行长刘鸿儒在市政府领导黄毅祥、张瑞昌和省人民银行副行长赵锡安的陪同下考察沈阳证券市场，听取公司总经理孟铁、副总经理全巨山汇报

刘鸿儒同志深入柜台了解证券交易业务

互相支持，互相担待是成功的关键。我们这项改革，在前段即听到总行金融研讨会议上有人提出搞证券交易试点设想，同时也听到不少“杂音”，特别是对证券市场姓“资”还是姓“社”尚在争论之中。我担心这一极具争议的改革“临门一脚”随时可能发生变故，为保证这项改革按时出台，干脆一不做二不休，斗胆自作主张，具体出台时间我们定，错了我兜着、我负全责，免得牵连更多人。我深信改革大方向没有错，大不了让我检讨请示汇报就是了。古往今来有多少先驱为改革献出了生命，我万一被扣上犯了方向路线错误的帽子，也可为别人继续改革扫清道路，个人受点处分也在所不惜。我国的经济、金融体制改革，说到底就是调整各种权益关系的过程，必然存在不同看法和意见，在某些具体改革措施上，可能错误思想路线暂时占上风，改革者可能暂时蒙受不公待遇，这反而更加激发改革热情，改革大趋势、历史发展的潮流是任何人都阻挡不了的。

（二）沈阳市信托公司

这项重大改革在沈阳市信托公司出台也并非偶然。沈阳市信托公司于1985年6月刚刚成立一年时间，员工不过20人，是沈阳规模最小、开办时间最短的信托投资公司，办公条件十分简陋。美国记者的描述甚至是“中国证券交易在沈阳市一个尘土飞扬的小胡同面条铺里开张了”。对此，新华社《国内动态清样》也进行了转发和评论。美国这一报道我也是在内参上看到的。后来我见到西方记者再这么挖苦我们，我就反唇相讥，半开玩笑说：

"当初你们刚搞证券交易不也是在大槐树底下进行的吗？还不如我们还有个面条铺呢！"反正，我们搞点什么他们都用有色眼镜、异样眼光看待，讽刺挖苦是常有的事，对此我们也习以为常了。当时负责沈阳市金融体制改革的市人民银行领导班子只有孙学斌行长、孙培泮副行长和我本人共三个人。孙学斌行长是上届领导班子连任的老领导，作为"一把手"不仅业务精通，而且善于调动和发挥班子每个成员的积极性，放心大胆地让我全权负责具体组织落实资本市场方面的金融改革任务。孙培泮副行长也是精通银行各项工作的业务篓子，全力支持和鼓励我放心大胆开展工作。我凭借在图书馆查阅"敌伪档案"学到的"第一桶金（知识）"，并收集美国、日本，中国香港、中国台湾的有关资料，潜心研究，在借鉴他们成熟经验的基础上研究策划沈阳市开展证券交易业务。1986年4月，人民银行总行在大连棒棰岛宾馆开会期间，我专程赴大连向总行副行长刘鸿儒同志汇报了沈阳市金融体制改革情况及下一步打算。汇报中提到沈阳市近期拟试办证券交易业务，博得刘鸿儒副行长和宫著铭同志（国家体改委金融体制改革的委员）的肯定和赞许。回沈阳之后我多次召集金管处张龙江、崔润江和顾晶珠、刘文珂及信息处祁永贵、王慧等同志研究设计适合中国国情证券交易的办法、操作程序、上市品种、试点单位以及出台时间等。当时研究设计了几套方案，仅就选择试点单位来看，也有过小小的曲折。当时沈阳没有专业证券公司①，更没有现成的交易场所，只有几家兼营证券业务的信托投资公司。在这些信托投资公司中论创办时间、资历、实力，经营能力最强的当属沈阳市工商银行信托投资公司。因此我们多次派人甚至我亲自出面，请他们开展证券交易试点工作。由于该公司没有营业门点，婉言谢绝了试点工作。后来沈阳市信托投资公司证券交易试点成功，名声大噪后，他们无限惋惜地说：这项改革试点成功，不仅对完善和发育证券市场起着积极推动作用，而且对本公司来说也是扩大宣传、提高知名度的难得机会。花钱可以买到营业门点，却买不到试点成功的知名度。当初没有抓住送到门上的试点机会，一念之差，悔之晚矣。与此同时，我市成立时间最短，规模最小的信托投资公司——沈阳市信托投资公司从领导班子到业务主管同志都非常积极主动开展试点工作。该公司总经理孟铁同志主动请缨试点，并很快得到市长的支持（因该公司隶属市政府，重大改革必须经市政府首肯和批准）。具体实施方案和操作工作由该公司副总经理全巨山同志和业务主管缪金魁同志负责，每次他们到人民银行就

① 全国证券业务先由信托公司办理，直至1989年深圳组建了全国第一家专业证券公司——深圳特区证券公司，全国才陆续分立专业证券公司。说到这里，顺便多说一句：我国信托业务是典型的"起个大早赶个晚集"的行业，在我国非银行业务领域信托行业干得最早，发展最慢，受到多次清理整顿，至今仍是金融业发展短腿，亟待猛醒直追。这一问题有待以后再探讨。

径直找到我，具体汇报研究，反复推敲，不放过每个细节，甚至连开市交易价格都测算到角分。在全巨山副总经理和缪金魁经理等同志的努力下，功夫不负有心人，为市信托投资公司赢得了试点先机，使名不见经传的小公司，没花一分钱获得了任何广告所买不到的知名度。试点成功之后，该公司一夜间成了国内600多家单位2000多人次，国外70多家机构300多人次竞相考察、采访的对象。沈阳市信托投资公司全体员工以自己的实际行动谱写了中国证券史上光辉的一页。

有道是：有心看花花不放，无意植柳柳成荫。

（三）积极探索，有益争论，一锤定音

在沈阳市开办证券交易业务之前，无行无市，无交易价格可比，若想顺利开张营业，首先要解决上市交易开盘价格问题。鉴于我国国库券和企业债券在发行过程中存在摊派，非市场化运作实际情况，上市交易价格没有完全套用西方现成计算公式测算，而主要参照国家公布的国库券贴现率和群众私下成交的价格水平确定切实可行的开盘价格。时任人民银行总行驻沈阳联络员张志平处长是中国人民银行金融研究所研究生院（号称我国“金融黄埔军校”）第一期硕士研究生毕业的高材生，具有极强的事业心，不仅卓越地完成了上传下达工作任务，而且发挥自己的专业专长，为沈阳金融改革提出许多建设性意见和建议，力求试点工作更加规范，更加具有可操作性和可复制性（可以推广）。张志平同志听了我们的汇报后，对我们研究确定的开盘交易价格反复思考，彻夜未睡。第二天张志平同志便与我、全巨山、缪金魁等同志一起做最后敲定，他熟练地列出了西方成熟的市场债券交易价格计算公式，推算出沈阳市债券开盘价格，与我们原先初步确定的开盘价格有很大差距。沈阳信托投资公司的全巨山和缪金魁等同志据理力争，表示按计算出来的价格无法交易，公司无法经营。一度出现双方各持己见，据理力争，僵持不下的局面。最后，我充分肯定张志平处长的计算方法是完全正确的，并指出他的出发点也是为我们试点更加规范化所提出的建议，但考虑我国国库券和企业债券发售过程中存在不规范问题，因此完全按成熟市场测算方法确实有些勉为其难，可能行不通。当时我们开盘交易价格之争要害在于证券发行一级市场的不规范遗留下的隐患，想通过证券交易二级市场来规范难以实现。因此我们既要考虑规范化，又要考虑可操作性和公司承受能力。在保障公司不亏损的情况下，尽量减少投资者损失，向规范市场价格水平靠拢，建议按公司原来提出的买入价格再提高0.50元。我的建议得到大家的认可，取得了共识，“一锤定音”就这么办，从而结束了一场有益的争论。当时双方据理力争的场面记忆犹新，言犹在耳。我想，任何一项改革措施出台，任何

一件新鲜事出现都可能产生不同看法和意见，只要大家为了共同目标，开诚布公，各抒己见，甚至据理力争都是正常的，越辩越明，越研究越深，有利于减少工作失误。怕就怕固执己见，争论不休，议而不决，不了了之，到头来一事无成；怕就怕没经过充分论证，决而不议，未经充分讨论就匆忙拍板，极易造成决策失误，断送改革前程。作为组织者要善于听取、总结归纳各方意见，必须善于和敢于决断，结束无原则的或不伤大体的争议，推进改革进程。

（四）简短新闻发布会

证券交易业务离不开广大投资者的参与和支持，而这项业务在我国境内已经销声匿迹近四十年，我们这一代人在这方面的知识几乎是空白，一无所知。若想让广大投资者认知、接受和参与，必须采取最便捷、最新颖，人民群众喜闻乐见的方式，才能引起足够关注，收到预期效果。于是，我们准备了两套方案，一个方案是简单省事的发消息、登广告方式；另一个方案是借鉴国外普遍采用最公开、最透明、最便捷的新闻发布会方式进行，这在当时我国很少采用。我们撰写两份稿件，一份是给市长准备的新闻发布稿件，另一份是人民银行行长答记者问方式的宣讲稿。一切准备就绪之后，我和全巨山副总经理等一起向时任主管财贸工作的副市长黄毅祥同志进行汇报请示。黄市长听了汇报以后，对我们前段工作给予充分肯定和赞赏，市政府表示支持。他认为发消息、登广告作用不大，还是搞新闻发布会方式效果好些，届时市里通知新闻媒体到会就行了，并表示这种事没必要市长出面讲话了。后来我们反复宣传解释，再三强调市长讲话稿也已准备妥当，到会念一下就可以啦。最后黄市长决定以市政府名义召开新闻发布会，具体事情由人民银行马忠智副行长宣讲和答记者问。至于代表市政府讲话稿子，由他的助理张瑞昌同志去念就行了。我和全巨山等同志听了副市长的决定面面相觑：一是，这么重大的事件原来想通过副市长请市长举行新闻发布，市长不出面，起码副市长出面才好，结果推来推去，降格以求，改为副市长助理代表，实在有些敷衍了事，没把这么大的历史事件当回事。他们做梦都没想到，这是我国金融史上载入史册的历史时刻，一经公布将成为爆炸新闻。二是，我们这项重大金融改革先后酝酿半年多时间，经过无数艰难曲折，几上几下，多次汇报请示，除了向人民银行总行和国家体改委多次请示汇报之外，分别向副市长、市长进行了汇报。时至今日，我们在争议中甚至冒着改革失败的巨大风险才走到今天。而在此之前，副市长助理张瑞昌同志从来没接触过这项工作，让他出面纯属应付差事。既然这位老资格副市长决议已定，事已至此，我们也无可奈何，只好接受。1986年8月5日上午9时，新闻发布会在市政府

1986年8月5日沈阳市政府举行新闻发布会，宣布全国第一家证券交易市场在沈阳开张

办公楼第一会议室如期举行。会上副市长助理张瑞昌同志代表市政府宣读了新闻发布稿；市信托投资公司总经理孟铁同志介绍了公司即将开办证券转让业务；最后由我除了发给大家现成稿件外，负责回答记者问，借机宣传普及证券市场知识和证券交易业务。到会的新闻单位只有中央驻沈新闻机构和辽宁省、沈阳市地方新闻单位，不过十来个单位。会后全体人员赶赴市信托投资公司门前举行开张仪式，现场人员不过几十号人。至此，新中国重新开办证券（柜台）交易业务，在鞭炮声中“在尘土飞扬胡同面条铺里”正式开张了。当晚中央电视台、中央广播电台在新闻联播中开始播放。次日，国内外几乎所有新闻媒体纷纷报道，轰动一时，成为当年我国十大新闻之一。

（五）交易活跃，没有动用预备队员

沈阳市信托投资公司证券交易开办第一天，为了防止届时出现有行无市尴尬局面，负责这项具体组织工作的全巨山副总经理偷偷安排了黎明机械制造厂一汽车工人，以防开业当天万一没人进行交易时，让他们出场“演戏”（按现在时髦话说就是“作秀”），假买假卖，人为制造交易活跃的场面。开业当天，除信托投资公司主要领导在现场介绍情况外，我率领市人民银行金管处和信息处同志在公司门前充当义务解说员现场宣讲解释。广大群众很快理解并积极参与这项改革，现场十分热烈，门庭若市，人头攒动，交易十

分活跃，超出人们的想象，根本没有动用这批待命“演戏”的预备队员。许多群众听我们讲解之后很快参与债券交易活动。有位群众老母亲有病住院急需用钱，正苦于手头现金不足，听到我们宣讲后立即回家取来债券卖出，兑现500多元，及时支付了住院费用，慈母得到及时治疗。他特意返回现场表示感谢，称赞开办这项业务解决了人民群众的大问题。原来偷偷安排的预备队员，也由“观敌瞭阵，站脚助威”，到自觉自愿地参与到交易活动当中。

正是：场面热烈始料不及，后备力量何须登场。

大胆实践率先开办，改革创新利国利民。

（六）外国专家学者和新闻媒体比较关注的几个问题

沈阳率先开办了证券交易业务，引来许多外国专家学者及新闻媒体的极大关注，他们以其独特的视角审视和看待我国的金融改革成果，提出形形色色有趣的问题，甚至提出比较刁钻的问题，反衬出我们这项改革的艰难和意义深远。许多重要来访者多半由我接待，现拾得几例，以飨读者。

1.沈阳这项改革没有中央坐镇指挥。在沈阳市信托投资公司开办证券交易的第二天，嗅觉敏感的美国驻沈阳领事馆领事斯洛茵女士亲自前来实地考察，我在信托投资公司接待了她。斯洛茵女士是个中国通，讲一口流利的汉语。美国情报工作堪称世界一流，然而，我们这项重大举措在他们鼻子底下筹措了半年有余，他们一点风声没听到，因此第一时间造访，抓点新闻也算是个补偿吧。斯洛茵女士除了询问一般人了解的情况外，用探究秘密的口吻问我：“根据我的经验，中国以往进行重大改革、大的举措，通常都要有中央大人物，‘秃顶、白胡子老头’蹲点，坐镇指挥才能出台。那么，请问你们这项重大改革有没有‘秃顶老头’坐镇指挥呢？”我笑了笑明确告诉她说，中央经济体制改革大政方针已经确立，我们是按照中国人民银行和国家体改委提出的关于金融体制改革基本思路和内容进行试点的，无须中央派（领导）“大员”蹲点。领导和组织沈阳这项改革就是我们当地中青年实际金融工作者，从来就没有什么“秃顶老头”权威背后指挥。斯洛茵女士听后半信半疑地望着我，好像是说没有中央权威坐镇指挥，一是不敢搞这么大的改革；二是没有高人指点也不可能搞成。我想美国斯洛茵女士和其他外国朋友的疑惑，看了我的上述追记，疑虑一定会消除了吧！事实就是如此，沈阳这项改革，从设计到组织实施的核心人物都是具有二十多年金融工作经验，年龄都在四十多岁的中青年实际工作者。事实教育我们，我国研究开拓资本市场业务，对于每个金融工作者，不论新老同志都站在同一起跑线上，只要努力钻研，抓住机遇都会站在改革前列，有所作为。尽管此后不久上海很快开办了股票交易业务，但当时头两年沈阳债券交易量始终占全国交易总量的

70%左右，稳居全国第一。非常遗憾，沈阳这一优势保持时间不长，我离开沈阳之后不久每况愈下，截至1998年我离开证券工作时，沈阳市证券交易量已萎缩到不足全国的5%，名落孙山，实在可惜。实践是检验真理的唯一标准，沈阳市应认真探究和总结导致经济、金融节节败退，证券交易量在全国各大城市中从位居第一，到倒数第一位的深层次原因，有太多的教训值得反思，亡羊补牢犹未为晚。

2.改革步伐没有停止，路在脚下延伸。

沈阳证券交易开办第二天陆续接到来自美国、英国、日本等十几个国家几乎同样的电话，他们都询问："我们十天内赶到你们那里，证券交易所（柜台）会不会关闭？能否继续存在？"显然，他们既兴奋和关心这项改革出台，同时又担心我们这项改革不被中央认可，很快夭折；有些西方新闻记者采访过后还不放心，在我们开办此项业务头一两个月，隔三差五来到现场偷看，他们大概是想，说不定哪一天能抓拍到被强行关闭的场面，再次抢到头条新闻。看来国际友人对我国经济体制改革的决心和信心持怀疑和观望态度。面对这种形势，我们只有做好工作，越办越好，深化改革的实际行动才是最好的回答。他们万万没想到，在担心之际，不仅沈阳市信托投资公司没有关闭，而且我国金融中心上海市，在事隔不到两个月后，于1986年9月26日在中国工商银行上海信托投资公司静安证券营业部挂牌上市飞乐音响和延中实业两只股票，成为改革开放后首次开办的股票交易业务。在沈阳从事证券交易之后不久，我利用到中国人民银行研究生部讲座的机会，主动到国家财政部汇报沈阳以国库券为主的证券交易业务开展情况，并建议在全国推广试点，同时提交了代财政部草拟的文件。财政部采纳了我的建议，对我的代拟稿基本未改，迅速发文。文件中对试点城市是这样表述的："在沈阳、上海、深圳、武汉等城市进行国库券转让试点"取得经验后在全国推广。不难发现在财政部选择的试点城市中沈阳排在第一位，排在上海、深圳等城市之前，这在中央各部委文件中是罕见的，这与代拟稿人及沈阳市当时国库券交易量居全国第一不无关系。我国接二连三出台改革措施，彻底解除了外国友人的担心和疑虑，他们对中国改革开放步伐之大惊讶不已，目瞪口呆。

3.中国改革开放在分配领域最终必须解决两个大问题。沈阳开办证券转让业务之后，引起外国友人许多联想，往往提出一些貌似与证券交易毫不相关的问题，但确实属于引申，更加深入、极具挑战问题。有次我接待外国友人时，突然有名记者反问我说："中国不是强调是社会主义，坚持按劳分配制度吗，那么，请问搞了证券市场，股票分红和资本利得（买卖股票差价收入）是按资分配吗？岂不违背了按劳分配原则？"对于这样的问题，在20世纪中叶考虑和研究这样问题的人很少，甚至还是禁区。其实，搞证券市场之初，我们就应当考虑到未来发展必须解决的问题。在此之前我还真就思考过，并有所研究。于是我毫不犹豫地回答他说："中国改革开放在分配领域最终要解决两个问题：一是在坚持社会主义按劳分配制度前提下，包括股息和资本利得在内的其他分配问题；二是中国改革开放要参与国际竞争，最终既要解决老百姓多种收入分配形式，又要解决收入水平接近国际水平问题。"我的这段惊人之语被新华社《国内动态清样》给刊登了。我周围有的领导见到内参之后都为我捏把汗，好心提醒我遇到这样刁钻的问题可以不回答，不要讲这样过激的言论。我说搞改革既要"摸着石头过河"，也应干着这一步，想好下一步，这样才能将改革进行到底，不至于半途而废。实践证明我的观点是对的，20多年后，我当时回答的第一观点，终于在党的文件中见到了；第二个问题正在逐步实现，取得实质性进展。30年前我们的城镇人均收入水平与西方发达国家相差80至100倍，现在缩小至不到10倍。长期靠强体力劳动，低工资、低收入出卖劳动力参与国际竞争是难以为继的。

4.中国不只是有"面条铺"搞证券交易，而且很快建立了现代化的证券交易所。

沈阳市信托投资公司开办证券交易业务，被美国一位记者讽刺挖苦地报道说："中国证券交易在沈阳市一个尘土飞扬的小胡同里的面条铺里开业了。"毋庸讳言，我们承认当时的中国生产力水平还低下，生活和工作环境都很简陋，再加上这家公司是刚刚成立仅一年的小公司，办公环境确实有些差强人意，这是客观事实。时隔不过五年，1990年11月26日国务院授权中国人民银行批准上海证券交易所正式成立，同年12月19日正式营业；1991年4月11日经国务院授权中国人民银行批准深圳证券交易所正式成立，同年7月3日正式营业。上海、深圳两个现代化规范的证券交易所相继成立，并一步到位直接采用计算机自动撮合手段实现集合竞价交易，标志着一个波澜壮阔、极具发展潜力的证券市场正在崛起，茁壮成长。

5.第一次出国研修证券专业，出版了第一本专著。值得追忆的是，在沈阳市信托投资公司开办证券交易业务以后，我接待了一批特殊的客人，他们为我创造了第一次出国进修证券专业的机会，为我从此以后与资本市场结下不解之缘创造了条件。当时我接待了世界第一大证券公司——日本野村证券公司董事长伊藤正泽先生及其率领的公司各部门负责人代表团，一行二十多人。伊藤正泽先生对中国非常友好，他把中国比作具有很好的碳元素，只是分子结构没排列好，现在是不值钱的煤炭，经过改革重新排列之后，就可以变成具有极高价值的钻石。他认为中国会发展很快，早晚会超过日本。在我接待的几百个团队中，这是个最为专业的考察队伍，他们提了许多专业问题，我凭自学的那点证券知识给予一一解答。同时，我本着学习态度，反问了他们一些情况，也请教了一些问题。可能他们经过考察和交流，感到我们不是一点专业不懂瞎搞的，没想到还遇到个明白人，感到十分高兴。因此，伊藤正泽董事长，临走时紧紧握着我的手说："希望下次在东京见到你！"我以为这只是客套话，礼貌地表示感谢。我心想你欢迎我去东京，哪那么容易的？我们出国要经过层层审批，当时出国机会很少，我们"一、二把手"还没出去过呢，怎么能轮到我先出去呢。后来听说，他们离开沈阳就直奔北京中国人民银行，见到总行领导把我好顿夸奖，称赞我是个人才，极具培养前途。他们表示愿意给沈阳十个名额，请我带队到野村证券公司进修两年，一切费用他们负责。总行领导一方面表示感谢，另一方面提出了建议说，我国有14个金融改革试点城市（由原来5个试点城市，后来扩大到14个），希望每个试点城市去一名行长，沈阳也是试点城市，就不单独给沈阳十个名额啦。至于研修时间，考虑去的都是各市分行行长，不宜长期离开工作岗位，国内还等着他们回来搞改革呢，因此进修时间由两年压缩到一个多月。日本方面采纳了总行建议。这样其他分行绝大部分去的是"一把手"，我成了"戴帽"下达的指定出国人员。实在不好意思，我们"一、二把手"没出国之前，我就这样"抢"在他们之前出国了。此前，我早就听说，老百姓对官员出国颇有微词，说左一拨、右一拨出国有啥收获，白白浪费国家资财！不怪百姓有意见，的确大部分出国考察，回国之后写一份考察报告就算交差了，甚至连考察报告都没有，真不知他们有何收获。于是我暗下决心，一定认真学习考察，学业有成，让他们看看在芸芸众多出国官员中确有非同一般、收获颇丰的人，以实际行动改变老百姓对出国考察的看法；我把前段自学证券知识加上这次到日本进修系统学到的内容归纳整理出来，介绍给国人，供大家开拓我国证券市场学习、参考；同时也不枉日本野村证券公司董事长对我的厚爱和期待，让他们看看中国人也非等闲之辈，不可小觑，今天向你们学习明天要超过你们。于是，我在出国前把查阅"敌伪档案"摘抄的笔记进行整理，在反复推敲、研究的基础上，归纳出一些不懂不通的问题，以便到日本时带着问题学，有的放矢，使学习更有针对性、实效性，使学习内容理解更深刻、更透彻、更完整。回国之后，我在立即投入新的金融改革事业的同时，利用一年多业余时间编著了我有生以来的第一本专业著作——《日本金融市场的考察与思考》，该书以介绍日本证券市场为主线，比较系统地介绍了证券市场基本知识和以日本为代表的发达资本主义国家证券市场发展状况。全书共25万余字，于1989年由中国金融出版社出版发行，成为当年该社必保的第一本专业书籍。出版发行后立即被国家图书馆和北京大学图书馆等单位作为珍藏版予以收藏。时隔5年之后，一位时任证监会主席助理对我说："当年我们在五道口（指中国人民银行金融研究所研究生部）读研究生时读到的国内第一本证券专业书籍就是你写的《日本金融市场的考察与思考》。”可见该书对国内第一批研修证券专业的学子起到了启发、引导的积极作用，影响深远。通过研修和著书，我自己的专业理论水平也得到升华和提高。

三、利剑出鞘

20世纪80年代初期，在改革开放大潮鼓舞下，我国一些中心城市开始自下而上地探索证券市场业务。但大多数同志对股份公司基本概念都含混不清，甚至连银行有奖储蓄存单与彩票、股票与债券都混淆不清。譬如，1980年9月抚顺市红砖厂发行的“红砖股票”，至今仍被人们普遍称为我国改革开放以来发行的第一只股票。对此，我早在1980年11月25日在辽宁省金融学会、省金融研究所《金融研究通讯》总第34期上发表了《也谈“红砖股票”》一文，阐明了我的观点和论据，明确指出抚顺红砖厂发行的不是股票，充其量是具有债券性质的集资行为。其理由如下：抚顺市红砖厂发行的所谓“红砖股票”是按出资额大小，用红砖产品定期偿还的办法回报给出资人，而出资人不享受企业人、财、物等任何权益。“红砖股票”不但不具备股票基本特征，而且在“红砖股票”票面上还印着“抚顺分行新抚办事处”字样，竟然以银行名义发行，连起码的信托关系、发行主体都没搞清楚（银行在这里只是代理发行关系）。所谓“红砖股票”只是为了赶时髦，打着发行股票的名义，以实物形式偿还的债券筹资行为。遗憾的是，至今在资本市场上类似这样人云亦云、以讹传讹、令人啼笑皆非的事例比比皆是，沿用至今，值得反思和纠正，以正视听。又如，有一天我到市政府开完会，在回单位路上发现路边一家建设银行储蓄所门前打着白色巨幅横额，上面印着红字写着“祝贺建行第××期彩票成功发行”。我下车一了解发现，不过是发售有奖储蓄券而已。我回到单位后立即给市建设银行行长打电话，指出他们银行自己都没搞清什么是有奖储蓄与彩票，什么是股票与债券，还大张旗鼓宣传，可别闹笑话误导群众啦，请立即通知全市各储蓄网点尽快把“卖彩票”的横幅撤掉。再如，沈阳市信托资公司开展证券交易业务之后，决定扩大公司规模，改制为股份制。有一天该公司来了个副总经理到我办公室提交申请报告。我一看他们申请改制为股份无限责任公司。我问他们为什么不设立股份有限公司，而要设立股份无限责任公司呢？他们说无限公司不是比有限公司发展潜力大吗，今后公司可以无限发展。我说你们别看有限和无限只有一字之差，但所承担责任可大不相同，有天壤之别。这与公司未来发展扩大股份没有任何关系，目前国有企业改制或设立股份公司一般都是有限责任公司。随后我给他们简单介绍了股份有限公司与股份无限责任公司的区别。

他们才恍然大悟，把申请股份无限责任公司改为股份有限责任公司。还如，1992年我在国务院证券委员会办公室主持工作时收到海南省证券管理部门报告（当时各地证券管理部门由各地政府管理，还没有实行集中统一管理），称他们那里炒高尔夫球场会员证比炒股票炒得还高，建议我们证券管理部门应把高尔夫会员证也纳入管理范围。对此，我们及时进行批驳，予以纠正。可见各地证券管理部门对资本市场基本概念还认识不清，一知半解，连证券管理部门本职工作定位是什么都未搞清楚。类似事例，比比皆是，不胜枚举。现在看来觉得是笑话，当时全国就是这个水平。相比之下，中央领导为了保障证券市场健康发展，对那些以发行证券名义“挂羊头卖狗肉”的非法集资行为予以坚决取缔。1992年朱镕基副总理亲自抓了“沈太福非法集资大案”。1991年至1992年间，四川成都一家国有企业，经财政部所属国有资产管理局批准将部分国有资产卖给境外投资者，这是我国第一例经国家行政部门批准的变卖国有资产行为。当时我在中国人民银行证券管理办公室（兼国务院证券市场办公会议办公室）主持日常工作，发现后敏锐感到此事事关重大，不仅涉及证券市场重大法律法规问题，而且涉及证券市场改革方向和市场管理体制建设以及市场走向等一系列重大政策问题，非同小可，决不能等闲视之。于是我们立即向国务院报告此事，并提出和请示以下三个问题：一是，目前我国还没有法律法规规定情况下，如何出让国有资产？二是，国务院经全国人大授权对国有资产进行管理。那么，财政部所属国有资产管理局是否有权审批国有资产转让事宜？三是，成都这家国有企业未经财务审计和资产评估，只经过国家行政部门批准就向境外转让国有资产是否妥当？① 国务院收到该请示报告后，立即引起国务院领导高度重视，甚至震怒。朱镕基副总理和李鹏总理等领导分别做了极为严厉的批示，大体有两层意思：一是，要加强证券市场研究和证券市场管理体制建设；二是，质问国有资产管理局谁授权你们审批出卖国有资产？根据国务院领导的批示，人民银行主要研究第一个问题；财政部责成国有资产管理局立即纠正和检查。中国人民银行暨国务院证券市场办公会议研究认为，为切实加强证券市场监督管理，建议将人民银行证券管理办公室暨国务院证券市场办公会议办公室升格为中国人民银行直属的国家证券管理局（参照国家外汇管理局模式）。在征得国务院领导口头同意后，人民银行正式行文上报国务院，据说国务院领导正在逐一圈阅过程中，深圳股市突然爆发了震惊中外的1992年深圳股市“8·10事件”，国务院领导重新审视证券市场管理体制，进而催生了国务院证券管理

① 由于证券主管部门几经变化，这一重大历史事件请示报告原件尚未查到，仅凭个人记忆归纳以上三点。由于报告是我起草的，记忆深刻，归纳内容八九不离十。

委员会和中国证券监督管理委员会，使原计划建立国家证券管理局的运作戛然而止，胎死腹中（深圳股市“8·10事件”和成立证券委和证监会过程在另外两节分别介绍）。国务院证券委员会成立之后我任其办公室常务副主任，不久发现，国家旅游局等单位在人民大会堂召开规模盛大的“拥有祖国一寸土地”活动，邀请我参加。我看到简短说明预感到是一种变相非法集资活动，便没去参加活动。过后我收集了有关资料确认为，这是一次由国家部委牵头未经批准的非法集资活动，规模之大，影响面之广是前所未见的，如不及时采取有效措施予以及时制止和纠正，负面效应极大，类似非法集资活动必将泛滥成灾，必然危及证券市场的健康发展。于是出于职业本能和“证券市场有难，匹夫有责”的责任心，我进行简单调查了解之后，立即向国务院进行专项报告。朱副总理批示国务院办公厅立即组成调查组进行了查处，及时制止了更大规模的非法集资活动，间接维护了证券市场健康发展。我的所作所为完全出于公心，“至人消未起之患，治未病之疾”，难道非等酿成大祸，病入膏肓，弊病充分显现，且已危及证券市场健康发展时才制止不成？但被查处单位认为此举破坏了他们的“好事”，他们认为我多管“闲事”。唉，我这一生做了很多对整个国家、对民族长远有利的事，但往往表面上与个别单位局部眼前利益无关，甚至有害的事，让人费解不快、费力不讨好的事，且不知悔改，屡改屡犯。没办法，“山河易改，禀性难移”，这辈子很难做到迷途知返啦！

正是：证券市场是在朦胧之中探索前行，资本市场是块肥肉都想分我杯羹。

四、一部车子两个轮子，充分发挥协会作用

根据国外经验对证券市场监督管理，除了国家行政监管部门（通常有相对独立的证券监管部门——证监会）进行行政监管外，还必须有证券经营机构（主要是证券公司）自律性组织——证券商协会进行自我约束管理。证监会与证券商协会各司其职，相辅相成，遥相呼应，共同监管，如同“一部车子两个轮子”缺一不可。1991年，作为金融市场主管机关——中国人民银行决定组建行业自律组织，便把我（时任人民银行沈阳市分行副行长）抽调到总行，让我负责组建信托业协会和证券业协会工作。我国金融改革以来陆续成立一些非银行金融机构，除保险公司之外，最先建立的是信托投资公司并陆续兼营证券业务。随着证券业务的发展，证券业务陆续从信托公司中分立出来成立了专业证券公司。因此20世纪90年代以前，全国呈现“大信托，小证券”的格局。信托公司号称“金融百货公司”，金融业务包罗万象，无所不及。证券公司业务较为单一，专业性较强。于是我本着先易后难的原

则，决定先着手先组建证券业协会（我负责把证券业协会组建起来之后，再没有精力组建信托业协会了，结果信托业协会拖了十几年之后才成立，期间信托公司被清理整顿四五次。倘若当初我们先组建信托业协会，后组建证券业协会，两个专业发展状况将可能是另一番模样）。人民银行金管司抽调宋会同志协助我开展工作，他熟悉业务，工作积极主动，任劳任怨，文笔又好，在组建证券业协会工作中发挥了不可或缺的作用。我们在组建证券业协会过程中遇到的第一个问题就是协会称谓问题。据了解国外通常称为证券商协会，即证券公司协会，而当时我国只有少数几家专业证券公司，绝大部分是信托投资公司证券营业部兼营证券业务，如果我们成立证券商协会那么大部分机构将被排除在外，从发展角度看这些兼营证券业务的证券营业部迟早要独立出来成立专业证券公司，于是我们必须把凡是从事证券业务的机构都组织起来才行，于是便起名中国证券业协会，从而把专营和兼营证券的经营机构全部囊括了进来。遇到的第二个问题就是我们协会到国家民政部申请注册时（按规定凡是带"中国""中华""全国""国家"等字样的全国性社团组织，无论是学会、协会还是联合会，一律须经国家民政部批准注册），发现国家财政部同时也在申请注册证券业协会。在我国当时体制下，从来都是"大财政，小银行"，一旦出现业务有交叉、有争议时，人民银行从未竞争得过财政部。于是我们主动向国家民政部汇报介绍证券市场基本概念，国外通行管理体制；讲清西方发达资本主义国家均有独立的证券监管机构代表政府管理证券市场，同时还有证券商自律组织，"如同一部车子两个轮子，缺一不可"；我国目前虽没有独立的证券监管部门，但国务院授权国务院证券办公会议制度及其机构设在中国人民银行，专门行使证券主管机关职能，证券公司的设立和日常管理都是人民银行审批和管理。最后，民政部采纳了我们的意见，核准注册了人民银行组建中国证券业协会的报告。遇到的第三个问题就是由于我国证券市场刚刚建立，其业务分工尚不明确，涉及多家部委，如国有企业改制成股份制，要经过国家体改委和财政部审批；发行股票募集资金用于扩大再生产项目要经过国家计委立项审批，用于技术改造项目要经过国家经贸委审批等。为了减少成立证券业协会的阻力，便于今后开展工作，我们便把凡是与证券市场沾边的有关部门领导都拉了进来作为证券业协会的副会长。协会会长由时任中国人民银行常务副行长（正部级）郭振乾同志担任，名誉会长请金融界德高望重的人民银行老行长、全国人大常委会副委员长陈慕华同志兼任。值得一提的是这些协会的副会长除中国人民大学黄达教授和民政部副部长闫明复之外，其他副会长绝大部分均成为后来成立的国务院证券委员会的委员，可见当初我们的思路和判断是完全正确与准确的。1991年6月19日中国人民银行批准成立中国证券业协会；同年8月3日至6

日，在北京京西宾馆召开协会成立筹备会议，我作为协会筹备组负责人主持了会议，人民银行金管司金建栋司长出席了会议并讲话。1991年8月28日，中国证券业协会在人民大会堂举行正式成立大会。全国人大常委会副委员长陈慕华、人大常委委员会委员张劲夫、国务委员兼人民银行行长李贵鲜、国务院有关部委负责同志出席大会并表示祝贺；各大金融机构和北京市政府等单位负责同志以及亚洲开发银行的代表，美国、英国、日本、德国、韩国、中国香港等6个国家和地区的金融界、证券界人士，以及其他一些国家驻华使馆、金融界代表，共计500多人参加了大会。人民银行常务副行长兼中国证券业协会会长郭振乾同志做了大会工作报告。证券经营机构全体会员代表123人参加了会议。大会通过了协会章程，选举产生了协会领导机构和人员，我被选为协会秘书长，负责日常组织领导工作。因为当时我正在办理调到总行工作过程中，不便以人民银行沈阳市分行副行长身份担任协会秘书长，在人民银行还没有职务，便以中国人民银行高级经济师身份出现（我是1987年荣获中国人民银行高级技术职称评审委员会授予的全国第二批高级经济师技术职称，并荣获中国人民银行有突出贡献中青年专家称号）。我自1991年证券业协会成立之日至1998年底离开证券监管这一工作阶段，无论行政职务如何变化，始终兼证券业协会秘书长职务。在此期间我先后出任中国人民银行证券管理办公室常务副主任兼国务院证券办公会议办公室常务副主任，国务院证券委员会办公室常务副主任（主持工作）、主任，兼中国证监会党委委员等职务。我兼任中国证券业协会秘书长期间正值我国证券市场初创阶段，以协会名义先后开展了以下几项主要工作：

（一）1992年5至6月间，我以证券业协会秘书长身份在《人民日报》连续刊登14篇有关证券知识介绍。我事先将写好的14篇证券知识介绍一次性交给了人民日报社。当时《人民日报》只有4版，每隔一段时间在第二版相对固定位置刊发一份连载稿件，每次大约占五分之一版面。这在全国普遍不熟悉证券市场的启蒙阶段，在一定程度上发挥了迅速普及证券知识的作用。《人民日报》负责同志对我说，作为党中央的机关报，自办报以来第一次这样破天荒连续刊载专业性这么强的文章。可见当时党中央、国务院是多么关注证券市场的发展。

（二）参加国际证券商协会年会，积极开展国际交往和合作。资本市场是国际化的市场，虽然我国证券市场重新恢复和建立不久，十分脆弱，暂时还无法参与国际竞争，但不可能长期封闭，必须尽快走出去学习借鉴西方发达资本主义国家经验，参与他们的活动，尽快融入国际大家庭，与国际接轨。协会成立第二年，1992年3月29日至31日恰逢国际证券商协会第五届年会（ICSA）在日本大阪召开。东道主日本主动邀请我国证券业协会以观察员身份列席会议。我带一名协会常务理事刘大伟和一名翻译安四洋同志一行三人东渡日本赴会。这是我们第一次代表我国参加国际性大型会议活动，尽管我们穿着当时国内时兴的灰色西服，但人家清一色地穿着国际流行的深藏蓝色或黑色西服，特别是在开会第一天正餐晚宴时，除我们仍然穿那套西服外，其他男士一律穿着深黑色燕尾服，我们显得格格不入，十分尴尬，很没面子。尽管如此，因为我们后面有极具发展潜力的新兴证券市场做后盾，加上我们不卑不亢、十分得体的活动，还是赢得了与会者的尊重，当即吸纳中国证券业协会为国际证券商协会正式会员，并收到下届会议东道主法国证券商协会的邀请。

为了扩大国际交往和学习机会，我国证券业协会积极与各国证券商协会联系，组织国内证券公司到美国、英国、德国和日本、韩国等发达资本市场考察与学习，促进交流与合作。值得一提的是我国证券业协会成立初期与韩国证券商协会的合作经历。由于20世纪90年代初，我国证券公司经费和外汇都十分拮据，出国考察较为困难。于是我们协会与韩国证券商协会协商并达成一致意见：双方每年各派一个考察团，人数对等，互相考察访问。双方除往返机票自理外，落地后一切费用均由对方承担，从而大大缓解了我国证券公司出国费用问题。一开始双方每年各派5~10人互访，即韩国来5~10人到我国介绍经验交流，我们负责接待并承担费用；同时我们再派出5~10人到韩国考察学习，他们负责接待并承担费用，这样双方均可节约大量经费。由于韩国只有31家证券公司，而我国证券业协会有123个会员，照此下去韩国券商很快就可以轮一圈，而我国券商需要十多年才能轮一圈，很难满足我国广大证券从业人员出国考察的迫切需求。于是我们又与韩国方面磋商，每年我国出访人数适当增加一些，从而加快了走出去请进来互访考察步伐，使我国证券业通过这一窗口迅速学习了国际经验，增进了友谊。同时，我国证券业协会改革开放的姿态在国际上产生了较好影响，赢得国内外券商的认可和好评。中国证监会成立之后，许多团组到韩国、日本等国考察访问，所到之处无不打听我国证券业协会及我个人的情况，其国际影响力之大，可见一斑。

（三）1993年4月29日至9月30日，中国证券业协会会同上海证券交易所、深圳证券交易所、《金融时报》社以及中央电视台等5家单位决定联合举办“93 全国证券知识竞赛”。4月29日证券业协会等5家单位联合召开证券知识竞赛筹备会议。会议决定成立筹委会和专家评委会及其组成人员；决定大赛分个人和集体两种参赛方式；决定大赛分初赛、复赛、决赛三阶段进行。6月7日由证券业协会等5家单位联合主办的“93全国证券知识竞赛”大赛组委会在人民大会堂举行新闻发布会。全国人大常务委员会副委员长程思远、国务院证券委员会常务副主任周道炯、国务院证券委员会委员兼国家计委副主任王春正、监察部副部长冯梯云等领导出席会议，国家司法部、工商总局、中国证监会、沪深交易所等单位领导和在京证券经营机构代表共计100多人出席了新闻发布会。会后18家新闻单位进行了报道。6月11日证券知识竞赛试题在《金融时报》上公布，证券业协会在数十万份答卷中选出12支机构代表队。7月1日至3日协会等单位为进一步落实“93全国证券知识竞赛”电视创作事宜，在北京怀柔区农业银行总行招待所召开证券知识竞赛电视创作座谈会。我以协会秘书长身份主持会议并讲话，证监会交易部主任夏斌、中央电视台经济部罗贵亭等相关创作人员参加会议。7月7日浙江省体改委副主任张荣高等证券知识竞赛复赛组委会办公室同志来京汇报筹备情况，我以协会秘书长身份接待听取汇报并提出一些要求。8月15日在杭州举行复赛，并选出6支代表队准备参加决赛，浙江电视台进行了实况转播。1993年9月23日，通过中央电视台现场直播方式进行大赛最后决赛。参加最后决赛的有：中国人民银行研究生部、江苏仪征化学公司、交通银行西安分行、天津证券交易中心、上海海通证券公司、上海申银证券公司6支代表队。当时请中央电视台经济节目著名主持人赵赫和敬一丹主持，事先我把竞赛题目和标准答案给了他们，并与他们彩排一次便很快上场，举办了史无前例的现场直播方式证券知识竞赛。为了解决选手临场未按标准答案回答问题时，如何判断是否正确的难题，我们约定好：我和人民银行金管司金建栋司长坐在观众席第一排，手里拿着红、黑两块牌子。当选手回答问题未按标准答案回答不能判断正确与否时，以我们举出红牌子或黑牌子来判定代表回答正确或错误。因为当时中国证券业协会隶属中国人民银行领导，而证监会又直接监管证券市场，于是我们分别邀请了人民银行和证监会领导莅临指导，同时我们荣幸地邀请到了全国人大常委会副委员长田纪云、王光英，中国人民银行行长戴相龙，中国证监会刘鸿儒，国务院证券委员会委员、财政部副部长项怀诚等领导莅临指导，使我们这次全国性证券知识竞赛规格达到空前高度并取得圆满成功。协会这一活动对广大投资者、经营者、筹资者以及广大电视观众进行了一次最直接、最迅速、最大范围的证券知识普及教育和投资风险教育，在人民群众中产生了前所未有的深远影响，有力推动了证券知识普及和证券市场发展，在社会上产生了极大影响，增强了社会公众的投资意识。整个证券知识竞赛活动中我以协会秘书长身份做些组织、策划、协调工作，大量具体工作由证券业协会几个部门负责同志俞白华、周阿满、王燕红、杨小兵、薛兰、张明莉、缪艳、王孜弘等不辞辛苦、夜以继日地工作完成的。

（四）1996年2月2日至5日协会在昆明举办中国B股市场发展研讨会，会议由我国国泰君安证券公司和日本野村证券公司赞助。中国证监会主席到会并致开幕词，日本野村证券公司董事田渊义久先生到会并讲话，国泰君安证券公司董事长金建栋出席会议并发言。大会由我主持并做了主旨发言和会议总结。国务院有关部委领导、全国各地证券管理部门、证券交易所、证券公司以及上市公司的代表共80余人参加了会议。这次会议主要目的是倾听各方，特别是日本客人的高见和建议，我是会议主持整天忙得连宾馆大门都没迈出一步，期间也没能和有的领导和同志一起去西双版纳考察，会议结束就同大家一起打道回府了。有人见此愤愤不平对我说，他们去西双版纳玩一圈，你连昆明市内都没看，你太亏了。我对他们说，日本客人是我以协会秘书长身份邀请来的，哪有扔下客人不管之理？我忙于会务，没有时间欣赏祖国大好河山，表面上我吃亏了，实质上我赚了。我有幸聆听世界顶尖专家高论是难得的学习机会，世界上什么是私有的？那就是知识，谁学到就是谁的，所以说我比他们多得了。他们错过送上门的学习机会这辈子永远也补不回来，而我欣赏祖国大好河山日后有的是机会。知识就是这样靠平时貌似平淡无奇，不经意间慢慢积累起来的。正所谓"泰山不让土壤，故能成其大；河海不择细流，故能就其深"。过去打仗讲究"平时多流汗，战时少流血"，现在搞经济建设，特别搞证券新兴业务更要努力学习，不断更新知识，做到平时学习不嫌少集腋成裘，用时方能不恨少运用自如。我的所作所为被与会者，特别是日本客人看在眼里记在心上，不但赢得国内与会者的尊重，而且给日本证券界同仁留下了深刻印象，为日后学习和交往奠定了良好基础。

（五）组织第二届海峡两岸证券与期货法制研讨会。为了促进海峡两岸证券界的交往，第一届海峡两岸证券市场研讨会在台湾举办，当时大陆高西庆、吴亚伦、禹国刚、龙涛、郭峰等人应台湾方面邀请参会，并未邀请我国证券业协会参加。轮到第二届研讨会在大陆举办时却迟迟没有哪个单位敢于担此重任。当我们中国证券业协会得知此事时，为不影响祖国大陆的对台影响，从全局着想，增加两岸证券界交往与合作，便主动担起重任。当时虽然国务院证券委员会和中国证监会均已成立，但中国证券业协会及证券公司仍由人民银行管理，经中国人民银行批准，1995年1月12日至14日，协会会同沪深交易所、北京大学、中国人民大学、浙江证券公司以及台湾辅仁大学、台湾证券期货发展基金会、台湾工商时报、元大证券公司等单位联合举办"第二届海峡两岸证券与期货法制研讨会"。研讨主要议题包括：有价证券店头市场、证券期货法制、信用交易制度、公用事业民营化、财务会计资讯披露、海外募集发行有价证券、期货与现货互动关系、上市辅导制度、外资进入资本市场、结算制度、有价证券溢价发行制度等，共计30多位海峡两岸专家学者发言。我以中国证券业协会秘书长身份主持开幕式，协会理事长金建栋和台湾辅仁大学副校长张宇恭先生分别代表主办方致辞，协会副会长、中国人民银行副行长陈元到会表示祝贺，中国证监会刘鸿儒主席和台湾证管委主任（相当于中国证监会主席）戴立宁先生分别做了讲演。全国人大常委会副委员长王光英以原辅仁大学校友会名誉主席身份看望台湾代表，为会议增添了光彩。研讨会期间我作为总协调人，每半天轮换一主持人，由两岸业内人士轮流主持。1月14日我主持闭幕式并致闭幕词，当晚中国证券业协会与沪深交易所联合举办联谊酒会暨欢送会。全国政协副主席经叔平出席晚宴并看望台湾与会人员，为会议圆满结束画上了句号。大会结束后协会组织安排台湾代表赴杭州参观考察。由于这是祖国大陆第一次组织证券界人士大规模研讨会，台湾方面热情很高，报名人数不断刷新，最后高达108人参会（如此庞大队伍台湾专业人士来祖国大陆参加研讨，迄今为止是绝无仅有的）。我们及时向人民银行和国务院对台办公室进行请示报告，引起国务院海峡两岸大陆工作委员会的高度重视并派出副主任亲临会议指导。整个会议会务工作主要由中国证券业协会承办，当时协会工作人员不过十来个人，我只是做些组织协调、请示报告工作，具体工作都是协会部门负责人俞白华、周阿满、王燕红、薛兰、杨小兵、张明莉、周素霞、缪艳、王孜弘等同志经办的。她（他）们为了开好这次会议克服种种困难，经常工作到下半夜，睡在协会办公室的办公桌上。为了表示祖国大陆的宽阔胸怀和热情，协会动员了几乎全体工作人员到机场欢迎和欢送来自海峡对岸的同仁。由于这次研讨会参会人员较多，层次较高，从起初只限于学术交流逐步上升到政治高度来对待。台湾方面参会人员既有证券经营者、专家学者，又有证券监管者，并且来自不同党派，为了防止发生意外政治事件，我们除多次与台湾承办方——辅仁大学沟通外，还与参加会议主体单位、证券界自律组织、台北市证券商同业公会等同仁联系，要求他们做好台湾方面各界的工作：无论哪一党派人员在会议上双方称谓一律统称大陆或台湾，不要节外生枝制造麻烦，防止不愉快事情发生。在双方努力下，研讨会取得圆满成功。通过交流使我们认识到，我国证券界无论经营者还是监管者，学习以美国为代表的西方发达资本主义国家经验固然重要，更应重视汲取我国台湾证券业经验教训，少走弯路。因为海峡两岸同根同族，传统文化和思维方式都很接近，台湾过去证券市场上发生过的事情，我们大陆现在正在简单重复再现。台湾证券界人士看到大陆证券市场发展迅速，潜力巨大有很大的合作空间，愿意把他们的经验教训，特别是走过的弯路提供给大陆供参考，促进两岸证券市场健康发展。我国证券业协会通过这次研讨会促进了海峡两岸证券界、学术界的交流，培养和锻炼了协会工作人员对外交往与合作，赢得了国家有关部门的重视和肯定，为后来全国人大立法确立协会地位奠定了基础。

协会组织的海峡两岸证券市场研讨会不久，中国人民银行研究生部按计划也将举办一个国际研讨会，当国务院有关部门听取他们汇报工作进度时，感到有些不足，便要求他们到证券业协会来学习一下。我自1991年起被中国人民银行研究生院聘为兼职教授，成为硕士研究生学位论文指导教师。人民银行研究生院领导找到我说明来意，他们都是我的领导，我岂敢班门弄斧，便派出协会得力干将——薛兰等同志去帮助他们做些工作。可见当时我们协会的知名度和影响力之大。

（六）组织证券公司主要负责人赴日考察期间发表讲话引起强烈反响。有一次我率团赴日本考察期间发表讲话，震惊日本证券界，对我国证券业协会更加重视，长了我们的威风。当时，我国证券公司实行属地化管理，但在业务上原来由人民银行统一管理，中国证监会成立后改由证监会统一管理。在这一管理体制下，改革开放初期，证券公司出国由各地分别审批，往往造成同一时间不同地区代表团到境外同一地方考察，出现前脚刚走了一拨，后脚又来一拨的现象，引起接待方的反感。于是我们以协会名义统筹组团出国，既方便了分散各地的证券公司出国考察学习，又相对减少了对方重复接待，提高了学习广度和深度，深受国内外同行的赞许。1994年7月，我以证券业协会秘书长身份组织十几家大证券公司总裁到日本考察学习。其实在这之前，我与日本证券界已经有过五次较深的交往，彼此互相了解，他们对我还是比较尊重的。这五次大的交往是：第一次，1986年日本野村证券公司董事长率团考察沈阳率先开办的证券交易业务，我以人民银行沈阳市分行副行长身份接待了他们，给他们留下深刻印象；第二次，1987年应日本野村证券公司董事长邀请我去进修证券专业，回国之后编辑出版了25万多字的《日本金融市场的考察与思考》专著，令他们刮目相看；第三次，1991年我被调到中国人民银行总行证券管理办公室任副主任兼中国证券业协会秘书长期间，应国际证券商协会联合会年会东道主——日本证券商协会邀请列席了会议，在我不卑不亢的努力下，赢得世界证券同行的认同，接纳我国证券业协会成为正式会员国；第四次，我被调到国务院证券委员会办公室任副主任、主任兼中国证券业协会秘书长期间，他们来拜访我。一些日本证券界老朋友见到曾在日本证券业基层工作过的人员，现已成为证监会中层负责人感到惊愕并颇有微词，我当即有理有据地予以驳斥，使他们看到我维护祖国尊严而不敢小觑；第五次，我以中国证券业协会秘书长身份邀请日本野村证券公司参加在昆明举办的中国B股市场发展研讨会，我主持会议并成为自始至终听取他们研讨的唯一高官，他们被我的认真求学和敬业精神所叹服。这次我率团到日本考察学习再次与日本证券界交锋，并即席发表讲话，引起日本证券界震撼。当时我指出日本早在20世纪80年代初就开始主动培养中国证券方面的人才，其中我也是一员。当时我就问过你们，我国证券市场刚刚建立，你们花这么大精力，花这么多钱培养中国证券人才有何用？你们说虽然中国现在证券市场不发达，但过20年就发展起来了，到时我们就有生意可做了，你们花这些钱还不如一个广告钱呢，这些人经过培训都成了活广告。没想到我国改革开放和证券市场发展速度之快，超越你们的想象，没等二十年，不过八年时间我国证券市场已初具规模。可当我国新兴证券市场初具规模有业务可做时，你们却没拿到中国证券市场的业务。相比之下美国前期一点没下功夫，却抢到大把生意，你们想过没有是何原因？我来帮你们分析一下原因：一是，你们误判形势，没想到中国改革开放和证券市场开放速度之快，大大超过你们的预期；二是，当我国证券市场迅猛发展有生意可做时，由于你们证券界自己内部出了丑闻（当时发现日本野村证券公司与黑社会有牵连），忙于内部整改，而错失了与中国做生意的机会；三是，你们日本人从骨子里就瞧不起中国人，到中国做业务也不启用中国人，而美国人很聪明启用大量中国人很快拿到大量业务。跟中国人做生意还瞧不起中国人，不启用中国员工，怪不得别人，活该拿不到中国业务……当时我指出五条原因现在只想起上述三条，条条直指要害，句句猛戳心窝，说得他们脸红一阵白一阵，各个心跳加速。在我慷慨陈词过程中，会场鸦雀无声，日本方面一会进来个人，不一会又新来个人，一个比一个官大，不一会屋里挤满了人，后来的只能站着听我带有奚落口吻的讲话。可能他们看惯了唯唯诺诺的样子，听惯了献媚赞扬的声音，头一次听到另类人这样讲话，特别是发自中国人的不同声音。他们用异样眼光谦卑地看着我，甚至有些目瞪口呆的样子，我感到十分有趣和解气。我发完言后中间休息时，日本人鱼贯地离开会场。其中一个中文翻译是华裔，走时到我面前竖起大拇指小声说："你讲得太好了，句句呛日本人肺子，可给中国人长志气了。"当屋里只剩下我们团里的十几个人时，团员们表示听我发言时大气都不敢喘，生怕日本人下不来台，为我捏把汗。几个跟我要好的同志善意地提醒我，你这样不留情面辛辣的批评合适吗？况且我们还在日本国土上，他们能接受吗？我自信地跟大家说，请放心，我太了解日本人啦，你平时不注意自己的所作所为，不注意自己的形象，在他们面前再卑躬屈膝、唯唯诺诺也赢得不了他们的尊重，他们反而瞧不起你。你平时注意自己形象树立威信，说话说到点子上，再戳心窝他们也能接受，反而更能赢得敬佩和尊重，这正是日本善于倾听不同意见和建议，不断进步的原因。果不其然，复会时日本同行兴奋地告诉我们说，他们把我的即席讲话内容向上报告，大藏省证券局局长听说之后，想邀请我到大藏省会面。要知道此前他很牛，总找借口推脱不见我们的高官。今天我把他们训了一通，他反而在行程之外放下身段特意约见我，也算破例了。我与大家商量后表示，要见全体团员一起去见。本来日本人是非常讲究兵对兵将对将的，日本证券局局长能临时安排见我，觉得已是给足我面子啦，没想到我方还“得寸进尺”要求全体成员一起会见，他居然也同意了。可见日本证券界对我们一行格外礼遇和重视，从此再不敢小觑中国证券界了。我的所作所为大涨了中国证券业协会，不，是大涨了中国人的士气和威风，在国内外也树立了高大形象。此后，日本证券界到中国考察与访问，无论见过哪位高官，大都希望拜见我一下，足见我在他们心中的威望和影响力。我除在日本证券界具有一定影响力外，在韩国和美国等国证券界同样具有个人人格魅力，甚至有过之无不及（后来美国美林证券公司取代日本野村证券公司成为世界最大证券公司后曾经在会议上当众宣布聘任我当他们公司亚太地区总负责人，被我当面婉拒一事就足以说明问题，且背后还有很多鲜为人知的故事，因篇幅有限，待以后再叙）。实践告诉我们，生活和工作中若想赢得别人尊重，首先要自重，自己尊重自己，从每件小事做起、注意每个细节，长年累月积淀自己，关键时刻发力才能收到事半功倍的效果。光靠官阶，官大一级压死人是难以为继的；光靠虚名，徒有其表吓唬人是没人信服的；光靠拉关系，走后门，套近乎更是行不通的。必须遵循“正人先正己”“先做人，后做事”的为人处世之道，才能做到“花繁柳密处，拨得开，方见手段”。

（七）积极主动参与证券立法起草工作，为中国证券业协会正名。在我国国情下，民间社团组织与行政管理部门处于弱势地位，出现新成立的机构往往否定以前的机构及其工作，新上来的人否定前任的工作和成就，从而导致人们思维逻辑的混乱，简单重复犯过去的错误，使整个事业不能直线发展而呈螺旋上升局面，从而制约中华民族伟大复兴事业。这一现象，在证券市场上表现得尤为突出。别的不说，凡对我国证券成长过程略知一二，了解证券业协会成长历程和为其做过工作的人，无不为之感动。我上面只是回顾协会工作片段，已充分显示协会在国内外享有一定威望，占有一席之地。然而后成立的证监会刚从事证券管理工作不久，就有个别领导对协会不屑一顾，甚至提出撤换现有协会，重新建立新的证券业协会。更有甚者，个别领导在接待外宾时竟以他到证监会的那天算成中国有证券市场的时间，把笑话都闹到国际上去了，真是闭目塞听。为从根本上防止这类问题的重复发生，少折腾，别动不动就推倒重来，确保证券事业持续发展，必须通过立法加以约束，因此，促进协会法律地位的确立显得至关重要。为此，我们抓住全国人大研究制定《证券法》的有利时机，主动向人大财经委、法工委、《证券法》起草小组主动汇报介绍西方发达国家协会在证券市场的地位与作用，证券业协会与证券行政监管部门是“一部车子两个轮子，缺一不可”的关系；主动汇报改革开放以来，我国证券市场重新恢复和建立的形成过程：先是自下而上自发建立证券市场，再建立证券行业自律性组织——中国证券业协会，最后才建立全国集中统一的监管部门——国务院证券委员会和中国证券监督管理委员会；同时汇报我国证券业协会前期工作情况及国内外业界与社会反应，取得他们的理解与支持。

1993年6月2日，全国人大财经委、《证券法》起草小组与中国证券业协会联合召开座谈会，征求《证券法》第五稿修改意见。我以国务院证券委员会办公室副主任和中国证券业协会秘书长双重身份主持会议。参加座谈会的有全国人大财经委、《证券法》起草小组、中国证监会以及在京证券公司、法律界代表共约30人。与会代表充分发表各自的真知灼见，为完善呼之欲出的证券法提出许多很好的建议。经过各界长期努力终于在国家一级法律中明确了中国证券业协会的法律地位。这是在全国各类社团组织中第一个通过人大立法确立地位的协会。这为证券业协会今后的工作和活动提供了法律保障。在此，特别感谢全国人大财经委、法工委和《证券法》起草小组同志及证券界经营者、监管者和法律工作者的不懈努力和支持；特别感谢全国人大财经委王连洲同志上下沟通协调、艰苦卓绝的工作。

由于我在《证券法》立法工作中做出了工作，对信托业也比较熟悉，全国人大在后来研究制定《信托法》时又聘请我为信托法起草小组顾问。

五、国务院证券委员会和中证券监督管理委员会产生的背景和经过

1992年8月10日，深圳市120多万人上街排队三天三夜抢购新股认购抽签表，因组织决策工作失误、发行中走后门、徇私舞弊和暴力执法等问题，造成绝大部分群众没有购买到新股认购抽签表，导致上万人上街游行的群体事件，震惊中外。时任国务院总理李鹏同志召开紧急会议，决定由时任国务院副总理朱镕基同志接手国务委员李贵鲜同志管理证券市场工作，并提出政策建议。朱副总理临危受命，重新审视研究证券管理体制，便分别召集不同类型小型座谈会，搜集和倾听各方意见和建议，最后亲自执笔形成文字材料上报国务院（其主要内容集中体现在后来颁布的国务院1992年68号文件上）。朱镕基副总理上报意见和建议后等待国务院批复期间，于8月下旬率领人民银行、国家体改委、国务院生产办公室等部门同志去福建省考察证券市场并处理滥发股票问题。当时人民银行应由时任副行长陈元同志陪同，因即将启程出国考察不能陪同，故指派时任人民银行金管司司长兼国务院证券办公会议办公室主任金建栋和时任人民银行证券管理办公室副主任兼国务院证券办公会议办公室副主任的我陪同。同行的除朱镕基副总理秘书顾朝曦及警卫秘书外，还有时任国家体改委宏观司司长楼继伟同志和张新文处长、国务院生产办公室杨昌基副主任和李剑阁副司长等一行不过八九位同志。这是我有生以

来第一次见到并陪同国务院领导出行，开始还真的有点胆战心惊，不敢大声喘气，一路上小心翼翼跟在后面。此行，朱镕基副总理不但没有乘专机，而且所乘飞机是普通航班没有头等舱。我们一登飞机就惊讶地发现朱副总理与我们一样都坐在经济舱，他和秘书、警卫秘书坐在第一排，我们则分坐在第二、第三排。朱镕基副总理登机跟我们点头示意后，便坐下来处理文件和翻阅新华社《国内动态清样》等，并不时提笔画重点或做些批示，其朴素作风和敬业精神着实令人肃然起敬。更为荣幸的是在这个航班上朱镕基副总理还批转给金建栋司长和我一份新华社《国内动态清样》供我们参考学习。这是我有生以来第一次收到国务院领导亲自批示给我的文件，至今我还保留其复印件，以作纪念。落地之后，我们乘坐一辆中巴车径直抵达下榻宾馆。金建栋司长陪同朱镕基副总理到达宾馆后次日，因另有公干便告假离去。这样代表人民银行陪同朱镕基副总理考察和处理证券市场问题的只剩下我一人，只好硬着头皮小心翼翼一路陪同。由于当年党中央发表了邓小平同志年初南方谈话，各地迅速掀起股票热，甚至出现不顾中央三令五申竞相滥发股票的问题；特别是，我国改革桥头堡深圳股市不久前又发生了震惊中外的“8·10事件”。根据国务院决定，朱镕基副总理临危受命，重新规划证券市场管理体制并思考如何治理资本市场等重大问题。听过时任福州市委书记习近平同志汇报工作后，我们乘中巴从福州开往厦门，路上由时任福建省省长贾庆林陪同，途中随时探讨、研究些证券市场工作和问题。在省政府安排下沿路考察一些企业情况，所到之处都想请朱副总理题词留念，均被谢绝，唯独到一家台资企业，在老板的再三恳请下他欣然提笔签下自己的名字也未题词。此前我曾多次见过朱镕基副总理俊秀的小楷批示，这是我第一次现场亲眼目睹他挥毫泼墨，果然字如其人，刚劲有力，端庄大气，气贯长虹，得其墨宝，可以传世。一路上我们所到之处就餐时从来无须任何人陪同，就我们随行人员作陪。通常是长方形桌子，朱镕基副总理和一文一武两个秘书坐在一面，随行人员坐在对面。进餐标准跟一般单位食堂便餐差不多，简简单单，再普通不过。朱镕基副总理是个工作狂，就餐时也抓紧时间与我们探讨研究一些问题。有一次吃饭时朱镕基副总理突然用探究的口气问大家：“为什么中央三令五申禁止滥发股票，各地还屡禁不止呢？”平时副总理提出问题大家常常你一言我一语，议论一番，而今天却少有人回答。这时我与往常一样坐在他斜对过儿最右边，见状便斗胆发表自己拙见。我说：“我认为有以下五条原因。”朱镕基副总理说：“你说吧，哪五个？”我说：“一是，各地方政府官员在小平同志南方谈话精神鼓舞下都想有所作为，但都苦于缺乏思路，觉得发行股票简单，来得比较容易，既摸得着看得见，又最能体现改革精神；二是，现在大干快上劲头很足，资金供求矛盾突出，地方政府支持企业发行股票，作为不用偿还的筹资渠道以解决企业资金来源，何乐而不为；三是……”，我逐条娓娓道来。朱镕基副总理和大家边吃饭边认真听我陈述，当听完我阐明五条观点之后，朱镕基副总理猛地放下筷子，用手指着我的鼻子说：“你这五条应当在《人民日报》上发表！”恰巧第二天当地市长汇报工作，与我昨天吃饭时提出的观点吻合，无形中验证了我的观点。这位市长强调说：“我们想通过发点股票体现改革精神，总归让我们搞点改革吧？”朱镕基副总理反问：“不发行股票就不能改革吗？”从此之后，我见到朱镕基副总理才敢会心一笑打个招呼。在临回京时我便怯怯向朱镕基副总理说：“我想跟总理合个影，不然以后没机会啦！”朱镕基副总理欣然应允，一边说：“这还不好办，以后我出来再带你，不就行了吗！”一边招呼记者给我们拍了第一张合影。非常遗憾，这次和后来三次与朱镕基副总理的合影，均因自己没带相机又无手机而没有收藏到珍贵留影，直到退休之后我到总理家里拜访老领导，自己带上相机才使夙愿得以满足。人们常说“伴君如伴虎”，特别是陪伴像朱镕基总理这样刚正不阿、铁面无私、威风凛凛、大义凛然的清官，十有八九的人会有畏惧感。但通过这次接触，我深感他也是有血有肉的正常人，刚正背后充满正义，铁面背后充满宽容，威风背后充满诙谐，大义背后充满博爱。表面上他是一个很难接近的人，实际上他属于直来直去的人，单刀直入、不兜圈子的人。无论你职位高低，只要出于公心，无

与朱镕基总理合影

私无畏，敢讲真话，进谏诤言，有理有据，从谏如流，他都十分愿意倾听并接纳。陪同这样的领导，平时要注意多观察，多思考，多站在领导角度设身处地想问题，多研究，多积淀，多总结归纳观点和论据，当领导发问时就可以对答如流。像学子进京赶考似的只要平时思考、研究，准备了一百道题、一千道题，领导突然提出一两个问题，多半在你的准备范围之内，届时即可剖决如流啦。现实生活中人们往往局限于领导布置什么干什么，不去研究分析为什么这么干？怎样干会更好？还存在什么问题？下一步应该干什么？应当怎么做？能完成任务固然是好同志，但充其量只是士兵；如能率领团队共同超额完成任务，不过是个将才；倘若在完成现有任务的同时，能考虑下一步做什么，怎么做，并在执行中可能遇到问题有解决问题的几套预案，不是帅才也是谋士。拿破仑说过“不想当将军的士兵不是好士兵”，那么即使你当了将军，但不善学习，懒于思考，不能运筹帷幄，决胜千里之外，也永远承担不了帅才之重任。有道是“愚者有备，与智者同功”。即愚笨的人如果准备充分，做出的事与聪明人一样取得功效；成功的关键不在于天生聪明，而取决于后天勤奋。每个人一辈子都有大小不同的机遇，关键是你在机遇到来之前是否做好了准备，能不能抓住。机遇从来都是给有准备的人准备的。古人云，“于不疑处有疑，方是进矣”。只有在一般人认为没有疑问的地方发现疑问，这才是进步，就是这个道理。可悲的是，时至今日相当一些人仍然没有摆脱“愚者暗于成事，智者见于未萌”。说的是，愚昧的人在成事之后还未弄明白怎么回事，而聪明的人在事情发生之前就已预见到了。这在证券市场上表现得尤为突出。无论是筹资者、投资者、经营者，还是监管者皆是如此。

我们从福建回京之后，我立即将此行一路情况，特别是我回答朱镕基副总理问题的五条看法形成文字，立即报送给陈元副行长。陈元副行长立即批示“请各行长阅”。此后我便在人民银行总行机关小有名气，凡是涉及证券市场的事情无论是领导还是一般同志都喜欢找我交谈。我想这也是尽管在人民银行总行工作时间不长，但接触人较多有一定知名度的缘故吧。

不久，时任国务院总理李鹏同志和其他领导批准了朱镕基副总理的亲笔信。朱镕基副总理遂将金建栋司长和我召集到他的办公室谈话，传达他给总理写信的主要内容和李鹏等国务院领导的批示精神：国务院决定成立国务院证券委员会（简称证券委）及其办公室（简称证券办），同时成立中国证券监督管理委员会（简称证监会）。决定金建栋为证券委办公室主任，马忠智为常务副主任。同时，在询问了人民银行现有证券管理办公室情况之后说：“你们回去逐个找他们谈话，动员到国务院证券委员会办公室来，但也不要过于勉强。还可以从国家计委、体改委、经贸委等一些单位调几个人来。”“证券办行政编制20人，关系挂靠在国务院办公厅，经费由国务院办公厅划拨，办公地点就设在我的办公室旁边，你们随叫随到。”最后朱镕基副总理将给李鹏总理写信的主要内容传达给我们，并面授机宜，让我们代国务院起草个文件。

回到人民银行之后，根据金建栋主任的安排，我负责找人民银行证券管理办公室全体成员逐一谈话，动员但不勉强他们到国务院证券委员会办公室工作；同时我根据朱镕基副总理口述精神代国务院起草文件，便是后来颁发的1992年国务院68号文件（这是我第一次代国务院起草的文件。此后，我便与证券市场有关文件结下不解之缘，一发不可收拾，直至1998年底之前几乎所有国务院和国务院证券委及证券办有关证券方面的文件都是我作为第一起草人）。

不久，朱镕基副总理办公室通知国务院证券委员会成员及证券办、证监会领导到国务院会议室开会。正式宣布证券委及其办公室和证监会成立，宣布内容如下：

（一）国务院证券委员会常务副主任为周道炯同志；证监会主席为刘鸿儒同志，兼国务院证券委员会第一副主任。

（二）国务院证券委员会委员有国家计委副主任王春正、国家财政部副部长项怀诚、国家体改委副主任洪虎、国家经贸委副主任俞晓松、人民银行副行长陈元、国务院法制办主任杨景禹、国家财政部国资局汤炳午……

（三）国务院证券委下设办公室；证券委办公室主任金建栋，常务副主任马忠智主管业务工作，副主任王益分管法规工作，副主任庄心一分管人事和行政工作。

（四）证券委办公室与证监会成立一个党委，党委书记为金建栋同志，副书记由刘鸿儒和周道炯同志兼任。

会后，由于证券办办公地点迟迟未能按朱镕基副总理要求在国务院院内安置，只能在国务院北门斜对面中央领导干部俱乐部院内就近安排。为了便于工作，国务院办公厅给我一人办理了国务院办公厅工作证，我可以随时出入国务院，做到朱副总理随叫随到。

如果说，我国经济体制改革是“摸着石头过河”的话，那么，证券市场恢复和建立、改革创新以来，在朱镕基副总理分管之前是自发形成的市场，而在朱镕基副总理分管之后则进入“先有顶层设计，后逐步实施”的阶段。当年朱镕基副总理的顶层设计，至今仍然发挥作用，甚至个别地方还未全部实现。

二十多年过去了，那一批国务院证券委员会办公室创始人员，随着证券市场的跌宕起伏发展，在大风大浪中见证了证券市场的变迁，他们在大浪淘沙过程中出现两极分化。绝大部分同志经受住了考验，能与时俱进，与证券市场共成长，为证券市场规范发展作出了巨大贡献，取得了跨越式进步；少数人在市场经济不健全发育过程中，在巨大权益诱惑下没有经受住考验，败下阵来，成了阶下囚，被社会所淘汰。大浪淘沙，鱼龙混杂，泥沙俱下，两极分化十分突出，各占不少比例，他们以切身经历和血的教训进一步验证了证券市场参与者呈现高智商、高风险、高收益、高诉讼等“四高”特征。这是证券市场发育过程中必然经历的一个历史阶段，也成为证券市场初级阶段基本特征之一。

本文部分内容发表于2018年12月《中国证券》、2019年1月《智慧中国》和2019年3月《商业观察》。

作者简介：

马忠智，1992年10月负责组建国务院证券委员会办公室，任副主任（主持工作），1995年1月3日任主任（正局级），1997年9月中国证券监督管理委员会成立首届党组兼任党组成员（中管干部），1998年3月27日中国证监会升为正部级单位后继任党组成员、系统党委委员；1998年11月9日任国务院稽查特派员（副部长级），2000年6月22日过渡为国有重点大型企业监事会主席（副部长级）。2007年6月退休至中国证监会。

监管的理念

高西庆（中国证监会原副主席）

高西庆做讲座

我觉得这个会开得很有意思。耀先、老马、老范、小雪他们在座各位每个人都值得让他们讲一天，因为好多事情要深入。而且我觉得更大的一个问题是我们这些人，第一，年龄大了记性不好。第二，每个人有每个人认知的局限，每个人都有，这也没法避免。第三，每个人有自己特定的立场。最近好几个机构一直都在联系我，中财已经是第五个机构来找我讲这个历史。证监会研究院在搞，深圳资本市场学院在搞，五道口在搞，很多地方都在搞。我说这是好事，为什么呢？因为咱们原来的传统就是这种官方历史的事情，有很多人经历过这件事情，知道说得不对也没办法，因为谁权力大谁说。今天来了很多人，我们大家可以一人说一下。

虽然大家记得不一定准确，立场不一定一致，但是每个人说出来之后，这个历史就靠近真相了，放在后面研究它，把这个对起来，看一看哪一块最可能是符合历史的。我想你们做这个事儿也是值得的。机构现在都在紧锣密鼓地、大张旗鼓地，出很多钱都在做这件事情。

我要说的其实就三个词，第一叫初心，第二叫常识，第三叫理性。

为什么是初心呢？因为现在老爱讲，当初搞的这个资本战略什么意思啊？你们最初想的是什么呀？这个初心真的每个人都不一样，对吧？当时说国资这块，国有资产不能流失啊！当时在最后一稿讨论国务院股票发行暂行条例的时候，证券委刚开始14个委员，后来加了两个委员，朱镕基副总理主持让大家讨论，上来就说国有资产这一块儿在哪儿写着呢？我说在32条。我们写了一条，上市公司里涉及国有资产、国有股的，必须要国务院国有资产管理部门批准。当时各种意见，尤其当时的国有资产管理局。朱镕基副总理说，好，我们不能让国有资产流失，然后加了一句说，至少不能让人攻击说国有资产流失。这就是在当时那种意识形态环境，必须得有这个东西。

这个过程最后走到哪里去，有这个历史原因。刚才老范也说，我们大家现在意识形态相对比较一致，也可能不是那么一致。小平同志说资本市场不行就关了，好像也不大容易关吧，但是你也不敢说完全不可能关吧。那么，我觉得还是回归那个初心，至少当时的初心是我们搞这一块，肯定不叫搞资本主义。当时我们拿白皮书到各个部门去宣传，到国务院各个部委，当时国务院就有领导拍桌子说，别在我这儿搞资本主义。然后去好多大企业，希望他们支持这块儿。大企业也全是国企。有的国企听着好像觉得还有点儿意思，有的国企觉着不对味儿，领导也是拍桌子说别想在我这儿搞资本主义。当时的情况就是这样。当时我们使劲宣传的这个东西，不是搞资本主义，我们搞的是社会主义，当时还没有那个说法叫中国特色社会主义，我们说我们这是叫技术工具论，我们是工具，是机关枪。白天机关枪在哪里可以打，工具机关枪也在哪里可以打，我们没有机关枪不行。所以，这个初心是要搞这个市场，要让它使得我们的整个机制——计划经济体制改变过来。这种事情在过去原本是基本行不通的，还没有人说要这么做。这是所谓的初心。

第二部分是回归常识。常识的问题大家现在看法也都不一样，各有各的说法。但是基本的常识是有的呀！既然要搞市场，不搞就算了，要搞市场，那市场里基本的规则总要有，市场基本的法律也要有。法律要是朝令夕改，就不合适。现在常识性的问题常常又会被拿出来说不对。我觉得看看历史整个的过程，从孙中山那时起，中国最早的交易所是1921年在天津建立的，然后1922年下半年在上海开始建立。到1949年的时候，天津的交易所仍然多于上海，存续了两年，之后天津是第一个建的最后一个关的。先把上海的交易所关了，因为当时上海高度敏感。后来天津也关了。但是交易所本身它的用途和它所起的作用，这里面有些东西跟意识形态有关，与那个时期的整个政治要求有关，但是有些东西完全是常识。我不具体说什么地方违背常识，但现在违背常识反智的事情还是时不时地会出现。

现在辩论已经跟以前不一样了，有利益的人并不都拿出来说。有利益的要伪装，说我这是为了中国人民的福祉，为了社会主义，为了共产党的初心。其实背后都是有自己各个不同集团的利益。怎么办呢？常识你怎么来达成呢？只要大概你能说出口，而不是闭眼扔到脑后不说，大家就可以达成共识。

如何达成共识？这就是第三个概念：理性。辩论——公开让人说，不能只让几个人说。证监会这个机构在各个政府管理机构中这个问题算相对最好的，因为还经常地要公开地、或者相对半公开地征求意见，有的部门不会公开直接公布什么出来。如果不允许理性地讨论，不允许大家辩论，不允许不同意见被提出来，那真正能够达到所谓的帕累托最优也罢，现实是帕累托最优很难达到，不管是什么措施出来，至少有一部分人要受损的。

这部分人一般总体上为了整个大局，比如是李嘉诚和王健林，李嘉诚和王健林小目标损失一点，让广大老百姓稍微地好一点，要达到这个，如果没有这个辩论过程、这个争议的过程是不行的。所以老范讲我们需要时间和空间，这个道理是一致的。为什么要时间空间？因为在时间空间过程中大家争议，大家辩论，大家为这个股权分置讨论了多少年，尤其是最后公开讨论，从1999年开始，讨论了好几年。我是2003年底或2004年初离开证监会的，之后又过了一两年才终于拿出来方案。

当时有些条件很重要，这个事情在全国人民中已经讨论很久了。当时证监会公开收集了6700多条建议，归成十九大类，然后拿来让大家去讨论。有人说为什么搞这么复杂？我说这个其实就是一个博弈过程，让大家去回归理性，大家去讨论，每个人都知道自己有自己一块利益。假如最后你觉得我们这个机制很好，我说了算，你别在这儿争了，这样看着效率是很高的，但是后果也许就不好。现在去看中国的证券市场快30年了，为什么还有那么多的各种各样的问题，每个环节上都有问题，我们有很多问题还是常识性的问题，还是最基础的矛盾。

老说教育投资者，应该先教育证监会。我当年说过，教育监管者这是对的，但是说老实话，在中间还有人需要教育。我跑了40多个国家的证监会、证券监管部门，发现中国证监会的平均水平，就从人员上、素质上、工作努力程度上，比任何一家都不低，可能是最高的，但是工资水平比任何一家都低，是最低的。这种情况下，这个机制要让大家心动，让大家按照常识理性来拿出解决办法。可是在这个机制之下，还得去教育领导，教育领导也是一个过程，经过时间和辩论。把解决方案公开拿出来辩论，公开是一个最重要的常识。

（2019年11月23日，中央财经大学“三十年风雨征程——资本市场发展研讨会”发言记录）

作者简介：

高西庆，法律博士。现任清华大学法学院教授、博士生导师。1986年获美国杜克大学法律博士学位（J.D.），其后在华尔街从事律师工作。回国后创立中国证券市场设计研究中心，致力于中国证券市场的建立。1999年至2003年，任中国证券监督管理委员会副主席。2018年12月，入选“中国改革开放海归40年40人”榜单。

光荣与梦想

范福春（中国证监会原副主席）

范福春在金融业变革峰会上讲话

我退休之后曾经给自己定了一个规矩，就是不参加证券系统的任何研讨会，不发言。今天让贺强教授把我这个规矩给破了。不过贺教授也给我们减负了，在今天的研讨会上，可以不谈市场问题和发展，只谈历史。今天我想简单谈一下关于资本市场发展与改革的感想。

第一，我们对中国的资本市场，应该说现在比以前任何时候都更充满信心。为什么呢？我们先不说它发展有多快，成绩有多大，就因为阻碍我们这个市场发展的那这些思想桎梏或者意识形态方面的障碍，现在基本排除了。这对中国来说是个了不起的成就。我们在改革开放初期的时候迈不开步，为什么？就是思想不解放！为什么思想不解放？就是紧箍咒太多，意识形态方面的条条框框使得我们迈不开步。我记得，证监会刚成立的时候，我们刘主席（刘鸿儒主席）为了阻挡说情风，成立了股票发行审核委员会。发行股票的时候，地方政府来推荐上市的，按刘主席的话说，地方政府省长、书记都比我官大，我谁也惹不起，不让谁过我都不好办。我们借鉴香港上市委员会的条例成立了发行审核委员会。发行审核委员会刚成立的时候，分成两个组，我和西庆在一组，当时我们组里有厉以宁老师、董辅仁老师和杨纪琬，都是大专家。有一次发行审核委员会开会中间休息的时候，我就跟厉老师说，证监会现在发行审核也好，监管也好，亟须证券法出台。你又是人大证券法起草小组组长，拜托你加速。厉老师笑笑说："老范，我再尽力也没用"。我问为什么？他说，我再尽力，就我和老董俩人观点一致，这常委会里面有些资深委员对证券市场负面印象太深。我说怎么回事儿你给我们讲讲，他说，有一次我们在讨论这个的时候，刚开始一个资深委员就说了，厉以宁同志，我们大家没有炒过股票，也不会炒，我们也没去过交易所，但是谁还没读过《子夜》呀？这证券交易所就是资本主义沉渣泛起。搞什么证券法？这是1993年六七月份的时候的认识。就是认为资本市场或证券市场就是资本主义的沉渣泛起。到现在经过这么多年的发展，这类认识不存在了，股票市场是发展还是关闭的争论也没有了。所以，我们中国的股票市场，我们没有理由对它未来的发展不充满信心，因为我们自身限制发展的魔咒没有了，这是我回顾历史当中的一点感受。

第二，在发展过程当中，一定要把发展的时间和空间留足，不能着急。我记得1994年的时候，西庆那会儿是首席律师兼发行部主任，我们当时上市部事儿也不多，公司也不多，我就跟他一块搞发行。

1994年上海市场跌到340点的时候，我有一次在保利的楼道里碰到西庆，西庆说，老范，现在是解决法人股并轨最好的时候。为什么？很多法人股的净资产都比股价高，都比流通股价高，这时候并轨谁也不会吃亏。我说你的判断我同意，但是绝对解决不了。为什么？我说这市场对市场扩容是恐惧的啊，谁也不敢这么做。我现在给大家讲个笑话，因为当时在保利我们上市部和法律部都在一个楼层。我们就跑去找陈大刚（时任法律部主任），我说想解决这个问题，最好的办法，就让刘主席先请假，陈大刚来当代理主席，回过头来你就宣布法人股并轨，等刘主席再回来把你给撤了，那事儿也就这么办了。陈大刚当时就说，老范，我可不当，要当建熙（汪建熙，时任国际部主任、证监会首席会计师）当。我问为什么？他回答，建熙那会儿没儿子，我有儿子。这虽然听起来是笑话，但当时人们在探索呀，股权分置改革全流通的时候西庆他们早就在想了，但是施行不了。后来解决股权分置改革，不管这些专家们怎么着，证监会进行了不懈的探索。小川（周小川）当主席的时候，曾经两三次跟我说，国务院朱镕基总理让他们搞国有股减持，试验了多种办法都不成功，解决这个办法最好是全流通。但是怎么走出这一步却很难。所以现在回顾历史的时候，贺教授，应该说我们证监会以李青原为主任的研究室在这方面做了开拓性的、创新性的探索。她们亲自搞了几个试点，这个试点不是她们抓的，是上市公司自己想出来的，我们通过送股的办法让流通股股东满意，这样不就好了吗？

所以，后来我们股权分置改革的方案叫统一指挥，分散决策。实际上，是在青原她们研究室研究方案的基础之上提出来报告给国务院，才获得了批准。所以任何一个矛盾的解决，必须要在发展到一定条件的时候。1994年的时候，高西庆他们就想解决并轨，但很难。等到1999年、2000年的时候，小川他们想解决也很难，没有解决。到后来为什么能解决？到2005年的时候解决了，就是青原她们找到了一条路。我们证券市场资本市场发展过程当中，很多很多的矛盾要解决，都必须在实践的探索当中逐渐取得共识。所谓不管什么人，牛不喝水强按头的那种行政强迫，在高度市场化的资本市场是行不通的。归纳一下我谈的第二点，就是要给改革和发展留时间，给空间。

第三点想法，就是要解决我们资本市场现在大家很多不满意的事情，要提高它的效率，提高它的满意度，一定要做更加扎实的工作。这个扎实的工作，我把它归结成4个字，叫归位尽责。

归位尽责就是解决资本市场当中普遍存在的缺位错位。所谓错位是什么呢？就是越位和不到位，错位的问题不解决，我们这个资本市场行为很难理顺。解决归位尽责的问题，不仅是监管机关要归位尽责，市场各个主体及其主体的所有人都必须做到这一点，这样，中国的资本市场才能走上健康发展的道路。

以上就是我在回顾历史时，按照贺教授的启发想到的三点。

（2019年11月23日，中央财经大学“三十年风雨征程——资本市场发展研讨会”发言记录）

作者简介：

范福春，1993年任中国证券监督管理委员会上市公司部主任，1997年任中国证券监督管理委员会副主席、党组成员；2000年7月任中国证券监督管理委员会副主席、党委委员，2002年7月兼任纪委书记；2003年11月任中国证券监督管理委员会副主席、党委副书记。2008年任全国政协委员。

企业股改与海外上市

李小雪（中国证监会原纪委书记）

李小雪在中外跨国公司CEO圆桌会议所举办的金融资本论坛上发言

我本来是来“潜水”的，没思想准备，就说几句吧。中国的改革特别是资本市场的改革，发展到今天不容易。我就谈谈自己的体会。

我们跑得快，但是大体上从市场规范发展来说还是有路数的，不是走得很歪。我们刚开始搞股市改革的时候，刘鸿儒主席就一再告诉我们，外国有的国家的市场发展很快，但很快就垮了。他举了一些例子，比如印度尼西亚的市场，很快起来又很快垮了，告诫我们基本的规矩要搞好，特别是他强调“企业不能带病上市”，这句话对我影响很大，总是念念不忘努力去做。我们的企业改革从本土中来，充分地借鉴国际经验，走得既要规范，又要有我们自己的特色，这条路走起来很不容易。

我的履历大致分为两段，前一段在国家体改委搞企业改革，我是国家体改委生产体制司的；1994年以后我被调到证监会，所以我大致是跨了两边。刘鸿儒主席原来是我们体改委的领导，90年代初期按国务院领导指派创办证监会，成为我们证监会第一任主席。我正好1993年到1994年这一段时间，从体改委负责股份制改革的处长任上，被调到证监会担任海外上市部主任，经历了内地企业到香港上市的整个过程，包括那个时候与香港联交所就海外上市的法规制定商谈，以及组织几批企业上市的实际操作。内地与香港交易所、证监会有过一段非常密切的沟通时期——反复交谈20多次，双方就不同意见互相交谈多次最后达成一致。印象比较深刻的有两件事，第一件事是梁定邦（梁定邦后来曾任香港证监会主席，他当时是香港上市委员会的，也是御用大律师）给了我们一个评价，说“你们写的这些（指体改委颁布的《股份有限公司规范意见》），基本可以用”，这句话给我增添了很多信心。之前在《规范意见》起草的过程中，有数百人先后参加、反复讨论，有各种不同的会议，也有我们当时走在最前头的一些同志反复参加，比如当时有高西庆、何斐、龙涛等。这些人在一起经历过多次反馈、掰扯，大家各方思想碰撞，改了许多回。我当时是体改委生产体制司内的主管处长，又是我那个司里练出来唯一会五笔打字的人，就成了执笔人，而熟练用五笔字型在计算机上打字，就是被当时起草工作愣给逼出来的。当时的他们这些海归，西庆是难得的律师，非常精干，何斐也是海外回来的律师，在去香港上市之前，大家在讨论中已经把基本问题磨合得差不多了，而且在交谈的过程中，我们达成了共识。

梁定邦说你这个法律性的文件（指体改委的《股份公司规范意见》）再大改比较难，但是到香港上市还有好多法律问题需要进一步衔接，当时香港还没有回归，与港英当局谈有一些困难，内地也还没有公司法证券法，内地股份制改革中当时主要发挥作用的是国家体改委文件。他提出建议写一个“上市公司章程必备条款”，因为从香港法律上章程可以看做是公司合同，成为两地法规的补充，可以对上市企业有民事的约束力，内地则请国家体改委认可。梁先生的这个意见非常好，大大减少了海外上市大量法规制定的压力。香港方面还怕各个企业写出来不一样，他还提出个建议，这个章程必备条款，要所有到香港上市的公司必须写到自己章程里，这个意见被双方采纳了。接着就着重商量这个章程必备条款要写什么内容，这个内容里头不仅仅把英国（英国不是成文法，它是案例法，并不是都有明确法规文字的），而且是把所有英联邦里头可以引用的内容，我们法律互相衔接需要的这一部分的精彩内容全部凝结在章程必备条款里，双方反复交谈达成共识。这个必备条款在我们内地由体改委和证监会发布（经国务院同意），香港则写在香港联交所上市规则19A章，第19章是上市的条件，专门设置一个19A章，章程必备条款，双方一个字不差，同时发布。因为是双方反复交谈磨合以后达成的一个共识，把我们既要和国际接轨，又要解决我们自己的问题的意愿都体现了，里头的学问比较多，所以，后来以此为基础，美国上市、任何地方上市都没有再发生法律争议。这里头有很多的学问，要慢慢读，所想表达的思想既与英国法系结合很精准，又完全合乎中国的法规精神。咱们很多同学都是搞这方面研究的，如果有兴趣研究点历史和法律问题，看看章程必备条款，也可能会有很大的启发。

从我们自己走过来的这个过程来说，我觉得认识问题的起点是要形成概念，概念要运用的话，最基本的是名词，概念和名词是我们认识事情和运用我们的思维能力的一个砖头，如此才能砌成墙。但这件事“成也萧何，败也萧何”，当历史发展的时候，概念所表达的背后的事情是不断变化的。比方说股份制改革，有很多学者从“产权革命”这个名词或概念出发来研究股份制改革，是有可能走偏差的。我回顾当年，不是用这个概念开始股份制改革的。我们为什么那时候不用产权改革这个词？第一，产权改革这个事它需要有一定的共识的，你想说它姓社姓资，你想说清什么是产权改革，当时这个词多数群众不理解也不接受。我们现在用“中国特色社会主义”下的市场经济来理解股份制改革，大家已经在认识上取得了一致，但当年还没有达到这个认识高度，当时用“产权改革”这个概念还是有很大争议。第二，在实践中还有更大的一件事，产权改革的这件事情所反映的是企业的静态产权结构，这企业是你的还是我的，咱俩先谈，咱这企业到底算谁的？既然不是我的，我又在这掺和，我干吗来了？简单地从“产权”概念出发，在实践中不仅引起企业外部争议，还会在企业内部开打。但我们坚持发展是硬道理。你不能静态地来研究这个东西是你的还是我的，还不说前头那个说姓社姓资的一些大概念，仅仅你的我的咱们先分家，就没法往前走。所以真正的股份制发端的一段历史，是从“横向经济联合”带动增量改革开始，我们先把这个企业发展起来。它的大背景既有社会上的集资，也有企业之间的参股。这一段我们的定义是横向经济联合，就是先发展。到一定程度以后，出现了企业的不确定性，当企业遇到波折，你多少我多少，你负担多少责我负担多少责，包括最后有表决权，咱们到底怎么表决？到一定的阶段，朋友也有看不过眼有要翻脸的时候，这时候才更进一步开始讲到界定产权，界定产权的改革比较靠后，差了好几年。我们容易形成“戴着有色眼镜看事”，你看到的是一个事情的这一侧，我看到的是另一侧，各个角度看着不一样，很容易静止地观察问题。不如历史发展到什么阶段，要解决当时问题的时候，再用这个阶段最恰当的概念和语言表达它，大家先走出来，走一段可能遇到个更深刻的问题，你再适度地围绕发展方向提出新问题，但是如果一开始把问题说死了，可能大家不容易接受。所以我建议人家一定要注意，裸着眼睛看，不戴有色眼镜，而且越是重大变动的时候越要直视，同时又要随着历史的发展方向，调整不同的视角，再把这个事情逐步发展下去。我就特别想表达这么一个事，就是一个建议性的东西。就说这些。

（2019年11月23日，中央财经大学“三十年风雨征程——资本市场发展研讨会”发言记录）

作者简介：

李小雪，1994年8月调入中国证监会，历任信息研究部主任、海外上市部主任、国际业务部主任、上市公司监管部主任、发行部主任、机构部主任、主席助理、党委委员、纪委书记。曾任中纪委委员，中国注册会计师协会常务理事、财政部会计准则委员会委员、中国上市公司协会执行副会长。

上海原油期货上市的七个为什么

姜洋（中国证监会原副主席）

姜洋在“2016陆家嘴论坛”上发言

上海原油期货上市已经一年过去了。记得一年多前，在上市仪式现场有人激动地说：“今天交易池里像过节一样”，许多期货人在原油期货上市仪式结束后，脸上仍然透着灿烂的笑容，他们久久停留在交易大厅内不愿散去，忙着合影留念。

2018年3月26日早上9时整，在上期所交易池内敲响了上市锣，一片红绿相间的交易数据跳动在沉默的巨幅电子显示板上。人们翘首企盼多年的原油期货开盘了！开盘后半小时内，原油期货成交逾万手。截至当天下午收盘，原油期货单边成交2.1万手，成交额92亿元。路透社报道，当日上海原油期货交易量超过了迪拜商品交易所的阿曼原油期货，位列全球第三。

原油期货上市100天后，路透社的跟踪报道说，沙特阿美于7月4日宣布，计划于10月起改变对亚洲的原油官方长约销售价定价机制。这是沙特阿美自20世纪80年代中期以来首次修改定价基准。有报道说，自上海国际能源交易中心原油期货上市以来，与迪拜商品交易所原油期货保持高度联动，在中东地区的价格影响力持续增强，并正在消除所谓的“亚洲升水”。沙特阿美将迪拜商品交易所原油期货作为10月起销往亚洲原油的部分定价基准，其中深意不言而喻。难道梅拉梅德的致辞这么早就应验了吗？

原油期货上市1年后，成交量已经超过迪拜商品交易所，跃居世界第3

位。截至2019年3月25日，原油期货累计成交量3670.03万手（单边）、累计成交金额17.12万亿元（单边），全市场保证金总额76 01亿元，日均成交15.10万手（单边）、日均成交金额704.55亿元（单边）、日均持仓22406.96手（单边）。总开户数超过4万，半数以上客户参与了交易。市场各方积极参与，投资者结构良好，境内外大型石油、化工企业、大型贸易商、各类投资公司及个人客户等均有参与原油期货的交易。境外客户来自英国、澳大利亚、瑞士、新加坡、中国香港等多个国家或地区。国际能源署（IEA）、石油输出国组织（OPEC）等国际机构对上海原油期货高度关注，并进行了客观公正的评价。

原油期货在经历了上海期货交易所全体员工17年的努力追求及4任“一把手”的不懈努力、证监会5任领导班子的积极推动，以及相关部委和市场各方面的大力支持后，终于梦想成真。

原油期货市场的建立，是中国经济发展史上一个里程碑式的事件。里面有太多的内涵，也有太多的故事。在上海浦东浦电路500号上海期货大厦那幢180多米高的大楼里容纳的仅仅是故事的一部分，许多故事发生在大楼外。

一、为何原油期货在上海期货交易所上市

原油期货在上海上市是有原因的。改革开放后最早建立的石油期货市场就在上海，当时的一批骨干现在就在上期所。上期所的第一步努力是推出了燃料油期货，开了在上海恢复石油期货市场的头一炮。燃料油期货从2001年7月在上期所启动到2004年8月成功上市，成功地打开了原油期货上市之路。但启动之路并不平坦。2001年开始，上期所完成了脱胎换骨的三件事，为石油期货市场建设铺平了道路。一是完成了艰难曲折的人事制度改革；二是完成了技术系统改造并启动了新一代交易技术系统建设；三是完成了燃料油期货的开发上市工作。三件事看似独立，但它们相互联系，互相支持，缺任何一件，燃料油期货都无法上市，原油期货也不会有今天。

石油期货是上期所10多年来的一个梦：已经并入上期所的上海石油交易所在1993年曾经交易过汽油、原油等石油期货。并入上期所后的一批业务骨干一直继续着石油期货的研究。他们“人还在心不死”，天天盼望着石油期货“死灰复燃”。2001年7月13日我到上期所担任党委书记、总经理。在我接下来的熟悉情况和调研中，所内要求恢复石油期货交易的呼声不绝于耳。当时的理事长胡岳征、总经理助理胡政、监察部高级总监褚玦海，以及一般员工陆丰、李辉、庄青等一批骨干都向我提出了恢复石油期货交易的意见和建议。在几次听取汇报的基础上，上期所党委会决定，把石油期货上市作为一项重要的战略性工作来推进。7月20日，证监会主席周小川来上期所调研

考察，我借机向他表达了这一愿望。周主席表态支持，要我们抓紧提方案报申请。

接下来上期所的调研发现，上市原油期货条件并不具备，但争取燃料油期货上市存在可能。于是，上期所党委做了顶层设计，提出了先用石油产品中市场化程度较高的燃料油期货作为起步探路，积累经验，创造条件，逐步推出包括原油在内的多品种石油期货的发展路径。

机会来了，但我们的方案没准备好。2001年美国发生了“9·11”恐怖事件，此事对我国石油期货上市起到了促进作用。2001年10月25日，我在周小川主席办公室汇报石油期货上市初步方案。周主席说，上次从上海回来后我始终惦记石油期货这件事。现在是个很好的机会，必须抓住。9月，美国发生了“9·11”事件，中东恐怖分子对美国石油安全的威胁，引出了我国的石油安全问题，国务院领导特别关心石油的事情。这个时候向上说明石油期货的重要意义是一个好机会，但你们搞慢了，机会来了，拿不出东西。你回去后抓紧提出石油期货上市方案和申请。回到上海的第二天我主持召开了上期所党委会，决定成立石油期货开发专项工作小组。班子中胡政主抓，监察部高级总监褚玦海具体负责小组工作。

当时，上期所党委紧锣密鼓抓了三件事。

1.抓紧石油期货等新产品的研究开发。按照证监会领导要求，我们把重点放在石油期货（同时开发的还有股指期货）上。石油期货开发方案中，选择石油产品中的哪一种产品作为首先上市交易的期货标的物是一个焦点。工作小组认为，目前参与石油交易的主体太少，原油产品市场化程度不高，如果先推原油期货，难获成功。而燃料油市场化程度相对较高，参与主体多元，选择燃料油作为期货的标的物比较保险。

当时的困难是，上期所除了要获得证监会支持外，石油行业和其他部委的支持非常重要。几任证监会主要领导都要求我们去争取石油业界的支持。我们通过各种渠道，调动各方力量积极主动花大力气去宣传、游说，争取中石油、中石化以及相关主管部门的支持。但是当时的中石油、中石化这两家并不想搞期货，而是想自己建立远期市场。我们采取了“文火慢炖”的方式，通过各种关系去做工作，希望逐步改变石油系统的这种认识。我们通过关系请来了在石油系统有一定影响力，曾经担任石油交易所总经理的杨景明到上期所调研，并提出让他牵头搞石油生产流通体制改革的课题，上期所提供全方位支持，并请杨景明担任课题组组长。这个课题集合了石油系统各个层面的力量，还一起联合开过多次石油流通体制改革的研讨会。通过课题和调查研究以及各种交流，石油系统有一批人对期货市场由简单否定变成积极支持，他们成了拥护石油期货的主要力量。那段时间，上海期货交易所内的石油期货老人比如胡政、褚玦海等，经常跑国家能源局、中石油、中石化、中国石油大学，不断向他们送材料，宣讲期货知识。

国务院相关部门、地方政府的理解支持对上市石油期货非常重要。首先是证监会期货部非常支持石油期货上市。期货部领导多次陪上期所领导一起去拜访国家计委、国家经贸委、中石油、中石化等相关部门和石油公司，由于证监会出面，这些部委的表态比较积极。上海市也积极支持。2003年，上海市将建立上海石油期货市场列为正在编制的《上海国际金融中心行动计划纲要》的重要内容。

国务院办公厅领导也关心石油期货的研发工作。2002年3月下旬，我向国务院当时分管金融的副秘书长汇报燃料油期货的准备情况。他也很支持燃料油期货。他说，“你把材料留下，我先看看，消化一下，再同小川同志沟通，下一步如何再商量”。接下来我们又把相关情况向周小川主席进行了汇报。他说，那你们抓紧上报燃料油期货申请。

2002年底，证监会主要领导发生变化，尚福林担任证监会主席。2003年初，尚福林主持会议，听取了上期所关于燃料油期货上市前期准备情况的汇报。他明确指出，希望上期所尽快将申请上报证监会。接着证监会期货部要求上期所补充三个问题的资料：一是燃料油期货的交割风险如何防范；二是现货市场可供交割总量有多大；三是如何控制现货市场剧烈波动传递到燃料油期货上的风险。上期所撰写了报告，一一回答了上述问题。

2004年1月28日下午，在国务院常务副总理黄菊同志在上海虹桥迎宾馆召开的金融座谈会上，我代表上期所发言呼吁加快上海石油期货市场的建设。

随着2004年1月31日“国九条”的发布，燃料油期货上市的步伐加快了。文件中说要“稳步发展期货市场，在严格控制风险的基础上，逐步推出为大宗商品生产者和消费者提供发现价格和套期保值功能的商品期货品种”。

2004年3月中旬，经国务院同意，燃料油期货由证监会择机批准上市。当时国务院常务副总理黄菊同志在证监会关于上市燃料油期货的签报上批示“目前先从燃料油起步，积累经验，创造条件，逐步推出多品种石油期货”。

2004年3月30日，证监会主席办公会听取上期所关于燃料油期货上市的准备情况。会上尚福林主席说，“燃料油期货是期货市场清理整顿后第一个获国务院批准上市的品种，是石油期货试点的第一步，只能成功，不能失败”。我汇报说，为了确保成功，前一阶段上期所做了七方面的工作：一是交易规则已经在参与者和中介机构等各个层面进行了10多次的意见征求，且基本成型，证监会一旦批准燃料油期货合约，规则就可以马上发布；二是涉及交易、结算、交割的技术系统改造已经完成；三是加大了宣传、路演频度，提高市场潜在参与者对燃料油期货的认知度；四是已经完成了对交割仓库的考察与确定，马上可以签约设立；五是与海关、港务、商检以及环保筹备方面的工作正在抓紧推进；六是成立了石油期货工作组专项推进燃料油期货上市和上市后的维护工作，正在发展核心会员和石油行业的专业会员等；七是马上开始进行燃料油期货的网上模拟交易。会议总结时，尚福林主席赞同上期所的安排，并要期货部和上期所商量上市的具体时间。

2004年8月15日上午，尚福林主席和上海市长韩正为燃料油期货上市鸣锣开盘，通过三年的努力，燃料油期货成功上市。

2.抓紧人事制度改革。石油期货市场建设能否完成，市场风险能否很好防范，人才是最关键的因素。2001年10月下旬，周小川在第二次听上期所汇报工作时说，“上市石油期货的事情，关键是人去做，上期所老人太多，他们虽然熟悉情况，但创新不够，必须换人，换了人，能够有新思想。上期所必须要加大人事制度改革力度，最理想的就是换人，否则很难承担原油期货和股指期货开发上市的重任”（当时交易所员工平均年龄大约是45岁）。我汇报说，来交易所三个月了，已经按照周主席7月20日来交易所的指示启动了人事制度改革。因为三家交易所合并成为上海期货交易所不久，各种矛盾纠结，内部告状成风，在一年多的时间里已经换了三位上期所的“一把手”，2001年到任的我是换上的第三位。交易所之间派系纠缠、矛盾焦点较多，人才状况堪忧，有能力的骨干人心思走，人事体制改革难度大。记得有位骨干对我说“上期所是个烂摊子，人事制度改革难度大，不改是等死，改革是找死”。这个说法反映了上期所大部分人的心声。大家对上期所前途没有信心。当时上期所的产品比大商所多，但交易规模比大商所小很多。而其他两所即大商所、郑商所员工的平均年龄都在30岁以下。人才结构、知识结构满足不了上期所新产品上市的需要。因此，人事制度改革有再大的困难，也是上期所党委必须做的工作。所党委决定，改革分两步走。第一步先稳住中层干部和骨干队伍，这一步在当年10月基本完成，公开竞聘上岗了13个部门高级总监，实行扁平化管理。10多位中层干部在公开竞聘选拔中落榜，腾出了位子。一批政治素质过硬、专业能力突出、年富力强的年轻骨干脱颖而出，这一步稳住了中层和骨干。第二步是进行交易所全员人力资源制度改革。这项改革于2002年4月启动，2003年全部结束。我们请美国人力资源咨询公司翰威特公司帮助完成。同时上期所建立了博士后工作站，注重招收石油期货方面的博士后研究人员，面向社会公开招聘一批博士、硕士，补充了新鲜血液。加大了员工培训工作，搞了一个员工三年培训规划。这一步稳定和充实了队伍，为以后交易所的大发展做好了人力资源准备。

3.抓紧技术系统改造。2002年上期所的技术系统在交易、结算、交割方面已经趋于饱和状态。最大承载量为每天40万手左右（现在每天都是过去10~20倍的交易量），这个容量满足不了需要；另外，技术系统也没有市场风险的监测监控安排。所党委要求必须进行技术改造，大幅度提高系统的容量，同时在技术系统中增加风险监测监控内容。但交易所技术部门的主要领导思想不通，党委会决定，“脑子不换就换人”。很快我们就调整了技术系统的领导班子，同时改造了技术系统领导结构。建立技术公司作为开发单位，技术部作为使用单位，另外请来美国纽约商业交易所的首席信息技术官李大鹏到上期所，形成首席信息技术官、技术公司、技术部的“三套马车”机制，在胡政的统一领导下，由担任上期所首席信息官的李大鹏统筹考虑上期所的信息技术改造。我们请了国际咨询公司论证评估技术系统改造方案，提出了国际一流技术系统改造方案，同时要求自主开发交易所的技术系统。改造完成后上期所的技术系统一直领先。

以上工作“三箭齐发”，在产品开发、市场推广人才准备、技术支持和风险控制方面，为石油期货市场建设提供了支撑，为燃料油期货成功上市提供了保障。

从17年后的今天来看，燃料油期货作为石油期货上市的第一步，为以后的石油期货品种如沥青期货、原油期货的交易、结算、交割、仓库管理、风险控制、自律管理、技术系统等方面积累了经验、培养了人才、锻炼了队伍，它的上市和10多年规范运行，确实发挥了为其他石油期货品种积累经验、创造条件的作用，没有辜负当初国务院领导的关心，也没有让证监会党委失望，也让市场参与各方看到了上期所创新发展规范运行的能力。

二、为何原油期货上市离不开相关部委的大力支持

按照“目前先从燃料油起步，积累经验，创造条件，逐步推出多品种石油期货”的战略思路，燃料油期货上市并成功运行，走出了建设石油期货市场的第一步后，接下来上期所加快了原油期货上市的开发推动工作。但一开始，上期所思路是按照过去上市一般商品期货品种来考虑的。按照我国《期货交易管理条例》规定和证监会审批流程，上市期货品种需要交易所向证监会申请，然后证监会向相关现货主管部门和行业协会征求意见，达成共识后上报国务院，国务院批准后，再由证监会和交易所商量具体上市时间，并批复交易所的期货品种的具体合约。

原油期货不是一般的大宗商品期货合约。这和上市其他商品期货产品的路数不同，必须在更高的平台上来协调推动上市工作。按照上期所提出的原油期货“国际平台、净价交易、保税交割”、用人民币计价和结算的原则来看，它涉及的方面非常复杂，需要国家相关部委、中外石油行业的支持，需

要市场参与各方的理解支持、需要境外期货市场监管部门的协调与配合。原油期货远远比燃料油期货需要协调和考虑的问题多得多，内涵外延都要广阔得多。它是一个国际化的合约，合约标的物选择上需要考虑各种政治、经济、外交因素，需与中外石油行业沟通合约油种的选择，涉及扫除现行《期货交易管理条例》相关条款的法律障碍，需要法制办的支持。在计价货币和结算货币上需要同人民银行、外汇局、市场参与者等多方协调获得在外汇政策上的支持。在保税区交割上需要海关总署、税务总局的支持。境外投资者的参与需要财政部、税务总局在税收政策上的配合，并与投资者所在国家和地区的监管当局进行协调沟通并取得注册资格，等等。这些准备工作必须在证监会的统一组织协调下才能完成。

1.首先是要争取石油行业的支持。如果石油行业不支持，原油期货上市没戏。燃料油是石油行业一个非常小的品种，石油行业同意燃料油期货上市，对于石油行业来说无足轻重。但原油期货就不一样了，原油是成品油和许多化工产品的基础和初级原料。一旦原油期货出问题，会牵一发而动全身。因为期货过去出过很多风险事件，石油行业不信任期货市场，转变看法不容易。记得2005年8月，燃料油期货上市一周年纪念研讨会在钓鱼台国宾馆进行，请了许多领导和专家到会，石油行业也有不少领导。当大家肯定燃料油期货上市一年来的表现很好，可以根据取得的经验推动原油期货上市时，原中石油总经理、国家能源领导小组办公室主任马富才在发言中毫不客气地说，过多强调原油期货规避风险和定价话语权是不切合实际的，期货投机性太强，是一种赌博，石油企业参与原油期货需谨慎。他还认为，原油期货上市会扰乱国家的能源安全。原证监会主席、当时的全国人大财经委副主任周正庆则认为，应该在燃料油期货基础上排除困难，创造条件，推出原油期货。两位领导不同的观点使会场气氛一度陷入尴尬。

之后上期所又联合社科院、国务院发展研究中心、北京大学、石油大学、中石油、中石化、中化等科研和生产贸易单位研讨原油期货上市问题，推动大家对原油期货的了解。科研教学单位的观点与上期所比较接近。上期所石油小组和石油行业一部分人讨论，提出了另一种思路：可不可以建立对外开放的国际原油期货市场，让境外的参与者进来，使市场交易主体多元，就解决了国内交易主体单一、原油期货市场组织不起来的问题。要做到这点，就必须在法律上让原油期货市场向全球开放。当初我们担心很困难，但是证监会还是坚决支持上期所按照这个思路，大胆设计了国际化原油期货合约的方案。

2.相关部委支持是原油期货上市的关键因素。如果把眼光放到国际，办成一个国际化的原油期货市场，境外投资者参与进来，不就解决了参与主体太少的问题吗？但境外投资者参与会有哪些问题需要解决？这更需要相关各部委的支持。那时的期货市场也出现了一些不利因素，大商所的大豆、郑商所的小麦、上期所的橡胶期货在2003年到2004年的一段时间里，逼仓风险频频出现，价格出现大幅波动，方方面面指责期货投机和赌博的声音又多了起来，对原油期货上市的质疑声此起彼伏。为此，证监会期货部、上期所石油期货工作组开展了大量的调研与游说工作。证监会会同上期所主动与国家发展改革委、人民银行、外汇局、商务部、海关总署、国务院法制办、国家能源局及国外的一些贸易商、生产商、投资银行以及科研教学单位等开展讲座，联合办论坛，组织到上期所考察等，争取到了不少人的理解。

发展改革委、能源局积极支持原油期货市场建设。燃料油期货上市不久，上期所邀请发展改革委、能源局的一些领导如能源局副局长徐锭明、张玉清等多次到上期所考察调研，证监会和上期所也多次去发展改革委、能源局汇报沟通原油期货的准备情况。多次沟通交流上期所给他们留下很好的印象，从后来的交谈中发现他们逐步改变了对期货市场的误解，获得了他们的积极支持。后来，证监会提出由证监会、发展改革委、能源局三家共同调研，写出《开展我国原油期货市场建设的建议的报告》被国务院同意了。《报告》说，当前建立我国原油期货市场面临良好的历史性机遇，应该抓住机遇建设中国的原油期货市场。基于达成的共识，发展改革委、国家能源局同意和证监会联合发文，三家共同牵头推进原油期货市场建设工作。

人民银行、外汇局在外汇政策、开立外汇账户等方面给予支持，在原油期货计价和结算货币的支持方面发挥了积极作用。

商务部也加入到支持原油期货上市的队伍中。我曾经写过一篇关于建立原油期货市场的文章在《经济日报》发表。文章引起商务部的关注，他们的相关领导找我进一步了解情况，我顺势而为做工作。大约2007年，那时我已经回到证监会有一年了，分管期货市场工作。商务部在青岛办了一个暑期现代经济知识培训班，对部机关司局长、地方商务厅局长和驻外商务参赞进行现代经济知识培训。他们邀请一些专家去讲座，我也在其中，讲期货知识。讲稿中我有意安排了较多的原油期货内容，为争取商务部支持原油期货上市先垫个底。以后期货部和上期所又多次到商务部汇报，他们也加入到支持原油期货上市的队伍中来。

另外还有财政部、税务总局、国资委、海关等许多部委都积极支持配合上期所在市场建设方面的工作。他们都纷纷对上市原油期货投了赞成票。

三、为何要修改《期货交易管理条例》相关条款

建设国际化原油期货市场需要扫除法律障碍。由于各种原因，一段时间

以来，原油期货上市工作进展缓慢。其中法律障碍是重要的因素。2007年颁布的期货条例对外国人参与中国期货市场交易有限制性规定，如果开展国际化原油期货市场交易，就必须修改期货条例。从2009年开始，在尚福林主席领导下，我们积极向国务院法制办反映情况，组织他们一起进行多次国内外调研活动，为修改期货条例做准备。经过多次调研和讨论，当时的法制办宋大涵主任、安建副主任等都非常理解与支持，我们多次在一起就有关限制境外机构参与国内期货市场的条款进行讨论，怎样用词更妥帖。最后证监会的意见被吸收，把可能影响国际化原油期货交易的一些条款进行了修改。修改后的期货条例规定："符合规定条件的境外机构，可以在期货交易所从事特定品种的期货交易。具体办法由国务院期货监督管理机构制定。"2012年1月6日，温家宝总理在全国金融工作会议上明确提出，要"稳妥推出原油期货等大宗商品期货品种"。这一决定加快了期货条例的修改出台。刚刚到任不久的主席郭树清积极推动了期货条例的尽快出台。2012年10月24日，修改后的期货条例颁布。会党委要求证监会和上期所按照修改后的期货条例，抓紧修改完善证监会和上期所的相关规章规则和章程。证监会也抓紧推动相关部委配套的外汇、税收和海关政策制定与出台。

四、为何原油期货市场建设在2012年成了国事

2012年全国金融工作会议后，推出原油期货成为国务院要求证监会抓紧做好的一项重要工作。从交易所的"所事"变成证监会推动的"国事"。上面提到的证监会、发展改革委和国家能源局联合上报的文件得到国务院重视，同意证监会等三家牵头，会同相关单位共同推动原油期货市场建设。至此，原油期货上市从上期所、证监会的努力变成国家相关部门和市场各方的共同努力。

1.证监会牵头建立横向部委之间的协调机制。国务院明确要求证监会牵头建立原油期货市场建设部际协调领导小组，并明确牵头人。2012年6月，证监会牵头相关部委与单位成立原油期货相关工作协调小组。证监会党委决定由我担任该小组牵头人，成员有许多相关部委同志。几年来，这个小组就法律法规衔接、交易和结算的货币选择、外汇政策、保税交割、税务征收、标的油种确定、境外参与者和金融机构进入、境外监管当局监管原则等进行了大量的组织协调和沟通工作。

2.证监会内部成立工作领导小组，推进证监会系统内部原油期货市场建设组织协调工作。我负责该小组牵头，成员包括证监会机关主要业务部门和相关会管单位。该小组下面又分设了产品组、中介组、法规组等若干组，上期所在各个小组都有人。2012年2月，中国证监会原油期货市场建设工作领

导小组第一次会议在证监会所在地富凯大厦A座19楼会议室召开。2012年8月8日，期货部在原油期货市场建设工作领导小组第二次会议上，汇报了领导小组成立以来与其他部委就原油期货的标价和结算货币、参与者税收、保税交割、交割油种等问题沟通的情况，以上问题基本达成一致。同时明确了下一步工作思路：一是在其他部委层面，继续加强与相关部委沟通协调力度，争取相关政策尽快出台；二是在证监会层面，加快制定境外参与者资质规定、入市准入、风险管理、原油期货投资者适当性制度、修订《期货交易所管理办法》以及跨境监管协调安排等工作；三是在上期所层面，细化合约设计、交割细则，使各项规则既照顾中国国情也符合国际惯例。上期所提出的“国际平台、净价交易、保税交割”以及合约标价和结算用人民币，包括美元在内的外币可作为保证金使用等内容在这次会议上进一步明确。

3.证监会领导小组还充分听取了市场各方意见。

一是听取境外期货交易所意见。我们多次征求CME（全球最大的石油期货交易市场）的意见。2012年5月，我向到访证监会的CME首席执行官Phupinder Gill征求原油期货市场建设的意见。他对上期所当时的原油期货合约设计，在实物交割、风险控制以及吸引境外投资者方面都提了许多建设性的意见。他提醒我们在设计原油期货合约前，和石油生产商直接进行讨论非常重要。在当时国务院分管领导会见CME荣誉主席梅拉梅德时，这位领导当着我们的面说可请梅拉梅德作为我们上市原油期货的顾问，梅拉梅德欣然接受。当年底，梅拉梅德专门带了一个团队到中国为上期所原油期货上市出谋划策。他们的一些建议上期所采纳了。比如，标的物选择上要与产油国沟通的问题。或我带队或上期所自己去了中东地区多个国家听取生产商意见。选择原油期货的标的物考虑了他们的意见。卡塔尔石油公司说，很高兴中国在原油期货市场上的努力。我们也倾听了ICE的意见，2013年我带队考察了ICE总部，他们介绍了经验，ICE的是现会交割方式，与CME不同，他们也提供了很好的建议。

二是针对有人对风险的担心，我们组织人员对相关意见进行了认真的风险评估。比如有专家担心上期所原油期货合约方案中的交易单位100桶/手的价值量太小，容易引起大量的投机炒作。他们说，目前国际上有影响力的原油或成品油期货合约一般都是1000桶/手，合约太小容易引发油价大幅波动。也有的专家担心国际化交易平台被外资控制。他们听说国际能源交易中心要以股份制公司的形式建立，而且还要吸收外资入股，担心平台在外资可通过参股交易所或期货经纪公司后直接面对结算系统，可能带来信息泄露或价格被操纵的风险。还有专家担心上期所的原油期货交割规则中没有说明是实物交割还是现金交割，也没有说明实物交割标的油的产地，若标的油不是国产油，就等于让出了我国企业在国际原油实物交易过程中与我国期货市场定价之间的脐带关系，直接影响现货贸易中的价格谈判能力，等等。根据专家的意见，证监会会同上期所进行了大量调查论证评估，吸收了市场的积极建议，对相关合约和制度进行了修改完善，比如将原油期货由100桶／手改为了1000桶／手；关于担心外资控制问题，上期所决定其国际能源交易中心不吸收中外公司投资，而是独家投资成立子公司来运行；对于担心交割油种的问题，上期所在考虑中东几种原油的情况下，还考虑了国产胜利油田的原油作为七种油中的一种，以防范交割风险。针对以上几个问题，证监会和上期所都做了一一回答。

三是领导小组先后多次召开座谈会听取中外企业的意见。外商意见首先集中在原油期货的标价和结算币种问题。大部分企业认为，人民币或美元都可以，核心是让外商参与者有利可图，货币不是大问题。如果是用人民币，企业自己要管理好美元与人民币的汇兑风险问题。当初持这种态度的有荷兰贸易商维多石油，瑞士贸易商摩科瑞、嘉能可，英国BP、壳牌，美国的摩根士丹利、摩根大通、高盛等。也有少数坚持用美元的，如法国的贸易商路易达夫、法兴银行的兴际期货等。但中国的大部分企业坚持用人民币标价和结算。国内也有觉得美元更方便的企业，比如中石油、中石化等，他们认为多年在国外交易习惯用美元。根据求同存异最大公约数原则，市场大部分意见同意在计价和结算货币上采用人民币，但外币可以作为保证金使用。同时，保证合法持币人货币兑换的畅通。上期所按照这样一种安排确定了原油期货合约。

四是将原油期货相关内容交中国证监会国际顾问委员会专家评估论证。在2012年9月14日召开的证监会国际顾问委员会第九次会议上，证监会把原油期货作为会议的一个专题，征求国际专家意见。会议围绕这一主题进行了热烈讨论。原香港证监会主席沈连涛、CME荣誉主席梅拉梅德、原法国金融委员会主席米歇尔、CBOE董事总经理郑学勤等都对上海上市原油期货进行了评论。比如，梅拉梅德赞同上期所原油期货合约中不同油种混合交割的设计。他说，一揽子的不同油种混合交割，可以避免市场操纵，但美国CME的单一油种交割也挺好，同时认为上期所原油期货用实物交割很好。但在交易和结算用人民币或是美元上，梅拉梅德认为，应该让参与者自己来选择，但他说，“我的偏好是美元”。原法国金融委员会主席米歇尔和梅拉梅德对原油期货用实物交割的观点一致，他也赞同上期所的实物交割方式，但却认为保税区交割不能真正反映市场需求。大多数国际顾问委员会委员都认为，中国建立自己的原油期货市场很有必要，关键是要控制好市场风险。

通过各方调研和评估大家都认为，上期所多年前上市的燃料油期货的健康安全运行，在交易、结算、交割、风险控制、市场监管经验等方面，对原油期货合约的设计、交易结算、交割流程、仓库管理、风险控制、市场监管等进行了全方位、全流程的实践检验，证监会也积累了石油期货的风险防范和监管经验。这些充分说明上海期货交易所对石油期货交易设计的一整套制度是成功的，为原油期货的上市积累了经验、创造了条件、奠定了基础。

五、为何原油期货在上海国际能源交易中心交易

起初我们和上期所讨论市场建设方案时，提出能不能单独建立一个子公司来运行原油期货的主要业务，可以将除交易结算等主要业务外的其他业务外包给上期所，人力资源管理独立，除上期所派过去的骨干外，公开招聘国际国内人才。希望以这样的方式来保障原油期货成为一个名副其实的国际交易平台，有利于在一个独立场所内对开放的期货品种在交易、结算、交割、风控方面进行全流程管理；有利于更好地运用对外开放政策和应对境外监管机构的要求；有利于上期所争取原油期货市场的特殊政策支持；有利于对原油期货市场的风险进行隔离；有利于国际能源交易中心从组织结构、人才配置上采取更加市场化的方式进行使用和管理。2012年原油期货市场建设领导小组按照这个思路向上期所提出建议。上期所采纳了这个建议。国际能源交易中心以子公司的方式作为国际化能源交易的运营平台，先上市交易原油期货，以后将逐步上市汽油、柴油等石油期货产品，天然气、电力、碳排放权期货等能源产品或与能源有关的产品，并将已经上市的燃料油期货、石油沥青期货等的运行一并放入子公司。上期所独立投资50亿元作为国际能源交易中心的资本金，于2013年在上海自贸区注册设立，上海市屠光绍常务副市长和我在成立仪式上为上海国际能源交易中心揭牌。在策划子公司成立的过程中有一个插曲。有不少人建议让外资参股子公司或合资成立公司，梅拉梅德就提出CME的参股建议。另外，也有一些市场主体和研究机构提出成立独立于上期所的能源期货交易所开展原油期货交易的建议。该建议提出两种方案：一种是以股份制公司的方式新设立一家专门交易能源的期货交易所；另一种是和上期所合资，包括民营企业、外资在内的其他企业可以持有股份，上期所持股可超过51%。这些建议通过一些领导批示给证监会研究。会领导要求我们对此进行研究。我们研究的结果是，第一个方案不适合当前中国国情，宜慎重；对第二个方案的意见是，“可以先由上期所独资建立全资子公司运行一段时间后，视情况逐步增资扩股，增加新的股东，股东可以是国有企业也可以有民营企业”。因此，国际能源交易中心设立为独立子公司有部分原因来自于这一因素。国际能源交易中心从2012年最初的方案设计开始到2018年3月原油期货上市，证监会主要领导、分管期货的领导、上期所的主

要领导都经历了四任。最初的方案也发生了较大的变化，虽然原油期货现在仍然是在国际能源交易中心进行交易，名字没变，但实际的运作方式与最初的设计方案已经有很大的不同。

还有一个插曲是，大约在2012年大商所也提出要上市原油期货的想法，辽宁省委省政府也大力支持，并在中央领导考察时提了出来。中央领导要求证监会回答如何落实该建议，我们回答说上海上市原油期货早已经做好了准备，而且过去上海曾经交易过原油期货。同时，我出面协调了上期所和大商所，因为上期所在开发原油期货的同时，也在做铁矿石期货的开发上市工作，大商所也是在开发铁矿石期货的同时做原油期货的开发上市工作，两家相持不让，最后我分别找了杨迈军和刘兴强两位“一把手”，说好上期所上市原油期货，大商所上市铁矿石期货，双方才罢手。但铁矿石期货上市后，大商所又上上下下到处做工作要继续上市原油期货。我找了当时大商所理事长刘兴强再做工作，好说歹说把他说通让了步。

六、为何香港是国际能源交易中心的境外首个注册地

期货交易属于受监管的金融活动，境外成熟市场比如美国通常要求外国交易场所和中介机构在为其本国投资者提供直接接入服务前，要在该国监管机构进行注册登记，并接受其监管，以保护其本国投资者利益，防止市场分割。这是国际期货市场普遍遵循的原则。因此，境外交易者参与上海原油期货市场交易，涉及上海能源交易中心是否在境外注册问题。美国是境外参与者来源的一个重要地区。2013年5月，我带队去美国商品期货交易委员会（CFTC），就原油期货的跨境监管问题进行了会谈和探讨。基于美国2012年新修订的《商品交易法》规定，如果美国的投资者或金融机构参与上海期货交易所原油期货交易，那上期所和中国的中介机构必须向CFTC申请，获得注册同意后才能接受美国的投资者。注册条件涉及会员标准、合约设计、交易系统、结算交割、规则执行、风险控制、监管权力和信息共享等方面。注册条款中有一条规定，CFTC可以随时到境外交易所进行现场检查，也就是说美国人可以把手臂从太平洋东岸伸过来，对西岸的上海原油期货市场“长臂监管”。我们担心上期所如果去美国注册，CFTC随便找个理由，就可把上海原油期货市场建设的事情给搁下。后来我们调整了思路，选择先在香港、新加坡两地注册。美国、欧洲的投资者可通过这两地参加上海原油期货交易，在这两地注册不会遇到在美国出现的问题。因此，上期所先选择香港和新加坡作为国际投资者参与上海原油期货市场的主要地域。为此，我两次带队与上期所领导和香港监管部门沟通，谈妥了注册问题；期货部领导和上期所去了新加坡等地进行沟通。但在境外注册与否的问题上也有不同意

见，有一种意见认为待原油期货上市以后再去注册。我的意见是，既然是中国的第一个国际化期货交易平台，一开始就要规范，让人看到中国人是讲规矩的，该做的事情就应该按照规则做完。而且，到香港注册并不困难，不应省掉这个程序。后来这个意见被接受了。

七、为何原油期货上市节奏突然放慢

2013年，国务院让我们补充已经上报原油期货上市申请的相关资料，此时的主席肖钢同志也非常重视，也积极推动原油期货上市工作。

2014年底，我们收到国务院同意让证监会择机批复原油期货挂牌的文件，但挂牌的时机老是确定不下来。

2015年初，证监会根据原油期货上市节奏，组织召开了原油期货市场建设小组会议，通报了国务院的批复精神。时任主席肖钢同志要求原油期货上市小组对证监会系统干部进行一次原油期货知识视频讲座，我和期货部主任宋安平进行了全系统宣讲，上市准备工作紧锣密鼓，上期所正在考虑挂牌交易的最佳时间，原油期货合约只差“临门一脚”。但2015年7月的股市异常波动，股票上蹿下跳，“千股跌停”，有做空恶名的股指期货备受质疑，期货市场惹祸造次之声又开始飘荡，原油期货不得不止步于球门。

2015年10月，证监会调整分工，新分管期货工作的会领导继续大力推进原油期货上市工作。

2017年5月，中共中央、国务院印发文件，提出要依法合规加快油气交易平台建设，发挥市场决定价格的作用，鼓励符合资质的市场主体参与交易，通过市场竞争形成价格。加快建立上海原油期货市场成为重要工作，这为原油期货上市提供了极好的时间窗口。这时候股票市场也比较稳定，股指期货市场交易平稳，商品期货市场交易平稳，在这个窗口期，原油期货可以进球了。

同年5月，中国证监会批准上海期货交易所上海国际能源交易中心的章程和交易规则。

2018年1月，会党委委托我代表中国证监会赴香港和香港证监会就上海国际能源交易中心在香港注册问题进行沟通，得到香港证监会的大力支持。

2018年3月中旬完成了香港注册工作，上海国际能源交易中心获香港证监会批准为自动化交易服务（ATS）提供者，可在香港向当地市场参与者提供电子平台交易。2018年3月26日，原油期货正式挂牌交易。这个在“球门”外徘徊多年的球终于踢入门了。于是上海浦东浦电路500号上海期货大厦四楼交易池里，出现了本文开头的那一幕。

在党中央、国务院正确领导下，证监会历任党委坚持“一张蓝图绘到底”，在他们的积极推动下，经过市场各方努力，终于将中国国际化原油期货市场建立起来了。上海期货交易所的原油期货“梦想成真”。

作者简介：

姜洋，全国政协委员、中国证券博物馆第一任理事长。2001年7月，任上海期货交易所总经理、党委书记；2006年7月，任中国证券监督管理委员会主席助理、党委委员；2006年8月至2009年4月，兼任期货监管部主任；2012年9月至2018年6月，任中国证券监督管理委员会副主席、党委委员。

第二篇

监管人资本市场追忆

改革与资本市场上尚未如烟散去的往事

张云东（深圳证监局原局长）

张云东

我们这代人正可谓生在红旗下，长在新中国，从小深受为社会主义祖国、为人民而奉献的理想信念熏陶，属于理想主义者，渴望奋斗与奉献。然而我们毕竟生活在革命先烈先辈为我们创造的和平环境里，没有腥风血雨，没有枪林弹雨，似乎有点遗憾。可我骨子里还是有军人情结的，有战士的激情，正如我退休之际媒体为我送别的长篇报道标题一样《张云东 我是一个兵》。

其实，这种遗憾是幼稚的，每一代人都有每一代人的使命，都有待攻克的艰难险阻，都有可以或轰轰烈烈或波澜不惊的报效祖国、报效人民的机会，只要你有家国情怀。在和平年代里，也大有这种机会。我们这代人有幸赶上了改革开放的大潮，有幸为社会主义祖国的更加美好参与了改革开放和早期资本市场的创建，我在这里也延续了自己在和平年代里的“兵之歌”。

自鸦片战争始，中国陷入了百年之乱，中华民族到了最危急的时刻。为了救亡图存，我们中华民族无数有识之士前赴后继，流血牺牲。但阴霾依旧，前路茫茫。直至中国共产党诞生，中国革命才出现了希望，经过28年艰苦卓绝的奋斗，终于建立起一个崭新的社会主义新中国，中国人民从此站起来了，开始了中华民族独立、自主、逐步繁荣昌盛的新纪元。在建设前无古人的伟大社会主义事业过程中，尽管我们也经历了“文化大革命”那样的时期，但我们社会主义事业的成就是巨大的。在短短30年的时间里，在旧中国一穷二白的基础上，基本解决了中国人的温饱问题，建立起了一个门类齐全的工业体系，教育医疗体系初步形成。特别是在全社会建立起了一个具有社会主义新风尚的有知识有文化的劳动大军，其中包括科学技术队伍和具有工业从业经验的劳动人口。

“文化大革命”结束之后，我们深刻总结了新中国成立之后的经验教训，特别是“文化大革命”的教训。为了完善社会主义制度，充分发挥社会主义制度的优越性，解放生产力，满足人民群众日益增加的物质文化生活需求，党中央决定开始伟大的改革开放。建立在前30年社会主义实践中积累起来的宝贵的物质文化和经验教训基础之上的改革开放，极大地调动了全国人民的改革与建设热情，我们这一代人也有幸投入其中并成为中坚力量。

南下深圳

改革开放之初，我就积极关注、思考我们国家的经济体制改革问题，在这期间，我的一篇关于国有企业改革的研讨论文在北京获奖。深圳经济特区当时是中国改革开放的一面旗帜，为了能够在改革开放前沿亲身参与改革，我1988年由陕西家乡南下深圳，成为原国家体改委体改研究所副所长、曾经为我国价格双轨制等改革方案作出重要贡献的徐景安同志的部下，加入了他领导的深圳市政府经济体制改革委员会，成为一名专职改革工作者，进入了改革最前沿。

徐景安同志具有很高的使命感和责任感，受过系统的马克思主义理论训练，对我们的体制有清醒深刻的认识，对改革的方向、改革路径和改革方案的可行性敏锐深刻，思想系统、深邃、超前。时至今日我依然深感自己的理论修养与他相比相去甚远，自叹不如，深深庆幸能做他的部下和学生。在徐景安同志领导下的这段改革工作经历令我终生难忘，弥足珍贵。在这里不仅能够亲历丰富的改革实践，有幸面临各种从未遇到过的问题挑战，使自己此前人生30多年的积累有了用武之地，自己憧憬向往的事业在此开始进入快速轨道，而且在徐景安的教导下个人事业价值观进一步得以明确：做智力型干部，不做权力型干部。这种价值观定位影响了我之后的整个事业历程，也影响了我后来领导的深圳证监局的年轻干部们。我不仅要求他们按照徐景安的教导做智力型干部，不做权力型干部，而且根据一些年轻干部专业精湛但缺乏工作方向感和价值判断能力的特点，补充要求他们在做智力型干部的前提下，做思想型干部，不做工匠型干部。

深圳体改委身处改革开放的经济特区，得地利与风气之先，在中共深圳市委、市政府特别是李灏书记等领导同志的信任支持下，徐景安领导下的深圳体改委方向明确，价值观正确，思想活跃，成为全国体改战线的排头兵，取得了诸如股份制改革、社会保险和医疗保险制度改革等一系列首创性改革成果。

改革助推科技企业成长

我在深圳体改委的第一份工作是审核有限责任公司型的民间科技企业和私营企业。当时民间科技企业的设立申请是首先由深圳市科技局审核申请人拟生产的产品是否具有科技含量，市科技局通过之后再向市体改委申请，注册资本不低于1万元人民币。私营企业是直接向市体改委申请，注册资本不低于3万元人民币。我们深圳体改委的审核工作主要是根据有限责任公司规范对发起人的设立条件、股份构成、公司章程等进行审核，对公司治理规范给予指导，并代市政府办公厅拟定批复文件。

深圳市当年进行的民间科技有限责任公司和私营有限责任公司改革试点在30年后的今天来看太“小儿科”了，但在当年却有着十分重要的意义并深刻地影响着今天的深圳，华为正是1988年那批注册成立的企业中的卓越代表。

一是股份化的民间科技企业和其他私营企业是对社会主义初级阶段的以国有为主的多种所有制企业形式的初探实践，也是对深圳特区最初的“三驾马车”即深圳国企、外资企业、内联企业（内地国企）的突破，激活了民间投资热情，推动了经济发展，增加了就业。

二是在特区初期“三来一补”（来料加工、来样加工、来件装配，补偿贸易）低层次产业基础上注入了新型科技产业的种子。特区早期对民间科技企业的扶植和培育，反映了深圳市委市政府的远见卓识，也是深圳特区最大的成就。难能可贵的是对科技产业发展的重视和支持是历届深圳市委市政府领导的共识、传统，一以贯之、一脉相承。

1998年我亲历的一幕永远不能忘记。

1988年为推动“内联外引”，“一骑红尘妃子笑”的源头南国深圳举办了“荔枝节”，从此每年一届，成了深圳广招天下客的盛会。到了1998年，已经举办了十届。按惯例，1998年春季要开市政府常务会议研究第十一届“荔枝节”筹备工作。记得那天我们进了会议室之后，每位与会者的座位桌前早已摆好了一套打印整齐的“荔枝节”筹备材料。刚坐定，时任市长李子彬同志走了进来，他坐下后的第一句话就说，我和高丽同志（时任市委书记张高丽）商量了，每年搞的这个“荔枝节”闹哄哄的，就是个热闹，没啥意思，不如搞个中国国际高新技术交易会，对推动高新技术产业还有些积极意义，你们同意不同意？我们都异口同声地回答同意。市长随即宣布散会。

于是就有了1999年10月举办的首届中国国际高新技术成果交易会。

中国国际高新技术成果交易会对深圳的高新技术产业发展起到了十分重要的推动作用。初具规模的高新技术企业通过“高交会”展示，赢得了更多客户的青睐，扩大了市场，进入了规模经济的快车道。初出茅庐的高技术企业在“高交会”上见了天光，不仅被许多潜在客户发现，有了订单。同样重要的是通过在“高交会”的亮相，被“高交会”吸引而来的“星探”投资者发现了这些小企业，使其得到了宝贵的融资支持。这也就是为什么深圳后来能够在私募基金市场领风气之先的一个重要原因。

“高交会”的举办对深圳的高新技术产业发展，包括深圳的产业金融发展的引领和推动都产生了十分积极的作用。但我认为，更重要的是深圳市委、市政府举办中国国际高新技术成果交易会这个高瞻远瞩的决策以及对深圳高新技术产业发展的超前意识、持续专注和推动支持，奠定了深圳特区卓尔不群的产业基础。

2000年8月因沪深两大交易所分工而筹备创业板市场的深圳证券交易所停止了主板新股发行。后因全球科技股泡沫破裂，海外创业板市场纷纷失败或步入低谷，深交所创业板筹备受阻，但主板新股发行却难以恢复。之后长达3年零9个月的深圳资本市场因不再有新鲜血液输入而备受打击，投资者包括部分从业者纷纷弃深赴沪。

此时网上出现一篇《深圳，你被谁抛弃？》的文章被全国热议，一时间深圳风雨飘摇，似乎步入穷途末路。看到这种不明就里的议论，我不禁冷笑：杞人忧天！深圳早已步入良性循环发展的健康轨道，岂是他人能够抛弃得了的！我的自信和底气正是来自深圳如雨后春笋般层出不穷的高新技术企业。

多少年来，我一直在讲深圳真正的优势和财富不在金融，而在深圳有中国最大的一个优秀民族品牌企业群体，而且这个群体是动态的、持续壮大的。深圳的经济结构不同于上海，上海是“自己搭台，请人唱戏”，海纳百川；深圳是本土培育，注重原创，道生一，一生二，二生三，三生万物而形成了自己的高科技产业链和产业气候乃至广阔的发展空间。如今的深圳已被世界瞩目，不会再有人替深圳惋惜被抛弃了，这就是当年播下的种子在深圳生根、开花，结出的丰硕果实。

深圳的实践和成功也充分证明了一个地方乃至一个国家要想持续健康发展，必须老老实实、脚踏实地地把实体经济做好，并持之以恒地，一步一个脚印地致力于符合时代发展方向的高新技术产业。不要玩虚的，不要急功近利，不要痴迷金融，不要饮鸩止渴，多想想中国制造。

参与股份制改革

除负责民间科技等企业的审核之外，我也参与了深圳国有企业的股份制改革工作，随着改革的进展，股份制改革和资本市场筹组成了我的主业。再往后，在资本市场初具规模之后我又成为这个市场的职业监管者，在和平年代里的金融战线上为祖国站岗放哨。

早在1982年，深圳市宝安县联合投资公司就发行了国内第一张股票。1988年4月，深圳发展银行的股票开始在1987年9月成立的全国第一家证券公司深圳特区证券公司柜台挂牌交易。

1987年底，徐景安同志任深圳体改委主任之后，深圳特区的国有企业股份制改革工作开始走上正轨。当时的股份制改革和股票发行不像1992年时人们趋之若鹜，也不像今天司空见惯，而是非常困难——或意识形态影响，或保守观念使然，或不了解股票是何方神圣，怕自己的钱打水漂儿。因此，我们不仅要为拟改组股份制的企业上课，宣传动员，讲解股份制的意义和运作知识，帮他们制订改组方案，还要向企业的上级单位做说服动员工作。当年为万科的股份制改组，徐景安主任就曾多次向万科的上级——深圳特区发展公司做了许多耐心细致的说服动员工作。

万科是1988年12月首次向社会公开发行股票的，也是深圳当年股份制改革中第一家比较规范的企业，除了我们对股份制改组企业有较高的规范要求之外，万科的自我规范要求也定位很高。

当时有两件事我印象深刻：一是王石说万科的股份制改革和股票发行方案是按照上市标准来制定的。因为我们当时还没有证券交易所，公开发行的股票是在证券公司柜台交易，所以也就不存在上市问题，没有上市规则，没有上市标准。但万科却自觉提高规范标准，相比较30年后的今天还有人造假蒙混上市，十分难能可贵。二是万科在《招股通函》的封皮上印有一句话"人才是万科的资本"。的确，万科当时的团队就是由一批志存高远的年轻知识分子组成的，几十年如一日直到今天郁亮统率的万科队伍依然保持着当年创业时的理想、信念、作风和品位，作为行业翘楚领风气之先。

在万科之后，我们又陆续推动帮助了金田、安达、原野等公司进行股份制改组并向社会公开发行了股票。连同这之前的深圳发展银行，这"老五股"陆续都在深圳特区证券公司、深圳国投证券营业部和深圳中行信托证券营业部公开转让交易，直至1990年12月1日开始在深圳证券交易所上市交易。

从“老五股”开始，无论是在证券公司柜台转让还是在证券交易所上市交易，交易的仅仅是向社会公众公开发行的那部分股票，公司发起股东的存量股份都没有进入市场。为什么会出现这种情况呢？这与当时面临的历史环境有关。

我记得大约在1990年，时任国家体改委副主任刘鸿儒同志有一次在中国人民银行深圳分行我们深圳证券市场领导小组办公室的会议上，向我们讲解了国有股份在那个阶段不能流通的政策考虑。他说国有企业股份制改革在一些老同志中还有不少顾虑，他们担心国有资产流失。因此，为了减少改革阻力，必须在原有国有股份和向社会公众发行的新股之间设置一道“篱笆墙”，国有股暂时不能流通交易，只有新发行的公众股可以流通。在当时的情况下也只有这样股份制改革才可能排除阻力，顺利推进。

让人没有想到的是当年因为政治问题国有股不能流通，几年之后就演变成市场压力问题而使国有等发起人的股份不能流通。这个“暂时”十分漫长，直到十六七年后的2005年开始的股权分置改革才得到解决。至此，中国的股票市场才真正成为可以担负资源配置使命的完整市场。

中国资本市场第一部法律文件

股份制改革和中国的经济体制改革一样都是摸着石头过河，先试点，摸索出一些经验之后再逐步推行和规范立法，深圳的股份制试点也是循着这样的路子起步的。深圳最初的股份制改革试点是依据1986年10月深圳市政府发布的文件《深圳特区国营企业股份化试点暂行规定》进行的。因为当时深圳市还没有立法权，这个文件只是一个指导性的意见，没有法律效力，再则还没有实践经验，比较简单。尽管该文件是粗线条的，但却吹响了深圳股份制改革的号角，具有十分重要的意义。

改革开放走到了1990年，深圳股份制试点的示范效应已经显现，深圳证券交易所（1990年12月1日）、上海证券交易所（1990年12月19日）相继开始股票交易，全国其他地方的股份制改革热情也开始躁动，并出现了失序现象。

为维护改革秩序，避免一哄而起，保证改革成功，国务院办公厅在1990年10月26日发布了《国务院办公厅关于向社会公开发行股票的股份制试点问题的通知》（国办发明电〔1990〕37号），《通知》明确一是除上海、深圳之外，暂不扩大向社会公开发行股票试点范围；二是要求上海市政府、深圳市政府在继续搞好试点的同时，研究制定有关向社会公开发行股票试点的规范制度和管理办法，在报经国家体改委、国家国有资产管理局、中国人民银行审查批准后发布实施。

国务院办公厅的这个通知的确恰逢其时，因为一方面全国各地的股份制改革热情高涨；另一方面，改革秩序和改革规范却难以保证。为了在股份制改革中维护和保证国有资产权益，保护投资公众的合法权益和保证改革顺利成功，股份制改革必须有序试点，探索实践，总结经验，并将其规范为具有法律效力的规章文件，指导规范股份制改革和股票发行交易。

深圳市政府将研究制定向社会公开发行股票试点管理办法的任务按照政府职责分工交给了深圳体改委，深圳体改委领导把这个重要的任务分配给我，由我来主笔起草这个管理办法。

新中国成立以来，我国不仅没有公司法，连具有法律效力的公司规范文件也没有，股份制公司实践当然也谈不上。因此，要起草这样一部法律文件，夸张点说，差不多是前无古人了，对我而言也是“大姑娘出嫁头一回”，困难可想而知。还好，在这之前我对股份制改革比较关注，有一些研究积累，特别是来深圳之后跟随徐景安主任的股份制改革实践经验和感悟，对完成这项重要任务有所帮助。为了起草这部文件，我认真学习参考了当时条件下所能找到的所有国外的公司法律文本。不仅如此，为了深入了解股份有限公司内在的不同主体之间的法律关系、经济联系和财务关系，我还找蛇口工业区研究室的陈安捷借了一本《西方财务管理》的复印本，为了方便学习，我也将整本书都复印了下来，应该说这个复印本对我的起草工作帮助很大。

在起草过程中我清醒地认识到，学习借鉴国外的有关法律文件是必要的、必需的，但是不能照抄照搬，也必须充分考虑我们国家的社会主义制度背景，国有企业改革需要借鉴深圳特区改革实践。因此，我把我们在股份制改革实践中面临的问题、难题、偏差、误区以及亟待规范的问题，结合股份制改革的基本价值取向，一一列出并作为整个文件框架中重点解决的问题，尽可能使这部规章不仅结构完整，而且规范性和实践性有机结合，有利于指导股份制改革和向社会公众公开发行股票的证券市场建设试点。

从1991年1月开始，我就进入了紧张繁忙的起草工作之中，记得1991年的除夕夜春节晚会我也没有时间看，当天晚上要赶完第一稿，第二天大年初一一大早要向徐景安主任交稿汇报。完成初稿之后，在我们体改委内部讨论修改的基础上开始广泛征求意见。我们分别用各种形式征求了市政府有关部门、人民银行深圳分行、深圳证券交易所、证券经营机构和股份制企业的意见，他们都从不同方面对我们起草的稿本提出了许多宝贵的意见。在这些讨论意见的基础上，我们又修改出新的一稿。此后就是不断地征求各方面意见，一遍又一遍地结合股份制改革和股票市场实践讨论、修改。这期间，上海市体改委还来人和我们交流过该文件的起草工作。

起草过程总的来讲还比较顺利，基本可以按照我们对市场实践的理解和对市场发展方向、结构的设想进行。在外资投资中国证券市场的制度设计上，我们起初设计的是一个内外投资者的统一市场。我们认为，一个统一市场一是内外投资者的权益和市场估值、资本利得一致，符合股东公平原则；二是统一市场方便管理，管理成本低；三是我们设计的境外合格投资者安全阀制度，能够有效控制外资流动性冲击风险。

但是上海的方案与我们的不同，他们设计了一个A B股方案。国家体改委领导希望沪深两地方案一致。有一次国家体改委副主任刘鸿儒同志来深圳，我随徐景安同志去东湖宾馆向他汇报，力陈我们方案的理由，希望得到支持。刘鸿儒同志听完汇报后，没有接受我们的意见，明确要求我们采用A B股方案。因为B股方案和我们深圳的合格境外投资者方案只是引进外资股的不同路径选择问题，不是原则分歧，我们就没有再坚持，尊重服从刘鸿儒同志的意见。随后我就将我们的外资股方案调整为A B股方案。

到了1991年下半年，我们起草的《深圳市股份有限公司暂行规定》基本成熟，我开始赴京向国家体改委汇报沟通我们起草的这部规章，国家体改委具体负责审稿的是时任生产体制司所有制处处长李小雪。让我佩服的是当时的电脑操作系统还是DOS系统，操作起来远比后来的Windows系统困难得多，他竟然能够使用得十分娴熟。我俩就坐在电脑旁边打开我带来的文稿逐章逐条边讨论边修改。小雪同志具有极高的政治素养和专业能力，方向感好，宏观把控能力强，而且对细节精益求精，到位在行。我们俩价值观相同，脾性品位相投，在一起合作起来沟通交流顺利，协作默契，非常愉快。在一起讨论修改的过程中他提了许多有价值的宝贵意见，对我的稿子帮助很大。这期间我多次赴京和李小雪、人民银行金管司的时任副处长聂庆平等人讨论修改这部文件。聂庆平当时非常年轻，还不到30岁，但却十分干练，悟性高，专业能力强，是当时主管证券市场的人民银行金管司司长金建栋的得力助手。聂庆平对这部文件也提供了许多宝贵意见并给了很大的支持帮助。

当1991年底这部文件最终定稿的时候，和我一起又一次在电脑旁工作了几天的李小雪同志把他的手伸向我笑着说："怎么样？从此我们就结下了深厚的无产阶级革命战斗友谊！"两只大手紧紧地握在了一起……的确，打那以后，我们俩之间建立起了非常珍贵的信任。

《深圳市股份有限公司暂行规定》的起草历时一年，先后修改了十三稿，共十六章，一百八十八条，一万九千七百余字，包括了股份有限公司的适用范围、设立、股份、公司债、组织机构、股东的权利义务、财务与会计、合并分立、终止与清算、罚则等方面。1992年1月8日，国家体改委、财政部、人民银行、国家国有资产管理局批准了《深圳市股份有限公司暂行规定》，深圳市人民政府于1992年3月17日发布实施。

这部按照国务院办公厅通知要求起草，并授权国家体改委等四部委批准的文件具有部门规章效力，是中国资本市场第一部具有法律效力的文件。它当时不仅对推动我国股份制改革和证券市场发展、指导规范向社会公开发行股票的股份制试点具有重要意义，而且也引起了法学界的重视并给予较高评价，对全国的股份制改革规范文件制定和后来的《公司法》立法也起到了重要的示范和借鉴作用。

随后由国家体改委会同有关部门制定的《股份有限公司规范意见》（1992年5月15日）就把《深圳市股份有限公司暂行规定》作为蓝本，在制定工作中参考了这份文件。我本人也参与了《股份有限公司规范意见》的起草工作，在文件送印刷厂付印之前，李小雪同志还将文件传真给在深圳的我，让我最后再审校一遍。

十多年后，有一次聂庆平同志说了一句：你对中国资本市场的贡献就是起草了中国资本市场第一部具有法律效力的文件。我非常感激赶上了一个伟大的时代，让我能够在改革开放中为国效力，也十分感谢当年信任我并把这个任务交给我的深圳体改委的老领导。

这之后，在1994—1995年我被借调到中国证监会工作的两年间，我任职在发行部，但却有一半时间在为法律部工作，和高西庆、陈大刚、张继平等同志，包括海外上市部的李小雪一起参与了《国务院关于股份有限公司境外募集股份及上市的特别规定》（H股）、《国务院关于股份有限公司境内上市外资股的规定》（B股）的起草工作。

在参与创建资本市场的过程中，我和高西庆同志也结下了不解之缘。高西庆是改革开放后赴美留学生中最早拿到律师资格证的法律博士（JD），为了报效祖国，于1988年回国策划创建中国资本市场。高西庆是一位勇于实践的理想主义者，具有强烈的使命感、很深厚的专业素养。在一起共事的过程中，他给过我很多帮助。我与他之间让我最珍视的还是他对我的信任与默契，无论是起草法规，还是监管工作，他都十分尊重我的意见。这种甚至超出友情、友谊的信任，我十分珍视。

在《证券法》立法期间，我也间接参加过一些有关工作。除参加了在北京钓鱼台国宾馆的证券法立法研讨会之外，1998年11月李鹏委员长来深圳做证券法立法调研时，我也曾作为政府有关部门的主要代表向李鹏同志做了《证券法》立法建议汇报，就《证券法》的调整范围、发行、交易，市场实践中反映出的需要法律规范的问题，特别是国有等发起人大股东的股份流通问题、证券公司作为企业法人的贷款负债权问题、认股权证激励等问题阐述了自己的建议，并回答了李鹏同志询问的一些问题。会后得到了李灏书记和时任广东省常务副省长王岐山同志的表扬，让我感到特别意外并十分珍视的是原《人民日报》总编辑、时任全国人大教科文卫委员会副主任范敬宜同志对我的汇报发言也给予了高度评价。

为H股搭建法律桥梁

20世纪90年代初，我们吸引外资的主要方式还是外商直接投资，虽然随着第一家B股中国南方玻璃于1991年10月31日在深圳证券交易所上市，我们已经有了吸引外资的B股市场，但融资规模有限，难以满足我们经济发展的需求。此时，深圳河对岸的香港为了做大他们的资本市场，也看到了内地巨大的企业融资需求潜力，希望内地企业去香港上市。

因此，内地和香港在这个问题上一拍即合。为了推动内地企业到香港上市，还专门成立了内地和香港联合小组，内地负责人是刘鸿儒同志，香港是时任香港联合交易所主席李业广先生。联合小组下设法律专家组、会计专家组等由内地和香港专家组成的专业组。法律专家组内地成员有孙效良、李小雪、高西庆、沈四宝和我，后期孙树义也经常参加法律专家组工作，聂庆平作为内地和香港小组秘书，也经常参加法律专家组会议。内地法律专家组成员大都来自北京，只有我一人来自深圳。港方成员是梁定邦、史美伦、何美欢、顾希雍等，孙玮、王小军作为港方工作人员参加会议。

法律专家组的主要任务是根据内地和香港有关法律法规的异同，讨论谈判内地企业香港上市法律障碍的解决方案。双方当时确定内地企业到香港上市的法律地位规范依据是国家体改委发布的《股份公司规范意见》，在此基础上根据香港地区的法律和投资者可能会关心的问题进行一些必要的补充。双方商定，补充内容以公司章程必备条款的形式予以确定。这样一方面尊重了内地现有的法律规范，另一方面也和香港地区的法律实现了有效对接，满足了香港的上市条件。

在讨论谈判过程中，内地和香港专家都表现出了高度负责的专业精神和优良的专业素养，彼此都很注意倾听对方的意见，畅所欲言，互相学习，合作非常愉快。在此期间，双方每一位专家都从不同角度、不同方面提供了专业意见，作出了积极的贡献。在这其中，香港大学法学院的何美欢教授发挥了别人无可替代的重要作用。梁定邦大律师在确定方向和总体架构方面发挥非常重要的作用，但具体的法律问题的提出和解决却是由何美欢女士承担的。

何美欢瘦小、文弱，生活中寡言少语，但工作中却十分专业干练、犀利，让人产生一种信赖感。何美欢女士是学养深厚广博、学风扎实、注重法律实践的法律专家，在中外法律界享有很高声誉。我们每一次会议讨论的问题都由她在会前不辞辛苦十分清晰地一一列出，并针对每一个问题附上各国类似问题的法律条文供我们参考。每一次讨论，她都旁征博引，提供了许多宝贵的专业意见。应该说她在我们法律专家组的工作中发挥了最重要的作用，也是最辛苦的一位。

法律专家组的工作结束之后，我没有再见过她，听说她在清华大学法学院任教，开设"普通法精要"课程，培养了许多优秀学生和青年教师，被学界称为中国普通法判例教学第一人。没有想到的是2010年8月她竟因病英年早逝，事后很久我才知道，让我唏嘘不已，深感痛惜。何美欢大姐是我最敬重的博学、勤奋、品格高尚的学者。

我们法律专家组的工作从1992年初开始，一直持续了一年多。期间大多数会议都是在深圳银湖宾馆举行的，其中也有采取去拟赴港上市企业边调研边开会讨论的形式。1993年春节刚过，我们赴江苏仪征化纤公司考察、开会，在正月无花之际还顺访了扬州，并考察访问了马鞍山钢铁公司。在法律专家组工作期间，因北京同志赴港不便，有时也有我单独赴港就某些问题和港方讨论的情况。记得有一次我应梁定邦先生之邀，带刚刚在深圳证券交易所报到不久的张颖博士去香港联交所，讨论同一公司在内地上市的A股和香港上市的H股出现二级市场价位差的影响问题（H股的名称就是在我们法律专家组的会议上议定的）。

经过一年多紧张而细致的讨论谈判，经过双方专家共同的努力，我们终于完成了《到香港上市公司章程必备条款》的制定工作。内地由国家体改委以体改生〔1993〕92号文在1993年6月10日发布实施，香港同时修订联交所《上市规则》，将《到香港上市公司章程必备条款》作为《上市规则》19A载入。至此，中国企业香港上市的法律准备完成。1993年7月15日，青岛啤酒作为中国内地第一家企业在香港敲响了上市的锣声。

由参与创建到资本市场的职业监管者

1992年10月国务院证券委和中国证券监督管理委员会成立，标志着中国资本市场统一管理时代的开始。深圳和上海自我规划、自主创建、自定政策、自行监管资本市场的自主权逐渐成为过去。我们不再需要自己制定市场规则和政策，作为执行者，监管成为我们的主业。

1995年底从证监会发行部回到深圳证管办之后，我一方面为给B股市场输送新鲜血液，在全国范围内挑选优秀企业而忙；另一方面逐渐地把精力转向监管。1998年1月我开始主持证管办工作，便把证管办的工作重心转向主动监管。要胜任监管，就必须有一支价值观正确、作风过硬的队伍。因此，在监管实践中，我把队伍建设作为首要任务。经过几年的努力，通过理想信念教育，思想方法引导，意志品质和工作作风培养，包括持续十年的徒步重走红军长征路革命传统教育，逐渐在深圳证监局培养出了一支具有“思想、责任、创新、强势”理念、“不畏难，不信邪，勇往直前”精神，思想方法正确，监管作风过硬，被誉为“没有信仰危机”的监管铁军。

有这样的铁军，当然也就创造出了资本市场监管的一系列第一：第一个股市操纵大案“中科创”的查处；第一个上市公司大股东巨额占用上市公司资金案查处；第一个基金公司“老鼠仓”案查处；第一个在深圳辖区上市公司中建立独立董事制度；首创对证券公司开展强制审计并制定审计指引；制订证券公司客户保证金第三方独立存管方案；建立证券公司远程实时非现场检查（稽查）系统；对注册会计师年报审计业务实施同步审计监管；建立上市公司内幕信息知情人名单报备制度；上市公司财务会计基础治理；证券公司投行业务治理；证券、基金、期货经营机构内控治理等。

这些在监管实践中创造出来的第一和监管创新都对中国资本市场的规范与发展产生过积极的意义，有的还在继续发挥着它的作用。

作为中国资本市场的监管老战士，我想在此和大家特别回顾一下发生在2001年的，对“三九医药”大股东巨额占用上市公司资金案件查处工作对今天资本市场和金融监管的启示。

2001年初，深圳证监局上市公司监管处在对上市公司“三九医药”进行现场检查中，发现大股东“三九集团”占用上市公司资金，且数额巨大，达26亿元之巨（加上后来的担保责任实际共30多亿元）。

面对这种严重情况，我们却陷入了极度尴尬的境地。这种现象准确无误地是对上市公司利益特别是中小股东利益的严重侵占和对上市公司治理的严重破坏，可《公司法》等上市公司监管法规均没有禁止这种行为，况且这家企业还有特殊背景。没有法规支持，监管似乎无从下手，大家都担心贸然出手会不会是在捅马蜂窝。

我当时考虑，虽然没有法律禁止，没有上级要求指令，我们可以不用管，但监管者不能保护广大投资者的利益，不能维护上市公司治理、维护市场秩序，不能制止犯罪，是监管者的耻辱，是监管失职。我当时在中央党校学习，为了启发自己的同事，打消他们的疑虑，统一思想，我召集有关同志集体接听我的电话，告诉他们：虽然法律没有明确禁止这种行为，但我们应该从监管职责出发进行价值判断，进行法理分析。

毫无疑义，这种行为是违反法理精神的，法理的逻辑是保护广大中小投资者利益，而这种行为却是对中小投资者利益的严重侵害，是对上市公司治理原则的公然践踏。我们监管者既要遵守法律，又不能墨守成规，要遵循法理精神不畏难、不信邪、勇往直前主动监管。我接着继续分析，虽然我们不能依法查处其占用行为，但只要我们敢担当，勇作为，办法一定会有。

第一，我们可以对这种行为公开通报谴责，就可以起到震慑制止作用；第二，不能正面强攻，可以采用迂回战术查处关联交易未披露信息问题；第三，我们打这一仗可以促进立法，完善法律，意义重大。同志们接受了我的意见，统一了思想。毫无悬念，我们这一仗打赢了，而且对推动市场规范产生了很大的积极影响：一是市场普遍反映监管者对这类企业毫不手软，其他人也就不敢心存侥幸了；二是时隔两年之后，证监会在全国范围开展了一场大规模的清理大股东侵占上市公司资金专项活动；三是禁止大股东侵占上市公司利益之后都相继被写入了《公司法》《刑法》。

对“三九医药”案的查处工作得到了证监会领导的支持与鼓励，老领导刘鸿儒主席听闻后也曾托汪建熙同志给时任证监会主席周小川带话说“要表扬张云东”。

如今，资本市场发展变化很快，也愈加复杂，法律法规和政策永远不可避免地会滞后市场发展，逐利者特别是市场大鳄总是能够找到可钻的空当，兴风作浪，破坏市场秩序，侵占中小投资者利益，妨害实体经济，甚至劫持不明真相的广大中小投资者制造金融风险。在这种情形面前，监管者应该如何履行职责？正确理解现有法规和遵循法理精神，不因为法规空当缺陷而主动作为应该是监管者义不容辞、义无反顾的价值选择。我想，遵循法理精神主动监管处置“三九医药”案，对今天的资本市场应该有一定的启示意义。

前两年保险等资金在资本市场兴风作浪的现象，有许多值得我们反思的地方。保险资金原本是资本市场的长期投资者，保守、稳健，一直是经济社会和资本市场的稳定力量。可保险异化的产物万能险却成了资本市场上短促突击、投机套利的怪物。他们违反行业传统，激进、冒险、急功近利地把万能险变成融资理财平台，联手其他金融机构，集合巨额资金对标的上市公司进行野蛮杠杆收购。

对于这种现象，当时市场上有一些糊涂认识。一是说这是资本的力量，资本有权自主收购，不屑于“情怀”；二是认为收购者没有违反法律法规，监管应该守住规则底线不干预；三是没有认识这种收购会带来巨大的风险，对实体企业造成巨大损害，也没有分清杠杆收购的短期逐利和产业并购的本质区别。

实际上，第一，这种收购不是资本收购，不是资本的力量。资本是股东权益，是与负债相对的概念。无论是保险资金还是与他们一致行动的控股集团的收购资金都不是他们的资本，这些资金无论是直接还是通过各种复杂的包装计划间接筹集的都属于负债，都是在收购计划中使用的超级杠杆，而杠杆收购就是负债收购。要说力量，那也是牌照异化衍生的力量，而不是资本的力量。

第二，这种收购使用的是短期资金委托人的资金，在合同期内虽然他们可以使用这些资金，但他们和资金权益人之间仅仅是一种代理关系，代理人无权把这种短期委托资金用于长期的，风险巨大的谋求上市公司控制权的超级杠杆收购。他们并未真实、详尽地向投资者披露委托资金的使用计划，仅仅笼统地概括为债权、股权投资、组合投资等，委托人根本不知道这些资金是被用作杠杆收购的，更不知道这其中蕴含的巨大风险要自己背负。他们剥夺了委托人的知情权，有欺诈之嫌。

第三，尽管这种短期资金计划有滚动置换安排，一旦市场突变滚动中止，短期投资者、理财客户势必损失惨重甚或血本无归。这种事实上的对短期投资者的绑架就可能演变成对整个金融系统的绑架。这种野蛮收购牟取的是少数人的巨大私利，但他们利用的却是巨额的国家公共金融资源，并可能造成巨大的金融风险。赚了是他们的，赔了他们却赔不起，要广大中小投资者和国家来承担巨额损失。可以说这种游戏相当于赌资是别人提供的，赌赢了归赌徒所有，赌输了则由提供赌资者认赔。

新加坡金融管理局在总结1997年亚洲金融风暴教训时就认为，这场危机的一个十分重要的原因就是家族金融集团对国家公共金融资源的占用和支配。我们应该高度警惕这种对国家金融安全有巨大影响的闹剧在中国重演。

面对这种绑架中小投资者的野蛮收购，这里没有我们保护中小投资者利益、维护市场秩序的规则障碍，没有需要我们坚持的“规则”底线。反倒是野蛮收购者不仅在钻规则的空子，而且还在肆意破坏信息披露、公平交易、诚信履行代理权义务等基本规则，甚至内外勾结，操纵股市，洗劫小股民。对于这些破坏市场秩序，恶化资本市场资源配置，损害实体经济，危害国家金融安全的恶劣行为，监管者无论从法理判断出发，还是从监管职责出发，均应果断出手、主动作为。

近来频频大面积爆雷的P2P事件也值得我们深思。荒唐的是，线下的就是非法集资要坐班房，线上的就是金融创新，穿上了互联网金融马甲就不认识了。价值判断不清可以说是政策水平问题，不担当、不作为、放任自流、听之任之，不主动把问题搞清楚并及时明确政策、采取监管措施解决问题则是失责渎职。

今天，中国金融日益复杂，云诡波谲，暗潮涌动，风险不容忽视。我们监管者守土有责，应该提高使命担当意识，不畏难、不信邪、不犹豫，强势监管。同时亦应不断提高政策水平，练就价值判断能力的火眼金睛，依法监管，遵循法理主动监管，为中国资本市场的规范发展尽责尽力。

往事尚未如烟散去，历史是今天的明镜。回顾资本市场创建的火红年代和资本市场监管的过往岁月，不仅让我们感到骄傲，更重要的是要珍惜总是重复的历史给今天的启示。

本文主要内容曾发表于《证券时报》（2018-08-08）。

作者简介：

张云东，陕西人。1988年进入深圳市政府经济体制改革委员会从事股份制改革与中国资本市场创建工作，主笔起草了中国资本市场第一部具有法律效力的文件——《深圳市股份有限公司暂行规定》，作为法律专家组成员参与了与香港法律专家讨论谈判创建H股市场法律文件的工作，参与国务院关于H股、B股条例的起草工作。1998年1月至1999年6月主持深圳证管办工作，2000年起任深圳证监局局长至退休。

我所认识的高坚

姚峰（中国证监会原会计部副主任）

姚峰（左）与高坚（右）合影

认识高坚已经36年了。1983年我从湖北财经学院，也就是今天的中南财经政法大学国民经济计划专业毕业，被分配到财政部综合计划司（下称“综合司”）统计研究处工作。高坚比我早一年进综合司，他是1982年中国政法大学研究生毕业被分配到我们综合司综合处的。记得当时的司长是金鑫（后任至国家税务总局局长），副司长有李福玉（后调至国务院研究室任司长）、朱福林、魏凤国，顾问是著名财政专家左春台，可谓兵强马壮。我到财政部第一次出差，是参加司里的两个片会，北片会议在黑龙江省牡丹江市召开，南方的片会在安徽省黄山市召开。我和高坚都参加了这两个片会，而且是住同一房间。由此结缘，此后36年，尽管我们工作都很忙，单位有变动，甚至不在同一城市工作，但交往从未断过，我们也由同事成为朋友，成为兄弟。

高坚，1949年8月生，内蒙古人。我到财政部时23岁，他到财政部时已是30岁出头了。他的经历堪称传奇。他当过农民（知青）、工人、解放军战士、人民警察；当过学生、博士、教授、博导；当过处长、司长、行长、董事长；在意大利学习进修过，做过美国哈佛大学的访问学者。总之，工农商学兵政党，他没有没干过的。以上经历，外人几乎不知，大家对他的了解，基本上来自国开行的官网：1990年9月至1998年10月历任财政部条法司副司长、国家债务管理司副司长、国家债务管理司司长、条法司司长；1998年10月任国家开发银行总经济师、资金局局长兼香港代表办事处首席代表；2001年4月任国家开发银行党委委员、行长助理兼资金局局长、香港代表办事处首席代表；2003年7月至2012年9月任国家开发银行党委委员、副行长（副部级）。

高坚一生经历丰富多彩，但最为让人称道的是在开拓、建立和完善中国债券市场上所做的贡献。他也由此被业界和媒体誉为“中国债券市场之父”。作为同事、朋友、兄弟，我评价他一生的工作，用“一、二、三”来高度概括。“一”是他对中国债券市场的贡献，配得上“中国债券市场之父”这个称号。“二”是他一生主要成就出自于两个单位：财政部和国家开发银行。“三”是他工作成就主要体现在三个方面：1.中国国债市场的市场化建设；2.深度参与国家开发银行的开发性金融的改革；3.中国债券市场的国际化探索与实践。

由于时间跨度大，篇幅也有限，在此难以全面详细地描述他的工作成果，我试着用一些关键词句来概括。

一、关于中国国债市场化建设

对中国国债市场建设的意义，可以用“两个开端”来形容。它是中国债券市场建立与发展的开端，是金融市场改革的发端。从1991年开始的国债市场的改革，实现了由非市场化发行向市场化发行的转变。有几个标志性的指标：发行方式从行政摊派到国债服务部推销，再到机构承销。在这个过程中，又走完了招标发行、承购包销、一级自营商承销三部曲。说起来，就连一级自营商这个名称，也是高坚依据英文Primary dealer给直译过来的。发行从有纸化到无纸化，承销机构由信托公司、证券公司、保险公司，到交易所市场、电子交易系统的升级。1998年银行间债券市场开始建立，财政部也是第一个在银行间市场发行的机构。财政部逐渐从政府与市场监管人身份转换成市场主体身份，由此，中国国债的一级市场和二级市场形成。国债的品种也由储蓄债券（凭证式国债），包括三年期、五年期、十年期扩展到短期国库券，从现货到国债期货。

二、关于国开行开发性金融的改革

从1998年10月高坚调到国开行至2012年9月退休，他在国开行整整工作了14年。关于高坚为何从财政部被调到了国开行，全国政协副主席、原国开行董事长陈元在其《见证国家40年金融改革的荣耀》的回忆文章中，曾有过详细的描述："我们可以做的就是把发债市场化，我就开始考虑怎么把开发银行的债券发行从派购转化成市场发债。这个先要找专家，环顾四周看了一下中国发债发得最好的就是财政部。财政部在发国债上是有很多经验的，我就想办法去从财政部要干部，我们就把高坚同志调来了，当资金局局长，主持市场化发债。高坚同志来了后，可以说夜以继日，昼夜不停地工作，研究市场化发债的一些方法。由于高坚同志对国内发债很熟悉，在国际上发债也很熟悉。他来了以后，把国内的经验与国际的经验结合起来，我们就开始组织市场上的认购银团，商业银行自愿参加，我们向他们路演，介绍我们发债的各项基本要求和发债过程当中采用各种市场化的定价机制，然后确定发债的方式。很快开发银行的债券发行就从派购发债这个最原始的行政式发债，一步走到国际最前沿的、最先进的发债方式。我们发债方式迅速地在国内被其他金融机构和企业复制过去，学我们的方法，一步就迈上国际先进水平。这是我到开发银行干的第一件事情。我们解决了资金来源，把半个银行所缺少的另一半，也就是资金来源这一半弥补上，解决好了，国开行成为一个真正的市场主体，而不是完全靠政府派购，依赖政府来发债。"从以上陈元同志的评述中，我们完全可以感受到陈元对高坚的赏识、器重、信赖和感激，对他为国开行债券改革所做贡献的肯定和称赞！

归纳起来，高坚在国开行的工作可用五个方面来概括。

一是市场化发债。正如陈元行长所述，1998年下半年起，国开行在银行间市场挂牌发行债券，包括两种浮动利率债券；开展固定利率与浮动利率债券掉期业务；以增加零息债券的数量和附息债券流动性为目的的本息分离债券；还有投资人选择权债券等。

二是推动资产证券化。利用经济学与金融学原理将信贷资产证券化（ABS），进一步盘活资产。

三是支持地方基础设施建设，推动地方政府平台债券市场的发展，使国开行成为企业债券最大承销商。苏州工业园地方债券发行就是在高坚倡议及直接推动下实施的；后在上海等地实践过程中，丰富完善发展演变成为结构化的PPP融资模式。

四是国开行基金业务的历史开拓。成立于1998年的中瑞基金，一直运作不理想，瑞士方面曾要求终止该基金。2003年高坚接手后，调动各种资源，帮助化解三个不良项目，并且同意基金由市场化的团队管理，使中瑞基金终于走上健康发展之路，并促进了中国东盟基金、中比基金的成立，使国开行开始了中国政府背景的有限合伙人（LP）的历史。2007年，在中国总理温家宝和意大利总理普罗迪的见证下，高坚代表中方在中国意大利曼达林基金合作文本上签字，并出任基金的副董事长。

五是筹建和管理国开证券。国家开发银行2008年实行改制，从国有企业变成了股份制银行，并实行“一拖二”，即国有银行为主体，带有两家公司：国开金融公司和国开证券公司。陈元行长兼任新成立的国开金融的董事长，高坚兼任国开证券的董事长。在陈元行长的支持下，在中航集团领导的支持下，国开行收购中航证券公司并注资80亿元，把国开证券打造成资本金实力在同行中居中上水平，并发挥在债券市场领军的优势，在企业债和公司债的承销、交易方面，推动国开证券异军突起。高坚的专业能力和管理经验得以充分展示。

2017年5月，我到浙江省杭州市挂职市委常委、副市长，分管金融工作。高坚多次到杭州看我，闲聊起来，他对自己几十年职业生涯中这三大成绩是颇为欣慰并引为自豪的。谈到体会，他讲了三条：

一是建立市场需要改革，改革需要若干条件。但凡改革就会付出交易成本，因为有利益集团反对。改革需要政府中的“企业家”有自我牺牲精神、有勇气，执着。改革就是要放弃自己的利益，改革的难点在于真正从思想上认识改革的重要性、必要性。

二是市场完全放开比局部放开更好。人们常说，渐进式改革或者平稳过渡更好。但高坚认为，在改革中，快和慢是一对概念，有步骤和无步骤是另一对概念，他赞成有步骤地快速改革。改革成功与否不是快慢的问题，而是有无步骤的问题。

三是发行人和投资人是长期共赢的关系。改革中依靠谁也很重要，市场参与人最希望改革。因此，要发挥他们的积极性，给市场积极性，是双赢的结果。而政府的任务是建立市场规则。20世纪80年代，我们解决了债务认识问题，即可以发债，使用好了，可以发展经济；管理好了，可以防止债务危机。90年代，我们又解决了债券市场问题。债券可以流通，国债收益率是市场化利率的基准。高坚始终认为，发展债券市场、资本市场是金融改革深化的重要前提，也是人民币国际化的必要条件。

习近平总书记说，当今的中国正处于百年未有之大变局。我们要不忘初心，牢记使命。服务实体经济、深化金融改革、防范化解金融风险是金融业面临的三大任务，任务依然十分艰巨。高坚无论是作为学者、作为专家，还是实践者、过来人，我认为他的体会是深刻的，值得我们深思和认真对待。作为36年的老朋友，每次见到他，他气定神闲、儒雅亲和的神态，坚定、明确、自信的目光，细声慢气的话语，总让人有一种沉稳大气的感觉。我常想，这不也应是我们这个时代应有的精神风貌吗！

本文部分内容曾发表于2019年11月5日的《华夏时报》。

作者简介：

姚峰，曾任中国证监会会计部副主任、中国上市公司协会副会长，浙江省杭州市市委常委、副市长。

我所认识的梁伯韬

姚峰（中国证监会原会计部副主任）

因为曾工作在香港回归祖国前后这一特殊历史时期，此前此后又在内地从事过证券投资和市场监管工作，因而对香港、对香港资本市场的人和事颇为关心，也时常回忆那一段时光。我有一个想法，要写认识的香港“三梁”：梁锦松、梁定邦、梁伯韬，这三人堪称香港精英社会的代表人物。梁锦松是著名银行家，当过香港特别行政区财政司司长；梁定邦是香港执业资深大律师，香港证监会首位华人主席、中国证监会首席顾问；梁伯韬是香港知名投资银行家，“香港红筹股之父”。梁锦松已经写过了（详见《财经》2020.4.29《梁锦松印象》），梁定邦已列入写作计划，今天先写写梁伯韬。

一、红筹股之父

内地人，尤其是现在从事投资业务的“90后”“00后”，对他知之甚少，但在20世纪90年代的香港，梁伯韬在财经界可是个大名鼎鼎的人物，是一代年轻投资家的偶像。他财技过人，点石成金，一夜暴富，书写了“咸鱼翻身”的神话。特别是因为帮助大批中资企业登陆香港证券市场，而被尊称为“香港红筹股之父”。他的“百富勤证券”上演的生死时速故事，也给香港资本市场留下了镜鉴，至今值得人们深思并引以为戒。

要说梁伯韬，先得说说“红筹股”。所谓“红筹股”（Red Chip），是指在中国境外注册、在香港上市的带有中国大陆概念的股票。“带有中国大陆概念”，主要指中资控股和主要业务在中国大陆。

早期的“红筹股”，主要是一些中资公司收购香港中小型上市公司后改造而形成的，如“中信泰富”等。后来成批量出现的“红筹股”，则主要是内地一些省市将其在香港的“窗口公司”改组并在香港上市后形成的，如“上海实业”“北京控股”等。

“红筹股”起源于20世纪90年代。“红筹股”的定义有两种观点：一种是以业务范围来划分。如果某个上市公司的主要业务在中国大陆，其盈利的大部分也来自该业务，那么这家在中国境外注册、在香港上市的股票就是“红筹股”。国际信息公司彭博资讯所编的“红筹股”指数就是按这一标准来遴选的。另一种是以权益多寡来划分的。如果一家上市公司股东权益的大部分直接来自中国大陆，或有大陆背景，也就是为中资所控股，那么这家在中国境外注册、在香港上市的股票才属于“红筹股”之列。1997年4月，恒生指数服务公司着手编制恒生“红筹股”指数时，就是按这一标准来划定“红筹股”的。由于恒生指数的实用性，后一种划分方法被更广泛地使用。

香港证券市场出现“红筹股”，有其深刻的历史背景。由于香港特殊的历史情况，香港资本市场一直存在着英资和华资的划分。其后，随着香港回归前后与内地的经济联系越来越密切，内地资金逐步进入香港，形成第三类机构——中资企业。20世纪80年代末，广州市政府窗口公司越秀集团、广东省政府窗口公司粤海集团分别间接或直接收购香港的上市公司取得了上市地位。20世纪90年代初，中信收购泰富及其后的一系列成功运作，掀起中资企业在港收购热潮。据不完全统计，仅在1992年7月至1993年底的一年半时间内，被中资收购或参股成为主要股东持股10%以上的香港上市公司就有28家，占1993年底香港全部上市公司477家的5.9%。“红筹股”概念初步形成。1996—1997年，深业控股、越秀交通、中国电信陆续上市，“红筹股”开始被市场热炒注资重组概念，红筹股板块正式确立。

2000年后，红筹股再次进入高速发展阶段，仅当年红筹上市就达12家，筹资3539亿港元，占当年香港主板和创业板筹资总额的77%。到2019年底，香港红筹企业总数已达173家，成为香港证券市场重要组成部分。红筹股还可进一步细分为大红筹（国企红筹）、小红筹（民企红筹）等。

红筹股的来龙去脉介绍清楚后，就该说梁伯韬与红筹股的关系了，他又何以被称为“红筹股之父”的呢?

梁伯韬，土生土长的香港人，1955年出生。香港中学毕业后考入加拿大多伦多大学，获学士及工商管理硕士学位，适逢内地改革开放初始，他认为香港更有机会，于是1980年返港，先在获多利有限公司（现名汇丰投资银行亚洲）企业财务部工作，参与不少企业融资和并购活动。后转入美资万国宝通国际有限公司（花旗集团全资子公司），1985年转入万国宝通银行，帮助其从零开始开展投资银行业务。在梁伯韬的勤奋努力下，到1987年万国宝通银行的投行业务已初具规模。在这个过程中，梁伯韬自身的能力也得到了充分展示和提高。

1988年，他离开万国宝通，与人合作创办了一家私人银行——百富勤投资有限公司，出任董事总经理。据说，梁伯韬取名“百富勤”颇有讲究，中文取意为“百富寓勤”，英文（Peregrine）意为“猎鹰”。它的创立，得到不少华人富豪的支持，李嘉诚、荣智健、胡应湘、越秀集团等都是股东。尤其是引入香港中信和越秀集团作为股东，已足见梁伯韬目光的超前。

1989年9月，百富勤投资2.26亿元，从李嘉诚手中购入当时市值14亿元的上市公司广生行30%的股权，此次“杠杆”收购，以小博大，“蛇吞大象”，成为梁伯韬财技表演的经典案例。1990年又购入上市公司泰盛国际，改名为百富勤投资，借壳上市。短短4年，经过这一番资本运作，百富勤由3亿元股本的私人公司跃升为市值逾50亿元的上市公司，他也因此而跻身于香港超级富豪之列。

1992年初，邓小平发表南方谈话，梁伯韬敏锐地发现中国新一轮改革开放带来的商机。1992年至1993年，百富勤通过发股注资，先是协助香港中信收购地产商泰富发展，注入资产并更名中信泰富，中信泰富（现中信股份）成为第一只红筹股，也是首家借壳上市的中资企业。为了帮助更多中资企业赴港上市，梁伯韬做了大量宣传教育工作，游走于各大中资企业，不厌其烦地讲解资本市场的运作方式，以及如何透过资本市场融资。其后广东粤海集团也以注资方式借壳上市，招商局则是通过旗下油漆生产公司海虹集团以首次公开发行（IPO）成为首家IPO红筹公司。随着招商局、港中旅、中海外、越秀四大中资公司在香港上市，红筹股热潮达到高峰，百富勤也声名鹊起。1996年安排上海实业来香港上市，1997年北京控股上市时“万人空巷”传为美谈。据统计，仅1997年由百富勤牵头的红筹股集团集资额近150亿港元，占红筹股集团集资总数的40%，风头一时无两，梁伯韬也因此获得了“红筹股之父”雅号。红筹进入香港国际资本市场，给国企提供了资金，推动了内地经济的发展，帮助国企实行改革、公司治理向国际标准看齐，应该说，梁伯韬功不可没。

二、百富勤事件

在梁伯韬等人的努力下，百富勤从1988年创立到1998年，经过10年逐步成长为香港最大的华资证券公司，其主要业务也从股票管理、定期利息、债券产品到直接投资、资金管理、衍生品交易及物业等，分支机构35个，遍布中国内地和香港、韩国、东南亚，以及伦敦、纽约等地，员工超2500名，注册资金从创办时的3亿港元，发展为240亿港元，10年增加了近80倍。到1997年亚洲金融风暴前夕，百富勤已成为除日本外的亚洲实力最雄厚、影响力最大的投资商，一家提供全面金融服务的大公司。梁伯韬的目标是把百富勤打造成中国的“高盛”“摩根士丹利”和“美林”。

但由于在追求高速发展、做大做强时忽视了做优，忽视了风险控制，忽略了内部管理和制度建设以及制度的严格执行，低估了亚洲金融危机的严重性，这为百富勤日后的危机爆发埋下了隐患。

1998年1月14日，香港百富勤集团因财务危机破产清盘，引起香港各界震动，冲击了香港金融市场，史称“百富勤事件”。“百富勤事件”的直接原因是百富勤集团向印度尼西亚一家出租车公司提供了一笔2.65亿美元的无担保贷款，以寻求为该公司包销一笔高息债券。但由于对该公司财务状况缺乏认真分析，在东南亚金融危机日益加剧的情况下，该出租车公司无力发行债券，使百富勤资金周转陷入困境，财务出现严重危机。

为解决资金周转问题，百富勤四处求救，也曾取得积极进展。1997年11月16日宣布引进苏黎世中心集团（ZCI）作为策略性股东，苏黎世中心集团承诺的认购金额为2亿美元的可赎回可换股优先股。1997年12月16日，百富勤又宣布美国第一芝加哥银行根据与苏黎世中心相同的条款，认购面值为2500万美元的百富勤可赎回可换股优先股。正当大家以为百富勤得以获救的时候，进入1998年，亚洲金融危机进一步恶化，印尼盾对美元的比价急剧下挫，在此背景下，苏黎世中心集团和美国第一芝加哥银行于1998年1月9日分别宣布取消已承诺认购百富勤可赎回可换股优先股，从而导致百富勤财务状况恶化，业务被迫终止，申请自动清盘。

“百富勤事件”反映了百富勤集团业务运作和管理方面存在严重问题，香港特区政府事后调查总结为三个主要方面：1.盲目发展高风险的投资业务；2.内部没有严格的规章制度，缺乏权力制衡机制；3.忽视市场风险防控，在市场发生重大动荡时，抵御风险的能力很弱。

从1988年创立到1998年倒闭清盘，短短10年，百富勤经历了由小到大、由盛及衰的过程。由一家香港乃至亚洲著名的华人投资银行变成一家债务缠身的破产公司，“猎鹰”夭折，“成为1997年亚洲金融风暴最为壮烈的殉葬品”，此后香港没有了一家能与外资大行比拼和抗衡的本土机构，香港资本市场也由此失去了一个“稳定器”，令人扼腕叹息。

梁伯韬的成与败、得与失、功与过，自有后人评说。我常常对投资界的朋友，尤其是年轻一代说，资本市场不比谁做得大，只比谁做得久。在中外资本市场上，反复上演着“其兴也勃焉，其亡也忽焉”的故事。从我本人30多年的从业经历看，资本市场诱惑太大，多少英雄豪杰折戟沉沙，诚如唐朝杜牧《阿房宫赋》所说：“秦人不暇自哀，而后人哀之；后人哀之而不鉴之，亦使后人而复哀后人也。”时刻牢记风险意识、合规意识、法律意识是安身立命的根本之道。

也是看中梁伯韬“红筹股之父”的名号和其团队开拓中国大陆市场的能力，法国国家巴黎银行出资收购和重组了百富勤在中国的证券业务，创建BNP百富勤，梁伯韬出任行政总裁及副主席。百富勤也不负众望，此后在香港创业板市场再次大显身手。

2001年梁伯韬出任花旗集团投资银行亚洲区主席，2006年出任CVC Capital大中华区主席。他曾被Euro Week杂志评为亚太资本市场25大风云人物之一，被Financial Intelligence Asia评为“2000年度最佳银行家”，被Financial Technology选为“2000年度电讯、传媒及科技股最佳银行家”，1991年当选《亚洲货币》“全年最佳商人银行家”。

我和梁伯韬先生还挺有缘，我当过中国上市公司协会党委书记、执行副会长，他是香港上市公司商会主席，算是同行。他对香港错失阿里巴巴上市颇为惋惜，多次提出香港资本市场需要革新，并积极推动香港上市制度改革。好在在李小加担任香港联交所总裁任内解决了。

我俩正式见面是2018年11月13日，当时我在杭州担任市委常委、市政府副市长，代表市里参与筹办首次在杭州举办的“全球金融科技创新大会暨Money20/20中国大会”，在市政府“杭州之夜”欢迎晚宴上，我与他这位应邀参会的嘉宾进行了热情友好的谈话，聊起当年的香港，当年的百富勤，当年的亚洲金融风暴，话题不断。回首往事，不胜唏嘘，彼此祝福。我特地请服务人员给我俩合影，以资纪念。

姚峰（左）与梁伯韬（右）

本文部分内容曾发表于2020年6月3日《华夏时报》。

我所认识的庄心一

姚峰（中国证监会原会计部副主任）

2018年中央经济工作会议指出，今年三大攻坚战初战告捷。三大攻坚战首要任务就是防范化解金融风险。杭州的情况与全国一样，听到中央经济工作会议“初战告捷”的定调，我作为分管金融工作的副市长既感同身受又十分欣慰。

我时常和同事们开玩笑说，我到杭州工作时机不对。2017年5月来时，风调雨顺，工作开展平稳顺利；但2018年开始，挑战陆续而来，先是有大型民企集团出现流动性危机，然后是个别上市公司连续亏损面临退市，再后来就是P2P网贷机构连续“爆雷”，实控人“跑路”，直到大量上市公司股权质押面临强制平仓风险以及少数非法集资机构和私募基金违规经营出现兑付危机，可谓层出不穷，应接不暇。得益于中央、省委省政府的坚强领导，市委市政府主要领导的亲自部署，靠前指挥；地方和部门的共同努力，担当有为；才使得风险得到沉着应对、有序处理，保证了全市经济社会大局的稳定，没有出现系统性、区域性的风险事件。

前排从左至右分别为陈共炎、吴青、庄心一、黄红元、王建平，后排左二为姚峰

在这一系列风险应对过程中，我作为分管领导，全过程参与组织指挥协调处置的工作，算是尽了一份心、出了一份力。也让我由衷地感谢一个人，我在证监会风险办工作时的老领导：庄心一。当年我跟着他参与处置“德隆系”风险和证券公司综合治理的经历，对我今天应对这一系列金融风险提供了宝贵的经验与借鉴，今天处置这类突发风险的底气和胆气，就我个人而言，很大部分源于此。

说起来，“德隆系”风险处置和证券公司综合治理都是十四五年前的事了。德隆事件是指2004年4月曾经是中国最大的民营企业的德隆股票崩盘，导致德隆轰然倒下的事件。德隆集团当初被人们称作“股市第一强庄”，是一家旗下拥有177家子孙公司和19家金融机构的巨型企业集团。它由唐氏四兄弟于1986年创建于新疆乌鲁木齐。2000年初，德隆在上海注册了德隆国际战略投资有限公司，推行产业整合，曾经一度辉煌，但在实施并购过程中，由于规模过于扩张，最终导致了资金链断裂，陷入了财务危机。德隆系旗下老三股（合金投资、湘火炬、新疆屯河）上演高台跳水、连续跌停、放量出逃三部曲，直至全面崩溃。

为防止发生系统性、区域性风险，国务院成立工作专班，证监会参与其中。我当时在广东证监局任副局长，因为“湘火炬”和德隆参股的“国信证券”在湖南，有领导提议“湘人治湘”，把我紧急抽调出来，派到长沙担任现场工作组组长并参与湖南证监局日常工作，有“临机决断之权”。这个中间曲折一言难尽。

庄心一在“2014中国上市公司峰会”上讲话

证券公司综合治理是指2004年8月至2007年8月历时3年的证券行业的综合治理。2003年底至2004年上半年，随着证券市场的结构性调整和持续低迷，南方证券、闽发证券、“德隆系”等证券公司的问题充分暴露，证券行业多年累积的风险呈现集中爆发状态，证券公司面临行业建立以来第一次行业性危机。据事后摸底核查，当时全行业客户交易结算资金缺口640亿元，违规资产管理1853亿元，挪用经纪客户债券134亿元，股东占款195亿元；超比例持股99只，账外经营1050亿元；84家公司存在1648亿元流动性缺口，其中34家公司的资金链随时可能断裂。证券公司的风险已经严重危及证券市场安全，波及社会稳定，成为制约证券市场健康发展的突出问题，情况十分严重。

证监会按国务院2004年1月发布的《关于推进资本市场改革开放和稳定发展的若干意见》要求和总体部署，一方面会同有关部门和地方政府紧急组织对高危证券公司行政处置，化解迫在眉睫的危险，控制个案风险向外部蔓延和冲击；另一方面集中力量，深入剖析风险成因，研究整体解决问题的具体方法和配套措施。2004年8月，证监会召开专题性的全国证券监管工作座谈会，在证券监管系统内全力部署和启动了综合治理工作。2005年7月，国务院办公厅转发证监会《证券公司综合治理工作方案》，要求各地区、各部门高度重视，密切配合，共同做好综合治理工作，并成立证券公司综合治理专题工作小组。工作班子紧紧抓住宏观经济良性运行和证券市场深化改革的重要机遇，以加强防范、完善制度、形成机制、打击违法违规活动为目标，将风险处置、日常监管和推进行业发展三管齐下，做到防治结合，以防为主，并逐步形成了“四大原则、八大体系”的工作套路。四大原则是：多管齐下，分类处置；标本兼治，重在治本；统筹兼顾，确保稳定；依法行政，完善机制。八大措施体系为：一是实施“讲实话、真整改、定责任、给时间”的政策，会面摸清风险底数，强力督促证券公司整改；二是及时稳妥处置高风险公司，设立证券投资者保护基金，制定和出台《证券公司风险处置条例》，建立风险处置的长效机制；三是鼓励有关方面（主要是四大资产管理公司）在符合法律法规和监管规定的前提下，对风险公司进行重组，使其达到持续合规经营标准；四是改革完善客户资金存管、国债回购、资产管理、证券自营等基础性制度，建立证券公司财务信息公开披露制度；五是对证券公司实行分类监管，建立公司业务范围和规模与其净资本动态挂钩的新机制；六是鼓励资质良好的公司创新发展，支持优质公司进一步做优做强；七是完善证券监管机构与公安、司法机关的协作机制，强化责任追究，严肃市场纪律，严厉查处违法违规行为；八是制定、修改有关法律法规，完善证券会司监管法律法规体系。

证监会全系统“总动员”，据统计，在当时全国2000多人的证券监管队伍中，至少有三分之一的人参与了风险处置工作，锻炼了队伍，全面提高了队伍的监管能力。至2007年8月，在关停并转31家证券公司的基础上，历时3年的证券行业综合治理圆满收官，社会各方评价这是一次行业内重大的制度性变革，在行业内外危机下，由政府及监管部门主持的一场力挽狂澜的变革，经过这次暴风骤雨的洗礼，整个证券业的经营状况、财务指标、经营理念和监管思路都发生了革命性变革。记得当年在总结风险处置经验体会时，我作为全程参与者，曾说过这样的话，证券公司风险处置这一事件，将永载中国资本市场史册；今天的人们，已经对风险处置工作给予了极高的评价，但我相信，随着时间的推移，后人将会给予更高的评价。我也曾对庄心一副主席说过，我认为，如果不是我们在2004—2007年提前主动处置了这些证券公司风险，拖到2008年亚洲金融危机来临时，中国不知要倒多少家证券公司，造成多大的经济损失和社会震荡。

铺垫了这么多，该言归正传了。

庄心一，2003年11月至2005年2月任中国证券监督管理委员会主席助理、党委委员兼机构监管部主任、风险处置办公室主任。2005年2月至2015年9月，任中国证券监督管理委员会副主席、党委委员。我从2004年5月被抽调到“德隆系”风险处置湖南工作组任组长起，正式在庄心一手下工作，直到2008年6月调离风险办，受他直接领导4年时间。这4年真是甜酸苦辣都尝遍了，如果今天要我评价他，我就是三句话：讲政治、干实事、带队伍。

讲政治体现在当时面对资本市场和证券公司多年积淀的风险，他不回避，勇于担当，积极出谋划策，为会党委和尚福林主席提出意见和建议；在国务院决定开展证券公司综合治理后，身先士卒、冲锋陷阵、精心组织、狠抓落实，确保国务院和证监会党委的决策部署执行到位，前述文章中反映的证券公司风险处置成果就是最好的证明。

干实事体现在他不但敢干事，而且会干事，干成事。面对风险处置中的艰难险阻，他凭借自己的政治经验、专业素养，深入研判、精心分析、瞻前顾后，制定出券商综合治理的基本思路并周密部署，因而抓住了有利时机和时间窗口，用短短3年时间就完成了券商综合治理工作。归还了人民银行的再贷款，基本化解现有风险，初步建立起新的机制，有效防范了新的风险，为证券公司规范、持续、稳定发展奠定了基础。

带队伍体现在两点：一是历时3年，涉及几十家券商，几千万投资者，几百亿元的资产处置，整个风险处置队伍迎难而上、不畏艰辛、令行禁止，呈现出良好的战斗作风和顽强的斗志。而且在干成事的同时，干部还不出事。他带出了一支铁军。二是培养了一大批风险处置人才，造就了一大批素质高、业务精、会管理的干部队伍。仅以当年参与风险处置的机构部、风险办的几位主任看，吴清现为上海市副市长，黄红元是上海证券交易所党委书记、理事长，陈共炎是中央汇金公司副总经理兼银河证券董事长，均身居要职。我当时是风险办副主任，跟陈共炎、吴清都搭档过，基本上是他们“主内”我“主外”。风险处置干部散枝扩叶，现在在正厅级岗位的不下10位。当时，证监会系统上下都知道，风险办干部苦，但提拔得快。

庄心一对干部严厉是有名的，很多干部都被他骂过。我们风险办和机构部的更是首当其冲。我曾被他拿一堆文件砸过，幸亏我反应快，用手挡了一下，才没被砸在头上。现在可以透露个“小秘密”，当年他由主席助理提副主席时，中组部考察组曾找我谈话，提到会管干部反映庄心一工作“作风粗暴”，问我是否属实。我回答了两点：第一，首先他是出于工作责任心，焦急，我能理解；何况确实是我工作失误在先。第二，比起现在大家一团和气，谁也不得罪人，谁也不敢负责任，我倒更愿意接受他这样的领导。中组部同志很惊讶，说你的说法，我们还是第一次听到，让我们换了一个角度看这个问题。

庄心一对下属严厉，但也很“护犊子”，他管的干部，他自己可以批评，但他不允许其他人随便批评。干部出事，他第一个冲出来保护。曾有某省领导指派当地公安组成精干分队到北京，意欲“秘捕”吴清和我两人回当地。据说，连续跟踪了我们两人几天时间，基本摸清了我们的行动规律、路线，制订了在抓捕后两小时内撤出北京的方案。幸好被公安部驻证监会证券犯罪侦查局的同志发现，得以劝止。庄心一听说后，马上找尚福林主席反映，又找当时国务院分管副秘书长尤权（今中共中央书记处书记、统战部部长）反映，要求国务院办公厅给所属省政府主要领导打招呼，严厉制止。在他严厉的面孔后面，是一份对同事、战友兄弟般的情意。私下里，他与大家却是“君子之交”，不拉拉扯扯。我在他手下提的正厅级，一分钱没送过，记得当时到他办公室就是口头致谢，他还是这么说的：你谁也不用谢，你今天得到的是你该得的。令我十分感动，我后来对我提拔的干部也是这么说。

正是受教于当年证券公司综合治理的一系列成功做法，我们今年在应对杭州系列金融风险时，才显得从容不迫，应对有方，并结合杭州实际创造性地开展工作。杭州的风险处置工作，得到了中央有关部委和省委、省政府充分的肯定，甚至成为了全国的示范。但我们也很清楚，更大的挑战还在后面。

中央经济工作会议指出，明年要针对突出问题，打好重点战役，打好防范化解重大风险攻坚战，要坚持结构性去杠杆的基本思路，防范金融市场异常波动和共振，稳妥处理地方政府债务风险，做到坚定、可控、有序、适度。

我坚信，有党中央、国务院的坚强领导，有省委、省政府的鼎力支持，有市委、市政府的统筹指挥，杭州金融风险的攻坚战一定能够取得胜利。

文章主要内容曾发表于2019年1月2日《华夏时报》，姚峰同志任杭州市副市长期间。

锦瑟无端五十弦

——忆原证监会信息中心主任徐雅萍

李为（中国证监会原信息中心副主任）

徐雅萍主任（1997年）

1994年我到证监会工作的时候，徐雅萍是证监会的第一位女博士，经济学博士，任信息统计部主任。那个时候她四十出头，正是风华正茂之时。她的个子一米六八，虽然个高，仍然爱穿高跟鞋。她身材均衡，仪态优雅，常常穿一条给人职业感的连衣裙，往往是红黑搭配。她是北方人，非常爽朗，平易近人，爱思考、爱读书、爱写作、爱生活，具家国情怀、人文情怀、人格魅力。她总是充满了活力，无论是讲话还是发言都能鼓舞人心。她做事风风火火，走起路来像一阵风，穿堂而过时，你总会知道她来过，她又去了哪儿。她也是一团火，她身边的人总会感受到被“燃烧”。她的美丽不仅是表面的，更是内在的。她的宏观视角、远见卓识的思想影响过很多的监管者和投资者。她主持完成了资本市场一系列基础建设，建设了资本市场信息化高速公路，开创了监管科技的疆域，绘制了未来开拓的蓝图，为证监会和中国资本市场奉献了最美的年华。

雅萍离开我们13年了，13年来我一直不敢回忆、不敢去碰触心中那些难忘的历程，直到今天，在我们回忆亲历中国资本市场发展历史的时候，我们不应该忘记雅萍的付出和贡献。于是我以证监会办公地点变迁为时间主线，回忆雅萍带领我们走过的路，开创的事业。雅萍生如夏花之绚烂，雅萍的故事穿透了中国证券市场初创时期那些难忘的岁月，那些岁月中有她的足迹、您的足迹、我的足迹。

一、意气风发之保利（1992—1995年）

证监会刚刚成立的时候，连桌椅板凳都是从“联办”（指证券交易所研究设计联合办公室）借的，信息统计部的一切也从创业状态开始。当时证监会的办公地址是保利大厦。1994年9月我到证监会报到的时候，刘鸿儒主席一开始把我安排到信息统计部，与雅萍见了一面，但她第二天就出差了。那时正值中国企业第二批H股上市，刘主席很关注这些境外上市企业的动态，他便改了主意，又把我交给时任证监会首席会计师、国际业务部主任汪建熙，让我先在国际业务部工作。保利大厦时期，证监会主席、部门主任和普通干部同在一个餐厅吃饭、同乘一台电梯，没有等级界限。有一次在地下会议室开春节晚会，热闹非凡，各部门都出了节目，轮到信息统计部时，大家不管刘鸿儒主席是否在场，一起喊叫着：“信息部没信息！信息部没信息！”虽然是玩笑式的喊叫，却反映了信息统计部在大家心中最初的印象。那天信息统计部出了什么节目全然忘了，但那些叫喊却记住了。这就是1994年证监会信息统计部的情形：有很多计算机，但没有监管信息系统，没有整理过的信息。但是国际业务部有数据，国际业务部有彭博的行情终端，有大量的外资投行的研究报告，非常精美。我在国际业务部最开始是为这些研究报告建数据库。我每天早上上班第一件事是接收港澳办发给国际业务部的传真，很快信息统计部便派人来把我接收的传真件再复印一次带走，而我接收的传真件主要是关于中国企业H股上市的新闻和动态信息。这些传真件十分重要，国际业务部先传阅，然后给海外上市部传阅。记得有一次海外上市部李小雪主任在我办公桌上留过一张条子，十分严厉地批评我没有及时把当天的传真件转海外上市部，使得他们面对国务院领导的询问时一问三不知，十分尴尬。接收传真件，这是1994年我们获取信息的主要方式。

那时雅萍与刚从法国回来的林义相一个办公室，林义相博士是第一个直接从海外回证监会工作的海归，证监会1992年10月成立之初即邀请回国的第一位高级专家。他回国前曾在法国证监会、巴黎证券交易所、法国证券登记结算公司三个机构的所有业务部门实习了8个月。1993年8月回到证监会工作，因为证监会当时没有相应的部门和编制，义相的职务就挂在了信息统计部，他是信息统计部副主任，负责当时的电脑和统计工作。

在保利的办公室，雅萍的桌上总是堆满了书，桌下堆着时尚的高跟鞋。信息统计部虽然没有什么信息，但是我知道他们1993年就开始建设上市公司交易监控系统，义相是项目负责人。义相认为：建立有效的市场监控系统是对证券市场实施监管，保证市场正常运行的物质前提。证券交易的监控可分为实时监控和统计监控两大部分：实时监控的主要对象是证券交易的实际过程，目的在于实时监测其中的异常情况；统计监控的内容是对某一时间段内的交易信息加以处理，在此基础上重新认识实时监控中发现的问题并为采取进一步的措施提供更有说服力的依据。证券监管部门可以从市场各方参与者的行为中找到进一步完善其规章制度和行为的契机。当时市场刚刚发生“宝延风波”，1993年，深圳宝安集团通过二级市场举牌上海延中实业，打响了新中国上市公司收购兼并第一枪，这个事件说明了建立证券交易监控系统的必要性和迫切性。因此这项工作不仅对证监会，也对刚起步的中国资本市场有着十分重要的意义。参加证监会证券交易监控项目的还有刘春旭、高斌和陈仕华。这个项目为深沪两个交易所的监控系统的设立积累了经验。在雅萍的支持下，义相设计并牵头建设了证监会第一版交易监控系统。深交所的第一版交易监控系统是义相设计并指导时任深交所信息部副总监及监察部总监冯立新建成的，上交所的交易监控系统建设得比较晚，屠光绍副主席去上交所任总经理时曾两次请义相为他们讲解，义相慷慨赠送了长达280页的设计方案。证监会最早的交易监控系统建成后，证监会稽查局也就成立了。

1994年，雅萍曾率团去野村证券学习，刘志超、杨勇平等同行，其他成员为各部委处长以上干部。临行前，为了提高学习效率，作为团长的雅萍精心设计了全套课程。她们在东京培训了20多天。日本人嘴上说着敬语，实际上对中国的官员是看不起的，讲起资本市场掩饰不住傲气和霸气。一个月学习结束后，回到中国，雅萍给野村证券公司发了一封“震动朝野”的信，在这封信里，雅萍除了出于礼节感谢野村证券外，还宣讲了中国证监会第一代监管人对发展中国资本市场的决心和信心。雅萍在信中表明，中国的资本市场一定会以惊人的速度发展为全球之最。据说野村公司的人读后，大为惊讶，对中国的官员改变了看法，他们认为这批官员有雄心壮志，中国的资本市场一定会在他们任期发展起来。他们把雅萍的信复印后发送至每一个分支机构，让所有的员工重新认识中国和中国的官员。他们不再轻视中国证监会，他们加紧了进入中国资本市场的脚步。

1994年我在国际业务部工作，切身感受到外事活动的频繁。时任处长的李冬萍手中永远拿着电话筒，安排外事预约，预约最多的就是日本人。国际部主任汪建熙桌上永远堆着各种传真件，我和索莉辉等跟随汪建熙主任一

1994年1月29日东京。右四：雅萍、右一：杨勇平（时任成都市体改委副主任）、右二：刘志超（时任证监会办公室副主任）

1994年2月1日于东京野村高轮培训中心，雅萍（左）、杨勇平（右）

起参加过这些外事活动。我至今记得一次与七八个日本人会见，他们非常谦恭，大家第一次在日式餐厅相见，便席地而坐，在餐桌旁像老朋友似的侃侃而谈。我觉得很滑稽，老是抿住嘴，不让自己笑出声，后来才知道这些日本人是雅萍“引”来的。

那时候我们都很年轻，对新事物充满了好奇，对未来充满了憧憬。

二、锐意进取之方庄（1995—1997年）

1995年，证监会办公地点从保利大厦搬到方庄。方庄是北京的一个小区，证监会借用当时南方证券的办公大楼办公将近两年。方庄的办公楼很简朴，各部门的办公室几乎都是敞开的，工作氛围很好。大家除了工作还常常写文章，互相交流观点和对监管的认识。记得当时的上市部主任张景华常以伐木人为笔名写上市公司方面的文章。其他部门的主任也会在联办的周刊上发表文章，我们从这些文章中可以知道市场的问题、上市公司的问题、证券公司的问题。因此，各部门都知道彼此在做什么，需要什么支持。

在方庄，为了完成我的博士论文，我去了信息统计部。我去了以后，雅萍立刻布置我一项任务，为证监会整理信息资源，建立资讯系统。我的专业是情报检索语言，所以对搜索有一定的理解。我发现当时深圳有一家叫巨灵信息的公司关于证券市场的分类体系做得较好，便向雅萍报告，找这家公司为证监会做个报刊检索系统，专门用来搜集七报一刊的新闻，特别是上市公司在七报一刊上披露的信息。当时信息披露监管系统是证监会迫切需要的。关于报刊检索系统是雅萍牵头，具体由义相负责实施。记得一次雅萍、义相、初壮和我去深圳的巨灵公司调研，义相刚崴了脚，是带着拐杖，一瘸一拐地与我们一起去的。那时义相等跟当时巨灵的负责人王锦国评估工作量，一直讨论到凌晨4点多，然后确定项目费用。义相脚伤得厉害，从深圳再来到上海就不行了，住了两星期的医院。这就是我们当年的工作精神，也因为雅萍的人格魅力。义相曾回忆：“他刚从法国回来时，雅萍帮他们安家，大热天和他们一起去购买装修材料，坐当时的黄色面包车，也叫‘面的’，北京最低档的出租车。”有这样的好领导，你能不努力工作吗？

后来我们去深圳又认真调研了若干次，不久便与巨灵公司合作创建了证券市场报刊检索系统，信息统计部终于有了信息。这个系统可以从多个途径搜索上市公司的新闻和舆情信息。我们把指定报刊，即七报一刊的内容都做到数据库中了。报刊检索系统很快成为各业务部门的工作系统。

报刊检索系统推进的同时，雅萍花很多时间研究交易所的信息开发与利用问题。她研究问题更注重调研。她曾派我去调研上交所信息的管理和利用问题，回来后交调研报告。就在那时候我认识了负责信息的王勇，后来成为业内的好朋友。上交所信息部在信息及统计工作方面对证监会信息统计部给予过多方面的支持和帮助。那时候雅萍与深交所信息公司总经理李罗亚关系也非常好，我们开会的时候也会请她来给大家讲深交所的信息管理情况，一

徐雅萍

起探讨很多问题。我和李罗亚后来也成为很好的朋友。雅萍虽然不是技术专家，但是她懂得经济，懂得市场，她的宏观意识、前沿意识及国际化意识都很强。她注重监管业务的需求，要求信息统计部为一线监管部门的需求而开发系统。我们为发行部管理过发行审核报盘软件项目。当时初壮是项目负责人。方庄时期雅萍除了抓资讯系统和业务辅助系统，对统计工作也是很下功夫的。在方庄每周例会都会布置具体的任务和目标，绝大部分工作都是开创性和具有填补空白的意义的。如1995年信息统计部开始做的证券期货统计年鉴，义相负责，钟蓉萨处长协助，当时协调了12个部门，如人民银行，外汇局，国资委，财政部等。

1996年雅萍带领信息中心的同志重点研究的问题有：交易所信息服务与信息经营之间的关系；交易所信息收费的标准是否需要统一；建立证券期货市场信息系统的必要性与技术操作规范；证监会、交易所、证券公司、期货公司、中介机构、新闻媒体在信息市场中的作用；期交所信息披露的内容与范围问题。1996年2月12—13日我们在雅萍主持下一连开了两天的全国工作会议，一个是证券期货信息工作会议。参加会议的有上海和深圳证券交易所、登记结算公司、14家期货交易所信息部门的负责人，以及证监会期货部的有关同志共35人。另一个是证券期货统计工作会议。会议有三项议题，其中一项议题是：请财政部国债司，人民银行非银行金融机构司、调查统计司，国家统计局统计制度管理司、国民经济核算司，国家外汇管理局外债司，国家计委财政金融司，上海证券交易所，深圳证券交易所，上海证券登记结算公司，深圳证券登记结算公司等分管负责同志就《中国证券统计年报（1995）》提出修改意见，并就1996年年报的编制工作进行充分的讨论。关于1995年的统计年报，与会代表们的意见一致认为：由证监会组织，在各部门精诚合作下，于不到两年的时间内编制的《中国证券统计年报（1995）》的正式出版，是证券统计指标初成体系、证券统计工作步入正轨的标志，它填补了国民经济统计中证券市场统计的空白，为证券统计纳入国民经济统计体系奠定了良好的基础。这是凝聚着12个部门近30位同志心血和集体智慧的结晶，它记载着我国证券市场从起步到初步发展的历史，是非常有价值的。

三、峥嵘岁月之金阳（1997—2004年）

1997年我们又搬家了，这回搬到金融街的金阳大厦。信息部统计部在五层。在金阳大厦证监会的信息化程度得到很大的提高。我们建立了证监会官网，最早的网站颜色是绿色的，充分体现了雅萍关于证券市场公开、公平、公正的理念。在金阳大厦时期，她开始研究并启动建设上市公司信息披露系统和上市公司监管系统。我们争取到了世行的支持。记得一次我随她参加世行报告的验收会，伦敦交易所的CEO赠送了我们一本关于XBRL（可扩展的商务报告语言）的书，英文原版书。我推荐给了上交所信息中心。上交所很快组织翻译，并开始实施XBRL计划。雅萍同时在深沪两家交易所推行XBRL在信息披露方面的应用。这是一场深刻的信息披露与监管的革命。

时任证监会主席助理的汪建熙博士鼎力支持。汪建熙在2004年的一次研讨会上预言：XBRL标准在中国证券业的应用，将会给市场带来一系列重要的变化。雅萍为此带领证监会上市部的同事考察过国外的交易所，组织过多次研讨。在她的推动下，中国沪深两个交易所早在 2002 年即开始了 XBRL 的研究和应用推广，至 2005 年沪深两市的所有上市公司已实现了用 XBRL 对定期报告的全文和摘要进行披露。上证所开发的一般上市公司、基金和金融类上市公司的分类标准已得到国际认可，并且上交所全文全覆盖的实现常被作为典型案例在国际大会上进行宣传。

2005 年 1月深交所发布基于 XBRL 的“上市公司定期报告制作系统新版1.0”，要求深交所全部上市公司利用该系统制作 2004 年年度报告，并直接生成XBRL 实例文件。同年 2 月，“XBRL 应用示范”在深交所推出，实现了在网站上展示“深证成分股指数”样本公司的年报实例文件。这一创举不仅大大提高了上市公司信息披露质量，增强了市场透明度，而且也有利于保护投资者自身利益。至此，深交所信息披露全程电子化正式启用，开启了基于XBRL 标准的上市公司定期报告的持续披露。在基金信息披露XBRL 应用方面，我们甚至走在了世界前列，受到国际社会广泛关注。

2006年洪磊率先在证监会基金部推行XBRL在基金信息披露与监管工作中的应用，上交所、证监会信息中心给予了支持。那时基金部主任是李正强，他对洪磊副主任要做的这项创新给予全力支持。很快，XBRL在基金行业开花结果，2008 年 9 月 1 日，中国证监会发布了《基金信息披露 XBRL 标引规范》和《基金信息披露XBRL 模板第 1 号（季度报告）》，这标志着XBRL开始在基金行业得到全面推广和运用。

2010年证监会推行基金信息披露XBRL应用，又制定了《证券投资基金信息披露XBRL模板第3号（年度报告和半年度报告）》模板，要求各基金管理公司和托管银行自2010年2月9日起施行；2010年还制定了《证券投资基金信息披露XBRL模板第4号 [基金合同生效公告及十一类临时公告（试行）]》。至此，XBRL在基金信息披露和基金监管中的应用在中国基金市场全面落地。其技术水平远远超过美国证监会及美国基金市场。洪磊在证监会信息中心协助下推行的XBRL的应用，大大提高了基金信息的使用效率，规避了风险，大大提升了基金业规范运作的水平。那些年美国证监会主席等官员来中国证监会，一定会问询中国资本市场是如何推行XBRL的。对这些问询，据说尚福林主席总是感到很奇怪，为什么美国证监会的人总要问这个问题？后来他才知道我们远远走在全球资本市场的前列，对此美国人十分佩服我们，想知道我们是如何做到的。美国证监会还专门开了一次国际会议邀请时任证监会主席助理的朱从玖参加。证监会派我和上交所的石晓成博士参加了这次会议。后来我和中国投保基金的葛伟平被XBRL国际组织选为执委会委员。时任深交所总经理宋丽萍、副总经理邹胜、公司管理部副总监苏梅和上交所总工程师白硕都分别代表交易所在XBRL国际年会上介绍过经验。

为统一标准、加快应用，证监会为此设立了XBRL工作领导小组，会计部的姚峰副主任是我们的秘书长，他是位十分优秀的秘书长，有着超强的组织力与协调力，带领我们做了很多探索，做了大量的研究、调研和推广工作。姚峰副主任还参加了XBRL国际组织在法国的国际会议，代表中国证监会做了经验介绍，他的演讲获得了与会代表的热烈掌声。XBRL在中国资本市场的应用成绩斐然，很多项目得以落地，得益于中国投保基金公司的支持，尤其是董事长陈共炎的支持。证监会电子信息披露领导小组常设机构就在投保基金；也得益于吉贝克公司的支持，其董事长刘世平博士，是数据挖掘方面的专家，在IBM工作期间先后获得了4项数据挖掘方面的技术专利，多年来，他很低调，却非常执着地帮助证监会、交易所和基金公司把项目落地。我们这些成就离不开交易所的大力支持、证监会的大力支持、市场各方

第24届XBRL国际大会于2012年3月18日至23日在阿联酋阿布扎比成功举行。后排中间：郑商所副总：杨淑琴；右一：投保基金XBRL工作协调小组副组长杨青；右二：投保基金葛伟平副董事长；右三：证监会姚峰主任

的大力支持。

在金阳大厦办公时期，雅萍为了证监会整合两交易所的信息资源费了很多心血，也受了很多委屈。据说她常常在为证监会整合数据时，与交易所相关负责人发生争执，在证监会的主席办公会议上她的提议被否甚至遭到批评，有时候我发现她的眼睛红红的，就知道在会上她又被打击了。中国资本市场发展的轨迹是先有两家交易所，后有证监会，所以协调统一调配两家交易所的数据资源是很难的，但她还是全力以赴地、不屈不挠地去整合交易所信息资源，推动监管信息系统的建设。她在主席办公会上敢于直言，我们的几位曾经分管信息中心的副主席都领教过雅萍的“厉害”。作为她的主管领导，他们否定过雅萍的超前意识，但只要是在证监会既定政策内的工作，他们还是全力支持的。雅萍喜欢参加各种会议、喜欢演讲、喜欢发表文章，但证监会有的班子成员不太喜欢她的个性和风格，谈起她会直摇头，还会夸张地说：“无法无天、无法无天。”他们简直拿她毫无办法，在领导们那里，她是十分有个性的主任。雅萍自己也知道。她比较注意尽量不张扬。有几次怕自己公开发表的文章引起领导的忧虑，她曾经冲进综合处，急切地告诉我们登载了她文章的那一页报纸先不要送领导，现在看来，这是多么好笑的事情，多亏那时候没有互联网，没有微信。

雅萍也是文字功底非常好的主任，她修改我写的签报时总会挑出很多错字和文法错误，然后一遍遍告诉我错在哪里，我到现在还留着有着她娟秀笔迹的文稿，只不过不忍去看。

1997年证监会开始展开各项证券市场清理整顿工作。北京清理和关闭非法交易市场和报价系统时，如关闭STAQ、NET法人股市场时，很多股民到证监会上访，有时闹得很凶，别人躲避不及，雅萍却常常亲自下楼去与这些股民交流，邀请他们进会议室，为他们端茶倒水。据说只要她到场，股民就会安静下来。她曾经当过煤矿工人，下过井，她了解底层老百姓的感情和需求，而来上访的散户投资人大部分都是普通老百姓，她与他们交流没有障碍。清理整顿工作不可避免带来社会不稳定隐患，再加上当时由上到下都有人强烈呼吁严格按《公司法》让一些上市公司退市。在这种背景下，雅萍有了在中国建立全国统一、规范的粉单市场的想法。她开始用心研究，做方案。由于这一历史渊源，一些早年上访的股民和参与最早此制度构想的市场人士称则称雅萍为“三板之母”。

中国的三板市场起源于2001年“股权代办转让系统”。目前包含三类企业股：第一类是历史遗留问题公司，主要指从STAQ、NET法人股市场转过来的股票；第二类是因为连年亏损、走投无路而被迫从主板上摘牌的企业；第三类是2006年初，国家批准中关村科技园区的高科技企业在三板市场进行交易后挂牌的企业。前两类目前统称为“老三板”，第三类就是“新三板”。2012年，国务院正式批准全国中小企业转让系统为第三家全国性证券交易所，（简称“全国股转系统”），俗称“新三板”。全国中小企业股份

1999年雅萍与信息中心的年轻人。雅萍于前排居中

转让系统有限责任公司为其运营机构，2012年9月20日工商注册成立，2013年1月16日正式揭牌运营，近年来，新三板得到快速发展，经过2014年、2015年的迅速扩张，截至2020年8月1日挂牌企业已有8518家。设立全国股转系统是建设中国多层次资本市场的重要举措，对改善中小企业金融环境，推动中小企业创新、创业有着越来越重要的意义。2020年新三板推出精选层。这一市场的成立、改革和发展印证了雅萍的远见卓识。

我们在金阳大厦办公八年多。这期间，雅萍在证券期货行业标准化方面还做了很了不起的事情。我国证券市场发展的初期，对上市公司没有统一的分类标准，这影响了相关信息的规范使用。国家统计局于1984年制定并于1994年修订的《国民经济行业分类与代码》（国家标准GB／T 4754—1994），是按照产品的统一性对产业进行分类的，不能满足对从事多种产业活动的上市公司进行分类的要求。在这种情况下，沪深两交易所对各自的上市公司进行了初步分类，但是，随着新上市公司家数的迅速增加，老上市公司业务活动发生较大变化，现存的分类法都不能满足需要。主要表现如下：1.两种分类方法所依据的标准不同，因而划分结果存在着较大差异。上海证券交易所根据上市公司改制前所属的行业及上市公司的意见将上市公司分为五类：工业、房地产、公用事业、商业、综合；深圳证券交易所根据上市公司的招股说明书分为六类：工业、房地产、公用事业、商业、金融、综合。2.两种分类方法过于粗泛，与国家统计局制定的《国民经济行业分类与代码》（国家标准GB／T 4754—1994）存在较大差异。如：工业类包括食品制造业、纺织业、家具制造业、造纸及纸制品业、印刷业、医药制造业、化学原料及化学制品制造业、金属制品业、计算机及电子产品制造业等多个行业，但在两个交易所对上市公司的行业分类中仅笼统地将它们表现为一类。3.综合类企业过多，主营业务不清，透明度差，亦有相当一些公司借此来掩盖其主业不突出的现状。据统计，截至1998年底，沪深两个证券交易所共有综合类企业138家，约占上市公司总数的16%。上市公司的分类不规范，导致证券市场基础信息的分类和使用不规范，给政府决策与监管、证券公司和投资者分析上市公司造成了困难，有时甚至产生误导。为了提高证券市场规范化水平，中国证监会在总结沪深两个交易所分类经验的基础上，以国家统计局制定的《国民经济行业分类与代码》（国家标准GB／T 4754—1994）为主要依据，借鉴联合国国际标准产业分类（ISIC）、美国标准行业分类（SIC）及北美行业分类体系（NAICS）的有关内容，拟订了《中国上市公司分类指引（试行）》（以下简称《指引》）。1997年12月，雅萍主持召开了“中国上市公司分类指引讨论会”，对《指引》的内容及实施办法进行了充分讨论。1998年1月，雅萍召集上海、深圳证券交易所对当时沪深两市的120家综合类公司（上海76家，深圳44家）进行了预分类，检验《指引》的可操作性，研讨分类过程中遇到的问题和难点。1998年3月，雅萍邀请了12家有代表性的综合类上市公司进行座谈，根据各公司提出的意见，对《指引》进行改进。为了确保《指引》的科学性和可操作性，1998年11月雅萍领导下的信息中心发文再次就《指引》向各证券监管办公室及全国主要的证券公司、基金管理公司、证券咨询机构等征求了意见，并在此基础上作了进一步完善。

最终，证监会1999年以证监信字发了一个有标志意义的文件：《中国上市公司分类指引（试行）》。《指引》以在中国境内登记注册、经中国证监会批准、股票在国内外一个或多个证券交易所挂牌交易的上市公司为基本分类单位。《指引》规定了上市公司分类的基本单位、原则、编码方法、框架、辅助说明及其运行与维护制度。《指引》适用于证券行业内的各有关单位、部门对上市公司分类信息进行统计、分析及其他相关工作。

从这个《指引》成文的全过程，我们可以清楚地看到雅萍的工作方法，即她思路缜密，但又充分尊重市场各方的意见。《指引》的落地执行也明确了各方的责任和流程。当时负责统计工作的是钟蓉萨和何龙灿。现在他们分别是中国基金业协会副会长和上市公司协会副会长兼秘书长。

1997年在雅萍的力推下，证监会将信息统计部改为信息中心，增设了技术监管处，此后，她把证券期货行业标准化工作带入了国家金融标准委员会。2003年末，中国金融标准委员会设立了第一届证券分技术委员会（简称证标委），雅萍任首届主任，技术监管处杨淑琴（后任信息中心副主任、郑商所副总）任秘书长。很快，证标委与证监会颁发了一系列行业标准。如：上市公司分类代码、上市公司信息披露电子化规范、证券公司信息技术管理规范等。

1998年下半年及1999年全年，雅萍主要精力放在抓证券市场信息系统安全工作上。其背景是进入2000年之际，全球的计算机系统都面临2000年问题，即Year 2000 Problem，简称Y2K，也常称千年虫问题。这是指由于计算机程序设计的一些问题，使得计算机在处理2000年1月1日以后的日期和时间的时候，可能会出现不正确的操作，从而可能导致一些敏感的工业部门（比如电力，能源）和银行，政府机关等部门在2000年1月1日零点工作停顿甚至是发生灾难性的结果。

证监会信息中心自1998年6月1日发布关于限期解决计算机“2000年问题”的通知，雅萍全身心投入这项工作。6月30日证监会成立了全行业的证券（期货）业计算机2000年问题工作小组，雅萍亲自担任组长，她主抓了证券业计算机2000年问题四次联网测试。她亲自到成都一家一家证券营业部走访，一家一家现场检查。1999年证监会公告几乎每个月都发布有信息中心的相关文件，如：1999年4月证监信字1999年6号《关于加强解决计算机2000年问题的组织指挥和应急计划制定工作的通知》；1999年7月证监信字1999年12号《关于进一步深入解决证券期货计算机2000年问题的通知》；1999年11月证监字1999年22号《中国证监会关于做好计算机2000年问题信息披露工作的通知》；1999年12月证监信字29号《证监会关于对未进行计算机2000年问题信息披露的有关机构予以通报批评的通知》。

1999年12月9日，《人民日报》发了一条短讯：记者今天从中国证监会举行的新闻发布会上获悉，经过两年来深入细致的工作，我国证券期货业解决计算机2000年问题工作取得重要进展，支持业务的计算机系统2000年问题已基本解决。在2000年到来时，证券期货市场各项业务可以顺利进行，广大投资者的证券及资金安全将得到保障。

抓千年虫，给证券市场带来了两个变化，一是各单位机构拿出一大笔钱，做了全面的设备更新；二是此后证券市场信息系统投入大大增加。

1998年至2000年后，雅萍一直重点关注证券行业信息系统安全问题。在她领导下的信息中心同志的辛勤努力下，证监会发布了一系列有关证券公司营业部信息安全的技术规范，包括：关于发布《证券经营机构营业部信息系统技术管理规范（试行）》的通告（证监信字〔1998〕2号文）；关于检查《证券经营机构营业部信息系统技术管理规范》落实情况的通知（证监信字〔1999〕3号文）；关于发布《〈证券经营机构营业部信息系统技术管理规范（试行）〉技术指引》的通知（证监信字〔1999〕18号文）；关于检查行业落实《证券经营机构营业部信息系统技术管理规范》情况和信息系统安全状况的通知（证监信字〔2001〕7号文）。

记得我和信息中心葛一苗处长去长春的证券公司现场检查过，一苗是组长，他的政策和技术水平给我留下深刻印象。一苗现在已是信息中心的巡视员。

1999年雅萍从中科院软件工程设计中心挖了一个计算机专家，张野博士。张野毕业于北大计算机系，思维敏捷、技术水平令中心的同事们很服气。为了表示对这一难得人才的关怀，雅萍常常在早上上班前，在张野的办公室门口放一袋牛奶。张野没有辜负雅萍的期望，他很快为信息中心要做的系统做了一个顶层设计，代号“春蕾计划”。很快，证监会信息中心系统建设成绩斐然。2001年我们建成了全国证券期货监管网络。这个网络可以和所有的交易所及全国派出机构互联；我们还建成了视频会议系统，与深沪两交易所可以随时开三方会议；我们建成的办公自动化系统包括收发文管理、档案管理、公文流转等实用功能；我们还成功开发了适合全国派出机构使用的监管信息系统，可以对辖区内的证券经营机构、上市公司的数据进行统计和分析。

在金阳大厦时期雅萍的工作非常繁忙。她签出的或会签的文件都要求以最快速度签回来，我当时是信息中心综合处处长，常常被要求拿着签报找相关部门主任立等后签回。记得有一次，证监会发文要求B股公司在证监会官网上做中英文全文信息披露。这份签报我就是在时任海外上市部李小雪主任那里立等签下来的。当时他在开会，身边围着一大堆人，他正在讲话，老是讲不完，我手中拿着我们信息中心的文件站在一旁，几次想冲上去请他签，但都没有机会，只好等着，等了很久，小雪主任知道是雅萍的急件，很给面子，停下他的讨论，在我立等的时候签了字。那时候我们私下都称李小雪是证监会的大哥大、雅萍是大姐大。大哥大对大姐大的文件应该是很认真的，所以尽管那天小雪开着那么大那么严肃的会议，我还是立等签成。不过大姐大也有不让大哥大的时候，1997年香港回归前，海外上市部任务非常多，小雪主任希望我调到他的部门工作，但是雅萍这关根本无法过去，有一次她把他堵在走廊的一个角落，恶狠狠地对他说，“别再打我的人的主意，我坚决不放人”。小雪没办法，让我找港澳办田荣礼推荐人，田荣礼推荐了竺煜，也就是现在证监会市场二部的副主任。

雅萍对于信息中心的人才是很重视的。招人的时候她都亲自面试和选拔。她总是笑着跟我们说，要像选女婿那样选新人，所以我们信息中心的小伙子都是帅帅的、有才气有个性的。何龙灿就是雅萍早期引进的人才，是不可多得的人才。他先后在证监会统计工作、稽查工作和中国上市公司协会等很多工作岗位上都有突出的贡献。雅萍选初壮时，安排我亲自去人大外调。初壮进信息中心后，雅萍把很多监管业务相关创新项目交给他牵头做，初壮在证监会XBRL项目团队中表现突出，受到证监会表彰。雅萍选的罗凯、姚前现在都成了证监会及系统内单位的领导。罗凯后来成长为证监会信息中心总工，姚前则为证监会2020年新设的科技监管局第一任局长，同时兼任信息中心主任。技术监管处的许强去大商所做过副总，现在在中证数据公司做总经理。雅萍从银河证券挖的王毛路现在在区块链落地方面做成了网红。她选的刘军、雷宇开、葛蓉蓉、马雪飞、郭均旺、刘叶青等后来都成了证监会网站、舆情工作和证监会一线监管部门的业务骨干。刘军后来到了打非局，又去市场做投资，做得很成功。雷宇开去了办公厅，为证监会网站管理在制度上做了不少创新。葛蓉蓉先去了发行部，又去了中投，事业一路上升。马雪飞去了基金部，后又去了基金业协会，因有洪磊主任提携，马雪飞为基金监管系统和基金业协会国际业务部做了大量的工作。刘叶青曾经随我在网站处工作，她刚从部队转业到证监会工作不久，很多流程不熟悉，我带她的时候有时很急躁，雅萍甚至在医院住院中都会反复告诫我要耐心，要注意工作方法，叶青很快成为我的得力助手和好朋友。雅萍选的张小艾当时刚从财政部财科所硕士毕业，她对他寄予厚望，小艾在信息中心工作期间便考下会计师和律师资格，后来他去了机构部、基金部，又去美国深造，小艾去机构部的时候雅萍在外地出差，对小艾被其他部门挖走，她十分生气，即刻打电话对我发了一通火，她曾计划让小艾在信息中心做一番事业的。小艾后来去了中国基金业协会做副会长，现在在一家证券公司做总经理。雅萍选的钱宗宝，曾同时在发行部综合处工作，对技术和业务有着很深的理解和把握，现在已到了局级岗位。雅萍对“她的人”是霸道的，是不许别人碰的，因为她知道他们对信息中心的重要。

雅萍爱才，她身边总是聚集着许多青年才俊。早在1999年，雅萍就帮助证券业协会成立了中国证券业协会证券（期货）信息技术应用委员会，因为证券（期货）经营机构不断向协会反映在计算机商务活动中存在欺骗、敲诈等问题，强烈要求中国证券业协会保护其合法权益。该委员会接受中国证监会信息中心的指导，委员会的主要职能是：保护会员在信息技术应用中的合法权益；开展信息技术应用的推广与培训；跟踪国际、国内信息与计算机技术的新发展；对行业技术发展提出建议；制定行业专业技术人员行为准则和职业道德规范，配合中国证监会加强行业自律管理。上海、深圳证券交易所和结算公司，上海、郑州、大连期货交易所为中国证券业协会信息技术应用委员会特邀员。

信息技术委员会第一次会议是2003年3月31日在上海召开的，这次会议宣告了信息技术委员会正式成立。时任证监会副主席的屠光绍在致辞中指出，中国证监会高度重视行业信息系统的安全和发展，因为它是证券市场的重要基础，它的稳定性、可靠性和实时性对实现公开、公平、公正原则至关重要。光绍还说，在全体会员、交易所、协会、政府监管者的高度重视和共同努力下，我国证券信息系统与网络的安全和管理水平有了很大提高，积累了适合行业发展的管理经验和运作方式，为证券市场的稳定发展和改革开放提供了良好的保障。雅萍和信息技术委员会专家们在接下来的监管岁月中，不辱使命、勤勉敬业，为提高证券期货行业的竞争力作出了巨大贡献。我也是在那个时候结识了我武汉大学的优秀校友，国信证券首席工程师、副总廖亚滨，深交所总工、副总邹胜，银河证券副总朱永强。雅萍对他们爱护、倾听和信任，他们则对她充满敬意、出主意、讲真话，在创新和挑战中冲锋陷阵。亚滨回忆：那是一段峥嵘岁月，监管的风格是开明的，专业的，也愿意倾听和采纳市场的声音，市场在问题解决的过程中不断成长。朱永强回忆：我记忆最深的是加入技术委员会后，徐主任对我们这批人关怀备至，全方位指导我们，从如何开会，如何写材料，如何与领导沟通到如何做领导，教会

2002年2月春晚。证监会同事们：从左至右：赵海英、李冬萍、罗卫、李为、徐雅萍。第二排右一：索莉晖

我从大局出发思考问题和解决问题。

雅萍取得这些成就也因为她带出了好团队。她身边有两位久经沙场的老将，杨淑琴主任和白永明主任；她招来的年轻骨干，何龙灿、初壮、刘军、许强、葛一苗、罗凯、钱宗宝、王毛路等；她挖来的计算机专家张野；还有信息中心所有的优秀的年轻人屠强、罗小青、程立等。

雅萍业余时间喜欢练瑜伽，或者在跑步机上跑步。她与证监会工会沟通多次，为证监会女员工开设了瑜伽班。下班后常带领大家做健身操。她关心证监会员工的健康，常常向会里的保健医生提出各种要求和建议。同事们或家人生病她总是非常关心，想方设法去慰问。我在金阳大厦工作的一段时间，身体处于亚健康状态，她带我去看中医，拖着我去游泳，我开始还颤颤巍巍地跟在她身后，走不稳，不久体力、精力很快恢复，竟然可以带团去美国学习，也可以一个人出国参加国际会议了。雅萍工作虽然忙，也经常会在证监会内网发表积极乐观的人生感悟，点评证监会的好人好事。她最早把我带入公益团体，为中国听力障碍的儿童做公益。她很早就倡导健康生活和节俭生活方式。证监会宋幼滨主任曾与雅萍住一层宿舍楼，她说雅萍会把做好的菜团子送给邻居同事们吃。逢年过节会号召每家做两个菜在电梯间门厅处团聚，既省事又节约还热闹。大家曾为她的主意叫好。然而总以为有大把的时间共度佳节，但每逢节日各家都有不同的情况，遗憾一再错过。雅萍就是这样无处不在为同事们着想，无时不在感染大家。我们一搬入金阳大厦，她就为证监会建了一个小图书馆，会亲自选书和购书，为大家打造了温馨的心灵空间。她喜欢打扑克，出差打到半夜，第二天一大早仍可以起来登山，然后开一天会也不疲倦，她的精力总是无人能比。她与各地派出机构的主任们像朋友一样相处，有些派出机构的局长们来证监会再忙也要来看她，她们甚至在她办公室休息。她再忙也会送出门，送到电梯，看她们远去。她的办公室简直是派出机构之家。她也熟悉派出机构的每一位信息员，关心他们的喜怒哀乐。每当逢年过节，雅萍会亲手为派出机构的信息员们写贺卡。2004年电子贺卡流行起来后，她又会用心为信息员们写寄语。2004年她曾写过两段新年寄语，可惜让我否定了。3年后她离世，现在重读她当年写的寄语不禁让我百感交集，她写得多么好啊!她曾写道：昨天是历史，今天是存在，明天是希望。另一段是："生活好，活着好，生活在这沸腾的喧闹的时代更加好！"那一年我提议的寄语选自英国已故登山家乔治·马洛里的名言"为什么要攀登？因为山在那里"。这句话一下吸引了雅萍，她说："说得多好。这一句会引出很多句，我们为什么要努力工作，因为证券市场在那里。我们为什么要奋斗，因为责任和使命在那里。"

值得一提的是，雅萍当时会每年召开一次全国证券系统信息员工作会议，派出机构的信息员都非常期盼。因为他们可以通过这样的会议接触到前沿的技术和理念，加强同行间的交流。这些会议给当初的信息技术人员留下了美好的回忆。他们后来大多去了机构部、上市监管部，成为处长或业务骨干，去了市场的则成为高管。如深圳证监局的谌传立、大连证监局的赵智、安徽证监局的袁宏生、福建证监局陈青华等。

2003年8月19日，青岛，证监会派出机构信息技术人员培训班合影。
第一排居中绿衣：雅萍

四、硕果累累之富凯（2004年至今）

2004年证监会搬到富凯大厦办公，到富凯大厦的时候信息中心在十楼。整个十层都是我们的。我们的机房很大。到了富凯大厦，信息中心的工作也更上了一层楼。在富凯大厦时我们的资讯系统已经很完善，与新华社合作为证监会各部门及全国派出机构做了《特供系统》，这个系统可以跟踪上市公司、证券公司、基金公司、交易所、市场等的舆情。证监会的网站功能不断增加，从政务公开到在线办事再到公众参与。我们的及时性、透明度不断提升，真正成为了服务资本市场和投资者的有效平台。我们的网站在全国部委网站年度排名中从60多名逐步提升到前十几名。在这个过程中雅萍也付出了很多心血。她任主任后期，信息中心增设了网站处，为此，她主持开过全系统的视频工作会议，也多次在证监会内部各部门开展调研，多次开全系统信息员工作会议、去各派出机构调研、听取意见和汇报。

2001年信息中心开始为会机关和全系统设立IT服务呼叫中心和监控台，故障处理能力从平均一小时减至20分钟。我们的电子化监管框架基本形成。建成了600平方米的中心机房，物理隔离的电子政务外网、监管内网和涉密网等三套网络。统一规划了办公、邮件、资讯、网联网、监管业务应用等系统。证监会的工作已经离不开信息系统的支持。

2004年9月，中国证监会新址办公揭牌仪式合影。
左起第三排红衣者为雅萍

2004年雅萍在任职信息中心主任的同时还兼任中国证券业协会副会长，她用很多精力在新三板代办股份转让系统的规划上。她更繁忙了。她在2004年中国证券业协会当选副会长后给会员的寄语是：我始终认为，企业发展，人民幸福，是国家富强的标志，并且，个人的价值蕴含在对它的追求的过程中。我愿与公众投资者、市场参与者、行政监管者一道，集中业界的智慧，以坚定的信念和不懈的努力，做大中国证券市场的“蛋糕”。曾任证券业协会副会长的马庆泉撰文写道：“新三板的建设应该说是第三届协会的一项重要成就。这个工作的探索在第二届协会的时候已经开始，到第三届协会的时候开始强力推进。这个工作在第二届协会的时候，由证监会信息部主任徐雅萍同志牵头组织；后来徐雅萍和邓映翎同志都先后调入证券业协会工作，在协会成立金融创新委之后，则由邓映翎同志担任主任，专职负责这项工作，进行前期论证、方案和运行机制设计等。协会从深交所借调过来一批专业人员组成团队，他们做了许多基础性、创造性、实质性的有意义的具体工作，为新三板的建立打下了坚实的基础。在庄心一同志领导下，聂庆平同志和协会领导班子配合，与证监会和国务院有关部门密切沟通，以中关村高科技企业为突破口，为多层次资本市场的建立作出了重要贡献。在这里，我想说，

中国证券业协会第四届领导班子成员。前排从左至右：聂庆平、徐雅萍、黄湘平（会长）、马庆泉、熊伟。第二排从左至右：俞白桦、邓映翎、杨晓武、周阿满

2005年6月24日，北京，中国证监会第八期稽查干部培训班合影。
左二：雅萍

因为徐雅萍同志后来英年早逝，她早期在多层次资本市场建设中的工作贡献应该在此记上一笔。”

现任中国证券业协会党委书记、执行副会长安青松博士回忆道：“在中国证监会时，曾随雅萍主任在美国考察粉单市场，规划三板市场，从东部到西部一路同行，感受到她的专业、敬业和亲善。记忆犹新。”

2005年春包括《证券公司信息技术管理规范》在内的八项证券期货行业标准由证监会正式颁布实施，这是我国证券发展史上的重要里程碑，对整个行业产生广泛和深远的影响。《证券公司信息技术管理规范》作为其中唯一一个将技术、管理融为一体的标准，充分揭示了证券公司信息技术管理的实质：三分技术、七分管理。该标准的实施，不但将极大地提高证券公司的信息技术应用水平，同时也将从根本上促进证券公司信息技术管理水平再上一个新台阶，对证券市场的健康发展起到积极推动作用。《证券公司信息技术管理规范》通过了全国金融标准化技术委员会审查，委员们认为，本标准的制定填补了国内证券公司信息技术管理标准的空白，可有效规范证券公司信息技术管理行为，提高证券公司风险控制能力，为证券市场的规范发展提供技术保障。

五、去如秋叶之静美

2005年夏，我常常看到雅萍在办公室神色凝重地思考什么，她的脸色黄黄的。她病了，但是她瞒着所有的人，边治疗边工作，直到有一天她觉得不能再瞒了，她偷偷告诉了我，说在医院输液很多天黄疸还是很高。她让我务

左：湖南证监局局长杨晓嘉，中：雅萍（刚刚拿到医院诊断书的当天下午飞湖南参加证监会稽查局会议），右：证监会稽查局副局长李佩霞

必保密，因为她还要坚持工作。我答应了，“揪”着她去了301医院急诊科。我先生当时是急诊科主任，所以我们的检查过程非常快。接近中午的时候，B超结果出来，医生说情况很不好，是中晚期肿瘤。拿着诊断书那一刻，她没有慌，她说她弟弟想念她了。她弟弟非常优秀，博士刚刚毕业不久，大约一年前因癌症病故，姐弟关系非常好，弟弟的去世让她久久走不出来。

从医院出来，雅萍说她要直接去机场，出差去湖南开会，稽查局一个会议在等她。我先与她回到证监会，去地下餐厅为她拿了一点点吃的，便把她送上了去机场的出租车。

按理说雅萍不应该生病的，她向来注意锻炼身体、注重饮食。她有一个幸福的家庭，先生郭新常常为她磨豆浆、送豆浆，常常陪她出行；女儿非常乖巧，听她的安排，出国留学选学计算机专业，在她最后的日子里每天陪她，放弃了在海外学习的课程。雅萍生病或许是因为弟弟的病故对她打击太大，她想尽办法隐瞒老母亲，又或许是证监会工作的无形压力压垮了她。她天性乐观，也许乐观是一种掩饰，她本质上是一个不屈不挠的人，然而过刚者易折。

雅萍从湖南回来后很快住进了301医院，很快做了手术，而且十分顺利。但在手术过程中发现癌细胞已经转移到了肝部，为了安全起见，一次性切除转移的病灶，她很快转院去了武警总院，20多天后又做了一次手术。肝移植手术也很成功，但还是发现了扩散。这么短时间她做了两次大手术，这让我们心痛不已。她对自己的治疗选择了最激进的路径（如果她不那么激进，而是保守治疗，可能她的生命不会那么快消逝）。雅萍出院回家休养的时间不长，我们去看她，她十分乐观，谈的话题都是工作的。老朋友陈浩武把自己的环境很好的别墅让给她住，她那时还可以打太极，坚持锻炼。她回到家中坚持用食疗的方式来使自己康复。有一段时间她的脸都是红扑扑的，如健康人一样。她会出来与我们一起聚餐，笑声朗朗，好像从没有病过。她曾顽强地与病魔作斗争，多次放疗，中医治疗等多种治疗方案都尝试了。但时间不长又发现了新的转移，于是又住进了武警总院。武警总院领导很重视，医护人员也都非常友好。他们给了她最好的治疗和护理。那一段日子里，我常常陪着会机关和派出机构的老同事、老领导们，还有证券市场的老朋友们来看她，我的周末和节假日几乎都在医院里陪伴她。张野主任、李佩霞局长等也在她手术和病危的时候陪护和守候。在她最后的日子里她消瘦得很厉害，但对每一位来探视的人她都面带笑容。朱从玖、高西庆、汪建熙、李霞、张思宁、李晓燕、黄运成、惠湄这些老朋友来看她，她会高兴地与他们拥抱。即便在病床上，她也把手和脚的指甲都涂上红色，头发梳得整整齐齐。四川局的杨勇平专程来北京看她，总是为她戴上各种漂亮的头饰和小饰物，那都是她的最爱。即便身穿病服，她还会与我讨论买什么时装留着出院穿。我最后一次见她是陪深圳证监局张云东局长和证监会上市部的同事们去看望她，她已经不能讲话了，她其实已经昏迷了好多天，但是那天她知道他们来，简直是奇迹般地醒了，她拼尽了全力睁开眼睛看大家，与大家一一握手道别。我们从医院出来眼睛里都含着泪水。

雅萍病重期间，中国证监会党委书记、主席尚福林多次询问病情并到医院探望。范福春、屠光绍、李小雪、桂敏杰、庄心一、刘新华、姜洋、马忠智等会领导也多次到医院探望、慰问。雅萍住院和治疗在费用上得到过组织的关怀，每一次有费用发生，人事部的王小荷处长总是以最快的速度办理好。

2007年1月11日，在小雪书记和范福春副主席去医院探望她后刚离开不久，我们亲爱的雅萍永远地离开了。那一刻我正在参加全国政府网站评比与表彰大会。证监会网站的排名又名列前茅。我拿到这个荣誉的那一刻，面向武警总院的方向鞠了一躬，向雅萍报告与道别。

雅萍离开我们后，证监会机关的同事们，纷纷自发地来她办公室悼念，上市部的同事们来了，发行部的同事们来了，稽查局的同事们来了，机构部的同事们来了……一波又一波。她的办公室摆满了鲜花。老同事们还自发地为她举办了追思活动。那个晚上来参加追思会的有汪建熙、高西庆、朱利、

2005年，被诊断为癌症的雅萍出差在飞往长沙的飞机上

朱从玖、张志平、李鸣、吴清、杨勇平、张云东、李冬萍、宋幼斌、张思宁、李正强、惠湄、罗卫、索莉辉、初壮等。周小川主席委托汪建熙念了他的悼念信。张汉玉主持，李佩霞后来专门制作了纪念光盘。

雅萍给我们留下了一种生活的态度和工作精神。她热爱生活，积极乐观。她不仅是我的领导，更是我的良师益友。她是严厉的也是循循善诱的亲切的。她总是满怀热忱和激情面对人生，以永不停歇的态度面对工作；以不轻言放弃的精神面对挫折和问题；以满腔爱心面对民生和弱势群体。她像蜡烛那样点亮别人，她从不向困难和挫折低头。雅萍虽然离开我们十三年了，但是我们这些证监会的老人（保利时期、方庄时期，甚至金阳时期的同事）并没有觉得她离开过我们。我们的耳边永远有她银铃般的笑声，每当老同事们相聚，我们还会讲着她的各种各样的故事和笑话。她优雅地穿着长裙的身影飘然而来又飘然而去。

深交所原总工、深交所证券交易实现无纸化无笔化的主设计人、深交所通信卫星公司的创建人王侯对雅萍的评价是：雅萍对新中国证券业的贡献功不可没。在她任期内，信息技术工作从被视作边缘的、可有可无的辅助性业务转化为证券业的支撑主力之一。这与她有力地组织发挥了整个证券业的信息技术英才的作用、让各级领导认识到技术工作的重要性和技术人才的功劳是分不开的，各证券公司的技术干部都明白。

信息中心的同事们难以忘怀。13年后，已经走到领导岗位的罗凯是这样评价雅萍的：雅萍主任有理想、有情怀、有远见、有气节。对资本市场的改革发展时刻心心念念，矢志不渝。她聪明睿智，内涵丰富，讲话风趣又富有哲理。我每次听她热情洋溢的讲话，内心就会被感染，情绪就会被调动。她永远激情澎湃，精力旺盛，斗志昂扬。她有很强的韧劲，有不畏艰难的奋斗精神，她有情有义，关心和爱护身边的每一个人，她心中有大爱，真诚地对待交往中的每一位市场人士和专家。她的真诚赢得了大家的信任，她的激情带动了大家干事创业的热情，她把大家团结起来，为了一个目标而共同奋斗。她宝贵的精神在信息中心传承下来了，激励了一代信息中心人。罗凯讲出了大家的心声。

雅萍生前曾有一本未完成的译著《华尔街变迁史》，她弥留之际嘱托老朋友陈浩武替她主持完成并出版。她走后，他实现了她的愿望。两年后，中国证券业协会黄湘平会长、俞白桦副秘书长将此书在中国财经出版社出版。

中国证监会首任主席刘鸿儒先生欣然为雅萍的译著作序，并担任中文版编委会主任。作为中国资本市场元老级的领导，他深知本书的重要价值。成书之际，他在美国连夜为序言和后记审校，完成之时已是午夜。雅萍曾经的老同事、老朋友、法国归来的林义相博士，不仅参与了审校，还牺牲了与家人团聚的春节假期，仔细通读该书全文，提出了颇有见地的思想，并结合国际金融形势的发展变化写了序言二。

雅萍是具有远见的。她20年前在做的事情今天证监会依然在做，她走过的路我们还在走，她绘制的蓝图我们还在施行。雅萍离开后张野带领信息中心一拨同事拼搏和奋斗，信息化建设成就斐然。从2014年开始，我们开始建设中央监管信息平台。这个平台整合了证监会各个方面的监管应用系统，包含了20多个子系统，通过数据共享和流程互通，更好地提高了监管针对性。2017年，信息中心又开始研究资本市场的大数据监管，也可以称之为监管科技3.0。监管科技3.0是在传统信息技术之上充分利用人工智能、大数据、云计算、区块链等先进技术手段，对传统技术手段的升级和完善，因此无论是从技术上还是理念上都需要进行深层次的转变。

2018年8月，中国证监会发布了《监管科技总体建设方案》，标志着证监会初步完成了监管科技顶层设计，并逐步进入全面实施阶段。据此，证监会监管科技工作的核心就是要建设一个运转高效的监管大数据平台，综合运用电子数据、统计分析、数据挖掘等技术，围绕资本市场主要生产和业务活动，进行全方位监控和历史数据分析，辅助监管人员及时发现市场主体涉嫌内幕交易，市场操作等违法违规行为。

2019年在张野的领导下，信息中心已建成监管科技3.0的规章制度体系，完成五大基础分析能力工程方法的研究工作，组建了证监会科技监管专家咨询委员会，编制完成了证监会大数据平台建设的技术指引等规范性文件，正在开展上市公司、拟上市公司及私募公司的画像系统建设。

雅萍当初的理想之一是在证监会建成CIDGAR（China Electronic Data Gathering，Analysis，and Retrieval System）系统，即中国电子化数据收集、分析及检索系统。证监会13年来在信息技术应用与监管系统建设方面所做的努力一直都没有突破这个系统框架。

雅萍曾经学习美国的EDGAR系统，研究美国的EDGAR系统，以美国的EDGAR系统为标杆建设中国的系统，但13年后美国的EDGAR系统正在被XBRL系统所取代。XBRL技术在中国资本市场的应用最早，是雅萍全力推动过的，中国的XBRL监管系统与信息披露系统的技术早已在全球资本市场遥遥领先。

2019年10月，信息中心张野主任出席XBRL国际会议并做了主题演讲，他说未来中国XBRL标准主要有三个方向：监管报送、咨询服务智能化和定向披露。是的，上市公司信息披露要求的监管报送深沪两交易所还未统一标准；咨询服务智能化还在探索中；XBRL标准在私募基金定向披露方面的应用还未推进。这是雅萍生命中的未尽事宜和未完成的事业，也是资本市场的重大课题。在数字智能时代，监管科技前景可期。

2019年证监会设立了科技监管局。其职能是：拟订证监会科技发展规划和信息化建设计划，负责证监会科技管理与建设工作；统筹监管系统科技资源，指导协调证券期货行业、金融基础设施科技建设工作，组织编制并推动落实证券期货行业科技发展规划；拟订并组织实施证券期货行业科技监管规则和信息化建设标准；负责证券期货行业信息安全及重大技术路线、重大科技项目管理工作，牵头行业科技监管、科技进步等工作；负责建设集中统一管理的数据体系，开展数据标准化治理，推进大数据平台建设和监管数据共享；组织开展金融科技和监管科技研究及应用实施；负责证券信息技术系统服务机构的备案管理工作；承办证监会交办的其他工作。这些职能也都是雅萍在世的时候谋划过、组织过、落实过、实现过的。

令人欣喜的是，信息中心的老同事姚前由中登公司调回中国证监会任科技监管局首任局长，在他熟悉的领域领导大家再创辉煌。

锦瑟无端五十弦，一弦一柱思华年。雅萍给我们留下了很多美好的回忆、很多值得骄傲的时刻；雅萍给中国资本市场留下了宝贵的精神财富、很多无法逾越的成就。她是证监会永不凋谢的玫瑰、铿锵玫瑰。她高瞻远瞩的视野和坚毅无畏的精神将永远鼓励和激励我们。

2020年8月12日

徐雅萍（1952—2007），1952年出生于辽宁省丹东市，1972年加入中国共产党。1968年10月参加工作，先后在丹东梨树沟煤矿、丹东煤炭局、丹东市委党校、财政部财政科学研究所、中国证监会工作。1986年起，历任财政部财政科学研究所政策研究室副主任（副处级）、中国证监会信息统计部副主任（正处级）、信息统计部主任（副局级）、信息中心主任（正局级），并于2002年6月起，兼任中国证券业协会副会长、党委委员、非会员常务理事。经济学博士，中国金融标准委员会副主任，中国人民大学、财政部研究生院、北京物资学院兼职教授，中国社会科学院金融研究中心、深圳证券交易所博士后指导教师。

作者简介：

李为，武汉大学理学博士，中国政法大学法学博士。曾任中国证监会国际部副处长、信息中心副主任，证监会政务公开领导小组办公室成员。

瑶琴心事今日付，一书一人一知音

——《华尔街的变迁》跋

李为（中国证监会原信息中心副主任）

《华尔街的变迁》（以下简称《变迁》）一书从翻译、审校到出版，前后历经六年多。这期间，英文版原著增加了一个章节（即本书第14章）。《变迁》一书讲述的是历届美国证交会主席的故事，谈他们的领导力和人格魅力，写他们的决策和施政给华尔街带来的骚动、衰落和繁华。

这是该书原著第三版目前在国内唯一的中译本。本书译审徐雅萍博士，生前为中国证监会信息中心主任、中国证券业协会副会长，是中国资本市场信息化建设的奠基者、中国资本市场改革与创新的开创者和参与者。她熟悉市场，热爱研究，勤于思考，谙熟中美证券市场监管的奥妙，她对发展中国资本市场的责任感和使命感，驱使她无怨无悔地倾其心血乃至生命来审校这本巨著，将这本书中最华彩的乐章奉献给中国读者，奉献给中国资本市场。

昔人已乘黄鹤去，梦里仍有笑声存。雅萍离开我们两年多了，但她为本书的翻译和出版而殚精竭虑、辛勤付出的那些往事，依然历历在目，令人难以忘怀。

记得证监会从方庄迁址到金融街以后，中国财经出版社的裴兰英女士带来了这本厚厚的书稿，请雅萍审校。那时候，雅萍正在潜心研究美国证交会的上市公司电子披露系统和信息披露制度，正在研究美国的粉单市场，正在组织制定对中国资本市场产生重大影响的证券期货行业8个技术标准、筹划中国证监会门户网站及中国上市公司信息披露战略。作为经济学博士，她对市场动态有着敏锐的眼光；作为学者型官员，她对监管理念有着执着的追求。正是她的洞察力及追求理念的信仰使她与这本书结下了不解之缘，从此与原著和译稿相伴走过了五个春秋，倾情投入，呕心沥血。

《变迁》一书的翻译和审校难度极高。原著充满了法律术语和美国资本市场发展中产生的专业词汇，很多词汇和表达在字典等工具书中都查阅不到。译者仅仅精通英文是远远不够的，要翻得准确达意，要使中国的读者看得明白，还必须善于从浩瀚的法律条文、美国的政治及文化、美国的金融市场及证券市场、美国证交会的历史资料中去寻找和体会能够表述恰当的中文词汇和对应的表达方式。然而雅萍没有被难倒。了解她的人都知道她是一个乐观、执着、坚忍不拔、富有理想和激情的人。接下审校任务后，她对译著倾注了无数的心血。

记不清有多少个周末，多少个“五一”“十一”长假，雅萍把自己关在家里翻字典、查资料、打电话、发邮件；记不清有多少次外出开会，她带着书稿见缝插针地审校；记不清她向证监会的多少位领导和同事、向中外金融机构和学术机构的多少位专家学者请教一个单词、一个术语的来龙去脉；记不清有多少回她将对中国证券市场有借鉴意义的案例、将美国证交会某位主席谈论保护中小投资者权益的精彩片段“推销”给中国证监会领导和相关部局的负责人；记不清有多少次电话中传来她银铃般的笑声，告诉我们她找到了一个词的恰当译法、她发现了值得关注的监管理念、她比较出了中美市场监管的异同。她精雕细琢每一章、每一段、每一句译文，因此，原由北京大学几个博士翻译的文稿，被她做了大量的修改。

2005年夏天，雅萍被诊断为癌症，B超结果出来的时候正是正午时分，那天天气非常闷热。她没有慌神，揣着诊断书直接从301医院打车去了机场，她说证监会稽查局在湖南的一个重要会议等着她去主持。这是一个标志性的会议，她和稽查局力推的中国证监会案件管理系统终于开发成功，并开始试运行，这对于提高执法效率具有非常重要的意义。途经证监会大楼的时候，我为她去食堂拿了块玉米饼和一块西瓜，让她在赶往机场的路上吃。那是她最后一次参加工作会议。后来听参加会议的同事说，她的讲话非常精彩，博得了热烈的掌声。可谁知道那竟是人们最后一次听她富有思想和激情的演讲呢?

雅萍与病魔抗争了一年半，这期间做了两次大手术，手术之后是多次的放、化疗，几乎每天都在打吊针，其间经历的痛苦可想而知。但她从没有流过眼泪，她依然热爱生活，同事、朋友去医院看望她时，她总是化好妆，连指甲都涂成粉色。只要身体状况稍好一点，她就拿起书稿继续审校。她甚至让同事专门帮她购买了躺在病床上可以工作的电脑桌。她知道自己将不久于人世，决定将译著的审校和出版未尽事宜托付给两位好友。一位是对我国金融理论与资本市场有深入研究的陈浩武博士；另一位是较早就参加了本书翻译、英中文功底都较好、又熟悉证券业务的龚波博士。2006年的平安夜，当他们赶到她的病房看望她时，已在弥留之际，一直昏迷不醒的雅萍竟然奇迹般地睁开了眼睛。极度虚弱的她强打精神，谈这本书，谈中国资本市场的改革与创新，她请他们帮忙做完余下的工作，并予以出版。那天她谈得很兴奋，脸上有了一些血色，她太关注她的作品的问世了!由于谈的时间过长，以至于护士出面要求她早点休息。在那次交谈之后，她重新陷入深度昏迷，再也没有醒过来。

她最后的遗言和最后发给好友的短信都是关于这部译著的。心头大事有了托付，她释然一笑，轻松地告别了这个世界。春蚕到死丝方尽，蜡炬成灰泪始干。

雅萍走了，给我们留下了宝贵的东西，她的理想还在继续，并与我们分享收获的喜悦。2007年1月11日，是雅萍离开我们的日子。此后两年的这一天恰好又是中国政府网站绩效评估发布会的日子。2008年中国证监会网站进入前20名，2009年中国证监会网站的多个栏目获得好评，这成了我们慰藉她的日子。她走后的第二年，她多年前的理想也在变为现实——她率先引入中国资本市场并在中国证监会力推的可扩展的商务报告语言（XBRL）标准与技术，正在成为21世纪的上市公司信息披露系统的技术与标准，成为全球金融及证券监管机构采纳和推行的手段与工具。正因为她当年独具慧眼，坚定地推动上市公司使用XBRL技术，这使得中国成为第一个也是唯一一个实现了上市公司全面应用XBRL技术报送年报的国家。美国证交会为应对金融危机，正在将其监管系统全部变成基于XBRL的系统，即交互式数据电子应用系统。然而雅萍早在多年前就预见到XBRL系统将使投资者更为迅速、便捷地获取上市公司和共同基金的财务信息，预见到XBRL将使证券监管模式发生彻底的改变。这或许是源于某个清秋的蓝天、某一抹冬日的余晖让雅萍在与这部华尔街百年变迁史神交时擦出的灵感或火花。又有谁知道呢?

在此，要特别感谢中国证监会首任主席刘鸿儒先生。他欣然为雅萍的译著作序，并担任中文版编委会主任。作为中国资本市场元老级的领导，他深知本书的重要价值。成书之际，他在美国连夜为序言和后记审校，完成之时已是午夜。

值得一提的是，中国证监会的黄湘平会长、余白桦等组织并完成了本书后期的所有编务工作。作为雅萍的同事，他们既成全了雅萍的遗愿，也为中国证券业做了一件功德无量的事情。

在此特别感谢裴兰英女士为雅萍推荐了这本书，使这本对中国资本市场有着特别意义的著作，今天能够呈现在读者面前，也使雅萍在生命的严峻时刻有了一个可以坚持不懈的目标和理由。

非常感谢陈浩武博士和龚波先生，两年来，他们没有辜负雅萍的重托，始终执着地为本书的出版制订计划，督促进度，审校文稿，付出了极大的辛劳。

非常感谢中国证监会李佩霞女士。作为好朋友，她在雅萍病故后承担了这部译著的审校和统稿工作。在那些夜夜加班的日子里，她挤出时间，将厚厚的英文稿件全部复印分发和负责所有的编务工作。有多少个通宵达旦的投入，她从未提起，但她是志愿者工作小组的核心与支柱。

非常感谢雅萍在证监会曾经的老同事、老朋友、法国归来的林义相博士，他不仅参与了审校，还牺牲了与家人团聚的春节假期，仔细通读本书全文，提出了颇有见地的思想，并结合国际金融形势的发展变化写了序言。

非常感谢中国金融交易所的惠湄女士、国泰基金管理公司金旭女士、中国证监会的吴清博士、赖朝辉博士以及中央财经大学研究生赵鑫和张易杰等人。他们利用自己在法律、会计、金融等专业方面的特长，结合自己的留学经历和在中国资本市场的监管经历，在繁忙的工作之余，为本书作了全新的审校，使这部译著得以更加准确地表达了原著的思想。

非常感谢雅萍的丈夫郭新和女儿郭楠，是他们给了她特别的爱。他们不畏辛劳地为她与海外出版社交涉，解决了版权问题。帮她做校对，在她生命的最后时刻鼓励她，支持她。在她病故后，坚持做余下的事情，与她生前好友一起，一步一步地实现她的遗愿。

感谢曾经帮助过雅萍并与她讨论翻译问题的所有专家、学者和朋友，包括后期参与本书编校工作的朱永强、辛治运、张帆等业内同仁，他们是自愿的。雅萍与他们共同经历了资本市场发展的风风雨雨，闯过了许多技术难关。所有热爱与怀念雅萍的朋友们，都会在本书中看到自己的贡献，并为此感到骄傲和欣慰。

往事并不如烟。雅萍永远活在我们心中的，是她热爱思考、勇于创新、乐观豁达、百折不挠、身体力行的精神！正是这种精神，让中国资本市场的许多事情梦想成真。

瑶琴心事今日付，一书一人一知音。

2009年2月8日

注：《华尔街的变迁：证券交易委员会及现代公司融资制度演进》，（美）塞里格曼著，徐雅萍译校，北京，中国财政经济出版社，2009.2。

联办往事

何龙灿（上市公司协会副会长兼秘书长）

何龙灿

提及新中国资本市场及其监管体系的建立设立，就不得不提及一个机构——“联办”。记得刚参加工作时经常收到“联办”的研究报告，白色的封皮，水平很高，还问过当时处里的领导“联办”是什么机构？领导大致说了下，还提及部门中的几位同志都是从联办来的。当时就觉得这家机构有点儿神秘。

“联办”全称是“证券交易所研究设计联合办公室”，最开始叫“证券交易所研究设计小组”，1991年改名为“中国证券市场研究设计中心”。《财经》和《证券市场周刊》就是联办旗下的，90年代初《证券市场周刊》曾经风头盖过四大报（《金融时报》《经济日报》《中国日报》《证券日报》）、并被列为信息披露的指定报刊，即“七报一刊”，包括《金融时报》《经济日报》《中国日报》《证券日报》《上海证券报》《中国证券报》《中国改革报》和《证券市场周刊》。

“联办”缘起

“联办”的由来不是某一个人的突发奇想，而是一个群体共同努力的结果。包括：宫著铭、王波明、高西庆、张晓彬、王岐山等一长串名字。这些人有的仍然活跃在资本市场或者政坛，有的则已隐退江湖，但都在中国资本市场发展史上留下了浓墨重彩的一笔。

关于“联办”设立，《经济观察报》发表的《从零到壹的历史故事 三股力量创建中国资本市场——访中国证券市场创始人之一张晓彬》和王安的《股爷天下——中国证券市场30年记》有如下记载：

1987年中，中国新技术创业投资公司（以下简称“中创”）总经理张晓彬得到机会，作为中国第一个艾森豪威尔访问学者去美国访问学习了50天，研究美国投资银行和股票交易。艾森豪威尔交易基金国际计划由美国大公司出钱，张晓彬的费用由波音公司提供，这一期共20多人，其中有土耳其总理助理、新加坡经贸局局长等。在美国期间，张晓彬接触了美国的资本市场，并结识了高西庆和王波明等想把美国资本市场机制带回国内的人，令他非常激动。回国后的1987年6月某天中午，中农信（中国农村信托投资公司）的总经理王岐山来张晓彬位于虎坊桥北京市劳保馆的办公室聊天儿。王岐山曾在中央书记处农研室工作，张晓彬在科技部政研室工作，因而以前就相熟，两人一起到附近的南华酒店吃饭，点的是猪肚丝。“往南一点有个南华酒店，地方不大却不失特色。他们俩就在那里一边吃饭一边聊天。因为那里的酱猪肚儿做得好，切成丝，加上醋蒜，别有风味”。

在聊美国的金融界情况和股票市场的见闻时，他们谈到国外的投资银行，谈到在中国搞股票市场的问题，都认为在当时改革的大形势下中国搞股票市场是有可能的。聊得深了，就感觉应该推动这件事，王岐山提出多找几个人深入地议一议，然后再看怎样组织，并提出了几个人选。据张晓彬回忆，当时提到的主要是两个人，一个是大宫（宫著铭，毕业于哈尔滨军事工程学院原子工程系，后又在德国研习计量经济学，1984年宫著铭38岁即任国家计委预测中心总工程师，后任国家体改委委员、中国人民银行党组成员兼金融体制改革办公室主任、综合计划司司长，交通银行董事，国务院金融体制改革领导小组成员，国务院经济体制改革方案领导小组成员兼金融改革组负责人），一个是小川（人民银行原行长周小川）。大宫当时在人民银行和国家体改委都兼职，常直接给中央领导提建议；小川是经贸部的部长助理，好像当时还在读博士，经常在国务院研究中心和国家体改委讨论有关改革的问题。他们都能说会写，人脉也广。

万寿宾馆会议

1988年7月9日，张晓彬、王岐山、宫著铭共同发起召开了“金融体制改革和北京证券交易所筹备研讨会”。这次“万寿宾馆会议”被看成是中国股

万寿宾馆

市筹建正式启动的标志。

据张晓彬回忆，那两年，我们多次在万寿宾馆开会。因为中农信的办公室在那里。他解释，被大家广为称道的万寿宾馆会议是1988年9月8日那次。由宫著铭的手下、人民银行体改办的处长蔡鄂生发的通知，把财经口的部门都找来了。中央财经领导小组、国家计委、国家体改委、人民银行、财政部、外经贸部、国务院发展研究中心等当时中国经济界最有实权的机构，还有康华这样的国有信托公司都参与了。

那次会上，张晓彬介绍了“设立北京证券交易所”的方案，分析了设立北京股票交易所的可行性。“这份方案由王岐山和张晓彬发起，其他几大信托投资公司参与起草的。会上，大家都谈了观点，有赞同，有争议。”最后，刘鸿儒（时任中国人民银行副行长）作了总结。他说：“建立股票市场作为金融体制改革来说是一件非常大的事情。在中国经济体制改革中，这个事不仅是个经济问题。因为存在理论障碍，建设证券市场显得特别敏感，此事在国际上将引起密切关注。所以这是中国经济体制改革中的一个大事，这个事远远超出了人民银行的管理范畴。这个事是否要做？是否能做？一定要中央直接来做这个判断。”所以，他说：“到现在为止，这个事只能算是做

经叔平、宫著铭和张晓彬（中）在“联办”会议上

可行性研究阶段，进一步地往前走，还得给中央写报告。”他建议，我们写一份更详尽的报告，上报中央，由中央决定。

据张晓彬回忆，也是在那次会上，康华的副总经理贾虹生带来了刚刚从美国留学回来的王波明（父亲是原外交部副部长，曾任“联办”副总干事，当时任财讯传媒集团董事局主席），请他介绍在纽约证券交易所的工作情况。会后吃饭时，王岐山对他说，你干脆不要去康华了，就参加我们的筹备工作好了。当时王波明打算到康华工作。他提出可以再找一些国外回来的留学生参加，因为有许多留学生已经在当地工作，有实践经验。比如，高西庆在华尔街当过律师，波明也在纽约证交所工作过，还有从欧洲和日本回来的一些人。在这之前，我们都是兼职在做筹备工作，有了这批人也就有了专职干事的人了。

据王安的《股爷天下——中国证券市场30年记》记述，王波明是1980年去美国的，在哥伦比亚大学国际关系专业主修国际金融。毕业前王波明搞了个中国旅美商学会，好几千人，时常讨论中国时局、改革、发展等话题。高西庆和王波明在美国就结识，一起商议过把资本交易机制带回中国的事儿，他们知道这事儿有难度，于是在美联储大楼下有个约定，回国后干5年，5年内不言退。

白皮书

万寿宾馆会议决定由人民银行总行牵头组建“证券交易所研究设计小

高西庆（左）、王波明（中）、李青原（右）

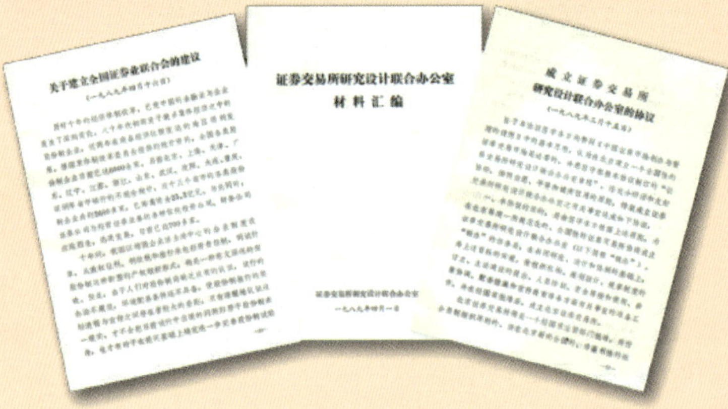

证券交易所研究设计联合办公室材料汇编

组”，具体进行《中国证券市场创办与管理的设想》（后来被称为“白皮书”）的起草。该小组由8人组成：中国人民银行总行综合计划司司长宫著铭、经贸部部长助理周小川、中国新技术创业投资公司总经理张晓彬、中国人民银行博士生蔡重直、纽约证券交易所经济师王波明、对外经贸大学副教授高西庆、北京大学法律系副教授陈大刚、中创工作人员许小胜，由宫著铭、张晓彬主持。

万寿宾馆会议散会后第二天，中农信总经理王岐山请大家到中农信商议编写《中国证券市场创办与管理的设想》工作涉及经费、场所等问题。张晓彬表示，这一切都由他们来负责解决，结果后来是从中创拨了10万块钱。

紧接着，以国家体改委和中国人民银行总行牵头，由中国新技术创业投资公司、中国农业信托投资公司、康华发展总公司和中国工商信托投资公司四家投资公司发起，先后在北京召开了一系列会议，专题讨论和研究在北京

成立全国性证券交易所的可能性和具体实施步骤。（摘自“联办”所藏《关于证券交易所研究设计联合办公室成立情况介绍》）

王波明回忆说：大宫和晓彬是总张罗，并和岐山一起负责政策上的把关和协调。西庆、大刚管法律方面，王莉在交易操作和结算实务方面、我在交易所运作和管理方面有一定实践经验，还有几十位来自主管部门、研究机构的人员参加讨论。这样，我们就日夜兼程、快马加鞭地起草白皮书了。

张晓彬专门派许小胜为大家提供交通、资料、经费等方面的服务，把大家照顾得很好。

会后，“证券交易所研究设计小组”（“联办”前身），在一个月内完成了《中国证券市场创办与管理的设想》（简称“白皮书”，起草人有：宫著铭、周小川、张晓彬、蔡重直、王波明、高西庆、陈大刚、许小胜）和“中国证券体系规划图”等一系列文件，对中国证券业和设立交易所的整体格局提出设想。里面包括了《关于筹建“北京证券交易所”的设想》《关于证券管理法的基本设想》《关于建立国家证券管理委员会的建议》等子报告，囊括了前期几大信托投资公司起草的有关设立北京证券交易所的方案以及后来补充的中国证券业管理的整体框架。

王安的《股爷天下——中国证券市场30年记》中有白皮书的初稿（第41页）。其“引言”中写道：

“纵观四年来中国证券市场的发展，我们既为一系列辉煌的成就而欢喜，也为一些潜在的问题而忧虑。权衡其成功和问题之所在，我们认为它正处于一个历史性的转折时期，泛泛而论的鼓励、抑制或任其自流，都将会对证券市场本身乃至经济改革的全局带来一系列的副作用，而因势利导地积极参与证券市场的塑造，建立一个合理的管理组织体系，使之真正发挥内在的经济机制，已成为亟待解决的重要任务。

我们建议：

1.尽快整肃证券业的法制环境，健全并完善金融证券法律体系，保护新生的证券市场机制。

2.建立中国证券交易委员会，确立证券管理及发展过程的权威性，有条不紊地进入现代化。

3.促进集中交易制的发展，使正确运行体系规范化，适应现代大规模国民经济运行的内在要求。

4.大力发展金融教育事业，强化有关金融市场业务与知识的宣传，增强民众金融意识，培训交易人才及相关的审计、资信评估、稽核人员，迎接证券市场的大规模发展。”

“白皮书”通过宫著铭和张晓彬，转给了国务院发展研究中心副总干事

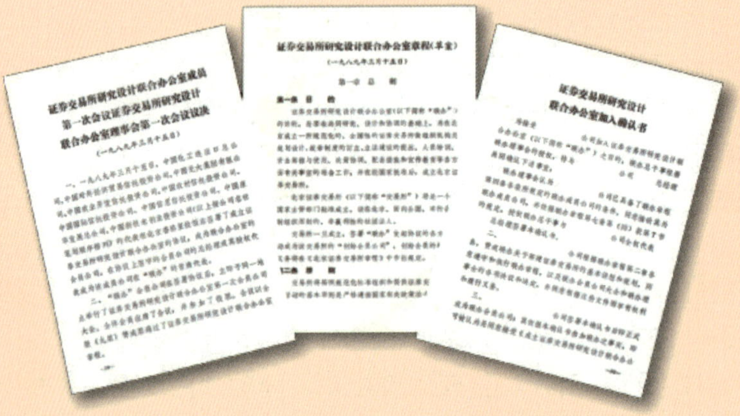

联办资料

吴明瑜。吴明瑜原来是国家科委的副主任，并曾担任过中央财经领导小组秘书长张劲夫的秘书。

过了差不多一个礼拜，紫阳就批下来了："关于此事建议中央财经领导小组听一次汇报，请依林同志召集。"那个时候，姚依林是财经领导小组的副组长。

1988年11月9日上午9点，姚依林和张劲夫同志在国务院第三会议室主持了由中央财经领导小组及有关部委领导参加的会议，听取了张晓彬、周小川、王波明、高西庆等建议建立证券交易所的汇报。会议认为，当时建立证券交易所"一是条件不成熟，二是非搞不可"，要将建立证券交易所作为近两年体制改革的配套措施，要起步早，积极筹备，根据条件逐步发展。

会后，"设计小组"立即着手进行了证券交易所筹备班子的组建工作，为避免引发争议，筹备班子没有直接取名"北京证券交易所筹备办公室"，而是定名为"证券交易所研究设计联合办公室"（简称"联办"），半带政府色彩，半带研究机构性质。

1988年11月9日，中央财经领导小组副组长姚依林和秘书长张劲夫在中南海国务院第三会议室还听取了证券交易所研究设计小组有关《中国证券市场创办与管理的设想》的汇报。参加会议的还有财政部副部长项怀诚、原国家经委副主任吕东、体改委副主任安志文、高尚全、人民银行金融管理司司长金建栋等30多人。中央财经领导小组印发了《关于听取证券交易所研讨情况汇报的会议纪要》（〔1988〕21号"参阅文件"）。

根据张劲夫的回忆：在汇报会上主要由张晓彬同志汇报"关于开办证券交易所问题的研讨情况"。汇报的主要内容有三个方面:

关于开办证券交易所的必要性和时机。汇报认为，实行股份制的最终目标，应是通过股票市场将企业置于投资者的评估和监督之下，使企业形成自我约束机制，端正企业行为，促进管理规范化，提高企业经营情况的透明度。如果没有股票市场机制，很难使企业股份制进入规范化轨道。这就要求证券交易市场与企业股份化同步进行。现代化经济发展中的证券交易市场不是自然形成的，不能放任不管，而是有组织地发展起来的。交易市场有严格的管理制度。当前股份制正在进行逐步试点，证券交易市场的设计、组织管埋、法规等，也应当及早进行研究制定，使股票市场能够在科学的管理下顺利发展，把证券交易市场的风险控制在社会所能接受的范围内。

关于证券交易所管理体系的形成与市场的组织。汇报认为，形成正常的市场，要有统一的立法，执法和协调的政府管理系统，即证券管理委员会，还要有以一个主要交易所为中心的市场体系。市场体系主要包括三部分:一是组织货源，即选择一部分能够上市的企业；二是组织购买力，使国家、企业、私人的资金有组织地进入市场；三是组织市场交易，这是十分复杂的。证券市场的经营者主要应由现有的信托投资公司、证券公司等参加，商业银行不宜进入股票市场。

关于对开展证券交易所筹建工作的建议。汇报建议，组织专门协调管理机构，先由国家体改委牵头，国家计委、财政部、人民银行等有关部门以及金融界代表参加，组成国家证券管理领导小组，今后在适当的时候成立国家证券管理委员会；汇报还对证券交易所设立的地点提出了建议，建议在北京建立证券交易所。

整个会议的讨论过程气氛十分热烈，张劲夫在回忆中概括会议最后达成了以下几点共识。

1.从总体上看，建立证券交易所，目前条件尚不具备，但从今后改革发

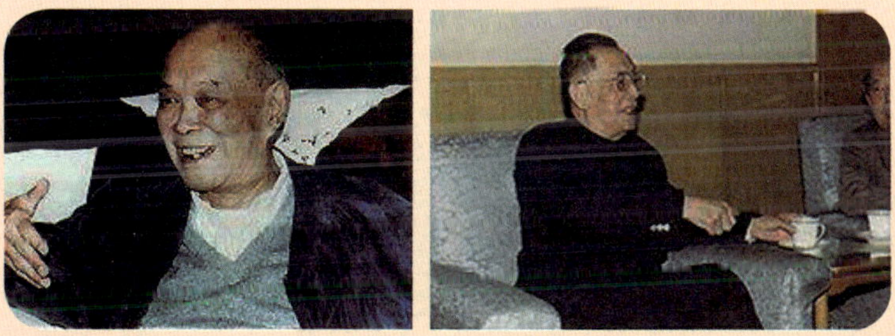

1988年11月9日，姚依林副总理、张劲夫同志在中南海召集中央财经领导小组会议，听取证券交易所研究设计小组汇报

展趋势来看，这是必然的。有的同志概括为一句话："条件不具备，但非搞不可。"为此，要紧锣密鼓地抓紧进行设计。对一批青年同志自发地研究设计，会议表示赞赏，希望在一年内提出设计方案，并称此做法为"民间发起，政府支持"。

2.要抓紧立法。可以先拟订条例，经过一段实践再起草有关法律，报请人大批准立法。市场经济当然要有资本市场，但资本市场的准入、运行、管理等必须有法可依，不能无序运行。

3.对股份制企业，要参考国际会计审计制度，务必将资产负债等财务情况透明化，以便让国家管理部门和股民审定其是否符合入市条件。

4.抓紧培训人才。从业人员在正规大学毕业后，还要对其进行专业培训。

5.交易所地点，要考虑其经济条件、金融条件、信息条件、人才条件等来选定。

6.国务院各部委由国家体改委牵头，组成国家证券管理领导小组，并指定张劲夫参加。

张劲夫当时说："要组织一支志愿兵，我愿报名当一名志愿兵。"

这次会议被称为对"我国资本市场的第一次实质推动"。

"联办"成立

王波明在多年后谈及中南海汇报会时说：会上大体有个说法，目前建立证券交易所尚不具备条件，但从今后改革发展趋势来看是必要的。作为"自发地研究设计"团队中的一分子，王波明的理解是，如果是必要的，就值得研究研究。而要研究，就要有个机构。但这个机构国家是不上心的，国家是不给编制的，更不出钱的。后来，还是热心的张劲夫给了个安慰的说法："民间发起，政府支持。"

正因为如此，在宫著铭的筹划下，1989年2月11日，包括中国国际信托投资公司在内的7家全国性的银行信托投资公司，召开了由董事长及总经理等各公司主要负责人参加的成立"联办"筹备工作会议，原则通过了成立"联办"的协议和"联办"章程，签署了备忘录并确定了正式举行"联办"签字仪式的时间。（摘自"联办"所藏《关于证券交易所研究设计联合办公室成立情况介绍》）

1989年3月15日，在北京香格里拉饭店，举行了"联办"成立的签字仪式。最终在成立"联办"协议上签字的创始会员公司共有9家，他们的代表是：中国化工进出口总公司总经理郑敦训，中国对外经济贸易信托投资公司总经理赵志坚，中国光大集团有限公司（简称"光大"）常务董事冷林，中

“联办”成立签字仪式

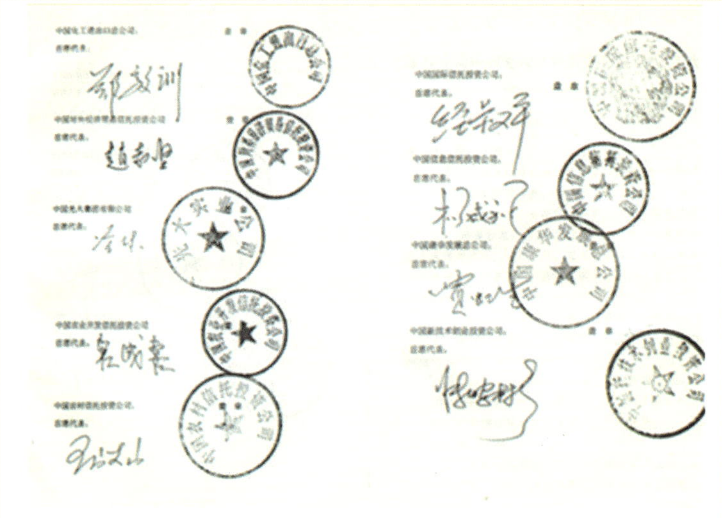

“联办”成立签订协议书上9家公司的盖章和代表签字

国经济开发信托投资公司（简称“中经开”）总经理宫成喜，中国农村信托投资公司（简称“中农信”）总经理王岐山，中国国际信托投资公司（简称“中信”）常务董事经叔平，中国信息信托投资公司总经理杨咸祥，中国康华发展总公司（简称“康华”）副总裁贾虹生，中国新技术创业投资公司（简称“中创”）总经理张晓彬。9家公司，每家公司各出资50万元人民币，总共450万元，在“证券交易所研究设计小组”的基础上发起成立“证券交

圆桌前面对镜头人员，左一：张晓彬，左二：经叔平，右二：王岐山

易所研究设计联合办公室”（简称“联办”，英文名全称为Stock Exchange Executive Council），希望就此继续开展在北京建立证券交易所的筹备工作。

这个机构的名字，据张晓彬回忆：因为汇报会上领导要求我们少说多做，低调筹备，所以我们不敢叫“北京证券交易所筹备办公室”，我们就想出了“研究设计联合办公室”的名字。当时讨论名字的时候，英文的名字是我建议的。我说，取这个名字就是要人误解，即使不让人误解到我们就是证监会，也会认为我们是组织中国证券市场的那帮人。更重要的是这个名字的英文，Stock Exchange Executive Council，缩写是SEEC，一般国家的证券管理机构都用类似的缩写。所以，这个名字的确糊弄了许多外国人，认为“联办”是中国证券的最高权力机构，误解造成了些麻烦，但是也给“联办”创造了许多方便条件。

签字仪式后召开了“联办”第一次成员大会和第一次理事会，会议通过主要领导人选为，理事长：经叔平；总干事长：宫著铭；王波明为副总干事；秘书长：张晓彬。第一个办公地方在王府井原来的计算机研究所，现在已经变成时尚婚纱店，就在王府井拐角那个地方。

“联办”工作规划为：起草证券管理法规；设计审计、财会的统一标准；设计交易所内部交易程序与软件；设计证券市场内外的配套体系；组织培训全国证券专业人员；落实交易所的选地与设置等10项。当时计划在1990年底或1991年初正式运营北京证券交易所。

但是，这一批体制内的年轻官员、9家中字头的官办信托投资公司带领着这一群海外回来的学子想在北京筹建证券交易所的努力，刚刚开始着手进行就被旋即接踵而至的“六四”事件打乱了步伐。“六四”之后，全国舆论对官倒公司一片喊打。为平民愤，1989年8月16日，国家审计署公布了对康华、中信、光大、工商经济开发和中农信五大公司在经营中存在违反行政法规问题，被处以罚款和补交税金共5133万元。年底，康华公司更在一片喊打声中被关闭。这令“联办”不寒而栗：这五大问题公司有四大是“联办”的老板。

“六四”刚过，大宫就被免去中国人民银行总行的官方职务并在不久后又辞去了国家体改委的职务。随着宫著铭等人离开官方职务，几家“联办”会员公司被点名处罚，“联办”关于建立北京证交所的设想就此夭折。而张晓彬也在1994年以心脏病理由宣布退休。

谈到“联办”，有一位女子的名字也不能不提及。那就是后曾任中国证监会规划委主任的李青原。1987年李青原在中国人民大学读博士，前往美国做博士论文，其间，结识了高西庆和王波明等人。“联办”成立后，李青原也从中国人民大学博士毕业，任国家体改委宏观司处长，兼任“联办”的研究开发部主任。那时李青原家在北京灵境胡同，院里有一棵柿子树，众人经常在树下讨论建立证券交易所的事儿，李青原说以后交易所起来了，咱这棵树就和美国那棵梧桐树一样有名了。当初“联办”成立时设计是非营利机构，属于社团组织，需要有一个上级单位。高西庆曾经请时任中国人民银行金融管理司司长的金建栋支持解决，金建栋也想过把“联办”挂在金融管理司下面，但是没有做成。后来经过李青原左突右奔的努力，“联办”更名为“中国证券市场研究设计中心”挂靠到了国家体改委。1991年12月25日，国家人事部批复国家体改委称：“你委《关于证券市场研究设计中心补办事业单位审批手续的报告》收悉。经研究，核准中国证券市场研究设计中心事业编制60人，经费自理。”

“联办”在北京建证券交易所的梦想阴差阳错而没能实现，但1990年和1991年上海和深圳先后得到中央批准建立证券交易所的同时，“联办”的中国证券交易自动报价系统（STAQ系统）也于1990年12月5日在北京人民大会堂举行开通典礼，成立了第一个全国性、跨地区电脑联网的证券交易自动报价系统。1991年4月20日，“联办”组织的首次国库券市场化承购包销合同签字仪式在北京人民大会堂蒙古厅举行。1992年7月，STAQ系统成为法人股流动试点。1992年11月，“联办”推动和设计建立了中国境内第一个投资基金——发行规模为3亿元的淄博乡镇企业投资基金。1998年4月，国家开始整顿场外非法交易市场，STAQ市场开始萎缩。1999年9月9日和10日，STAQ和NET系统因“国庆彩排交通管制”和“检修机器”暂停交易。

“联办”大事瞬间

“联办”成立20年后李青原（中）与王波明（左）、高西庆（右）合影

1992年底中国证监会成立，“联办”的一大批骨干如高西庆、李青原、汪建熙、陈大刚、宋丽萍等，都受邀进入了中国证监会并成为其中的骨干。据证监会首任主席刘鸿儒回忆，证监会草创之初，一没钱，二没人，三没办公地点。财政部答应给开办费，但没有如期拨款。刘鸿儒就让他的学生找关

“联办”创办的刊物

系借了200万元，又从联办借了200万元。后来财政部拨款的100万元才到位。由此可见“联办”与证监会的渊源之深。

“联办”创办之初，就创办了一份刊物——《证券市场周刊》，并以张劲夫的名义写了发刊词。该刊成为中国证券市场最早的指定信息披露媒体。后来又陆续办了《财经》杂志和“和讯”财经网，并以此组建了财讯传媒集团。2002年，财讯传媒集团在中国香港上市。现在“联办集团”旗下有众多注册了公司和分支机构，主要板块包括香港上市公司财讯传媒集团有限公司（HK205），和讯网、联讯证券、联办投资等。其中财讯传媒旗下有《财经》《证券市场周刊》《地产》《体育画报》《电脑时空》等刊物。

回忆往事，张晓彬感叹，那时候办事的效率很高，大家都有一种争分夺秒的劲头，也的确是赶上那个做事的年代了。“有幸的是，当时有许多开明的老一代领导人，是他们在推动和指导改革。又有一批志同道合的青年学者、官员、干企业的，大家想到一起，走到一起，能够做些想做的事。”他说。“趋势使然，条件不成熟也得做得义无反顾！”“类似姚依林、张劲夫这样的老一代领导人 ”“诸如王岐山、张晓彬、周小川等一批在改革开放大潮中涌现出来的金融改革探路者”这三股缺一不可的力量助推中国证券市场从零走到壹。如果没有这三股力量的推动，当时历史条件下，中国资本市场的创建，可能很难实现零的突破。以老一辈领导人的支持为例，倘若他们没有开放意识、不拍板定夺，如此重要的经济改革大动作，恐怕无法打开局面——因为缺乏高层领导的首肯，操作者无从执行与组织，资本市场则无从破冰。

如今再提起“联办”，已经常常被当作一个历史名称了。但经历那段激情岁月的那些人那些事必将在中国资本市场发展史上留下浓墨重彩的一笔。整理此文，谨表敬意。

作者简介：

何龙灿，统计学博士，1998年进入中国证监会，历经信息中心、市场监管部和稽查总队监管工作。现为中国上市公司协会副会长兼秘书长。此文完成于2020年5月。

上海、深圳证券交易所的成立

何龙灿（中国上市公司协会副会长兼秘书长）

联办[①]白皮书的核心内容就是设立北京证券交易所。

聂庆平在《我国股票市场若干重要事件的历史回忆》中记载：

在当时的背景下，股份制和股票市场的试点还处于试点摸索的初期阶段，虽然上海和深圳进行了股票交易的试点，但是国家并没有明确政策，将股票市场试点在全国铺开。所以在这种背景下，无论是从股份制试点和股票市场的发展状况看，还是从讲政治的要求看，在当时批准设立证券交易所条件都不成熟。同时，在当时的背景下，由联办直接主导发起组建证券交易所，人民银行能不能受理也是很敏感的问题。因为从1987年我国开始在七个沿海开放城市进行国库券流通试点后，上海、深圳等许多省市都提出了设立证券交易所的方案，因没有明确的政策，人民银行一直未予表态。而且设立证券交易所，通常是由地方人民政府提出申请，国务院进行决定，人民银行才能审批。特别是1989年发生了“六四”事件，全国舆论对官倒公司一片喊打。1989年8月16日，国家审计署对康华、中信、光大、工商经济开发和中农信五大公司在经营中存在违反行政法规问题被处以罚款，这五大问题公司有四大是“联办”的老板，使得联办发起成立证券交易所几无可能。此外，北京本身是一个敏感的地方，是我国政治、经济、社会、文化的中心。所以当时提出在北京设立股票交易所或者说证券交易所也不一定是可接受的，本身就存在争论。

上海证券交易所设立

北京股票交易所筹建遇挫的时候，时任上海市长朱镕基正计划大举开发浦东，却面临资金严重不足的状况，于是宫著铭就写信建议说，可以通过建立股票交易所集资，向全国借钱。朱镕基通过经叔平了解到，北京早就有一批现成的内行，于是从1989年12月起，朱镕基就请来了这批被称为联办的内行，开始筹建上海证券交易所（一般简称“上证所”或“上交所”）。

上海证券交易所从筹备到审批到最后设立，过程非常之快。请示过程大

① 编者注：“联办”为证券交易所研究设计联合办公室的简称。本书上一篇文章中对“联办”已作过阐述。

上海证券交易所

都是用传真的方法进行会签的。上海市分管副市长、市长签字同意以后，传真到人民银行总行，人民银行总行领导签字同意以后报国务院，国务院很快同意设立上海证券交易所的请示。从1989年底开始筹备到1990年12月19日正式挂牌成立，前后不到2年时间。其原因除了朱镕基及上海方面的大力推进外，“六四”风波后，中国也急需一个事件来向世人表示，中国的改革开放还在继续，这也是一个非常重要的原因。

据时任人民银行上海分行金融行政管理处副处长、后任上海证监局局长的张宁回忆，“六四”风波之后的1989年末，在一次内部讨论会上，交通银行董事长李祥瑞说了一句很经典的话，“目前建立交易所是政治意义大于经济意义，长远利益大于眼前利益，社会效益大于经济效益”。1990年初的一次浦东开发开放国际研讨会上，市政府宣布要建立上证所，整个会场“轰”的一下，全场哗然。会后张宁问摩根士丹利的一位代表为什么大家反应这么激烈，那位代表说交易所是资本主义市场的最高组织形式，中国要建交易所证明中国确实还在改革开放。

1990年中，人民银行上海分行让张宁和尉文渊一起去筹建交易所。当时尉文渊与张宁的分工是，尉文渊管外部，负责找交易所场地、红马甲制作等；张宁负责内部，包括起草各种办法、章程等。执笔起草上证所章程时，张宁发现当时全球交易所几乎都是会员制，公司制很少。而公司法都明确公司的目的是盈利，会员制目的则是为会员服务。于是便提出上证所还是会员制比较妥当，具体结合中国国情，还写了交易所是“不以营利为目的的事业单位”。

张宁回忆：交易规则起初是最难制定的，以前柜台交易是采用自营或代理交易，但交易所应该是竞价撮合交易，规则怎么写？不知道。专门去找香港的，拿来后看不懂，因为当时是英国对香港实行殖民统治，中文翻译本是按照英文直接翻译的，很难理解。旧上海交易所交易规则，是一九二几年的，担心过去快六十年了，还能否适用。这时有个台湾券商给了我们台湾交易所的交易规则，她看了似曾相识，一对照，原来和旧上海交易所的交易规则差不多。于是以此为蓝本做修改。期间，大家讨论激烈，每句话什么意思，理解不一。怎么去留，意见分歧很大。张宁觉得这么吵下去不行，于是提出，该加的加，如为了社会主义经济建设，该去的去，如买空卖空。因为那时大家都看过电影《子夜》，知道买空卖空是会死人的，社会主义市场要稳定，不能出人命。此外，还有看不懂的、现在用不上的就先留着，因为50多年过去了还留着，说明有用。所以上证所的交易规则除了有些加减外，基本上照搬了台湾交易所的交易规则。而台湾交易所的规则又出自于旧上海交易所。

张宁回忆：朱镕基同志的法制意识很强。他当年在市政府讨论成立交易所的会议上提出，一要报国务院批准，二要有法律依据，有法规。即使放到今天来看，上证所成立也完全是合法合规的，成立是有法律依据的。

张宁

1988年，张宁执笔起草的《上海证券交易管理办法》报市政府法制办，但一直未讨论。1989年12月，朱镕基在一次市委扩大会上决定筹建上海证券交易所。1990年按朱镕基要求，在办法中加了交易所和协会两章再报人民银行总行。1990年四五月间，朱镕基访问香港时，在一个记者招待会上宣布上海证券交易所将于年内开业。人民银行总行报国务院同意后，于1990年11月14日正式批复成立上证所。1990年11月27日，朱镕基签发市长令发布《上海证券交易管理办法》并于当年12月1日生效。

张宁说，上证所成立报批程序是完备的。张宁执笔起草文件报市政府，上证所一设立就是全国性市场。当时张宁得到消息说人民银行总行在报给国务院的意见里，建议只吸收本地证券机构。于是找行领导汇报，表示如果不吸收外地会员就没有必要搞交易所，将现有的柜台连个网就行了，搞交易所就是要全国性的。行领导当即让她再听听外地券商的意见。张宁找了浙江证券总经理李迅、中农信证券部老总，他们都表示要进来。一天后，行长室研究并同意了，但说外地会员怎么进来你们想办法，绕道走也要绕进来。由于当时还不允许券商在异地设机构，而金融许可证只有总行能批，于是张宁想了个变通的办法，让外地机构以某某证券公司上海业务部的名义进来，这可以理解为公司的内设部门，不需要金融许可证。她又和上海工商局沟通，给这些外地机构上海业务部工商注册登记，最终有17家异地公司以上海业务部的名义作为会员进入上证所，就此开创了证券机构异地开设分支机构的先河，而上证所挂牌的所有证券一开始交易就形成了全国统一价格。

1990年11月26日召开第一次会员大会，共25家会员。会上选举理事，通过交易所章程、会员管理办法、交易规则等规章制度，并宣布上证所正式成立，12月19日将正式开业。这个时间是早在半年前朱镕基在海外考察时确定的。

上证所交易方式一开始就采用电脑自动撮合交易。刚开始大家不知道该采用哪种方式，根据电视里看见的情形列出了四种交易方式，手写填单（纽约交易所）、电脑（香港交易所）、打手势（东京交易所）、写黑板（旧上海交易所）。讨论时，大家认为写黑板太老套而不愿用，但其他三种方式谁也说不清该怎么做。此时，借调到筹备组的财大老师谢玮（后任上证所副总经理）跟张宁说，用电脑交易好了，你只要告诉我交易的原则是什么，我写个程序。张宁说，我看了些国外资料，只知道交易原则是价格优先、时间优先、大宗优先。于是谢玮就写了个交易软件。由此，上证所开业第一天就使用了电脑自动撮合交易。后来才知道，我们的电脑交易是当时亚洲市场最先进的。两年后有老外问她，你们的交易系统是哪个国家设计的？张宁把这事一说，老外都夸这个做得好。

上海证券交易所成立大会

1990年11月24日到26日，上海证券交易所在上海的华南宾馆召开了预备会议，这个会议通过了设立上海证券交易所的决议。会议认为，建立上海证券交易所是我国坚持改革开放，开放浦东的重要措施，对进一步推动我国证券市场的发展，促进社会主义现代化建设事业具有积极的作用。当时有22家金融机构作为首批会员，签字联合发起建立上海证券交易所。

据张宁回忆：在上证所筹建即将完成时，分行领导找张宁谈话说，你和尉文渊两个人不能都去，他去你回来。在完成交易所成立大会后，张宁就回到人民银行上海分行接任金管处副处长，继续负责证券市场管理工作。然后转到市证管办，最后进入证券监管系统，长期从事证券市场监管工作。没想到她在职业生涯的最后几年，又被交流到了上证所担任监事长。

1990年12月19日，上海证券交易所在浦江饭店正式开业。朱镕基出席了开业典礼。时任上海证券交易所理事长李祥瑞授权总经理尉文渊在交易大厅敲响正式开市的第一槌。

对于当时的情形，新京报《上交所28年》有如下报道：

当年27岁的章玲是上交所外联部的工作人员。她回忆，那会儿的上交所只有20多个人，一切都还没就绪。当时的章玲不懂股票，而上交所的第一任总经理尉文渊也称自己和筹备组的同事为“股盲”。

章玲和另一个同事负责开业当天的会务工作，她们在豫园商场寻找开业要用的铜锣。最初找到的几个铜锣，不是太轻就是太薄。直到这个，敲一下发出厚重的声响。

开业前一晚，章玲忙得没顾上合眼。她要准备接待开业当天的来宾。当

上交所成立开市锣

时的上海市委书记兼市长朱镕基要来，时任香港贸发局主席邓莲如也要来。到现在，章玲还保留着那天的来宾名单。

不巧的是，这时的尉文渊，因脚疾无法正常走路。开业当天上午10点多，尉文渊被背上了浦江饭店二层。

尉文渊日后回忆，上午11点，来宾还未完全到场，交易大厅显示屏上已经跳出交易数据。情急之下，他连忙敲响了铜锣。

资料记载，上交所是在11点整正式鸣锣开市的，11点半前市收市。后市是下午2点整开市，3点半全天收市。全天共成交93笔，成交金额为1016.1622万元。其中股票交易的笔数为17笔，交易金额为49.4311万元。其余成交的都是企业债、金融债和国债。

上交所成立后，大胆地在上海推行了股票无纸化交易。在上交所多年从事技术工作的王勇说，“尉文渊决心推行无纸化交易，用计算机来做交易系统，这个决定当时在全行业都非常大胆”。

章玲记得，当时从股民手中回收已经卖出的股票实物券并不容易。“那个时候很多人来吵，说不行，你把股票放哪儿了？为什么就说股票写的是我的名字？我如果卖的话找不到怎么办？”

为了让股民打消顾虑，尉文渊亲自向股民解释，在电脑前演示如何将股票存入网上的个人账户。就这样，随着上交所的成立，中国证券市场的股票交易方式也随之变化了。

事后证明，尉文渊的决定顺应了时代发展的潮流，计算机的快速发展和互联网时代的到来，决定了无纸化交易成为日后股票市场的常态。

深圳证券交易所成立

在上海积极筹备证券交易所之前，深圳市政府也在紧锣密鼓地筹备深圳证券交易所，并且比上海更早上报人民银行总行，但由于各种原因，审批却在上海之后。这令当时深圳方面颇有微词。

据时任深圳市委书记、市长的李灏回忆：

“1989年开始，深圳作为国家经济特区要利用政策优势，建立资本市场，通过资本市场，使企业筹集到更多的发展资金。我们马上就成立了资本市场领导小组，有人不理解，质问为什么要搞资本市场？后来有人提出，说资本市场不好听，容易被人误解资本市场与资本主义的联系，那好，以后就改为证券市场领导小组，深圳证券交易所就是从这时开始筹备的。

到了1990年，场外黑市交易泛滥起来，到了难以控制的地步，为了加强对股票交易的管理，我们加快了建立证券市场的步伐。这期间，上海市领导带队专门来深圳这里取经，把我们几乎全套的东西拿去复制。没想到结果是，我们先报了，北京不批；上海报上去，就批下来。知道这个信息，到1990年11月下旬，我们所有的证券交易系统都搞好了，我说不能再拖了，今天就拍板，就同郑良玉、张鸿义几位市领导，还有几大银行的行长，一起来到证券交易所观摩，大家很兴奋。筹备组负责人王健和禹国刚告诉我说，准备工作早做好了。我说为什么不开？他们说，没批下来。我说，明天就试业，批准不批准，我们政府负责。选定试业的日子是12月1日，我们说的是试业，不用正式开业这个词。上海12月9日是正式开业，深圳是12月1日试营

1990年12月1日深交所成立

李灏

业，也没搞仪式，到第二年批下来，1991年7月9日才补办了开业仪式。”

对于先有上海证券交易所，还是最先有深圳证券交易所，上海和深圳方面一直有所争论，都认为自己早。其实，事实如前面所述，深圳证券交易所是“先运营，后有照”，上海证券交易所 “先有照，后运营”。从程序看，经国务院同意，并由人民银行正式批复，设立上海证券交易所在前，开业仪式也是上海证券交易所在前。而深圳证券交易所筹建和试营业早于上海，但当时深圳证券交易所筹备组经人民银行深圳分行向人民银行总行报送了设立深圳证券交易所的申请，因政策原因人民银行总行没有批复，只是说先别叫“交易所”，可以先以“深圳证券市场”的名义试着干，深圳市政府自己拍板试营业，但正式经过中国人民银行总行批准设立开业确实是在上海证券交易所之后。

上海证券交易所的章程和深圳证券交易所的章程内容大体一致。像章程的总则部分，都是讲为完善证券交易制度，加强证券市场管理，促进中国证券事业的发展，维护国家、企业和社会公众的合法权益，特设立证券交易所，而且都定义证券交易所是会员制的非营利性机构。在管理权上当然有一点区别，深圳证券交易所写的是接受深圳市人民银行以及深圳市人民政府的领导、管理、协调、监督和稽核。上海证券交易所写的是接受中国人民银行上海市分行的领导、管理和监督。从当时的情况来看，股票市场设立初期，两家证券交易所是分别隶属于上海和深圳地方政府管理的。

上海、深圳证券交易所最初的注册资金都是1000万元人民币。从业务职责看，一是提供集中交易的场所，二是管理上市证券的买卖，三是办理上市证券交易的清算交割，四是提供上市证券的过户和集中保管服务，五是提供证券市场的信息服务，六是中国人民银行许可和委托的其他业务。

上海证券交易所刚设立时对会员的资格要求不高，经中国人民银行或者一级分行批准设立，可以经营证券业务的金融机构就可以作为会员。会员资本金的要求为100万元人民币以上，证券经营连续盈利两年以上，有符合条件的组织机构和人员就可以作为上海证券交易所的会员。

在深圳资本市场建立过程中，一位已经38岁在深圳爱华电子公司任党委秘书兼日语翻译的中年人，非常幸运地被历史选择，成为深圳资本市场建立的参与者和见证者。这个人就是原深交所副总经理禹国刚。由于他对资本市场作出的贡献，2018 年12月18日被党中央、国务院授予改革先锋称号。推荐语是“资本市场发展的实践者”是资本市场唯一入选改革开放百杰的代表人物。

1982年中日友好人士冈崎嘉平太提出他出钱，让中国选两个人到日本学习证券和证券交易。1982年底，共青团中央和当时的北京对外贸易学院组成联合招考小组，在全国范围内招两个人去日本学习。当时招考有三个条件，一是政治条件要符合；二是日语要好，因为第一天到东京，第二天就要用日语听课，没有时间进修日语；三是要懂得金融证券的基本知识。当时大学没有这样的课程，找不到懂证券的人，招考小组在京津沪三个直辖市都没找到合适的人。

当时，禹国刚从陕西外国语学院毕业，在深圳爱华电子公司担任党委秘书兼日语翻译。有一天，深圳团市委通知禹国刚到广州去参加这个考试。日语笔试的时候，时间还没过半，禹国刚就答完了卷子。考试结束的时候，监考老师拍一下禹国刚的肩膀，说你跟我到二楼，我们对你进行日语口试，更重要的一关就是要懂得金融证券的基本知识。因为之前在京津沪的考试，日语专业能找到人，但是懂得金融证券知识的一个也找不着。

到了二楼以后，因为禹国刚是外语学院日语专业的，日语口试没有问题。有关金融证券基本知识的考察，禹国刚也顺利过关。他们感到很震惊，问禹国刚是从哪儿学的这些知识。禹国刚说自己来自深圳经济特区，半年前在深圳市委政策研究室借过几本这方面的书。 1983年禹国刚到日本，1984年从日本回到深圳以后，去深圳市委组织部报到，当时组织部副部长说，老禹，我们都知道你在那儿学得不错，但是我们现在还没建立证券市场，所以你从哪儿来回哪儿去。这样禹国刚就回了爱华电子公司，担任爱华电器公司经理，和日本合资生产索尼牌遥控彩电。有一天，当时的深圳市委书记兼市长梁湘派他的秘书到禹国刚家，他说梁湘市长想跟你聊聊。第二天禹国刚见了梁市长。他说我们要到日本发行日元债券，你要跟着我们干啊。禹国刚在爱华公司是直属电子工业部的，电子工业部不肯放人。这样禹国刚没被调出来。

过了大约一周时间，当时中国银行深圳分行张鸿义行长也来找禹国刚。禹国刚说梁湘市长都没把我调出来，你有啥法子？他说，老禹，只要你愿意干这行，事在人为，我们想办法啊。一番努力之后，禹国刚到了中国银行深圳分行。张鸿义行长后来升任深圳市副市长。到1988年成立深圳市政府资本市场领导小组的时候，张鸿义担任组长，禹国刚也到资本市场领导小组任专家小组组长，具体负责筹建深圳证券交易所的工作。

深圳经济特区1980年8月成立以后，最重要的任务是对中国特色社会主义道路进行探索。1983年深圳发行了新中国第一只公开发行的股票深宝安。1980年发行的成都工展股票是私募，且不能转让。1980年辽宁抚顺发行的红砖股票也是私募。北京天桥股票是1984年发行的，比深宝安晚了一年，也是私募。1986年邓小平赠送给美国纽约证券交易所凡尔霖先生的小飞乐股票，发行日期是1984年12月，也比深宝安晚。因此，深宝安才是第一只公开发行的股票。

1986年，深圳市政府颁布《深圳经济特区国营企业股份化试点的暂行规

深圳证券交易所培训班

1983年“深宝安”股票公开发行

定》。1987年，深圳发展银行发行了全国第一只公开发行的金融股票——深发展股票。之后，万科、金田、安达、原野股票陆续发行，并且在特区证券部、国投证券部、中行证券部进行柜台交易，构成了深圳证券市场的雏形。到1990年，“深市老五股”已经在深圳的12个证券部进行柜台交易。

1988年5月，当时的深圳市委书记兼市长李灏，率团到英国、法国和意大利招商引资，在伦敦进行的一次推介会上，参加会议的境外大基金、大证券公司老板跟李灏书记说，你不是要引进外资吗，我们这一个基金的老板手里就有几亿美元，在座这么多人，就有几十亿美元。但这些钱只能投资股票、债券。所以我们建议李书记回到深圳以后，建一个按国际惯例运作的深圳证券交易所，给我们一个投资的机会。

李灏书记在回国途中，途经香港地区，找到香港新鸿基公司。当时新鸿基公司的老板叫冯永祥，李灏书记提出，作为改革开放试验田的深圳，在资本市场的试验探索中也应该先行一步，为在全国推广积累更多的经验，让深圳在通向资本市场之路上也做一次“拓荒牛”。李灏书记跟冯永祥说：冯先生，我请你当深圳市政府顾问，你帮我做几件事，一是协助深圳市政府制定深圳市金融证券发展的总体规划；二是请你派人到深圳帮助我培训资本市场的人才；三是当我启动筹建深交所的时候，相关的一些资料，不管英文的、中文的，你都给我们提供。

新鸿基公司第二个月就派了专家到了深圳。从6月到9月，共办了四期深圳市资本市场培训班，共培训了200多位金融证券方面的人才。到1988年11月，成立了深圳市政府资本市场领导小组，担任组长的是分管金融证券的副市长张鸿义，禹国刚是他属下的专家小组的组长。成立深圳资本市场领导小

专家小组组长禹国刚

组，最重要的任务就是着手创建深交所。

深交所蓝皮书出炉。从1988年11月至1989年4月，专家小组做的第一件事就是，按照李灏书记的指示翻译了200多万字的境外资料，包括公司法、证券法、证券交易法、投资者保护法、会计制度、会计准则，证券交易所章程、证券交易所各项业务规则、股价指数编制办法等，凡是与成立证券交易所有关的资料全部从英文翻译成中文共有200多万字。

1989年5月至9月，由资本市场领导小组组织各方面的专家进行十多次论证的定稿，形成了一本蓝皮书，全称叫《深圳证券交易所筹建资料汇编》。这本蓝皮书就是打造深交所的蓝图，后来这本蓝皮书无私地馈赠给了上海市人民政府，为上海证券交易所的创建提供了借鉴。

1989年9月8日，禹国刚和周道志执笔起草了《关于成立深圳证券交易所的请示》，市政府在1989年11月15日下达了《关于同意成立深圳证券交易所的批复》。这里有个小插曲，当时市政府财经处的同志不懂证券，不知道怎么起草这个批复，张鸿义副市长就打电话让禹国刚来写这个批复。所以说，创建深交所的请示和同意成立深交所的批复，都是禹国刚协助起草的。

深交所最初筹备的时候没有钱，专家小组请那些研究生帮禹国刚他们翻译资料，不能不给人家钱，人家到深圳起码要吃、要住。于是那个时候禹国刚从中国银行深圳分行借了一套房子，又借了一些桌椅、板凳、被褥等东西，那一套房既是宿舍，也是饭堂，同时还是办公室，他们就在那儿开会、写文件。后来得到了深圳市投资管理公司20万元无息贷款，作为专家小组开办费用。

1990年1月1日，禹国刚的搭档——专家小组副组长周道志同志奉命回深圳人民银行筹建证券管理部。于是市里安排原深圳发展银行第一副行长王健接任成为禹国刚的新搭档。他们把深圳的国贸三楼作为深交所筹备组办公室。这个办公室实际上是几间仓库，他们简单装修后就开始办公。所以联办同志当时来帮忙的时候，条件非常艰苦。当时国贸三楼的办公室，只有几间房子，不够用，也没几张办公桌。当时联办的高西庆来帮助他们修改深交所的一些业务规则、章程，就是在一个小小的茶几上，禹国刚和高西庆两个人蹲在那儿，每人拿一支笔，就那么改。

联办帮深圳方面做了很多事情。深圳的蓝皮书也是集思广益，除了联办帮助修改完善外，深圳市资本市场领导小组也讨论过十多次，各方面的专家都参与，还请香港联交所的人过来。可以说，深圳这一套东西还比较完善，所以在当时即使是门外汉对证券一无所知，只要拿到这本蓝皮书，都能打造出一个现代化的证券交易所。

深圳经济特区是我国改革开放的试验田，它的最大任务和最大贡献就是为中国特色社会主义发展路子进行探索，取得了成功的经验，在我国从计划经济转到市场经济的重大转变中发挥了应有的作用，得以让中央在总结深圳实践经验的基础上，在全国实行社会主义市场经济的新体制。

1989年，深圳市政府的市长热线电话接到一个股民投诉，他说，听说你们要搞一个资本主义市场？市长一听又好笑又觉得需要解释清楚，就把禹国刚叫到市政府去，禹国刚就写了一篇文章通俗易懂地解释了什么叫资本市场，以消除他们的误解。禹国刚说资本市场简单地说是一个长期资金市场，这个长期资金市场资本主义国家需要，我们国家也需要，资本市场包括股票、债券，还有其他的有价证券，再加上银行一年期以上的长期信贷，这些工具组成的资金融资市场就叫资本市场，资本市场不同于资本主义市场。

李灏书记听了后就说，那干脆叫证券市场，免得他们叫资本主义市场，于是把资本市场领导小组改为证券市场领导小组。

关于股份制，关于证券市场，当时因为姓资姓社的问题，从中央到地方，争论非常激烈。1992年早春，邓小平第二次到深圳等地视察，发表了著名的南方谈话，他说："证券、股市，这些东西好不好，有没有危险，是不是资本主义独有的东西，社会主义能不能用？允许看，但要坚决地试，看对了，搞一两年对了，放开；错了，纠正，关了就是了。"如果不是邓小平讲这段话，可能到今天都还在争论股份制、证券交易所到底姓资还是姓社。

1990年5月，禹国刚等人的准备工作就绪了，就去北京向中国人民银行总行汇报。时任央行监管司的司长说：老禹，深圳证券交易所这个名字没人

深圳证券交易中心第一届培训班合影

敢批的，禹国刚给你改个名字，叫深圳证券市场。禹国刚说：司长啊，卖菜叫菜市场，卖肉叫肉市场，如果挂个牌叫深圳证券市场，人家外国人看不懂。回来以后，禹国刚跟王健说换个名字吧，叫“深圳证券交易中心”。改了没几天，看到报纸上发新闻，上海证券交易所年底开业。禹国刚跟王健又说，他都见报纸了，我们到现在还不敢恢复原名字？所以深交所1990年12月1日开始集中交易的时候，就用了深圳证券交易所这个名字。

“深市老五股”在柜台交易试验探索阶段，出现了很不正常的情况。以“深发展”为例，面值1元1股的“深发展”股票，到了1990年11月，白市即证券部卖到120元／股，黑市即私下交易卖到240元／股。柜台交易暴露出一系列问题：市场分散，价格不统一，各证券商之间的差价造成过度投机；股市不透明，券商中有些人掩饰上市公司经营情况；内幕交易盛行，投资者蒙受损失；个别券商与场外非法交易者相勾结，私下过户严重，很难进行管理。加之供求极度失衡，黑市交易猖獗。股市呼唤规范！否则，股市试点就会夭折。只有把深圳证券交易所尽快开起来，才是根治深圳股市的根本办法！

李灏书记拍板深交所出生。因为1990年5月，从北京回来没有拿到批文，禹国刚他们动也不是，不动也不是。于是禹国刚和王健商量，先给各个证券部发通知，让他们在7月初把他们要穿红马甲的人的名字报给深交所，代他们统一制作红马甲。7月26日深圳证券交易中心培训班结业，这又是一个历史见证，当时深交所的名字还叫深圳证券交易中心。红马甲培训了一个月，当时红马甲毕业考试的题目，是禹国刚最后定版的。

1990年5月，深交所一切都准备好了，原来选到8月开业，临近要开的前

两天，传来风声“不能开”。第二次选到10月开市，快要开的前两天又刮来风，“不准开！”但这个时候他们从报纸上看到上海证券交易所年底要开。所以在1990年11月，禹国刚给李灏书记当面汇报这件事，李灏书记说，我以为你们没准备好呢，弄了半天是这回事，你们先回去，这事我后面会处理。

1990年11月22日，李灏书记带着郑良玉市长、张鸿义副市长、深圳人民银行几位行长等人到了深交所筹备组。李灏书记走进会议室，还没坐到沙发上，第一句话就说，今天我们是来拍板的。会上出现了两种意见：有人同意开业，也有人不同意开业。这时，李灏书记说，老禹，你不是跟我汇报，一切都准备好了吗？来来来，先给我们演示一下，看看再说。

禹国刚早就准备好了，请出红马甲，先上板竞价，拿油笔写白板，紧接着进行口头唱报，手势买卖。在演播室，特别是模拟电脑成交画面如海水潮起潮落变化着，你想想，28年前，谁见过？这时候赞同的人、反对的人都看得出神了。李灏书记就说，你们看，一切都准备好了，干吗不开呀？散会前李灏书记说：“1990年12月1日，深交所开始集中交易，这件事我们今天在这里就最后拍板定了，今后不再开会研究！”

深圳当时由于深安达公司股本小，首先完成了拆细和集中登记以及集中托管等规范化工作，所以在1990年12月1日周六的上午，安达股票成交了8笔，共计8000股。深安达股票的成交标志着深交所开始集中交易，股市开始朝着规范化的方向发展。

禹国刚说，他这一辈子做了两件事，第一件事就是和王健还有其他同志一起把深交所建立起来，第二件事就是主持工作期间，深交所在全球第一个同步实现了“四化”，即交易电脑化、交收无纸化、通信卫星化、运作无大

深圳证券交易所

堂化，为中国资本市场探索出了一条规范、安全、高效、低成本的发展道路。深交所的“四化”，经过不断优化，其证券交易电脑系统的技术水平至今仍处于全球领先地位。随着“一带一路”的延伸，巴基斯坦、孟加拉等国的证券交易所现在都使用着深交所的电脑交易软件。

交易电脑化和运作无大堂化是学习美国纳斯达克，交收无纸化是学新加坡的，通信卫星化是深交所最先发明的。深交所是第一个同步实现“四化”的证券交易所。今天只要你开了证券户、资金户，走到全球任何地方，都可以买卖深市的股票。国外还没有哪个证券市场现在能做到这个程度。禹国刚说这两件事是他一生中引以为自豪和感到高兴的事。

此文完成于2020年5月

感恩老师“厉股份”

黄湘平（中国证券业协会原党委书记、会长）

2019年，黄湘平在基金业研讨会上发言

28年前的1992年，邓小平南方谈话。“春风吹来满眼春”，改革的浪潮在全国再次汹涌澎湃，如火如荼。就在这一年，时任湖南省省委书记熊清泉和省长陈邦柱请厉以宁老师推荐股份制改革人才，厉以宁老师立即推荐我来做这项工作。从这一年的上半年起，我担任湖南省体改委副主任兼湖南省股份制改革领导小组副组长、湖南省证券监督管理委员会主任，开始了我进入证券行业的新征程。

我是恢复高考以后进入北大经济系求学的。在校时，我和厉老师就结下了深厚的师生友谊。那时，厉以宁老师为我们主讲比较经济史和西方经济学。从古罗马的兴衰到西方经济学各流派的形成与发展；从新古典综合派凯恩斯主流经济学到以弗里德曼为代表的各种货币学派、理性预期学派；从哈耶克的新自由主义理论体系到加尔布雷斯的新制度学派。讲授浅显易懂而充满哲理。课堂上精心讲解，下课后耐心指导，不厌其烦，润物无声。正是老师这样精心授业、诲人不倦的教学方法和精神，让我们这些莘莘学子得以尽窥经济学门径，也使我坚定地把经济学理论研究和实践作为一生的追求。

2010年出版的《我们的老师厉以宁》一书中的照片

1982年毕业后我回到家乡湖南省人大常委会工作，做过秘书处处长、研究室主任、法工委副主任。一别经年，再次见到厉以宁老师已是1988年。那一年，厉老师应湖南省委、省政府邀请来湘讲学并推行股份制。记得那时的厉以宁老师已近六旬，但他为国为民的宏远志愿，让他再次焕发青春，带领一群青年学子，为推行国有企业的股份制改革奔走呼吁。这时，厉以宁老师已经有了另一个全国皆知的称号——“厉股份”。30多年来，厉以宁不忘初心，矢志不渝，为我国企业股份制改革和证券市场发展作出了不可磨灭的贡献！

在2009年中国经济学家年度论坛暨中国经济理论创新奖颁奖典礼上，论坛组委会授予了厉以宁经济理论创新奖，对厉以宁股份制改革理论作了这样的评价：“股份制是20世纪80年代末深化经济体制改革的核心与关键。在经营权主导改革和产权主导改革的讨论中，厉以宁引领了国有企业股份制改革，推动了所有制改革，开启了资本市场的发轫，完善了市场经济的微观体系建设，对中国经济和社会的改革与发展具有全面、深刻、广泛而深远的影响。”

20多年前，厉以宁老师在湖南下乡宣讲股份制时与黄湘平的合影

早在1980年4月，厉以宁在中央书记处研究室和国家劳动总局联合召开的劳动就业座谈会上，第一次公开提出了股份制改革的思路。当时正值我国改革开放初期，国家停止了“上山下乡”运动，回城知青大约有1700万人等待就业安置。厉以宁提出可以号召大家集资，兴办一些企业，企业也可以通过发行股票扩大经营，以此来解决就业问题。同年8月，厉以宁在全国劳动就业工作会议上再次提出实行股份制推进就业，并强调股份制实际上是一种新的公有制形式。厉以宁在我国经济体制改革开放之初首创性地提出进行企业股份制改革，这一方面说明了厉以宁对马克思政治经济学和当代西方经济学的广博积累和融会贯通；另一方面，也充分展示了厉以宁决心为我国改革开放、体制转型进行艰辛探索的家国情怀。40多年来，厉以宁不忘初心、牢记使命，砥砺前行、不断探索，创立和完善了他的股份制改革理论体系、思想方法和操作路径，并使之自始至终与我国经济体制改革紧密结合，从我国经济体制转型和发展转型的特有国情出发，来自实践，又突破实践，指导实践，具有很强的理论前瞻性和创新性，对我国所有制改革和资本市场的建立、完善，具有非常重要的意义。

厉以宁股份制改革的理论，主要来源于他的经济思想中两个最核心的理论，即双重不均衡理论和双重转型理论。

在经济学中，“均衡”一词专指市场均衡，它包含两个方面的基本含义：一是市场供求数量相等，市场机制充分发挥作用；二是市场处于相对稳定的状态，市场出清是其基本特征，我们一般把这种状态称为瓦尔拉均衡。

瓦尔拉均衡是假设存在着完善的市场和灵敏的价格体系条件下所达到的均衡。根据瓦尔拉的学说，既然市场是完善的，价格体系是灵敏的，每一个参加市场交易的人对现在的和未来的价格都有完全的信息，对现在的和未来的供求状况都有充分的了解，价格随着供求的变化而随时进行调整，那么在任何一种价格条件下，需求总量必定等于供给总量，社会中的超额需求和超额供给都是不存在的，任何交易的实现，都必须以均衡价格为条件。没有达到均衡价格，不会成交；只有价格均衡了，才可能进行交易。

然而，经济均衡只是一种假设，现实世界则是非均衡的。现实社会中的实际情况往往是在市场不完善和价格不能起到自行调整供求的作用的条件下，各种经济力量将会根据各自的具体情况而被调整到彼此相适应的位置上，并在这个位置上达到均衡。显然，非均衡所达到的均衡，并非市场完善前提下的均衡，而是市场不完善条件下的均衡。并非与零失业率或零通胀率同时存在的均衡，而是伴随着失业或通胀的均衡。这就是经济学中非均衡的含义。非均衡是指不存在完善的市场，不存在灵敏的价格体系的条件下所达到的均衡。因此，非均衡又被称作非瓦尔拉均衡。根据西方经济学的分析，非均衡的原因主要有以下几点：市场因为有垄断势力的存在而是不完善的，价格因有预期因素的作用或信息不对称而并非灵活调整的，资源配置从而呈现低效率状态。

厉以宁结合中国的实际国情和经济体制改革的实践，对西方经济学中的非均衡理论进行了系统的研究，在借鉴西方经济学家研究成果，并在参考匈牙利的科尔内等现代经济学家关于社会主义非均衡经济运行学说的基础上，创造性地提出了关于两类非均衡经济类型划分的思想，创立了更加符合中国国情的双重不均衡理论，从而真正创建了自己的非均衡理论体系。1990年厉以宁在《非均衡的中国经济》一书中，对经济非均衡状态进行了理论分类，即分为第一类经济非均衡和第二类经济非均衡。

第一类经济非均衡是指市场不完善、价格不灵活，超额需求或超额供给都是存在的，需求约束或供给约束都是存在的，但参与经济活动的微观市场主体却是自主经营、自负盈亏的独立商品生产者，他们有投资机会和经营方式的自由选择权，自行承担投资风险和经营风险。

第二类经济非均衡是指市场不完善，价格不灵活，超额需求或超额供给都是存在的，需求约束或供给约束都是存在的，但参与经济活动的微观市场主体并非自主经营、自负盈亏的独立商品生产者，并非标准意义上的市场主体，他们没有投资机会和经营方式的自由选择权，也不自行承担投资风险和经营风险。

在对经济非均衡做了两类区分之后，联系到现实社会中的不同经济制度，厉以宁指出：“可以认为，资本主义经济中所出现的非均衡属于第一类经济非均衡，至于社会主义经济中出现的情况，则要区别对待。在传统的和双轨的经济体制之下，由于企业并没有摆脱行政机构附属物的地位，所以这种非均衡属于上述第二类经济非均衡。因此必须进行经济体制改革，建立起新的经济体制，在这种新体制之下，企业变成自主经营、自负盈亏、有投资和经营的自主权并相应地承担投资风险和经营风险的独立商品生产者，那么这时的非均衡，就归于上述第一类经济非均衡。”

这是厉以宁立足中国国情，不唯书，不唯外，对非均衡理论的新发展，具有重大的理论和现实意义。厉以宁关于中国改革与发展的理论和思路都是以两类非均衡经济的划分作为立足点和基石的。在此基础上，厉以宁得出了两个重要结论：第一，中国经济属于第二类非均衡，即处于市场既不完善而又缺乏真正市场主体的状态，从这一国情出发，中国的经济体制改革不应当以放开价格为主线，而应当以产权改革为主线，通过企业的股份制改革，明晰产权、界定产权、培育出独立的，能够自负盈亏、自主经营的充满活力的微观经济主体和市场主体。第二，在企业进行股份制改革的基础上，完成第二类经济非均衡向第一类经济非均衡的转变，然后通过制度建设，市场完善，使我国由第一类经济非均衡逐步向经济均衡状态靠拢。

厉以宁在两类非均衡理论的基础上，又提出了我国经济体制双重转型理论。在传统的发展经济学中，经济转型是指从农业社会向工业社会转型。但我国因为在新中国成立之初选择的是计划经济体制，计划经济体制并未让中国从农业社会顺利地转型到工业社会，或者说转型还并未在计划经济体制条件下完成。因此，我国经济体制改革面临体制转型和发展转型双重转型问题。这两个转型的叠加，使得中国改革的难度系数倍增。如何处理、平衡二者的关系，事关中国改革的成败，是个重要而紧迫的问题。厉以宁在深入思考的基础上，提出了以体制转型带动发展转型，以改革促发展的思路。他认为，在双重转型中，必须把产权问题放在改革的首位。在计划经济体制下，产权模糊、投资主体不确定、投资方的权利义务不清晰是改革的主要障碍，也是发展的巨大阻力。因此在体制转型中，产权改革是突破口，是主线；在发展转型中，产权界定和产权清晰是动力源泉。只有以产权改革为先导，才能解决社会发展的内生动力机制问题，所以国有企业的股份制改革势在必行。与此同时，也要鼓励发展民营经济，完善多种形式的所有制结构，让二者协同发展。而在国企改革以及鼓励民营经济发展过程中，股份制改革是必然的且切实可行的途径。

厉以宁的股份制改革在20世纪80年代初至80年代末已经基本形成了完善的理论体系。与此同时，厉以宁几乎走遍全国，下基层到工厂，访企业，问民意，不断为企业股份制改革奔走呼吁。他反复向人们宣讲，股份制姓社不姓资，它是现代企业的一种资本组织形式，是促进生产力发展的公有制的实现形式，有利于所有权与经营权的分离，有利于提高企业和资本的运作效率，资本主义可以用，社会主义也可以用。我在湖南省从事全省股份制改革，推动证券市场规范发展工作期间，厉以宁老师几乎每1~2年都要来湖南一次，鼓励支持我这个学生积极投身和推动股份制改革和证券市场发展工作。同时以身作则，身体力行地呼吁股份制改革，他不顾年事已高，穿越湘资沅澧四水，踏访洞庭鱼米茶乡，不辞劳苦，不畏艰辛地宣传和推动股份制改革。他曾到过湖南省首批公开发行上市公司“湘中意”“湘火炬”等国有企业演讲，也曾和“三一重工”“岳阳化工”等一批民营企业家促膝交谈。有时一天连走两个地市，作两场报告。厉以宁经常和我说，他关于经济改革的理论可以概括为三句话：其一，价格改革与所有制改革，所有制改革是关键。他在写作《论加尔布雷斯的制度经济学说》和《20世纪的英国经济：“经济病”研究》时就把所有制问题放在了首要位置。1984年他在马鞍山市所作“关于城市经济学的几个问题”的报告中，进一步论述了股份制是破解经济双重非均衡的关键，因而也是中国经济体制改革的关键。其二，通货膨胀带来的危害与失业带来的危害相比，失业的危害更严重。其三，在稳定中求发展还是在发展中求稳定，在发展中求稳定更现实。这三句话我记了一辈子，也影响了我一生。改革开放40多年来，在党中央、国务院的正确领导下，我国企业股份制改革从试点到全面铺开，从星星之火到燎原之势，极大地激发了企业经济活力，推动着我国经济体制改革一步一步地深入发展。

2002年厉以宁老师到他曾经被下放劳动的湖北省江陵县滩桥镇调研、看望住户

1984年7月，北京天桥百货商场在借鉴国外经验的基础上，结合国情，大胆选择了股份制公司与商品经济相联系的组织形式，进行股份制试点改造，开启了我国商业企业股份制改造的先河。这是全国第一家正式注册的商业股份制企业，也是全国第一家由国有企业转制为股份制的企业，从此揭开了国有企业实行股份制改革的序幕。同年11月14日，经人民银行上海分行批准，由上海飞乐电声总厂、飞乐电声总厂三分厂、上海电子元件工业公司、工商银行上海市分行信托公司静安分部发起设立上海飞乐音响股份有限公司，向社会公众及职工发行股票。总股本50万股，每股面值1元，共筹集50万元股金，其中35%由法人认购，65%向社会公众公开发行。上海飞乐音响股份有限公司成为上海市第一家股份制企业。1986年4月，厉以宁在北京大学科学讨论会上作报告《改革的基本思路》，提出所有制改革是我国经济体制改革的关键这一主张。他认为经济改革的失败可能是由于价格改革的失败，但经济改革的成功并不取决于价格改革，而取决于所有制的改革，也就是企业体制的改革。这是因为价格改革主要是创造一个适宜竞争发展的环境，而所有制改革或企业体制改革才真正涉及利益、责任、刺激、动力等问题。1986年9月，厉以宁在《人民日报》发表了《我国所有制改革的设想》，提出经济改革最好的手段便是利用股份制的形式来改造现有的国有企业，改造现有的大集体企业。1986年12月国务院发布《关于深化企业改革、增强企业活力的若干规定》，允许各地可以选择少数国有企业进行股份制改革，再一次掀起了企业改革的浪潮。部分省市对企业组织机制进行了各种改革探索。这些探索主要包括股份制、租赁制、资产经营责任制和承包经营责任制。厉以宁明确指出，承包制在实践中必然产生诸如企业政企不分、企业行为短期化等弊端。在承包制存在的种种弊端中，政企不分是最根本的问题。解决这个问题最有利的一个途径是实行股份制这种规范的企业组织形式。股份制有利于企业资产明晰化、主体化，财产归属关系明确，有利于调动各方面的积极性。1992年邓小平南方谈话发表以后，人们进一步解放了思想，股份制改革成为企业改革的主流。国务院转发了国家体改委等单位制定的《股份制企业试点办法》。以此为上位法律，国家体改委制定并下发了《股份有限公司规范意见》《有限责任公司规范意见》，从而揭开了我国规范化股份制试点的序幕。经过多年的试点实践探索，我国于1993年由全国人大常委会制定了《公司法》，并于1994年7月1日起正式实施。从此，以《公司法》为基本法律对我国股份制公司的组织设立和运作模式做了全面系统的规定，从而结束了我国股份制试点的历史，开启了我国建立现代企业制度的新阶段。股份制和资本市场是相生相伴的孪生兄弟。企业股份制改革必然催生证券资本市场，而证券资本市场也必然为企业股份制改革以及现代企业制度建设注入源源不断

20多年前黄湘平和厉以宁老师同为第九届全国人大代表时在会上的合影

厉以宁老师为学生黄湘平写的降低证券交易印花税的建议议案联合签名

的动力。厉以宁在推动企业股份制改革研究和实践推广的同时，高屋建瓴地对我国资本市场的规范发展，做了许多前瞻性研究，提出了许多实际可操作方案，为我国证券资本市场的建立、规范运作、法制化建设作出了卓有成效的贡献。

一、改革所有制的实现形式，在宏观上建立证券资本市场多元化的所有制结构

厉以宁认为所有制改革归根结底是由商品经济发展的要求引起的，是由企业作为商品生产者这一不可改变的地位引起的。单一的所有制不利于发展商品经济，不利于发挥企业作为商品生产者的积极性，也不符合证券资本市场的要求。因此，股份制改革后，必然要建立与资本市场要求相一致的多种所有制共同构成新的社会主义所有制体系。对这个体系可以这样理解：从生产资料的所有权归属来看，这是一个以社会主义公有制为主体的，包括为社会主义经济服务的各种非公有制在内的所有制体系，公有制企业包括全民所有制企业、混合经济型企业、合作企业，非公有制企业包括个体企业、外资企业、中外合资企业。从所有制结构看，将存在二元经济模式：一方面是几百家较大的企业，它们通过层层控股，形成母公司、子公司、分公司系统，形成社会主义的企业财团。它们将决定我国工业化的方向，技术进步的方向；它们拥有自己的科研队伍，从事尖端和应用研究；它们制定自己的长期发展战略方针，通过跨部门、跨地区的生产经营，促进生产资源的有效配置，加速边远地区不发达地区的开发；它们还将进入国际市场，参与国际竞争。另一方面是几十万家甚至几百万家小企业，包括合作的、个体的、私营的、混合所有制的小企业，他们形成紧密的协作网，同时又处在相互竞争当中。它们将着重解决农村劳动力的转移，农副产品加工，农村居民收入水平的提高，小城镇建设，城乡居民生活服务等方面的问题；它们将在改变我国农村面貌、小城镇面貌方面起到重要作用。这种二元经济的两个不同部分，将各自按照自己的运动规律向前发展，但这两部分不是封闭的，而是开放式的，彼此通过多种渠道的经济技术协作和交流，各自发展壮大，二者可以长期并存和互补。

二、建立新的生产组织形式和管理体制，优化证券资本市场主体上市公司的法人治理结构

厉以宁认为所有制的核心是生产资料所有权的归属，但把所有制理解为生产资料所有权的归属，仅仅是对所有制的狭义理解，对所有制的广义的理解是，除了生产资料所有权的归属以外，还包括生产组织的形式和生产管理

体制等。因此，公有制改善不仅涉及生产资料所有权的归属在改善前后的变化，而且也涉及生产组织的形式和生产管理体制在改善前后的变化，由此所建立的新的社会主义所有制，就是指新的生产资料所有权的归属，新的生产组织形式和新的生产管理体制。

中国的国有企业当初是按照计划经济体制的要求建立的，他们的生产经营和管理模式都与计划经济紧密联系在一起。可以这样说，没有原来的国有企业，就没有计划经济体制；而没有计划经济体制，也就没有原来的国有企业。原来的国有企业的基本特征是政企不分，产权不明，不自主经营，不自负盈亏。正因为如此，所以这些企业既缺乏自我约束的机制又缺乏自我成长的能力。多年来，正是这种政企不分，产权不明，不自主经营，不自负盈亏的国有企业构成了社会主义计划经济体制的微观基础。正因为政企不分的国有企业是我国经济的微观基础，所以要改革就必须从改变国有企业的治理结构开始。

厉以宁专门探讨了企业法人治理结构问题，认为国有企业应当制定较为完善的企业（公司）章程。章程中体现出独立核算、自负盈亏、对外经济往来一律按照经济合同办事等内容。主张在国有企业建立董事会及其领导下的厂长（经理）负责制，这一体系包括：股东大会和董事会、政府董事、企业董事、非股权董事、厂长的职责。其中，股东大会是股份制的最高权力机构，由股东大会选举董事和监事，成立董事会、监事会，对企业的业务方针和重大问题进行决策和监督，并向股东大会负责。政府董事代表国家股份的利益，企业董事代表本企业的利益，非股权董事（即独立董事）代表职工和社会入股者的利益，有助于董事会在决策过程中广泛听取意见。

现在看来，这些现代化的公司治理结构已经为我们所熟知了，但是在20世纪80年代，要在国有企业中改造建立起现代化的企业制度，厉以宁提出的这一整套治理方案，对习惯于传统的企业治理模式的人来说，是一场革命性的重大转变，并面临着巨大的挑战。这些理论对我国建立现代企业制度，优化公司治理结构，起到积极的指导作用。

三、改革国有资本管理体制，提高证券资本市场资源配置效率

随着经济的发展和改革的深入，原来的国有资本体制的弊端越来越明显，厉以宁呼吁要对国有资本体制进行重大的实质性的改革，因为国有资本体制改革的滞后必将阻碍整个经济改革的进展，也必将延缓国民经济的发展。

厉以宁对国有资本改革的设计是分为两个层次来论述的，他在《中国经济的双重转型之路》一书中提出，国有资本体制分为两个层次：一是国有资

本配置体制，这是第一个层次的体制；二是国有资本管理体制，这是第二个层次的体制。两个不同层次的体制及其改革，不能混为一谈。国有资本配置体制，旨在提高国有资本的配置效率，国有资本管理体制，旨在提高调动国有企业的积极性。

厉以宁提出成立国有股份资产管理局。他在1986年写成、1987年出版的《经济体制改革的探索》一书中写道："应当成立国有股份资产管理局（或称国家持股公司、国家投资公司）管理政府股份及其增减。"由于政府股份可以分为中央政府的股份和地方各级政府的股份，相应的国有股份资产管理，也分为中央、省、市、县各级，它们之间不是垂直领导关系，中央一级的可以称为中央国有股份资产管理局，直属国务院，省、市、县的分别称为某某省、市、县国有资产管理局，隶属于省市县政府。各级国有资产管理局管理政府股份，根据股权派出政府董事，如果企业资金存量股份化以后，一个企业中，既有中央政府的股份，又有地方的股份，并且都可以根据股权派出董事的话，那么各国有股份资产管理局派出自己的董事，即中央政府的董事、地方政府的董事，彼此之间没有领导与被领导的关系。政府股份不由原来的专业部、厅、局管理，这一点是十分重要的。由于企业法人地位的确立，政企已经分开，专业部、厅、局主要负责制定发展规划和政策，协调企业之间的关系，监督政策和法规的执行等，而不再过问股份制企业的事务，政府股份的管理和政府董事的派出，都是国有股份资产管理局的职责，而国有股份资产管理局也不具体干预企业的事务，但他们通过股权的掌握和派出政府董事，来影响企业的经济决策和经济活动。2003年4月6日，国务院国有资产监督管理委员会正式挂牌成立。国有企业和国有资产的监管方式终于完成了转变。国资委成立后，在建立健全国资监管体系，推进国有企业改革发展，推动国有经济布局结构战略性调整方面起到了重要作用。

厉以宁还提出成立国家投资基金公司。厉以宁完成了国企所有制改革以及国企管理体制改革理论之后，在2013年又将国有资本的改革理论进行了深化，从国有资本配置的角度进一步提出了改革措施。国有资本配置体制改革的目标是强化国资委对国有资本的配置权，而不再主管一个个国有企业。国资委只管国有资本的配置，负责国有资本的保值增值，也就是负责国有资本的配置效率的提高。具体说就是国资委可以设置按行业划分的国家投资基金公司，经国有股份划归国家投资基金公司持有，由国家投资基金公司派出董事会成员，形成如下体制：国资委—国家投资基金公司—国有企业。国有投资基金公司负责对国有企业资产负债状况进行清理，对国企的经营状况进行核实，之后负责对国有企业资本运营的考核。国有投资基金公司要从提高总体资源配置效率的角度，也就是经济结构合理性的角度来考虑国有资本从哪些行业退出，并进入继续增加投资的领域。对国家投资基金公司来说，既然他们的任务是提高国有资本的配置效率，让既定的国有资本有更为合理的配置，从而达到优化投资结构的目的，所以国家投资基金公司唯有考虑全局，才能落实优化投资结构的任务，既保证新兴产业的发展状况，又保证经济增长质量的提高。

四、合理布局和建立证券交易所，逐步完善我国多层次证券资本市场体系

厉以宁认为股份制改革的持续推进必然要求建立股份流通交易场所，二者是紧密联系在一起的，他们之间有着互为前提和互相促进的作用。他在1987年出版的《经济体制改革的探索》一书中提出："在股份经济发展的过程中，证券交易所问题必然会提到议事日程上来。在试点进行企业股份制的阶段，由于条件不具备，可以不急于建立证券交易所，时机一旦成熟，就有必要建立证券交易所，这样才有利于股票买卖，有利于资金的合理流动，有利于开展竞争，以促使有前途的企业的健康发展。因此，从发展趋势来看，成立证券交易所是必然的，只是早晚问题。"中国的经济体制改革进程也证明了这一点。4年以后，1990年12月党的十三届七中全会决定："逐步扩大债券和股票的发行，在有条件的大城市建立和完善证券交易所并形成规范的交易制度。"1990年12月19日，改革开放后第一家证券交易所——上海证券交易所成立；1991年7月，深圳证券交易所相继成立。这标志着中国证券资本市场在市场体制建设上迈出了坚实的一步，有着非常重大的意义。

厉以宁指出股票投资是一种长期投资，长期资金短期化，有利于投资者入股。股份制作为一种资本组织形式，最早被乡镇企业所采用，群众入股集资，但入股后不能退股，只能转让，但股份的转让需要有场所，有流通的渠道，有交易平台，但当时根本没有这种规范的股票交易场所，所以在一些农贸市场甚至街头都有摆摊买卖乡镇企业股票的。由于不规范的证券交易有各种弊病，特别是会造成行骗和非法集资等现象，投资人的利益无法保护，后来被逐步取缔，但如果股票不能流通和交易，就会影响人们投资入股的积极性，可见，成立正规的股票交易所，是股份制改革的内在的和必然的要求。

从经济学上来讲，"二战"以后，经济学中出现了生产效率和资源配置两种经济学效率概念。而资源配置效率其实比生产效率更重要。生产效率是从微观经济的角度进行分析，一个企业需要通过技术创新和加强管理，来不断提高生产效率。但从社会的宏观角度来看，资源配置效率的提高更为重要。在计划经济体制下，中国的资源配置是指令式的，企业作为行政部门的附属物，按上级主管机构的指令进行生产，资源按照上级主管机构指定的分

配配额。配额不仅排斥了竞争，排斥了选择，而且还大大限制了生产要素的流动与重新组合，所以资源配置效率不高。在市场经济体制下，企业作为市场主体，根据市场需要进行生产，按照市场供求规律和供求情况来配置资源和重新组合资源，生产要素的流动性大，市场主体的选择性也大，就可以更加优化合理地配置资源。资本市场作为市场经济的重要组成部分，在资源优化配置和经济结构调整上发挥着重要的作用。从增量上来讲，资本市场鼓励符合条件的新兴产业企业上市，鼓励符合条件的产能短缺产业企业上市，或者使已经上市的这两类企业增资扩股。从存量上来讲，可以通过企业并购重组，改造产能落后企业，支持通过技术进步而有较大市场潜力的企业上市或与上市公司合并。

厉以宁还提出，证券交易所要合理布局。他在1994年所著的《股份制与现代市场经济》一书中写道："目前国内只有上海深圳两地设立了证券交易所，将来怎样呢？难道永远只有这两个证券交易所吗？今后，随着股份制的逐渐推广，在总结已有的证券交易所经验的基础上，证券交易所是有必要也有可能增多的。在我看来，到本世纪末，一个大经济区有一家交易所，比较适宜。"企业改制为股份公司后，如果股票不准转让、不得上市，股票升值无法体现，那么投资者必将要求高红利，要求多分红，企业行为短期化难以消除，这对企业发展显然是不利的。根据中国的具体情况，上市的公司应当多一些，这些上市公司的股票应当公开转让，使投资者更关心企业的积累和成长，关注长期效益。当年的中国资本相对不足，资金市场不完善，资金的地区分配很不平衡，另外中国的地方保护主义倾向一直比较严重，一些地区往往采取措施限制生产要素的跨地区流动，造成市场分割。在这种情况下，如果股份制试点和推广过程中长期只存在两家证券交易所，很可能造成两种结果：一是外地资金流往仅有的两家证券交易所所在地，进一步加剧了国内各地区资金分配的不平衡。二是迫使其他一些省区采取限制资金向省区以外流动的措施。他还提出证券交易所之间既存在着协作的关系也存在着竞争的关系。如果全国只有一家交易所，无论协作关系和竞争关系都无从谈起。如果全国只有两家交易所，协作和竞争都十分有限，这既不利于企业改制上市也不利于交易所效率的提升。现在看来，厉以宁对于增加证券交易所数量及合理布局的看法，是非常有远见的。中国资本市场成立近三十年，目前只有3000多家企业在主板上市，这与中国的股份制改革实践以及经济体量都是不匹配的，且在地域分布上明显地集中于长三角和珠三角，体现出了非常明显的地域特色。这都从反面印证了厉以宁关于证券交易所应当适当增加以及合理布局看法的正确性。中国足够大，中国的创新创业型中小企业足够多，融资需求也足够强烈，完全支撑得下几个交易所的发展。证券交易所既可以多层次，也可以多元化发展，坐落在上海的上交所重点服务长三角、江浙沪；坐落在深圳的深交所重点服务珠三角、大湾区；坐落在北京的股转公司完全可以改制成为服务环渤海、京津冀的北京交易所；2019年成立澳门证券交易所的方案也已成形。这些交易所完全可以并行不悖，错位发展，形成多足鼎立之势，共同服务于中国的创新、创业、成长型企业。

厉以宁非常关注多层次资本市场建设。他在2008年出版的《中国股份制改革的回顾与前瞻》一书中讲道："一个多层次的、完善的资本市场体系，除了包括主板市场以外，还应当有中小企业板市场、创业板市场、未上市的股份制企业的场外交易市场等。完善的债券市场和证券期货市场也应包括在内。中国现阶段有必要及早着手多层次的、完善的资本市场体系的建设，汲取国外成熟的资本市场经验。股份制改革的推进与此密切相关。"厉以宁认为中国的民营企业大部分为家族企业，家族经营制在企业规模不大时能够发挥积极作用，但规模扩大以后，改制为股份制是一种明智选择。如果资本市场是多层次的，那么他们根据企业自身的实际情况，可以在主板市场、中小板市场、创业板市场和未上市的股份制企业的场外市场中作出选择，多层次的、完善的资本市场体系的建设将大大促进民营企业的发展。同时，民间资本也将被充分地调动起来，它们将源源不断地进入各个层次的资本市场，实现金融资源的有效配置。直接融资的比重将会迅速上升，从而将改变中国经济发展中历来偏重于或大部分依赖于银行间接融资的现实。产业结构的调整，经济增长方式的转变，经济增长质量的提高，将因资本市场体系的多层次和完善加快速度。这一切都有利于国民经济又好又快地发展，有利于社会经济的可持续发展。新三板市场的发展和地方股权交易中心的规范和建设，以及2019年科创板的顺利推出，都证明了厉以宁理论的前瞻性和正确性。

厉以宁指出资本市场必须进行技术创新。他认为新经济就是技术创新加上资本市场，而且技术创新和资本市场结合在一起，二者不能分开。产业的发展离不开金融市场的支持，银行体系很好地支持了我国传统的工业制造业为主的经济发展，因为中国之前一直处于短缺经济，工业制造业主要是学习欧美为主，银行比较容易看清楚这些企业未来的发展情况，并且传统制造业企业有土地厂房车间作抵押，可以减少银行信贷的风险。但新经济的发展千变万化，都是依靠人力资本和技术创新，既没有担保抵押品，也没有明确的发展预期，银行很难为此类企业提供金融支持，这就需要资本市场发挥作用，需要风险投资、创业投资发挥作用。所以说新经济只有技术创新没有金融支持，成不了气候，必须与资本市场紧密结合、共同发展。厉以宁在2008年的时候即讲道："一些高校毕业生或科技人员很可能走上创业的道路，自行创办企业。他们有自行创办企业的热情，也可能有科技方面的研究成果，并且还能吸引创业投资公司或创业投资基金的关注和资本投入，这必然需要多层次的、完善的资本市场体系作为他们的活动平台。”此次中美贸易摩擦当中，美国对华为、中兴公司的制裁，以及对我们2025计划的打压，让我们看到了缺乏自主创新能力，在关键技术上被人卡脖子，对于一个大国来说是多么危险的事情。所以痛定思痛，必须要下决心解决科技研发问题，而科技研发也必须走产学研一体化的道路。中国有无数的科技创新类的企业，但是融资难一直是制约他们发展的重大障碍，因为这类企业大部分为轻资产公司，没有抵押担保措施，银行贷款难，这类企业更适合引入风险投资，但这类企业用目前A股IPO的标准可能几年内都无法上市，没有退出渠道，风投也不愿意投资。这个问题由来已久，但由于A股市场的问题错综复杂，所以一直未能有效解决。所以，2019年上交所科创板改革并试点注册制，2020年深交所创业板改革并试点注册制，这是我国证券资本市场改革的重大突破，其中非常重要的一个目的就是支持这些科技类的创新企业，尤其是具有重大影响的和战略意义的科技类企业上市融资，创造出一种制度和环境来鼓励和支持技术创新企业，支持他们的科技研发、做大做强，这也是国家创新驱动发展的战略要求。

五、充分发挥证券资本市场并购重组功能，建立和支持混合所有制经济发展

混合所有制这个名词，是在1997年召开的中共第十五次全国代表大会上提出来的。党的十六届三中全会通过的《中共中央关于完善社会主义市场经济体制若干问题的决定》中对混合所有制经济有了更加明确的论述，强调要大力发展国有资本、集体资本和非公有资本等参股的混合所有制经济，实现投资主体的多元化，使股份制成为公有制的主要实现形式。2013年党的十八届三中全会的决定，对社会主义经济理论中有关混合所有制经济的地位、性质和作用进一步作出了明确的规定。党的十八大以来，在以习近平同志为核心的党中央领导下，进一步加快了国有企业混合所有制改革步伐。将国有企业分为商业类和公益类，实行分类改革：以管资本为主加强国有资本监管，依法依规建立和完善出资人监管权力和责任清单，完善公司法人治理结构；明确提出国有资本、集体资本、非公有资本等交叉持股、相互融合的混合所有制经济是我国基本经济制度的重要实现形式。既鼓励国有经济走向混合所有制经济，又鼓励非公有经济走向混合所有制经济。这是中国特色社会主义经济理论的重大创新。党的十九大报告进一步强调，深化国有企业改革，发展混合所有制经济，培育具有全球竞争力的世界一流企业。

厉以宁在“社会主义所有制体系的探索”一文中也作了详尽的研究，指

出企业生产资料所有权也可以不是单一的，而是由全民、集体和个体按照多种方式交叉、渗透而形成的混合性质的。在这种混合性质的所有制中，全民所有、集体所有、个体所有相互掺和，你中有我，我中有你。即使不实现企业的股份制，只要允许不同所有制的企业联合经营，也可以产生一些混合经济型的企业。但企业的股份制的结果将导致混合经济型企业的大量出现。社会主义社会中的混合经济型企业的性质应当如何确定呢？厉以宁认为如果原来的全民所有制或原来的集体所有制以入股集资形式新增资金，并能在混合经济型企业掌握企业经营管理权的话，那这样的混合经济型企业无疑仍是公有制企业。如果一个企业是新办的，其资金来自股票发行，而购买股票的，既有各种企业，又有个人，那么这样的混合经济型企业，是一种新的经济联合体，是传统的全民、集体所有制之外的一种新的公有制形式。这种经济组织形式既体现了劳动者群体作为生产资料主人这一特征，又有利于增强企业的活力，使企业成为独立的自主经营、自负盈亏的商品生产者。所有制的多元化和混合所有制的形成，既和我国现阶段劳动的性质有关，也与我国当时阶段的生产力水平有关。企业中的劳动者的劳动存在着质与量的差异，他们仍然要用个人利益的眼光去看待自己的劳动及其劳动成果，企业之间还存在着劳动条件的差异，这也会导致企业的经营成果和经济效益的差别。混合所有制可以使企业和员工更能从利益关系上使自己同生产经营成果统一起来。

六、注重经济改革理论向改革政策的转化，推动证券资本市场从“靓女先嫁”到股权分置改革

把股份制改革的思路付诸实施远不是那么简单的。改革开放初期有不少人认为，股份制改革就是私有化，就是把新中国成立30多年来所建立和发展起来的国有企业变为私有企业。他们认为，小企业特别是一般轻工业企业可以走股份制的道路，因为它们是小企业，国有企业特别是国有大型企业则不能改制为股份制企业。

国有大型企业的股份制改革在当时确实有许多理论与改革实践操作的困难。于是，本着先易后难、化难为易的思路，厉以宁在1987年出版的《经济体制改革的探索》一书中就创造性地提出“存量不动、增量先行”的做法，他把这一做法称作“靓女先嫁”。为国有大中型企业设计了按两个阶段进行的股份化改革方案，前一阶段是资金增量的股份化，即新创办的企业按照股份集资方式建立起来，以及原有企业扩大时采取发行股票集资的方式；后一阶段是资金存量的股份化，即原有企业的固定资产核定价值，折成股份，使原有企业变成真正的股份企业。这样，国有大型企业就终于走上了股份制改革的道路。“存量不动、增量先行”的做法虽然为股份制改革开辟了通道，

但也带来新的问题。这就是：在国有大型企业的股份构成中，非流通股所占比重过大，即人们所说的存量过大。这样一来，即使国有大型企业成为上市公司，股东会也开不起来，董事会上只有一种声音，即绝对控股的国有大型企业的声音。在证券市场上，有些散户买了上市国有大型企业发行的股票，但散户的股票起不了任何作用。换句话说，上市的国有大型企业只取得了融资，但由于非流通股数额巨大，企业的运行机制没有改变，依然活力不足。

1998年证券法通过后，中国股份制的第二次改革就接着展开了。这次改革的目的是把数额巨大的非流通股变为流通股，建立现代企业制度，按照“产权清晰、权责明确、政企分开、管理科学”的要求，对国有大中型企业实行规范的公司制改革，使企业成为适应证券资本市场的法人实体和竞争主体。具体做法是：非流通股持有者给流通股持有者一定补偿；国家按投入企业的资本额享有所有者权益，对企业的债务承担有限责任，企业依法自主经营、自负盈亏；除极少数必须由国家独资经营的企业外，积极推行股份制，发展混合所有制经济。

为什么在非流通股上市前要给流通股持有者一定补偿？这是因为，当初国有大型企业上市时，在招股说明书上曾作过非流通股暂不上市的承诺。这等于是一种“要约”，必须遵守。现在非流通股要上市了，违背了当初的承诺，所以要取得流通股持有者的谅解，给予补偿是合情合理的。至于给每个流通股持有人多少补偿，则由市场根据上市企业的效益好坏来决定。中国股份制的第二次改革即股权分置改革终于成功。

厉以宁讲“经济体制改革基本思路的提出，只是表述了一种对于经济体制改革前进方向的思考，具有浓厚的理论探讨性质，属于规范性质。根据这种思路，我们可以对经济体制改革的走向和未来的前景有比较清晰的认识。但是理论性的和规范性的思路同经济改革工作之间还有很大一段距离。经济改革的思路必须向经济改革政策转化，使它们体现在改革政策之中。经济改革的政策设计之所以必要，理由就在于规范性的研究应当同实证性的研究相结合。也就是说，通过经济改革思路的政策化，我们可以进一步了解到我们应当如何去做，怎样才能做得更好，才能把理论上的东西变成实际生活中的东西”。“经济改革中所要推行的政策，不仅应当在理论上有依据，而且必须具有可行性，即具有易于操作和实施的性质。如果在理论上缺乏依据，那么它们将经不起检验，难以存在。如果在实施中不易操作，那么它们将无法被贯彻，最终仍不得不被其他的较为可行的政策所替代。由此可见，经济改革的政策设计的难度可能比经济改革基本思路提出的难度大得多。提出经济改革基本思路时，主要站在经济理论工作者的立场上来考虑问题，而在设计经济改革的政策体系时，主要应该站在经济实际工作者的立场上进行思考。”

正是厉以宁在上述理念和方法论方面的思考，使得股份制改革理论既是一套完整的理论体系，又是一套可以对照操作的改革方案，并且给出了改革方案的路线图。这是一套理论和实践相结合的完整的理论体系。

七、主持《证券法》《基金法》制定工作，推动我国证券资本市场法制化进程

邓小平南方谈话以后，第七届全国人大常委会委员长万里同志提议制定《证券法》。1992年成立全国人大《证券法》起草小组，厉以宁担任《证券法》起草小组组长。1993年第八届全国人大后，厉以宁担任财经委员会副主任，继续负责《证券法》起草工作。《证券法》起草前后长达七年，最终在1998年12月29日第九届全国人大第六次常委会会议上通过。《证券法》的出台是中国社会主义市场经济发展中的一件大事，标志着中国证券市场法制建设进入了一个新阶段，是证券市场发展过程中的重要里程碑。1993年全国人大常委会还颁布了《公司法》，并于1994年7月1日起实施，首次以基本法律的形式对我国股份制公司的组织设立和运作做了全面系统的规定，结束了我国股份制试点的历史。2003年10月第十届全国人大常委会第五次会议上表决通过了《中国证券投资基金法》，并于2004年6月1日起正式实施。《基金法》充分吸收国际成熟市场制度经验，通过证券市场进一步扩大直接融资规模，带动社会和民间投资，有效扩大内需，促进经济持续较快增长目标的实现。证券资本市场和货币市场的协调发展，有利于完善金融市场结构，增强我国金融体系抵御风险的能力。

股份制改革为我国打造和培育了资本市场的主体，极大地推动了经济体制转型的顺利推进和经济发展，在提高资源配置、产业升级、技术突破方面都作出了巨大的贡献。股份制改革的成功，展现了从实践突破到认识突破、再到新的实践突破和新的认识突破，并不断循环往复、达到新的实践和认识高度的历史逻辑。它说明，坚持把马克思主义基本原理同中国具体实际结合起来，坚持解放思想、实事求是，就能找到改革的正确方向，就能解放和发展社会生产力。股份制改革的成功，用实践证明了社会主义制度和市场经济能够成功结合，建立起现代企业制度的国有企业能够很好地适应市场竞争环境，在同其他市场主体竞争与合作中焕发活力、做大做强，我国资本市场建设也必将进一步规范发展，为把我国建成社会主义现代化强国，实现中华民族伟大复兴的中国梦作出新的贡献!

斗转星移，时间又到了2017年。这时厉老师已年届87岁高龄，我也已退休多年。厉老师又盛情邀请我，一起再访湖南。厉老师不辞辛苦，有时甚至

坐着轮椅，在湖南省长沙市、株洲市和张家界市讲学调研，与企业家座谈。他仿佛又回到20世纪80年代那火热的改革年代。每次讲课仍然像当年一样，不要一纸底稿，一讲就是一个半小时，激情澎湃，逻辑清晰，思维敏捷。我印象最深刻的不是老师讲的“结构比总量更重要”“供给侧结构性改革和发展方式的转变”等改革理论，而是他讲的经济学观念的改变：从古典学派、新古典学派的“经济人”假设到50年代的诺贝尔经济学奖获得者西蒙的“社会人”原则，科学地诠释了当今现实社会中的“扶贫”“共享”“共赢”等新的经济现象和经济原理。和厉老师相识相交40年，使我这个学生受益终身啊！

2017年，黄湘平和厉以宁夫妇在湖南长沙橘子洲头合影

“挥毫当得江山助，不到潇湘岂有诗”。此次陪同厉老师再走三湘四水，还得以拜谒位于罗霄山脉、洣水河畔的株洲市炎陵县的炎帝陵。当时即赋诗一首，记之以作为本文的结尾。

七古

——陪厉以宁教授祭拜炎帝陵

丁酉仲夏谒帝陵，
承恩雨露老祖宗。
巍巍罗霄齐拱手，
滔滔洣水报佳音。
尝遍百草为民苦，
日中设市济苍生。
开天辟地人间变，
华夏儿女颂神农。

作者简介：

黄湘平，1949年出生于湖南平江。历任湖南省人大常委会办公厅处长、研究室主任、湖南省人大法制工作委员会副主任，湖南省体制改革委员会副主任，湖南省证券管理委员会副主任、主任；中国证监会武汉证管办主任兼党委书记、武汉稽查局局长，中国证监会湖北监管局局长兼党委书记；中国证券业协会党委副书记、副会长。2007—2012年任中国证券业协会党委书记、会长。

一首惊艳了岁月的诗歌

——屠光绍主席侧影

诗　屠光绍（中国证监会原副主席）
文　春　婉（中国证监会）

2007年春节前夕证监会系统举办了一场岁末辞旧迎新联欢会。轮到市场部的同事们上台，他们一字排开，朗诵了一首诗歌，《那些日子　那座楼》，大家听着听着突然非常安静，很多同事泪流满面，因为证监会的同事们发现这首诗歌就是为他们所写的，讲了他们的拼搏岁月，讲了他们的奉献精神，那些日子是他们的激情岁月，那座楼常常灯亮到天明。这首诗歌的作者就是我们的屠光绍主席。2006年我们在哪里？是怎样工作的？我们做了什么？又取得了什么成绩？我们的精神面貌是怎样的？让我们来重温屠光绍主席的诗歌。

那些日子　那座楼

（一）

二〇〇七年二月五号
这是时光中一个平凡的日子
我们刚把二〇〇六年送走

富凯大厦
那是金融街上一座普通的大楼
我们在那儿已度过了三个春秋

可是啊
当鲜花般绽放一张张欢乐的笑脸
当热情地举起一杯杯庆功的美酒

此时此刻啊
证监系统的几千颗心啊

在激烈地跳动
来自全国各地澎湃的春潮
在向一处汇流

我们有多少深情
将融进美丽的舞姿
我们有多少爱意
要飞出动人的歌喉

那些平凡而又充实的日子
在我们脑海里
留下那么多难忘的记忆
那座普通而又庄严的大楼
在我们心田中
种下如此深刻的感受

记忆的小舟啊
请你轻一点划过
让我们把那些日子再作细心的抚摸

时光的镜头啊
请你慢一些移动
让我们在那座楼里能做更多的停留

（二）

那是些平凡的日子
那是座普通的大楼

每天
朝霞把光明和温暖
从东边的窗子送进
夕阳又用色彩和辉煌
将西边的纱幔染透

每天

文件、电话、会议
我们紧张繁忙而又团结活泼
沟通、讨论、交流
我们脚踏实地而又充满追求

听，军号嘹亮
曾几何时啊，新的进攻号令
在我们战场上又一次响起

看，红旗招展
曾几何时啊，新的前进蓝图
在我们队伍中又一次绘就

啊 中华民族复兴的航船
要在更深的海洋里劈波斩浪
需要扬起更大的风帆

啊 祖国经济发展的列车
要在新的轨道上高歌向前
需要更强的动力，更旺的火候

共和国资本市场的战略大计
就这样
在那座楼里展开了具体的行动步伐
中南海的款款清波
就这样
在那座楼的每个人心中荡起了阵阵潮头

于是
那座楼的每盏灯下
都有那么多的目光在聚焦
于是
那座楼的每扇窗户
都有八面来风在汇流

于是啊
祖国的前景
光辉的未来
多么的美好
萦回在你的心头　我的心头

怎样更稳地行
如何更快地走
严肃地思考
锁在你的眉头　我的眉头

时代的嘱托
市场的期盼
历史的责任　沉甸甸的
放在了你的肩头　我的肩头

整装待发
战风斗雨
待划的船桨　真切切地
交到了你的手头　我的手头

是骏马呀
才渴望在千里草原纵横驰骋
是雄鹰呀
才渴望在万里长空展翅遨游
是勇士呀
才会在风雨搏击中大显身手
是英雄呀
才会在时代呼唤时一展风流

几千个心愿
汇成一个强音
几千双手
握成一个拳头
为了祖国的前途

为了人民的利益
我们准备好了
要在铿锵的进行曲中
去把更强的音节弹奏
我们准备好了
要在壮阔的画卷上
去把更美的一笔绘就

（三）

朝阳似火
新月如钩
一个个不眠的夜晚
一个个繁忙的白昼

花开花落
冬去春来
一首首动听的乐曲
感人泪下
一张张美丽的画图
美不胜收

我们志同道合
我们精神抖擞
我们辛勤工作
我们顽强奋斗

青春啊
在那些日子里闪光
热血啊
在那座楼里汇流

你看
这间屋里
新一份股改方案的讨论还没结束
那层楼上

又一家证券公司风险处置的工作刚刚开头

你看
上市部里正聚集着派出机构的同志
来自湖南湖北
来自上海青海
稽查局的同事又准备赴外办案
要去广西山西
要去兰州广州

你听
新老划断后第一股的上市锣声
刚刚敲响在前
又一只商品期货品种的交易铃声
紧紧跟随其后

你听
庄严的会场里
通过新法规的掌声
正热烈地响起
从国际证监会组织的会议上
传来了新的喜讯
开怀的笑声又响彻整座大楼

还有
机构部正在寻找
证券公司创新发展的具体路径
基金部仍然继续
把壮大机构投资者的方式研究

还有
办公厅刚刚把
一批来访者送走
人事部正迎来
加盟证监会的新战友

还有
研究中心刚刚完成
一批新的调研报告
市场部正与交易所、登记公司
认真研究如何改革国债回购

还有，还有
工会和行政中心正在商量
做好服务调好众口
信息中心也在思考
如何让我们的网站吸引更多的眼球

还有，还有！
还有，还有！
一桩桩
用再多的笔墨也难以写尽
一件件
有再多的语言也不能说够

你知道吗
多少次了
在节假期间
在下班以后
我们多想和家人欢聚一团
可工作在等候
我们欲走还留

你知道吗
多少次了
在出差途中
在重要关口
疲惫的身体
多么需要好好休息一下
可为了事业
我们把压力默默承受

曾经啊
面对冷嘲热讽
我们坦坦荡荡
面对威胁利诱
我们正气抖擞
处于逆境种种
我们决心不改
传来赞扬声声
我们斗志依旧！

啊 那些难忘的日子所展示的风采
是几千名证监系统员工
用对祖国的热爱凝成
那座庄严大楼里所显现的精神
是几千名证监系统员工
用对人民的忠诚铸就！

（四）

人们赞美青松
“大雪压青松，青松挺且直”
多么坚强而又宽厚
人们欣赏梅花
“待到山花烂漫时，她在丛中笑”
如此高尚而又灵秀

人们吟颂雄伟的高山
历经风雨
永不低首
人们歌唱呼啸的大河
生命不息
日夜奔流！

有了辛勤的耕耘啊
才有收获的喜悦
有了远大的理想啊

才有不停的追求

今天
当沉浸在这欢乐的日子
我们没有忘记那一个个日夜
当会聚在这辉煌的灯下
我们更记着那全国各地的战友

此刻
当举起庆功的花束
我们也看到
前面还有雄关漫道
且不能以为壮志已酬　该当歌把酒

此刻
当奏响光荣的乐曲
我们也听到
新的长征之歌已回响在心头
必须保持头脑清醒　还要未雨绸缪

登泰山之巅
方知一览众山小
要千里极目
必须更上一层楼

当展壮士豪情
因为风雨兼程
能显英雄本色
正逢沧海横流

绘新的时代画卷
我们当仁不让
谱新的历史篇章
来得正是时候！

二〇〇七那翻开的日历
就要展开新的远行计划
富凯大厦这只战船
正整装待发 迎风昂首

来吧 我的同志
来吧 我的战友
让我们心连心
让我们手挽手
前进 前进!
去彰显我们不变的品质
去展现我们新的风采
新的风流!

作为证监会的早期员工，屠光绍主席的诗歌曾经点亮过我的青春，惊艳过金融街的岁月。回想十多年前从金阳大厦搬到富凯大厦，曾经的破旧平房被眼前窗明几净的高楼代替，缺乏岁月而积淀的金融街如邻家少女般羞涩而傲娇，然锃亮的钢筋混凝土无法掩盖这里的萧条和冷清，那是一片未完全开垦的金融荒地。站在这里，仿佛是起点！我们精神抖擞，整装待发，即将纵横驰骋于多层次资本市场体系建设、股权分置改革、机构投资者发展壮大等系列重大改革创新的战场，为资本市场发展开辟新的天地。

多年后的圣诞平安夜，由富凯大厦俯瞰金融街，由北向南，大街上高楼林立，繁花似锦，忙碌的金融民工正穿梭于大街小巷，电话里、咖啡厅、餐

金融街广场

桌上，他们正洽谈着动辄上亿的项目。这条街如经济发展的大动脉，凝聚着市场的期盼，牵动着实体的神经，更承载着资本市场健康稳定发展的最高旨意。在金融街，当新老资本市场的监管者再次聚首，齐声朗诵屠光绍任证监会副主席创作的《那些日子 那座楼》时，忆往昔峥嵘岁月稠，仿佛一切就发生在昨天。

说起屠主席，很多证监会的老人并不陌生。他专业、敬业、爱业。作为早期证监会交易部负责人，深入研究了交易所回归证监会监管的思路和措施。后任证监会秘书长，1997年被派往上海证券交易所担任总经理，称为交易所回归统一监管的首任总经理。初到交易所的屠总有点像局外人，听不懂所内通用语言上海话，有时开会也不得不全程听方言，相信屠总彼时的滋味并不好受。然而正是他的专业、敬业、爱业，深深地折服了他的下属，扭转了交易所监管体制不顺、职责不明等问题，带领上交所正式走向全国市场。

屠主席的文字功底深厚，惜字如金。2000年他再次回到了证监会，分管市场监管方面的工作。他每个工作日下班后，都要负责签发上报当日的市场日报，这是一项看似简单但非常重要的工作，他对其中的数据反复核对，对相关表述字斟句酌，谨慎小心，因此往往很晚下班。那时他能记住每个人的名字，经常关心慰问加班加点的干部，同时叮嘱大家一定要认真仔细，专业客观。在他的带领下，大家对大局的把握、对市场的判断、对形势的分析逐渐走上正轨。

屠光绍

屠主席颇具改革精神，然非常低调。证监会的工作很难做，每位在位的会领导如坐针毡，不敢随便表态，也不敢轻易走动，稍有风吹草动，市场就会用放大镜来猜测、研究和渲染。2002年之后股票市场持续低迷，2004年初出台的“国九条”也未激起几许波浪，媒体对监管层口诛笔伐，当时的各项政策都面临极为复杂的市场环境。屠主席在时任主席的指导下，以破冰者的勇气和决心，带领资本市场走出了股权分置的泥潭，开辟了市场发展的新局面。然翻遍当时的媒体新闻，鲜有他本人的相关报道。正是他们那一代人如大雪中挺立的青松，低调做事，默默奉献，才成就了资本市场规范健康发展的今天。

屠光绍在演讲中

屠主席很喜欢跟他的下属打成一片。证监会还在金阳大厦时，办公和就餐条件非常有限，主席们平时办公在8楼，吃饭时在地下一层。在B1层就餐虽然有主席专区，但只要有机会，屠主席都会找几个认识的一般员工，大家坐在一起边吃饭边聊天。那时证监会有个习惯，临近春节，多数部门会组织一次联欢，有唱歌、跳舞、三句半、诗朗诵等，各部门会请自己的分管副主席参加。屠主席只要有部门邀请，他都会抽空与大家一起辞旧迎新，他在联欢节目中一般以厚重的男中音压轴出场，为大家送上脍炙人口又鼓舞人心的歌曲。

屠主席主管信息中心的时候，高度重视证监会网站工作。他召开全系统网站视频工作会议，他请部委网站评比第一名的商务部网站负责人介绍经验，他指出证监会网站是投资者和社会各方面了解证监会工作的主要渠道，是推进证监会政务公开、增强证监会工作透明度的重要窗口，是加强市场监管、服务资本市场和广大投资者的有效平台，也是进一步树立和体现证监会良好形象的有益工具。他要求证监会各单位一定要高度重视网站建设工作，把网站建设作为监管工作的一个重要部分。要明确证监会网站“政务公开，在线办事，公众参与”的目标定位，办出自己的特色，要在资本市场政策宣传和投资教育、市场信息收集和释放等方面下功夫。在屠主席任期内，证监会官网在国务院部委每年政府网站评比时屡次名列前茅。证监会网站还被国务院作为政府信息公开的标杆。

2007年9月12日16时，证监会副主席屠光绍接受中国政府网专访，就“积极稳妥发展公司债券”与网民进行在线交流

屠光绍副主席与网民在线交流现场

屠主席率先垂范，是中国证监会第一位在中国政府网与投资者互动的主席。他之后，证监会当时的一些部门主任如黄红元、吴青、魏学春、洪磊等都到中国政府网做直播，去宣讲证监会出台的政策，了解股民与市场的动态。

作为证监会的秘书长，他承担过新闻发言人的角色。他出席过无数会议，他的发言将证监会的昨天、今天和明天讲得十分清晰，他的演讲也常常引用唐诗宋词，人文精神跃然纸上，感染听众。而今每每重温《那些日子 那座楼》的诗篇，我们依然会感同身受，穿越历史，回归团队，依然能深切理解监管者的艰辛和压力，勇气和担当。今天，再次回味在富凯大厦工作的那些日子，那些激情岁月，我觉得自己永远是资本市场的追梦人，岁月如歌，青春无悔。

作者简介：

屠光绍，1984年，北京大学经济系研究生毕业，获经济学硕士学位，1995年，任中国证券监督管理委员会交易部主任；1997年1月，任中国证券监督管理委员会秘书长；1997年8月，任上海证券交易所总经理、党委书记；2000年6月，任中国证监会党委委员，秘书长；2002年7月至2007年12月，任中国证券监督管理委员会副主席、党委委员。第十三届全国政协经济委员会委员。

第三篇

监管人资本市场见证

我看中国证券市场的创立与发展

汪建熙（中国证监会原总会计师、主席助理）

汪建熙

改革开放已经四十年了！今年以来很多机构都在征集文章，回忆和纪念改革开放的伟大历程，回顾改革开放给国家带来的巨大变化。使我深感幸运的是，我职业生涯的大部分时间参与到若干领域的改革创新事业之中。作为参与中国证券市场早期创建的人员之一，特借证监会征集文章之际，回忆证券市场创建时期的一些事情。

一、历史的逻辑

中国四十年的经济改革缘起于1978年安徽凤阳县小岗村的土地联产承包责任制。一时间农村改革在中国兴起，势不可当。1980年经济改革的洪流开始影响到城市，国营工商企业跃跃欲试。国有企业的改革路径没有现成的经验和前例可以借鉴。一方面，彼时的企业还不是独立的经营主体；另一方面，也不存在一个依照价值规律运行的、能够有效配置资源的市场体系。城市的经济改革就是沿着这两个方向展开的。

在国有企业的改革方面，主要思路之一是增加企业预算的约束力，例如20世纪80年代初期首先实行了资产／资金占用费制度；之后是扩大企业自主权，例如20世纪80年代初开始允许企业根据情况发放少量奖金，继而是允许企业在完成国家下达的指令性计划指标之后可以自行销售超额生产的产品；再之后是企业经营管理权的转让承包；乃至到20世纪80年代后期的企业所有权的改革，股份制应运而生。

在市场建设方面的改革，最著名的是价格双轨制改革。此外，还有供销体制改革、外贸体制改革等。当时初步市场改革主要限于商品市场，而非生产资料市场和资金／资本市场。

上述改革产生了一系列后果。由于企业扩大了生产经营自主权计划外产品的自主销售为企业带来了明显的收益，使企业产生了追加投资、扩大生产的强大冲动。大量企业扩大生产必然会导致通货膨胀的发生，于是改革开放后第一次较严重的通货膨胀发生于1984年。面对通胀，政府果断采取了货币紧缩政策，压缩信贷规模。当时除了国家投资，银行信贷几乎是企业唯一的资金来源。收缩信贷使大批处于扩张状态中的企业立即断粮断炊，动弹不得。许多企业为了解决资金瓶颈问题，开始向社会公众发行企业债券。刚开始发行的企业债券久期较短，只有发行市场，没有交易市场。为了吸引更多的投资者，很快出现了柜台交易的二级市场。担当柜台交易的中介是刚刚兴起的地方信托投资公司和财政系统的国债营业部。当时企业债券最发达的地区是辽宁、上海、江苏等国有企业集中的地区。

汪建熙讲话

汪建熙在会议中

于是，在1987年春夏之交，“华尔街日报”上登出一张照片，照片下面注明：在沈阳一个尘土飞扬的小胡同里，中国第一家证券交易机构诞生了。照片记录的是沈阳信托投资公司债券交易场所开业的图景。

这张照片引起大洋彼岸两位中国年轻学子的关注：王波明，从哥伦比亚大学国际与公共事务学院（SIPA）毕业，当时正在纽约股票交易所担任分析员；高西庆，从杜克大学法学院毕业，在华尔街的律师事务所工作。他们常常与其他留美的中国学生讨论在中国建立资本市场的设想。看到华尔街日报的这张照片，他们兴奋不已，认为在中国创办资本市场的条件已经初步具备。于是二人放弃待遇优厚的工作，于1988年先后回到北京，与一群志同道合的年轻人一起创立了“证券交易所研究设计联合办公室”（简称“联办”，SEEC），以推动和创建中国的资本市场为己任。

与此同时，国有企业改革在经营权承包租赁的模式出现众多问题的情况下，转向了股权改革的尝试。当时较为著名的股份制改革案例包括上海飞乐音响、沈阳金杯汽车等，金杯汽车更是号称把股票都卖到中南海里去了。另外，商品市场的发展已取得重大进展，而国债近10年的行政性发行和兑付也已经走到尽头，急需通过市场化发行和二级市场交易得以延续，金融市场呼之欲出。在这种大形势下，上海、深圳市政府勇敢地向中央提出设立证券交易所的请求。在中央、地方共同努力之下，上海、深圳证券交易所于1990年底先后成立，从此掀开了中国资本市场的大幕。

1978年11月在安徽小岗村签署包干保证书的18户农民可能从没有听说过证券市场，更不知道自己所签的一纸生死状与证券市场有何关系。然而，农村的改革必然触发城市的经济改革，城市的经济改革主要涉及工商企业的经营管理权与所有权的改革和市场的培育与发展。企业的改革和市场的发育要求融资多元化，证券市场的建立和发展也就是应有之义了。因此可以说，证券市场的创建和发展并非出于人们的好恶，而是一种历史的逻辑。

二、英明决策

1992年5月，我和联办派出的另外两位同事开始在全美证券商协会（NASD，相当于我国的证券业协会）为期半年的培训，学习美国的证券法、证券中介机构的监管等。这次培训对我比较全面地了解美国证券市场的运作和监管有很大帮助，使我受益匪浅。

这里特别想说的是，当年8月10日爆发了深圳股票市场的“8·10事件”。“8·10事件”的大致情况是：自从上海、深圳证券交易所成立之后，已公开发行股票的几家上海和深圳公司在两家交易所挂牌交易，股价上涨不少，使买到这些公司股票的投资者赚了不少钱。于是上市公司的股票，特别是首次公开发行的股票成了万众追捧的致富法宝。1992年夏季，深圳市政府拟安排几家公司首次公开发行5亿股股票，随后在深交所上市交易。由于投资者十分踊跃，需求量巨大，所发股票的数量远远无法满足需要，所以深圳市有关部门决定首先发行500万张股票认购证，购买到认购证的投资者再通过摇号抽签的方式来确定哪些认购证能购买到一定份额的股票（每张中签的认购证可购买1000股新股）。

8月9日开始发行股票认购证。此前3天，上百万投资者从全国各地涌入深圳（当时深圳的常住人口只有60万），来到发售股票认购证的各个网点，在露天排起长龙般的队伍，整整三天三夜忍受着深圳8月份酷暑的高温、暴雨和大风的煎熬。当晚9点，有关方面宣布全部股票认购证已公开、公平地发售完毕。大批辛辛苦苦排了三天三夜队的投资者却一无所获。此时人们却得知大量认购证已经被内部人员私下售出的信息。投资者开始愤怒了！这种态势到8月10日晚达到了顶点。大批群众开始聚集，先是打出标语，要求惩治腐败，打击营私舞弊，继而演变成了暴力冲突事件。

“8·10事件”发生时，我本人正在大洋彼岸的美国接受培训，并不了解事件的细节。但是我们看到美国的主流媒体，例如“华尔街日报”“纽约时报”等在发生事件的三天里每天都在头版刊登“8·10事件”暴力冲突的报道和照片。据长期生活在美国的华人说，过去还从未见到过美国主流媒体连续三天在头版刊登中国消息和照片的情况。

看到美国媒体对“8·10事件”的报道，我心中充满了忧虑。因为我知道，在过去几年里国内对创办股票市场一直争议不断。有一种颇有影响的观点认为搞股份制就是推行资本主义私有制。现在证券市场出了这么大的乱子，肯定要被关闭了。

此事过后不久，在同年的10月下旬到11月上旬之间，我接到北京发来的电传和电话，要求我尽快回国，到新设立的中国证券监督管理委员会任职。1992年11月底我回到北京，12月1日正式到证监会报到。到证监会工作之后看到国务院1992年68号文件《国务院关于进一步加强证券市场宏观管理的通知》。这个通知遵循了邓小平同志方谈话的精神，明确指出：证券市场的建立与发展对于促进社会主义市场经济的发展具有积极的作用。《通知》宣布成立国务院证券委员会和中国证券监督管理委员会，要求理顺和完善证券市场管理体制，严格规范证券发行上市程序，进一步开放证券市场，抓紧证券市场的法制建设，研究制定证券市场发展战略和规划，加强证券市场基础建设。

在“8·10”重大群体性事件发生后，最高决策层不仅没有关闭仅有几家上市公司的弱小证券市场，反而在邓小平理论的指引下，决定设立专门的证券市场监管机构，任命金融改革的领军人物，原中国人民银行常务副行长兼国家经济体制改革委员会副主任刘鸿儒担任国务院证券委第一副主任兼证监会主席，并且把当时仅在三省两市（广东、福建、海南省和上海、深圳市）进行股票发行和上市的试点扩大到全国。可以想象，这样的重大决策需要何等的政治勇气和担当，又是何等的高瞻远瞩！正是有了这个英明的战略决策，才有了其后四分之一世纪中国证券市场的蓬勃发展。

三、学习市场经济的规则

对外开放是中国四十年经济体制改革中最核心的组成部分之一。早在1978年我国开放刚刚起步时即开始引进外资。在证券市场设立之前的引进外资主要是通过外商直接投资的方式（FDI），即由我国港澳台地区和外国企业、个人来国内设立外商独资企业或中外合资、中外合作企业。

外商直接投资模式有其十分明显的优点：一是通过FDI引进的外资一般投入实业企业，资金长期、稳定，不会对国内金融市场造成严重冲击；二是通常会随外围资金一起引进先进技术、设备、产品和管理；三是有利于培养中国的专业人才和促进就业；四是带动国内相关配套产业的发展。

当然，FDI也有一定的局限性：首先，到中国来开办企业一般需要较大的资金量，中小投资者很难参与其中；其次，光有资金还不行，还要有市场、技术、产品、管理等，所以财务投资者较难参与；最后，FDI的流动性比较差，投到中国办企业，常常要锁定十年、二十年，这也使很多外国投资者望而却步。

因而，尽管在改革开放的前十多年里，我国引进FDI取得了令人瞩目的成就，但是中国证券市场在建立之初，高层就在考虑通过证券市场吸引外国财务投资者。早在1991年，上海和深圳交易所以及中介机构就开始了发行B股的研究和实践；1992年，在中国证监会尚未成立之前，国务院也已委派刘鸿儒同志牵头设立中国企业赴香港发行股票和上市的联络小组，研究内地企业到香港发行H股有关问题。联络小组由内地与香港双方人员组成，除了小组的领导之外，多数成员是两地的法律、会计专家。经过近一年的讨论协商达成一致意见，由两地五方（中国证监会、上海证券交易所、深圳证券交易所、香港证券与期货事务委员会、香港联交所）在1993年6月中旬签署了“内地与香港证券市场监管合作备忘录”，为内地企业在香港发行H股奠定了基础，1993年6月青岛啤酒在香港发行了第一只H股。

联络小组讨论协商内地企业赴香港发行股票和上市交易的过程中，在拟赴香港发行股票的内地企业进行重组和改制的过程中发生过许多趣闻轶事。过去已有一些文章和专著做过披露，本文不再赘述。我只想提及一件给我留下很深印象的刘鸿儒主席亲口讲的小故事。1992年刘主席受命国务院，研究内地企业到香港发行股票和上市事宜。为此，他专门赴港考察香港股票发行上市的程序。习惯于内地政府办事方式的刘主席找到香港联交所的主要负责人，向他打听香港哪一个人是决定企业可否发行股票和上市的最终拍板人。在他心目中，只要找到这个人，晓之以理，动之以情，把他搞定了，内地企业赴港发行股票和上市的任务就算大功告成了。没想到这位港交所的负责人听了刘主席的问题之后一头雾水，不知所云。两位就此问题讨论了半天，刘主席终于明白了香港的资本市场是依据相关的法律法规遵循市场规则和规律来运行的，而非像内地凡事都依靠行政官员来拍板决策。在香港，拟发行股票和上市交易的公司必须按照相关规定报送公司的有关信息，经港交所上市科预审，通过后，呈报港交所上市委员会，经委员审核并投票决定是否予以批准。在香港没有任何一个人，无论其职位多高，可以自己拍板决定一家企业的股票公开发行和上市。

这种市场化的运作模式，在组建中国证监会时也被引进。拟公开发行股票并在上海或深圳证券交易所上市的企业，必须按照相应的信息披露规则编制和申报相关材料，经证监会发行部预审通过后，报证监会发审委审核并投票通过。当然中国特色还是有的：发审委投票通过后，还需经证监会主席签字批准。

中国证券市场近30年的发展历程如白驹过隙。当年两家交易所只有几

谢平、汪建熙、楼继伟、梁锦松（左起）在签约仪式上

家上市公司，如今已达到3550家，总市值超过50万亿元，在新三板挂牌的公司超过11600家，发展不可谓不快，变化不可谓不大！然而，迄今证券市场在资本配置方面的功能仍然不足，许多市场机制尚未形成，公司治理还比较薄弱，政府行政干预过多，对投资者的保护和教育欠缺……证券人，任重道远。

作者简介：

汪建熙，财科所会计学博士，在证监会期间，先后担任第一任首席会计师和副秘书长，主席助理等职务。2004—2007年，任中央汇金投资有限责任公司副董事长。2007—2013年，任中国投资有限公司副总经理，中央汇金投资有限责任公司副董事长。2012年任申银万国证券董事长。

风云笔谈：《规范意见》出台始末

张新文（北京证监局原局长）

张新文在第四届中国上市公司市值管理高峰论坛上发言

中国经济体制改革的中心环节是企业改革，企业改革的历史进程是扩大自主权、利改税、利税分流、承包制、转换经营机制、股份制。虽然改革措施从主流上看是一个一个转换，但就股份制改革的试点而言，它是与其他改革措施交叉进行的。《公司法》的颁布，标志着公司已成为中国企业的主要组织形式，中国企业改革的主体工程已到竣工阶段。公司制的实现是股份制改革的结果，而股份制改革从制度建设的角度看，在公司法出台前，主要经历了三个历史阶段：一是起草《股份制暂行条例》，二是颁布《规范意见》，三是推出系统的配套政策。

一、起草国务院代拟稿《股份制暂行条例》

约在1986年12月下旬，国务院总理召集国家有关部委开会，研究企业横向联合、发展企业集团问题。国家经委主任吕东、企业体改局副总经济师孙树义出席会议。会上，总理问用何种手段推进企业横向联合时，孙树义提出股份制的办法。会后，总理留下吕东和孙树义同志，提出为国务院起草一份

张新文在招商证券论坛上发言

关于推进股份制改革的文件，这份文件的名称叫《股份制暂行条例》（国务院代拟稿）。此项工作的分工是国家经委主办，国家体改委协办。

国家经委接到任务后，就把任务交给了企业体制改革局，也就是我所在的局。因为公司制对我国而言是一个新事，没有现成的人员和机构，所以就组成了一个起草工作小组。在进入国家经委之前，我是从事经济史研究工作的，被调到国家经委企业体制改革局后，从研究习惯出发，我分析了中国企业改革的现状，认为企业扩权、利改税、承包制、发展企业集团都不能从根本上解决中国企业的问题，只有涉及产权制度的企业股份制，也就是公司制才是解决中国企业效率和发展问题的最佳改革方向，并开始学习和研究。当时我在行业管理处工作，起草任务下达后，在专业人员缺乏的情况下，局领导发现我有一些准备和积累，因此安排我参加了起草工作小组。该小组以副局长王乐梅为组长，副总经济师孙树义为副组长并负责常务工作，我和刘向辉等为成员。

因为我还算有一些基本知识，所以小组指定我主笔写初稿，供小组讨论，讨论以后再修改再讨论。每一稿都在内部讨论多次，然后再在社会上找相关的专业人士进行讨论。当时各种讨论会举办了10余场。此外，还专访了一些社会学者，他们是厉以宁、江平、蒋一苇、吴树青、董辅礽、王珏等，这些人对股份制改革多数是支持的，少数人持不同意见。

出席讨论会的人员主要是对外国公司法和对民商法、经济法比较熟悉的专家，也请一些经济理论学家、企业管理学家，同时还请一些做过股份制探索的企业人员和部门工作人员、法制办人员及地方经委的同志和地方体改委的同志。内部讨论小修小改的稿不算，仅上报经委领导的前后大致有7稿。

在初稿中，我提出的三会一层的公司治理结构，虽然在公司治理机构的职责上，以后不断有所调整和完善，但其基本框架一直到定稿，直至以后的《规范意见》和《公司法》始终没有改变。

大约在1987年11月下旬，国家经委召开党组会，讨论国务院代拟稿《股份制暂行条例》。参会的经委领导有主任吕东，正主任级的副主任袁宝华，还有副主任朱镕基、张彦宁等。企业体改局的领导和起草小组工作人员出席或列席了会议。

起草小组副组长孙树义同志作了起草说明。经过热烈讨论，在吕东、袁宝华、朱镕基等同志提出一些技术性问题并得到满意的答复后，他们分别对审议稿给予了充分的肯定，最后代拟稿《股份制暂行条例》获国家经委党组会议通过并同意上报国务院。大约在1987年12月中上旬，该稿报送国务院，起草任务完成。

上报国务院以后，事情并没有想象的那么顺利，虽然几次通知要上国务院常务会议讨论，但始终没有落实。个人分析主要有两个原因：一是无论社会舆论，还是专家学者、领导层内部，对企业股份制姓“社”姓“资”有一些疑虑，还有一些争议；二是1987年中共十三大后，国务院领导人面临换届，国家经委撤销，政府机构改革，工作重点转移。因此条例讨论的事就搁下了。`

张新文在北京国际金融博览会上

《股份制暂行条例》虽未正式颁布，但国家经委领导及起草人员认为，在企业改革中推行股份制非常必要，因此我们将代拟稿传送给各省、市、自治区，包括计划单列市的经委和体改委，由他们参照执行。《股份制暂行条例》无论对企业制度的法制建设，还是对企业股份制改革的发展，都起到了非常重要的作用。在此后的两年中，我国股份制企业迅速地发展到1500余家，其中向社会公开发行股票的公司达到140余家。这些企业不但带动了企业所有制制度的改革，同时强力推动了股票市场建立。

二、颁布《股份制企业试点办法》和《规范意见》

1988年，国家经委解散，有关企业改革包括股份制改革的职能和工作人员转到了国家体改委经济管理司。1988年10月5日，中共中央总书记召开由国家体改委及相关部门领导参加的小型工作会议，研究股份制改革问题，要求国家体改委牵头继续推进股份制改革。此后，国家体改委经济管理司在《股份制暂行条例》的基础上起草了《关于试行股份制的暂行办法》。1988年12月8日，国家体改委在北京召开股份制座谈会，讨论了上述《暂行办法》。此后，该暂行办法改名为《试行股份制办法》，虽经体改委经济管理司工作层面和体改委党组多次讨论，但由于领导层和业界专家未能就企业股份制改革形成统一意见，当时经济过热，国家处于治理整顿时期，工作重点未放在此处，所以从1989年至1991年，股份制制度建设没能取得突破性进展。

1991年底，主持过《股份制暂行条例》修订的孙树义同志出任国家体改委经济管理司司长，加大了股份制改革的推进力度。1992年国家改革环境出现好的转化，年初，根据国务院授权，国家体改委经济管理司指导深圳、上海政府体改委起草了《股份有限公司暂行规定》，并经国家体改委批准，1992年2月，深圳市政府颁布了《股份有限公司暂行规定》。在陈锦华主任的支持下，股份制改革速度加快。1992年初，在孙树义主持，李小雪等人参与下，结合过去的工作成果，经济管理司起草了《股份制企业组建和试点工作暂行办法》。

1992年2月29日，在陈锦华主持下，国家体改委和国务院生产办联合在深圳召开股份制企业试点工作座谈会，陈锦华、刘鸿儒、张彦宁讲话。中央13个部委，14个省市的体改委（办）、经（计）委、金融、国资管理机构，21个股份制试点企业，共130余人出席了会议。会议主要内容是讨论《股份制企业组建和试点工作暂行办法》及《股份有限公司试点规范》和《有限责任公司试点规范》等十个配套政策的初稿。会后《股份制企业组建和试点工作暂行办法》改名为《股份制企业组建和试点规范意见》。会议期间，恰逢邓小平同志南方谈话在全国传达，这个重要谈话，对会议具有十分重大的指导意义，给予与会同志极大鼓舞。

1992年4月2日，国务院副总理朱镕基同志召集国家体改委、国家计委、人民银行负责人开会，研究股份制和股票市场试点问题。陈锦华、刘鸿儒同志汇报了深圳会议情况，介绍了《股份制企业组建和试点规范意见》。朱镕基同志指示，“尽快搞一套规范性意见，在目前体改委汇报材料的基础上修改，以体改委、计委、生产办等单位的名义下发”。

1992年4月18日，国家体改委、国务院生产办撰写《关于股份制企业试点工作座谈会情况的报告》（以下简称《报告》），报送国务院。报告主要内容是：1.抓住时机，创造条件，有步骤地推进股份制试点工作；2.尽快制定股份制企业组建和试点法规；3.请国务院将报告批转各地区、各部门。

1992年4月28日，国务院以通知的方式批转《报告》，1.强调股份制试点要严格按规范化要求进行；2.参照报告进行股份制企业试点工作；3.责成国家体改委会同有关部门修订组建股份制企业规范意见和试点办法，尽快下发。

1992年5月5日，国家体改委副主任刘鸿儒主持召开国务院13个部门的有关司局长参加的会议，传达国务院领导关于股份制企业试点问题的指示，并通报了《股份制企业组建和试点规范意见》更名为《股份制企业试点意见》及其内容等情况。

1992年5月8日，国家体改委主任陈锦华主持召开会议，国务院13个综合部门的领导出席，讨论研究了《股份制企业试点意见》。与会各部门领导对《股份制企业试点意见》表示赞同，并提出了修改意见，同意抓紧下发。会后，国家体改委将《股份制企业试点意见》更名为《股份制企业试点办法》。

1992年5月15日，国家体改委、国家计委、财政部、人民银行、国务院生产办联合发出《股份制企业试点办法》。此外，根据朱镕基“搞一套规范性意见”的指示精神，国家体改委将《股份有限公司试点规范》和《有限责任公司试点规范》更名为《股份有限公司规范意见》《有限责任公司规范意见》（本文标题中所写的《规范意见》即指这两个规范意见）同时发出。由此，两个规范意见正式颁布。此时，全国股份制企业已发展到3200余家。

三、《规范意见》配套政策出台和制度完善

由于我们考虑到，仅有《试点办法》和《规范意见》，而涉及公司组建和运营的相关问题不解决，企业股份制改革仍然落不到实处。因此，在以前与各部委沟通和工作初稿的基础上，我们将工作重点转移到推进配套政策的制定和相关制度的完善上。包括：

1. 与各综合部门共同制定配套政策

配套工作具体由我和陈义兵同志负责。通过与相关部委局多次会议协商和个别沟通，各种配套政策陆续出台。

1992年5月23日，财政部、国家体改委印发《股份制试点企业会计制度》。

1992年6月1日，劳动部、国家体改委印发《股份制试点企业劳动工资管理暂行规定》。

1992年6月6日，财政部、国家体改委印发《股份制试点企业财务管理若干问题的暂行规定》。

1992年6月9日，物资部、国家体改委印发《关于股份制试点企业物资供销管理暂行规定》。

1992年6月12日，国家税务局、国家体改委印发《股份制试点企业有关税收问题的暂行规定》。

1992年6月15日，国家计委、国家体改委印发《股份制试点企业宏观管理的暂行规定》。

1992年6月29日，审计署、国家体改委印发《股份制试点企业审计暂行规定》。

1992年7月9日，国家土地管理局、国家体改委印发《股份制试点企业土地资产管理暂行规定》。

1992年7月27日，国有资产管理局、国家体改委印发《股份制试点企业国有资产管理暂行规定》。

1992年9月17日，人事部、国家体改委印发《股份制试点企业人事管理暂行办法》。

1992年9月17日，财政部、国家体改委印发《注册会计师执行股份制试点企业有关业务的暂行规定》。

此外，1992年7月15日，国家体改委主任陈锦华主持办公会，讨论了《股票发行与交易管理暂行规定》，议定继续修改。该规定后来经与国务院证券委共同修订，在1993年2月5日，由国务院证券委全体会议审议通过。

1993年中期，《规范意见》和上述配套政策的颁布，极大地推进了企业股份制改革，全国仅股份有限公司就达到了6500余家。

2. 涉及职工持股的配套政策

1993年3月9日，国家体改委主任陈锦华就《关于解决企业内部职工持股存在问题的意见》报送国务院副总理朱镕基。朱镕基当天批示：“同意，速

张新文在第五届中国上市公司市值管理高峰论坛上发言

办。” 此项工作由副主任洪虎负责，有关文件的起草，由我具体承办。

1993年3月30日，国家体改委、经贸委、证券委起草《关于立即制止发行内部职工股不规范做法意见》，报送国务院。4月3日，国务院办公厅发出紧急通知转发该意见。

1993年7月3日，国家体改委发布《定向募集股份有限公司内部职工持股管理规定》。

1993年7月5日，国家体改委发布《关于清理定向募集股份有限公司内部职工持股不规范做法的通知》。

1994年2月1日，国家体改委、证券委发布《关于社会募集股份有限公司向职工配售股份的补充规定》。

1994年6月19日，国家体改委发出《关于立即停止审批定向募集股份有限公司并重申停止审批和发行内部职工股的通知》。

国家体改委针对职工股发行超比例、超范围和职工股社会化、权力化的混乱状况，所采取的积极措施，稳妥地解决了股份制改革的潜在危机，使股份制改革进入规范正常的轨道。

3. 推进企业境外上市的配套政策

企业实施公司制，不仅要推进其境内上市，还要推进境外上市。这使我们将工作重点转到《规范意见》的境外上市政策配套工作上来。本工作由孙树义等同志负责，李小雪具体承办，我配合。

1992年9月14日，在国务院副总理朱镕基的支持下，国家体改委主办境外上市研讨培训班，组织香港联交所、投资银行、律师事务所、会计师事务所，对中国公司境外上市进行培训。朱镕基同志在人民大会堂接见了香港联交所的客人。

此后，国家体改委和人民银行联合组建了香港上市工作小组，孙树义、孙效良、傅风祥具体负责，李小雪、高西庆、聂庆平等参加了小组工作，开始筹划企业香港及境外上市的制度对接工作。

1993年5月15日，为配合境外上市需要，国家体改委起草，国务院办公厅发出通知，通知指出“国家体改委发布的《股份有限公司规范意见》具有政府部门规章的法律效率，股份有限公司组建和成立有关事宜，必须执行”。

1993年6月10日，为配合企业到香港上市，国家体改委发布《到香港上市公司章程必备条款》。

1993年10月 9 日，国土局、国家体改委发布《关于到境外上市的股份制试点企业土地资产管理若干问题的通知》。

1994年5月7日，财政部、国家体改委、国务院证券委发布《关于国内注册会计师执行国内企业境外上市有关业务若干规定的通知》。

1994年5月31日，国务院证券委、国家体改委关于《股份有限公司向境外募集股份及上市特别规定》（送审稿）报送国务院。7 月 4 日，国务院召开常务会议，国家体改委副主任洪虎出席，《特别规定》被审议通过。

此时，经国家体改委、证券委选择推荐，国务院批准的首批九家企业，已陆续在香港及纽约上市，更多的企业也正在走向国际资本市场。

由于《规范意见》的出台和配套政策的完善，公司制企业组建与运营的法律与政策条件已经具备，1993年12月29日全国人大常委会正式通过《公司法》，1994年7月1日《公司法》正式实施。

关于上述所说的《暂行条例》、两个《规范意见》及其配套政策的历史作用，人大法工委副主任卞耀武在1993年2月15日七届人大常委会三十次会议上，关于《公司法》草案起草说明中指出，法工委是在“国务院有关部门拟定的条例、规范意见的基础上，汇总起草的公司法草案”；人大法律委主任薛驹在1993年12月20日八届人大常委会五次会议上，关于《公司法》草案审议结果的报告中指出，法工委是“参照有限公司规范意见、股份有限公司规范意见，起草了《公司法》草案”。股份制改革在实践中的成就和在法制制度建设中的贡献，已得到立法机关的肯定并里程碑式地载入中国企业改革史册。

《公司法》的颁布，标志着公司已成为我国企业的主要组织形式和现代企业制度的运营主体，科学的治理结构，规范的运行状况，充分的融资渠道，推进了中国企业的发展和资本市场的建立和繁荣，促进了社会资金、国民资产、科技成果和其他要素的资本化；以资本经营为特征的社会主义市场经济时代已经到来，公司制和资本市场已经推进我国国民经济高速发展，以后它必将进一步推进我国经济的发展，并在不远的将来，推进中国成为世界最富裕最强大的国家。

作者简介：

张新文，1986年至1998年，先后担任国家经委、体改委经济管理司《股份制暂行条例》起草小组成员，所有制改革处处长，流通体制司副司长；1999年7月任中国证监会北京监管办事处副主任；2001年起担任中国证监会北京监管办事处主任（后更名为北京证监局，任局长）；2009年任中国证监会资本学院筹备委员会主任。

青春无悔：我与上海证券交易所的筹建

张宁（上海证监局原局长）

上海证券交易所成立大会，右一为张宁

我的理论准备

我很早就在筹建证券交易所方面有一定的理论准备。在复旦大学时，我与人合作的论文《我国现阶段建立证券交易所问题初探》发表在1985年第2期《复旦学报》，主要观点是我提出的，这是国内最早对证券交易所问题开展研究的文章。我还写了《金融法制建设刻不容缓》，我的研究使我在交易所筹建方面有了初步的理论积累。我的职业规划也使得我不断去学习和接受挑战。我在人民银行的时候，曾有过去计划信贷处和金管处的选择，我选了后者，因为金管处是新成立的机构，大家起点都一样，都要在学习中探索、进步。我当时在学校学习金融的时候，老师都是讲货币银行学，讲中央银行调节政策，讲商业银行怎么运作，没有讲资本市场的。如果自己不去学习积累，不去探索努力，我也做不成这些事情。幸运和机遇是给有准备的人的，我很相信这句话。正是有了这方面的努力和准备，我才有机会参与上交所的筹建。

20世纪80年代末，中国面临的外部形势比较严峻，很多西方国家认为中国的改革开放会停滞，不再继续。在这种情况下，中央还是坚持改革开放，上海也在酝酿浦东开发开放。在一次内部讨论会上，时任交通银行董事长兼行长李祥瑞提出了一个观点，“目前建立证券交易所，长远利益大于眼前利益，政治意义大于经济意义，社会效益大于经济效益”。后来在朱镕基市长大力推动下，上海决定要建立证券交易所得到了中央的支持。1990年4月18日，李鹏总理在上海宣布了开发开放浦东的十大政策，其中之一就是建立上海证券交易所。消息在国际研讨会上一出，引起全场哗然，大家一下子轰地站了起来。会后我问摩根士丹利的一位资深副总裁，为什么听到这个消息大家反应这么激烈？他说证券交易所是资本市场的最高组织形式，如果中国要建，说明中国还在改革开放。这句话对我震动很大。此举改变了外界对中国改革开放的认识，政治意义非常大，李祥瑞的话真正讲到点子上了。

我那时是人民银行上海分行金融行政管理处市场科的科长，部门负责管理上海的金融市场。1989年，我被派加入朱镕基建立的住房制度改革研究小组，进行上海住房制度改革研究。1990年中住房改革研究任务快结束时，尉文渊问我愿不愿意参与筹建证券交易所，如果愿意，可以向龚行长提议一起去。我说没问题，我去。人民银行上海分行行长龚浩成同意了我们的请求，派尉文渊和我去筹建交易所。

参与筹建没多久，人民银行上海分行副行长朱小华告诉我，朱镕基市长画圈同意成立住房制度改革办公室，原房改研究小组成员全部被调到那里，问我有什么想法？我说我是搞金融的，个人意愿是去筹建交易所，不想到住房改革办公室。朱小华照此回复了市里，我继续留在了人民银行参与筹建上海证券交易所。

前期我在筹备交易所方面已经有大量的准备。1984年写论文时陆续收集了大量国外交易所资料。1987年，参加人民银行总行在香港举办的金融市场培训班，对证券市场有了进一步的了解，再加上在金管处五年的资本市场管理工作积累了一定的知识和经验。所以到了筹建交易所的时候，尉文渊和我分工，他负责外面，找场地、做马甲等；我负责里面，起草《上海证券交易所章程》《上海证券交易所会员管理办法》等各类规章制度。

当时国际上交易所大多采用会员制，少数是公司制。公司的目的是盈利，而我们社会主义国家性质决定了应该采用会员制，为会员服务，不以营利为目的。我在起草上海交易所章程时绞尽脑汁写出这一条：交易所不以营利为目的。讨论章程时大家争议颇大，认为交易所怎么能不营利，不营利大家去喝西北风？对此我是深思熟虑的，不以营利为目的，言外之意是允许营利，只有这样交易所才能有更大的发展，更好地为会员服务。但交易所必须要坚持为会员服务，不能把交易所当成公司，把赚钱作为目的。这句话在上交所的章程到后来证监会制定的交易所管理办法中一直保留着。

当时我们和国外交易所交流很少，交易所章程看得不多，多的是公司章程，所以我们的交易所章程很多内容是从公司章程来的。会员管理规则相对好写一些，因之前我已经写过一些券商管理的规定，有一定的积累。当时我们被难住的是交易所的交易市场业务规则。以前柜台交易只有自营和委托两种交易方式，而交易所决定采用集中竞价交易方式。在这以前都没有做过，也没有写过办法，所以就被难住了。我们在上海档案馆里找到了1936年旧上海交易所的交易规则，距离1990年都过去50多年了，这个东西还能用吗？后来又找来香港的，结果看不懂交易规则的表述。香港的法律文件以英文版为准，香港交易所的交易规则中文版是由英文版直译过来的，不要求准确性。英文很多是倒装句，翻译成的中文版也直接变成倒装句。一句很长的话中间用几个“之”来衔接。我们原本就对集中竞价的规则不太熟悉，再来几个“之”就更加一头雾水了。

这个时候正好有一位台湾地区的券商到上海，给了我们一本台湾交易所的交易规则。我拿来看了以后，感觉有点熟悉。马上把旧上海的交易规则拿出来，一比对发现差不了多少，我才明白台湾地区还在用旧上海的那套东西，没太大的变化。于是我们就拿台湾的交易规则做蓝本讨论怎么修改。白天大家都在忙筹建的其他事情，到了晚上或者周末才有空讨论交易规则。大家围绕这个七嘴八舌，各执一词，经常会为一句话一个措辞吵很长时间，这个耗时最长。我说旧上海这个规则距今快60年了，台湾还在用，说明它有用。如果它没用的话，台湾肯定把它改掉了，不会保留到今天。很多事情我们没碰到过，所以不理解，如果现在把很多东西拿掉了，等到以后哪天碰到了再找回来加进去，那每年都得加，这样是不是太麻烦了，规则也不能老是改。所以主体部分不动，一些对将来会有害的或者对发展不利的内容坚决拿掉。于是，我们去掉了规则中买空卖空部分，也就是现在说的融资融券。当时大家都看过《子夜》这部电影，里面就是因为做空死人了。社会主义搞资本市场如果出现买空卖空死人的话，那市场是要关门的，改革就搞不下去了，所以我们觉得不能把这个东西放在里面。后来，一直到证监会出台融资融券规定后，才开放了买空卖空，但还不是“裸卖空”。

在我们紧张筹建交易所时，朱镕基召开了一次会议，要求交易所在12月19日必须开业。年中他在香港地区出访时邀请了香港贸发局的主席邓莲如等贵宾12月19日来上海参加交易所开业典礼，这是给了我们一个“死命令”，我们必须按照倒计时来排任务。

即使现在来看，朱镕基的法制意识都是很强的。在一次政府工作会上他

1990年11月26日，上海证券交易所开业

特别指出，建立证券交易所必须要有法律依据，必须报国务院批准，我们不能自己随便搞一个交易所，这两点必须做到。1990年11月14日，经国务院同意，中国人民银行正式批复成立上海证券交易所。我们拿到批复后，在11月26日召开上海证券交易所成立大会暨第一次会员大会，共有25家会员参加，大会成立理事会并选举李祥瑞为第一任理事长，尉文渊为第一任总经理。大会还通过了《上海证券交易所章程》《上海证券交易所会员管理办法》和《上海证券交易所交易市场业务试行规则》。

在报批国务院的过程中有一个小插曲，我们在会员问题上差点出岔子。当时有人跟我说，人民银行上报国务院的文件中写交易所系地方性的金融机构，只能吸收本地会员。我一听只吸收本地会员，这跟我们的初衷不一样，立即找分管副行长罗时林报告，当时罗时林带尉文渊等人出差香港，我就跟临时分管的副行长朱小华报告了总行要把上海证券交易所办成地方性交易所、只能吸收本地会员的情况。朱小华问我怎么看这个问题。我说如果没有外地会员进来，交易所也没有成立的必要了，上海已经有20多个柜台了，把柜台联网不就行了嘛，为什么要搞交易所呢，我们搞交易所的目的就是要外地会员进来，搞成全国性的交易所。朱小华说，那你先听听外地券商的意见，他们愿不愿意进上海交易所，如果他们愿意我们再考虑这个事情。

我马上找了浙江证券和中农信证券部两家异地券商的负责人问他们的意见。两家都明确说一定要进来，不要把他们关在外面。于是我把他们带到朱小华面前表了态。大概一两天后，行长给我打电话说，外地会员都想进交易所，我们也想让他们进来，你去想办法，绕道走也要把他们绕进来。

得了“尚方宝剑”，我就去想办法了。我那时候是市场科的科长，证券机构也归我们科里管。按照当时规定，证券机构开营业网点必须获得人民银行总行批的金融营业许可证，证券机构要先报给分行，由分行报人民银行总行批。我知道一般公司对外营业的叫营业部，对内的部门叫业务部，像经纪业务部、自营业务部。我想了一个办法，让这些公司在上海设立业务部，这个业务部不对外营业，是内设部门，不需要人民银行批的对外营业许可证，但是要去上海工商管理局办理工商登记许可证，成为法人。当时人民银行跟工商局的关系比较密切，行长先跟他们局长打个招呼，我们再跟工商局注册登记处商量具体操作。后来我们把名字定下来叫某某证券公司（上海）业务部，比如浙江证券公司（上海）业务部，中农信是一个信托公司，叫中农信（上海）证券业务部，上海都放在括号里面，要加证券两个字，后面都是业务部。工商登记注册后就是个法人了，然后就以这个名称的法人身份进入上交所做会员。所以上交所最早的25个会员中，有10多个外地会员都是以这样的方式进入上交所的，我们把会员范围扩大到了全国。这样做的意义是上海证券交易所从一开始就是全国性交易所，投资者来自全国，证券交易价格也是全国统一价格。

一两年后，人民银行总行放开了，其他地方的券商可以直接进入上海证券交易所，也可以到各地设营业部。改革当中肯定会遇到不同的问题，我们绕道走了一点弯路，但最终把这个事情做成了。

上交所最初筹建时候的交易方式

上交所最初筹建时的交易方式其实没有明确的想法，是在筹建过程当中逐步形成的。我们通过一些旧上海交易所老经纪人了解到那时候是写黑板，这种交易方式已过去半个多世纪，太落后，就没采用。我们在交易规则中写了三种交易方式，第一种是口头唱报竞价，就是东京交易所采用各种各样打手势的动作。第二种是计算机终端申报竞价，香港交易所交易大厅里每个交易员面前都有一台电脑。第三种是专柜书面申报竞价，纽约交易所是在专柜用纸面下单的，到收市的时候地上全部是纸片。在大家对采用哪种交易方式举棋不定的时候，筹备组一个曾在国外学过计算机的上海财大年轻教师谢玮，现在是上交所的首席技术官，突然说其他的交易方式别考虑了，你们就告诉我交易的原则是什么，我去写一个软件，用微机联网交易就可以了。我说我只知道交易原则有三条，第一价格优先，第二时间优先，第三大宗优先。他说这三条就够了。大概两三个礼拜他就把基础软件写出来了，最后我们就以微机进行电脑自动撮合竞价交易了。

所以上交所的交易方式一开始就是亚洲最先进的。我后来才知道香港交易所的电脑在20世纪90年代初是用于场内申报价格的系统，场外通过电话把交易的价格和需求报进来，由场内交易员把场外来电的信息包括买进什么股票、多少股、价格等等输进电脑，场内其他的交易员在电脑里看到后再打

1990年开业的上海证券交易所交易大厅

电话给这个交易员。当时场内交易员有两部电话，一部联通场外，一部联通场内。两个场内交易员通过讨价还价成交后，就把成交的价格输进电脑，然后再到大厅中央的话筒上喊一下。这个过程并不是真正完全用电脑自动撮合竞价的交易。我们是完全自主开发使用这样一个自动撮合竞价的电脑交易系统。过了几年，有一批外国投资者看到我们用电脑交易，就问我上交所的交易系统是买的国外谁家的，我说不是买的，是我们自己研究设计的。他们当时都很惊讶，直夸我们做得好。

当时采用的电脑自动撮合交易，并不是拍脑袋凭空想出来的，而是计算机信息技术发展到那个阶段，正好中国也有谢玮这样的人才会编软件程序，使用计算机现代化技术。这又应了那句话，机会是留给有准备之人的。

上交所筹建最初的交易模式就具有一定的先进性。我们是场外报单给场内交易员，交易员将指令输入电脑，不管是买还是卖，所有的券商指令都输入电脑，在电脑里自动完成撮合竞价交易。当时的港交所就没有那么先进。香港那时是场内交易员之间还要通过打电话商议成交价格。比如投资者想要卖100股某个股票，报价100块一股，券商就从场外打电话给A交易员，A交易员将数据输入电脑，其他的券商交易员在电脑中看到价格，如果想买，B交易员就通过场内电话打给A交易员，相互谈妥价格后，将成交价手工录入电脑，再到台上用麦克风公告成交了什么股票、价格是多少。所以他们的成交

1990年上海证券交易所成立，标志着中国证券市场正式诞生

不是电脑自动撮合的，电脑只是报价而已。美国纳斯达克一开始也是报价系统而不是自动撮合系统，当时，我们在交易方式上与国际相比，一点都不比别人落后，再加上一年多后，我们改成了无纸化交易，不再使用实物券进行交割，就更加先进了。伦敦交易所曾经花了两千万英镑想学我们的无纸化交易，结果人来了学了回去，研究下来还是放弃了。因为英国要把这个学过去的话，那些搬券的人、保管券的人就要失业了，既得利益者都不同意，这样一来改革就失败了没做成。当时有些事情我们走在比较前面，因为我们没有包袱。

《上海证券交易管理办法》的出台

1988年我在人民银行上海分行执笔起草了《上海证券交易管理办法》后就交给上海市政府审批。可是市政府法制办的同志们鲜有接触，对金融特别是证券方面法规不熟悉，所以花了很多的时间去理解消化，经常会把我叫过去，问这句话是什么意思、那句话为什么要那样写？我不断地跟他们解释讨论，办法却始终没有出台。筹备上海证券交易所时，朱镕基当时就要求市政府法制办主任卢莹辉马上将法规搞出来，上海市政府发布一个政府令，作为成立上海证券交易所的法律依据。

会后罗时林副行长马上就传达了会议精神，他跟我说，张宁你去市政府法制办把原稿拿回来改一下，改完后我们再报市政府。我知道1988年草拟的那个法规没有涉及交易所，要作为成立交易所的法律依据是不完善的。原稿拿回来后，我在《上海证券交易管理办法》中加了两章。一章是证券交易所，其中明确了交易所必须经国家许可设立，实行会员制，并对章程内容和会员业务等作出规定；另一章是证券业同业公会。法规改完后由人民银行上海分行再报到市政府法制办，很快就由朱镕基市长签发了。

1990年11月26日召开了上交所会员大会暨第一届理事会，上海证券交易所成立。11月27日朱镕基市长签发了第40号市长令，颁布《上海证券交易管理办法》，12月1日正式生效。交易所12月19日正式开业交易，就是依据的这个办法。即使现在来看，上海证券交易所成立都是完全合法合规的，既有法律依据又有国务院同意、人民银行批文，这是上海筹建上交所最大的一个特点。《上海证券交易管理办法》在当时具有非常重要的意义，它是新中国第一个较全面的证券管理方面的法规，也是全国第一个地方性的证券法规。

1994年左右，我接待一位美国证券交易委员会律师委员，他说看过你们中国所有的证券法规，觉得《上海证券交易管理办法》是最全面的一个证券法规。我对他说，感谢您对我们《上海证券交易管理办法》的评价，我也很自豪地告诉他这个法规是我执笔起草的，不过他给出这个评价，说明他其实不了解中国情况。他觉得国务院《股票发行交易暂行管理办法》不全面，是因为当时国家证券管理体制是分散的，证监会只能管股票，人民银行管债券，交易所归地方政府管，国债归财政部管，在这样一个分散管理体系下，法规由一个部门起草就一定有局限性，才导致没有一个全面的法规，除非国家层面立法。但是那时市场刚开始，国家立法还没有提上议事日程，一个部门超出自己管理的范围来制定全面的法规是不可能的。但是上海的法规搞得比较早，1990年时证券方面所有主体及行为都是人民银行管，所以人民银行上海分行在上海范围内就可以起草证券市场全面管理的办法，报市政府批准就行了，这是历史条件决定的，我们能这么做，不是我比别人更高明或者更有能力，而是历史条件决定的。确实，当时境外对《上海证券交易管理办法》的评价还是比较高的。作为一个执笔起草者，我要感谢那个时代，给了我那样一个机会，能够去做那样的事情，我们赶上了改革开放的好机遇。

在起草交易所章程时，我十分纠结交易所英文名称到底选用stock还是securities，我查了纽约、中国香港、中国台湾等证券交易所，分别用了这两个单词，差不多是对半。最后，考虑到当时上海证券市场不管是交易品种还是数量，都是债券多股票少，而且报送总行的交易所设计报告中也明确上海证券交易所是以债券交易为主，就和尉文渊一起商量定了“上海证券交易所”英文名称为：SHANGHAI SECURITIES EXCHANGE。这样英文名称

1990年11月，上海证券交易所成立，这是新中国成立以来内地开业的第一家证券交易所。1991年7月，深圳证券交易所成立。图为1991年10月，市民在上交所门前排队办理股票账号登记手续

与中文名称也完全对应。两年后，我在给上交所交易员培训时，看到上交所文件汇编中已将英文名称中的“SECURITIES”改为“STOCK”了。

股票凭证的故事

1986年纽约证券交易所董事长约翰·范尔霖到访中国，受邓小平接见时送给邓小平一枚纽交所的徽章。我们也要找一件礼物回赠他，当时人民银行总行研究后决定送一张中国的股票给他。那时中国的股票非常少，如果能送一张股票，也代表着中国改革开放的意义。当时我们接到总行金管司李小平处长的电话，说北京天桥发行股票的时间比上海小飞乐公司的早两个月，应该是改革开放后的第一只股票，但实际上那是一张印制很简单的收款凭证，上面还写着“三年到期还本付息”。所以需要上海分行找一张最早的股票送到总行。

我们认为上海第一只股票是1984年11月公开发行的飞乐音响，就向公司要了一张50元面值的记名式个人股票。

当时为了防止股票被仿造被篡改，人民银行上海分行对印制审核要求非常严，基本上都是由上海五四二厂（上海印钞厂）设计印制的，上面含有各种各样的防伪标记，制作非常精良。当时的股票都是记名式的，把股票送到北京的人民银行。上海分行副行长周芝石，那张股票记的是他的名字。收到股票后，人民银行总行行长陈慕华把这张股票送给了约翰·范尔霖。

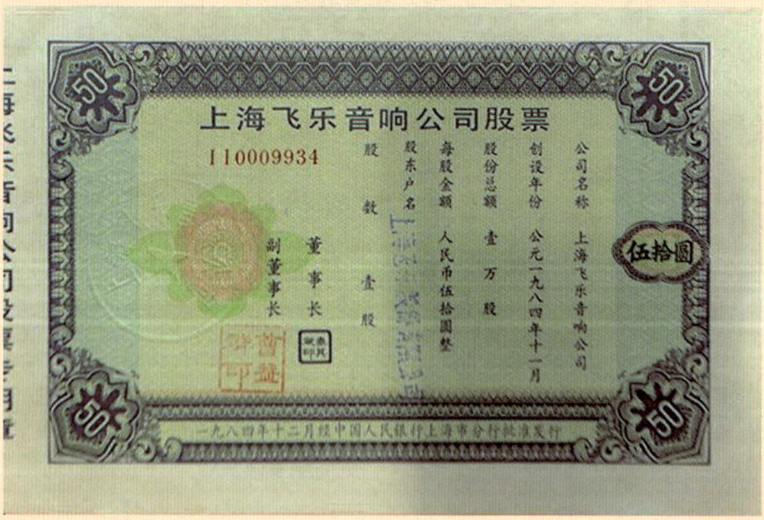

1984年11月，上海公开发行的第一只股票

张宁在上海市基金同业公会第一届第二次全体会员大会上致辞

范尔霖拿到这张股票后下一站到了上海，本来行程中没有安排参观营业部，结果他自己花钱请警车开道，专程去了工商银行上海信托投资公司静安证券营业部。大家开始以为是最大交易所的董事长到最小的交易柜台去参观，结果他到了那里把小飞乐股票拿出来说，请你们把它过户到我的名下。范尔霖知道记名式股票的法律意义是什么，股票记谁的名字才算是谁的，所以他要求过户到自己名下。但当时周芝石不在场，随行的人民银行上海分行行长李祥瑞就把股票从周芝石的名下先过户到自己名下，然后再从自己名下过户给范尔霖。这张股票被带回美国后，挂在了纽交所的陈列厅里，标题是社会主义中国的第一张股票。

从发行国家认可的第一只股票到现在快35年了，上交所自1990年成立到现在也马上29个年头了，新中国资本市场的发展道路尽管走得曲曲折折、坎坎坷坷，但在不断地往上走、往前走，走得还算比较快、比较平稳，跟得上国际的步伐，今天上交所在国际市场的排名已经在前三前四，为中国的改革开放、经济发展做了很大的贡献，我们一定要看到它在宏观上的重大作用。展望未来，随着我国国际化、市场化、法制化的水平越来越高，资本市场会在经济发展过程当中发挥越来越重要的作用。

我在这个过程中出了一点力，做了一些工作，对我来说有非常重要的意义。跟今天的资本市场的后浪相比，我们没有那么好的成长条件，但我是幸运的，遇上了中国的改革开放和资本市场发展的好机遇。我努力过，拼搏过，青春无悔。

本文成稿于2020年6月

作者简介：

张宁，1974 年进入银行工作，高级经济师，高级工商管理硕士。曾任上海证券交易所党委副书记、监事长，上海证监局党委书记、局长，上海市第十一届、第十二届政协常委、经济委员会副主任，还曾任上交所公益基金会副理事长。张宁具有四十多年金融从业经历，是中国资本市场最早的参与者和亲历者之一。

资本市场的往事回忆

黄运成（中国证监会研究中心原正司级研究员）

黄运成在中国独立财富管理峰会上发言

受西庆副主席发言的启发，我讲讲证监会成立之初的三件事。

第一件事我用一个词叫“分析”。就我个人的工作简历而言，大体可以分为这样三段式。第一段是前10年，在中国人民大学上学和当老师，我是学统计的，也当过统计学老师。第二段是中间7年左右时间，在国家体改委工作，分别在中国体制改革研究所和宏观调控体制司工作。宏观调控体制司（简称“宏观司”）办公地点在中南海北区工字楼，我在那里工作了四年。第三段经历就是在证监会工作，有23年的时间。在中南海工作期间，我当时是主持宏观经济分析工作的副处长，我经历的司长先后有三位，第一位是傅丰祥，后来是证监会副主席；第二位廖锡顺，1991年上半年退休；第三位是楼继伟，后来是我们国家的财政部长。我工作的主要内容是开展对中国宏观经济的定期分析，包括撰写宏观经济的周报、月报、季报、半年报和年报，也开展一些专题分析。当时我们处里有三个人，我主持工作。我们写的报告主要送国家体改委主任、副主任和国务院总理、副总理。从1991年初开始，新中国证券市场诞生，即上海、深圳刚刚成立的证券交易所，交易的主要品种是股票，因此，我们的宏观经济分析也把股市分析作为一项重要的内容包括进去。当时，国家体改委的重要改革任务之一是推动国有企业的股份制改造，因此对沪深交易所的建立和运行，国家体改委是最关心和支持的政府机构。在这种背景下，我们提供的对股票市场的分析，国务院领导和体改委领导都非常关心。国务院领导经常在我们的分析报告上做出重要批示，指示体改委要关心、指导好这两个市场的发展。因为有国务院领导的关心，宏观司对股票市场的分析也非常重视。当时，北京有一个单位叫证券交易所研究设计联合办公室，简称“联办”，这个单位是一个民间机构，挂靠国家体改委，具体由宏观司分管，李青原是分管“联办”的副司长，我协助李青原做一些具体工作。1991年初，上海、深圳交易所刚刚成立，还是上海、深圳这两个地方政府管的机构，中央政府对这两个交易所不进行直接管理，因此，我们对交易所市场情况的分析是国务院领导了解这两个市场的最重要的信息来源。这项工作是我具体组织的。当时，联办由王波明、章之方、高西庆、戴小京几位同志负责，王波明总负责。为了搞好交易所市场的分析，我建议王波明组织一个团队，对两个市场进行每天的跟踪观察，每周出一个周报，每月出一个月报，一是供联办内部使用，另外也可以通过国家体改委报国务院。王波明非常赞同我的意见，经研究后决定成立一个“证券市场分析组”，由我兼任组长，具体分析人员通过招聘解决，由我来指导他们做分析工作。市场分析组出的报告就叫“证券市场周刊”。市场周刊每周五晚上完成，出10多页纸的刊物。虽然是内部刊物，但是大家做得很认真。开始招聘时，正好宋丽萍刚刚从日本回来，她就成为市场组招聘的第一个人员，联办任命她为市场分析组的副组长，以后又陆续招聘了10多个人员，很多人现在都是证监会副司级、正司级干部，包括中国上市公司协会宋丽萍会长、上市部赵立新主任、北京证监局林雯副局长等。证券市场周刊虽然页数不多，但是大家很爱看，在国家体改委内部，很多领导都找我要这个刊物。我也把其中的重要内容反映在国家体改委宏观分析月报中，上报给国务院领导。这是资本市场宣传刊物最早的雏形吧。后来，联办申请了正式刊号，就是现在公开发行的《证券市场周刊》。因为当时市场交易的股票不足10只，我是学统计的，就用简单的计算机软件TSP，编了一个股票分析程序，分析股票的交易行情，包括K线图、平均线分析等。这种分析方法现在看起来是太粗糙、太简单了，可是在当时的市场发展初期，大家对证券市场都不了解，分析方法就是这样简单。这是第一个故事。

第二个故事叫“设计”。1992年上半年，虽然两个交易所成立了，但是主要是沪、深地方政府监管，市场波动很大，出了很多问题。这两个交易所未来怎么发展？国务院领导很关心，指示国家体改委做一个专题研究，提出一个思路。当时，刘鸿儒是国家体改委分管金融的副主任，他把这个任务交给了宏观司。刘鸿儒同时提出，要组织几个人到国外去考察一下，提出一个发展中国股票市场的战略框架。于是，国家体改委就确定了两个考察组，一组去东南亚，一组去欧洲。东南亚这个考察组由刘鸿儒亲自带队，楼继伟、霍恩全、我、关敬如等同志参加。考察组于1992年7月出发，去了马来西亚、泰国和新加坡，考察了20多天，主要考察各国的证券监管机构、财政部、证券公司、银行等机构。考察的过程中，根据境外的情况，结合中国当时的现状，刘鸿儒提出了自己的一些想法。包括：（一）未来要成立的中国证券监管机构应该尽量减少行政化色彩，运行机制要灵活，主要按法律规章办事；（二）证券监管涉及众多部门，应该把多部门的意见集中起来，这样有利于推动新事物的成长；（三）证券监管的对象都是市场中的金融机构，监管机构要廉政的话，收入也应该高一点。根据刘鸿儒的这些想法，包括其他领导的一些考察感想和体会，回来以后，由我来写考察报告。当时的考察报告先写了一些考察过程，最后提出了几条考察建议。主要包括：（一）证

1992年7月，黄运成陪同刘鸿儒、楼继伟一起在境外考察资本市场，讨论中国证监会如何成立的方案

券市场在国外经济运行中发挥了非常重要的作用，国家体改委应该积极支持我国证券市场的发展；（二）建议国务院成立一个“国务院证券委员会”，成员由国家现有的16个部委组成，共同制定对证券市场监管的重大政策，国务院证券委员会下面设立一个具体的证券监管机构，作为国务院证券委的执行机构，来具体实施国务院证券委制定的政策，同时开展对证券市场的日常监管；（三）证券市场监管机构的性质暂定不确定为国务院的内阁成员，确定为一个事业单位，主要考虑是这样的机构，设立起来政治阻力小一些；（四）证券监管机构干部的收入可以相对高一些，可以起到高薪养廉的作用。这个报告经过领导修改以后，被送到了国家体改委领导的面前。当时，还有另外一组人员的考察报告，也提出了一些很好的思路，主要是介绍发达国家对证券市场是怎样监管的，主要的监管机构的性质、职能等。

这两份报告当时都报给了国务院，国务院领导和体改委领导都有重要批示，对此非常重视。事有凑巧，考察报告送上去不久，1992年8月，深圳发生了震惊全国的抢购股票发行权证的“8·10事件”，当时的总书记江泽民很重视，要求国家体改委抓紧研究如何监管股票市场，这就催生了国务院证券委员会和中国证券监督管理委员会的建立。国务院证券委当时就是由16个部委组成的一个议事机构，下面有一个办公室，主要落实证券委作出的一些重大决策，中国证监会是国务院证券委下面的一个日常执行机构，从事对证券市场的日常监管。因为证券委是一个议事机构，不是国务院政府成员单

1994年黄运成陪同刘鸿儒主席参加资本市场研讨会

1993年9月，黄运成作为中国三峡工程建设融资方案设计主要负责人，在北京京西宾馆参加中外金融专家论证会。通过论证后，与三峡工程建设委员会领导一起合影

位，每季度开一次会议，中国证监会自然也不是国务院成员单位，是一个事业单位。证券委和证监会最初成立时的经费有一部分都是向其他单位借的。当时，中央和国务院决定刘鸿儒当证监会主席。这是一个非常有挑战性的工作。刘鸿儒当了证监会主席以后，开疆辟土，大胆创新，初步建立了证监会的基本监管框架。

第三个故事就用一个词叫“参与”吧。1993年，我当时正承担一项重要任务，即主持“中国三峡工程建设融资方案设计”。为了完成这项任务，我组织了一个专门团队，刻苦攻关一年多的时间，于1993年10月完成了“中国三峡工程建设融资方案设计”，国务院三峡工程建设委员会在京西宾馆组织召开了国内外证券机构和专家参加的方案论证会，讨论通过了这个方案设计。

此后，中央政治局常委会听取了融资方案的汇报。1993年12月下旬，国务院总理李鹏在湖北宜昌，听取了包括（1）三峡工程建设方案，（2）三峡工程建设移民方案，（3）三峡工程建设融资方案的三个重大方案的汇报。我是融资方案的汇报人，陆佑湄副部长是三峡工程建设方案的汇报人、漆林副部长是移民方案的汇报人。完成了这个任务以后，我被调到国务院证券委办公室工作。当时，办公室主任马忠智同志说了一句让我印象很深的话。马主任跟我说，“别人到国务院证券委工作都是他们找我的，你是我唯一一个我

1993年12月，黄运成作为中国三峡工程建设融资方案设计主要负责人，在宜昌向李鹏汇报融资方案。汇报完后，与李鹏及夫人一起合影

2001年参加第二次全国金融工作会议筹备，黄运成作为秘书组组长，受到朱镕基总理接见。易纲（右三）当时是文件组组长，现在的央行行长

找到你的人”。马主任的这句话令我非常感动。

从1995年被调到证券委办公室工作后，到目前已经26年了，我参与了证监会很多重大政策的研究和一些重大事件的筹备，先后在不同的岗位工作过，包括证券委办公室、证监会研究室、上海证监局、证监会期货监管部、辽宁证监局、证监会研究中心等单位。

对于资本市场20多年的工作经历，我主要讲三方面的体会，用三个词。

2001年参加第二次全国金融工作会议筹备，黄运成作为秘书组组长，受到温家宝副总理接见

第一点要讲的是证券监管机构的定位。监管机构的定位，实际上这是一个不断摸索的过程。从现在证监会的定位来讲，仍然有很多方面不完善和需要调整，其中最重要的一点是监管本位是从投资者出发还是从融资者出发。我们现在考虑问题、制定监管政策和措施都是从融资者出发的，并没有真正确立投资者本位的监管理念。因为我们现在无论是从操作层面还是以政策层面、法律层面，都是从融资者的角度去考虑问题。我在很早以前就提出来，证券监管机构必须调整自己的定位，从投资者角度来考虑监管问题。这是投资者本位问题。由于种种原因，一直也没有将这个关系纳入政策考虑问题中，到了肖钢主席时，才提出要把从投资者角度考虑问题纳入政策考虑的范围。但是迄今为止，投资者本位仍然没有确立。这个问题不解决，投资者权益保护问题是很难落实到位的，我们很多政策的初衷与实际效果相比，就是南辕北辙。

第二点要讲的是证券法律的制定。证券法律问题是一个非常广泛的概念。我们现在讨论的问题都是从资本市场本身来考虑。第一个层次是证券法；第二个层次是各种证券条例，如上市公司监管条例、证券公司监管条例、投资基金监管条例等；第三个层次是监管办法。以前我也是从这些层次来考虑证券法律制定问题。退休以后，我感觉到证券法律体系应该从更高的层面去考虑，仅仅就资本市场法律来谈法律制定是不够的，我们仍然走不出原有的框架。我们应该从更广泛的角度考虑立法问题，包括证券法怎么立？立法的程序和立法的方法等一些内容。实际上，我们现在的立法都是部门立法，考虑的是局部的部门利益，而不是全国和全局的利益。这个局面如果不改变，我们的法律可能还仍然走不出现在的这个困境。

第三点要讲讲资本市场中三类重要机构之间关系到底应该如何确立？包括证监会、交易所和其他监管机构。其中最需要澄清和明确的是交易所的市场定位，包括证券、期货交易所，这些交易所到底应该定位为什么性质的市场机构？它们是监管机构的一部分吗？证监会一直是这样定位交易所的，但是我认为，不应该这样定位交易所。我很早就提出来，交易所不是一个监管机构，交易所定位要明确，交易所要从五位一体的监管体系中撤出来，还它市场主体的地位。这个问题如果不解决，利益旋转门事件就解决不了，公平公正公开的监管目的就难以达到。资本市场的市场化发展目的也很难达到。资本市场的市场化、法制化、国际化发展，一个核心问题就是交易所的定位和发展问题，交易所的定位与证监会的定位紧密相关，交易所定位清楚了，证监会的定位也就清楚了，交易所如果不被明确定位为一个市场发展主体，而是定位为一个监管机构或监管机构的一部分，我们这个市场就不是真正的市场，就是一个行政干预强烈的市场，一个扭曲的市场，一个不透明的市场。资本市场改革，说到底就是证监会本身的改革和交易所本身的改革，只有理清了证监会与交易所之间的利益关系，资本市场改革才能真正到位，资本市场发展才能朝着正确的方向前进；资本市场的功能发挥，市场在资源配置中发挥决定性作用这个目的才能真正实现。如果交易所的改革不到位，中共十八届三中全会上提出的市场决定资源配置的想法只能是一种想法，它就不能够真正落实到位。我就讲到这里，谢谢大家。

（2019年11月23日，中央财经大学“三十年风雨征程——资本市场发展研讨会”发言记录，2020年5月25日整理。）

作者简历：

黄运成，籍贯江苏连云港，中共党员。长期任职中国证监会，历任：国务院证券委办公室政策研究处处长，中国证监会政策研究室副主任，上海证监局副局长，中国证监会期货部副主任，辽宁证监局党委书记、局长兼沈阳稽查局局长，中国证监会研究中心正司级研究员。

执行证券业务会计师事务所脱钩改制及其深远意义

张为国（中国证监会原首席会计师）

1997年1月至2007年6月我任中国证监会首席会计师、会计部主任，2004年9月起又兼任证监会国际部主任。我的工作职责之一是监管从事证券业务的会计师事务所和注册会计师。这十年中在证监会四任主席周道炯、周正庆、周小川、尚福林，和分管会领导范福春、陈东征、汪建熙、屠光绍、李小雪等领导下，在证监会首席会计师办公室和国际部同事的共同努力下，在证监会系统各方面的协助下，我为中国证券市场的改革和发展做了一些具体的工作。其中之一是倡导和推动对我国证券市场和注册会计师行业发展影响深远的会计师事务所脱钩改制工作。

一、会计师事务所从事证券期货业务特别许可制度的形成

1984年，我国经济体制改革转向城市。当年，上海、北京等地的一些企业开始向公众发行股票。1986年，上海和另一些城市的银行开始设立股票交易中心，试行股票公开交易。1990年，以股票集中交易为标志的上海和深圳证券交易所先后开张。这推动了中国注册会计师行业的发展，因为证券市场功能的有效发展，有赖于上市公司高质量的信息披露，而信息披露质量的一个重要保障机制，是注册会计师对上市公司财务报表的独立审计制度。各国证券市场发展的历史都证明，高业务素质和职业操守的注册会计师行业是证券市场基础设施之一。

1992年8月13日，国务院在北京召开部分省市股票市场试点工作座谈会。会上，国务院常务副总理朱镕基一针见血地指出：一些地方的会计师事务所不具备基本的业务素质，不但审查不严，甚至作伪证。我们的政府如果放过这种恶劣行为，不能保护公众利益，就是失职、渎职。他指示：要抓紧制定对会计师事务所的管理办法，保证股票发行与上市公司的质量，保证股份制与股票市场试点工作的顺利进行。

1992年10月，中国证监会成立。1992年12月17日，国务院发布《关于进一步加强证券市场宏观管理的通知》，明确规定：财政部归口管理注册会计师和会计师事务所，对其从事证券业有关的会计事务的资格由证监会审定。

2001年11月18日，分管首席会计师办公室的证监会主席助理汪建熙和我与浙江天健会计师事务所董事长胡少先（右二）及董事会成员郑启华（左一）、朱炳有（左二）、王越豪（右一）在一起。老汪20世纪80年代是中华会计师事务所的审计部经理。我俩是1990年前后分别在上海财大和财政部财科所取得博士学位的。我的导师娄尔行和他的导师杨纪琬20世纪30年代是上海财大前身国立上海商学院会计系前后差两届的同学。他们俩共同的导师是原国立上海商学院会计系主任安绍芸。安绍芸和杨纪琬在新中国成立初期被作为专家型干部调到财政部工作，后分别担任财政部首任和第二任会计司司长，成为新中国会计制度的奠基人。由于这一渊源，老汪和我一直像师兄弟一样。也由于历史发展的特殊机遇和巧合，我俩成了证监会成立后前两任首席会计师。郑启华和王越豪曾任证监会股票发行审核委员会专职委员。朱炳有是我1987年从澳大利亚回国后在上海财大第一次为研究生上课时的研究生

当年年底前，两批会计师事务所取得了从事证券业务资格，其中第一批为中华、中洲、中信三家事务所；第二批为浙江、江苏、北京、吉林、湖南、安徽、新疆、毕马威华振、安达信华强、安永华明十家事务所。为使会计师事务所及注册会计师从事证券业务资格的审批和监管工作更加规范化，财政部和证监会在1993年2月23日联合发布《关于从事证券业务的会计师事务所、注册会计师资格确认的规定》。据此，相关部门又在1993年批准了30家会计师事务所从事证券业务的资格。此后，随着证券市场发展的需要，两部门还逐步批准了更多事务所从事证券业务的资格（见图1）。在会计师事务所“做大做强”方针的指导下，我国会计师事务所从2001年起掀起合并潮。此后，有从事证券业务资格的会计师事务所逐步减少。

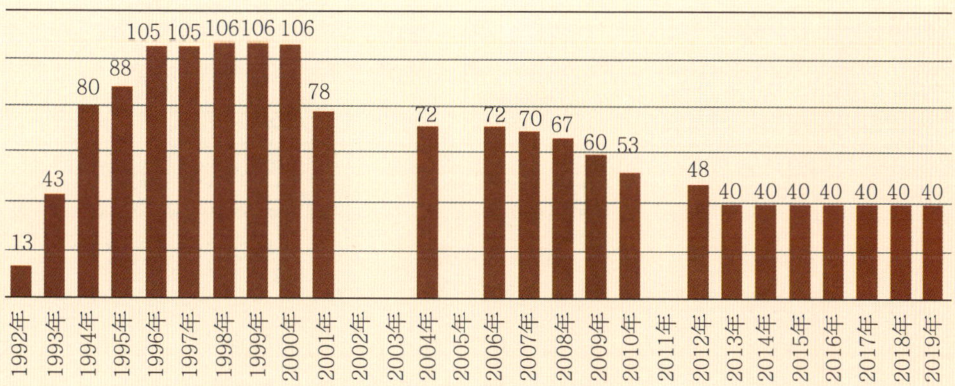

图1　证券期货资格会计师事务所数量变迁（家）

（数据来源：YCY会计行业观察）

在我国对会计师事务所和注册会计师从事证券业务实行特别许可的制度，新中国成立后，特别是我国实行改革开放政策后，注册会计师行业发展的特殊背景有关。1949年之前，我国曾有注册会计师制度。1918年，曾任孙中山陆海大元帅府会计长的谢霖成为我国第一个取得会计师资格者，他也是我国第一家会计师事务所——正则会计师事务所的创始人。1949年后，我国逐步实行生产资料公有制和计划经济体制。会计成为计划经济体制的基础工作之一，会计监督逐步改由财政部及其他政府机关承担，注册会计师相应地逐步退出历史舞台。1978年，我们开始实施改革开放政策。次年，全国人大通过了《中华人民共和国中外合资经营企业法》。中外合资经营企业的兴起引起了有别于公有制和计划经济体制的会计服务需求，如合资方出资的验证、合资企业利润的确定、税务咨询等。1980年12月23日，财政部颁发《关于成立会计顾问处的暂行规定》，注册会计师制度开始在我国恢复。1980年9月1日，甘肃会计师事务所成立；1981年1月1日，上海会计师事务所成立。到20世纪80年代中期，几乎每个省都有了会计师事务所。1992年春天邓小平同志南方谈话发表，我国开始走社会主义市场经济道路，证券市场迎来第一次发展的高潮，也促进了会计师事务所的快速发展。到1992年底，全国已有会计师事务所1422家。在财政部主管下的会计师事务所蓬勃发展的同时，审计署主管下的审计事务所也在快速发展。1983年9月，审计署正式成立。由于中国长期实行公有制，国有经济几乎延伸到社会经济的每个领域，审计署理论上有权对社会上所有使用国有资产的机构（包括国有企业）进行审计。因此，审计署从成立之日起就着手建立社会审计制度，到1992年底，审计事务所达到2812家。

尽管财政部和审计署审批的会计师和审计事务所已有4000多家。但这些事务所中大多数都有天生的缺陷：成立时间很短、规模很小、执业经验很不足。另外，自1980年开始恢复注册会计师制度起，注册会计师、审计师资格都是通过考评取得的。1991年我国才开始实行注册会计师全国统一考试制度，1993年起又开始实行每年一次注册会计师考试的制度，但通过考试者人数有限，他们的实务经验又非常欠缺。结果，注册会计师和审计师队伍良莠不齐，执业所需知识普遍不扎实。在这种情况下，对会计师事务所从事证券业务实行特别许可制度，让那些成立时间相对较长、规模相对较大、会计师素质相对较高、执业经验相对较丰富的事务所来为证券市场提供服务，有助于提高上市公司信息披露的质量，保护投资者利益，推动证券市场健康发展。

考虑到注册会计师资格在早年都是通过考核取得的，注册会计师全国统一考试制度从1991年才开始建立，而证券市场相关法律法规又越来越健全，相关监管措施也越来越扎实，财政部和证监会在1996年初发布《会计师事务所、注册会计师从事证券相关业务许可证管理暂行办法》，规定：注册会计师从事证券业务还需取得证券相关业务资格考试成绩合格证书；事务所申报

2019年11月23日，中央财经大学举办的“三十年风雨征程——资本市场发展研讨会”。这是参会的部分证监会老同事的合影。左起：高西庆、华一枫、李小雪、陈耀先、李为、张为国、庞魁霞、王春玲。1999年西庆回证监会担任常务副主席后，指示、领导我及首席办公室的同志完成了一系列有关证券市场会计和信息披露监管相关的制度建设工作，包括在证监会初创时期他和老汪共同建立的上市公司信息披露框架的基础上，全面构架公开发行证券的公司信息披露体系，为商业银行、证券公司和保险公司改制上市建立包括双重审计在内的信息披露特别规定等

从事证券相关业务许可证时专职从业人员不能少于60人，其中职龄以内业务人员应占60%以上，有8名以上经考试取得证券相关业务资格成绩合格证书的注册会计师。

二、琼民源案

1997年1月9日，我正式到在北京方庄的中国证监会报到，接任首席会计师一职。不到一个月受命参与琼民源案的查处工作。此案对推动我国注册会计师行业的改革和发展起了重要的作用。

琼民源1988年在海口注册成立，1992年在全国证券交易自动报价（STAQ）系统中募集法人股，1993年在深圳上市，成为当时深市5家异地公司之一。上市第二年，公司便开始走下坡路，经营业绩不佳，股票无人问津。公司1995年年报显示，每股收益不足0.001元，年报公布日股价仅为3.65元。两个月后，股价以4.45元起步，在短短几个月内翻了数倍，蹿升至20元。在被某些无形之手悉心把玩之后，琼民源成了1996年中国股市神话中的一匹大“黑马”。

1997年1月22日，琼民源成为深市首家公布1996年年报的公司。年报披露1996年度实现利润5.70亿元，新增资本公积6.57亿元，每股收益0.867元，净利润比前一年增长1291倍，分配方案为每10股转送9.8股。年报一公布，公司股价进一步升至26.18元。因监管机关的要求，春节刚过，即2月1日，琼民源刊登补充公告，说明年度巨额利润和新增资本公积的来源。

由于琼民源年度利润和新增资本公积来源严重成疑，股价又异常急升，证监会立即调集各方力量进行稽查。此案也成了惊动国务院领导的大案。2月初，在时任中国证监会主席周道炯等领导的统一指挥下，由国务院证券委办公室主任兼证监会党委委员马忠智带队的中国证监会、中国人民银行和审计署组成的调查组去琼民源调查。证监会参与现场调查的队伍中会计专业背景的有我和李正强[①]，法律专业背景的有崔晓健。在北京参与调查的有证监会稽查部主任王京、会计专业背景的有王宗成[②]、法律专业背景的有曹里加和魏晓

① 李正强 1993 年 10 月经公开招聘到中国证监会工作，开始任机构监管部副处长、处长。1992 年证监会成立后，汪建熙担任首任首席会计师，后又兼任国际业务部主任，直至 1996 年 10 月。此间，李正强等协助汪建熙做了大量与证券市场会计监管相关的工作。以后，李正强曾任中国证监会基金部主任、中国银河证券股份有限公司党委书记、中国金融期货交易所常务副总经理、大连商品交易所总经理、党委书记、理事长等职务。

② 王宗成也是证监会成立不久被招聘入会工作的专业干部之一，开始在上市公司部工作。汪建熙担任证监会首席会计师期间，首席会计师办公室并无其他专职干部。1997 年 1 月我接任首席会计师后，开始逐步建立首席会计师办公室专业干部队伍，王宗成是我手下第一个处长。以后，他曾任陕西证监局副局长，证监会发行部副主任，证监会稽查总队副队长，浙江证监局党委书记、局长。现任证监会会计部主任。

2000年6月8日在参加上海金融发展研讨会期间和证监会的老同事合影。左起：李正强、朱从玖、陈东征、张为国、刘惠敏。东征任证监会副主席期间曾分管过会计部的部分工作，他凭在国务院办公厅工作的丰富经验，教导我应如何做好与财政部、国家计委、审计署等的沟通协调工作，使我受益匪浅

等人。证监会专门请当时执业质量和声誉一直很高的浙江会计师事务所的胡少先和吕苏阳协助调查。

最终查处结果为：琼民源原任董事长马玉和因犯提供虚假财务会计报告罪，被判处有期徒刑3年；公司聘用会计班文昭也以同样的罪名被判处有期徒刑2年，缓刑2年。负责年报审计的注册会计师事务所被处警告，直接承担审计任务的海南分所被撤销，分所主要负责人的注册会计师资格被吊销，签字注册会计师被暂停从事证券相关业务资格；承接评估业务的事务所被暂停从事证券相关业务的资格，事务所中有直接责任的注册会计师也被暂停从事证券相关业务资格。

此案一个重大而又敏感之点是，该公司的审计师是挂靠在财政部的中华会计师事务所，而该所当时在国内事务所中专业队伍力量最强、质量最高。自20世纪80年代初成立起，该所在伴随我国改革开放而生的我国注册会计师服务市场中所做的贡献也最大。鉴于此案的严重性和敏感性，证监会领导要求我经常亲自去我国会计界的泰斗、财政部会计司原司长、对该所十多年的发展倾注了大量心血的杨纪琬老先生家，向他汇报案件调查进展及发现的

问题，并在专业方面向杨老请教。杨老对我说，证监会调查发现的许多问题远超出他所了解的，让他感到此案的严重性，并帮助我从各方面进行分析，支持我的工作，也支持证监会的查处。证监会的查处报告拟就后，为避免差错，财政部专门成立了由杨老、时任财政部会计司司长冯淑萍、我、厦门大学教授黄世忠、国资委负责资产评估工作的关绮鸿等组成的专家组，对证监会的查处报告作鉴定。财政部作专家鉴定后，证监会还请审计署作了鉴定。作为财政部专家组成员的杨老和我在酒店同住一个房间。专家讨论接近尾声中午在房间休息时，杨老私下对我说，“小张，我主管会计工作几十年，不会犯糊涂。请放心”。由此案，我对杨老高超的相关理论、实务、政策、法规功底，以及高风亮节有了更深切的体会。设想，若杨老当时要求回避，或保持沉默，或对证监会的查处质疑，此案就不可能很快了结，这一中国证券市场和注册会计师发展史上有里程碑意义的案件就有可能以不同的结局载入史册。

一定程度是考虑到中华会计师事务所有雄厚的专业实力，也在我国恢复注册会计师制度初期作出过突出贡献，中国证监会对该所总所只做了一个较轻的处罚：警告。当时，除挂靠财政部的中华会计师事务所外，在全国各主

中华会计师事务所（集团）成立大会合影。参加成立大会的有我国会计界的泰斗杨纪琬，财政部主管会计司工作的副部长张佑才，中注协会长崔建民，财政部会计司原司长、时任中华会计师事务所总经理的陆兵，财政部会计司司长冯淑萍，中注协秘书长丁平准等。来自事务所的代表包括（按姓名拼音顺序）：常煊、付屏南、廖良汉、刘天聚、孙勇、田欣毅、王岚、张淳、朱震昌等

要城市也有挂靠在其他机构下的中华会计师事务所，包括上海中华社科会计师事务所、深圳中华会计师事务所、武汉中华会计师事务所、大连中华会计师事务所、深圳蛇口中华会计师事务所等。中华会计师事务所因琼民源案受查处后，为发挥综合实力、提高执业水平，防范执业风险，各地的中华会计师事务所商定组成中华会计师事务所（集团），并于1997年12月21—22日在北京举行成立大会暨第一次联合管委会会议。

非常不幸的是，尽管有那么强的实力和那么辉煌的历史，因琼民源案被查处后，中华会计师事务所一蹶不振，逐步淡出人们的视野。在我任证监会首席会计师初期，朱震昌领导下的深圳中华会计师事务所也是执业质量较高，出非标审计意见较多的会计师事务所之一。脱钩改制后，深圳中华改名为中天勤会计师事务所。几年后该所因银广厦等案被处罚，由此也退出历史舞台。

三、会计师事务所脱钩改制

特别值得一提的是，琼民源案直接触发了对我国证券市场和注册会计师行业发展影响深远的变革：会计师事务所脱钩改制。琼民源案件查处接近终了时，刚巧赶上各方面正为第一次全国金融工作会议做准备。时任证监会常务副主席陈耀先将我找去，问："为国，作为首席会计师您觉得，由琼民源案件，证监会有什么可建议全国金融工作会议讨论的改革措施？"我明确地

2018年5月19日，在小金牛俱乐部组织的活动上和证监会原常务副主席陈耀先在一起。参加那次活动的证监会老同事还有（按姓名拼音顺序）：安青松、曹里加、陈静、李冬萍、李为、陆宝珍、宋白、王连凤

回答："在我国已开始走社会主义市场经济道路，在证券市场已发展到现在的程度，在我国内地已有公司去香港、美国等市场上市的今天，会计师事务所仍然都是公家办的，都挂靠在政府机关或其他单位下，这显然不行，必须进行改革！"事实上，当时有从事证券业务资格的一百余家会计师事务所大多数是挂靠在财政主管部门下的，包括各省、市、自治区财政主管部门下基本都有一家，各省、自治区首府所在市财政主管部门下基本都有一家，其他沿海主要城市财政主管部门下也基本都有一家。此外，中央主要部委、上海财大、厦门大学、东北财大、上海立信会计学院、上海社科院等会计教学研究力量较强的高等院校和研究机构下也各有一家。这些事务所在改革开放初期确实曾作出过难以磨灭的贡献，但时至1997年，它们确实已到了需进行体制改革，脱胎换骨的时刻。

根据耀先常务副主席的指示，我于1997年七八月起草了《关于对具备从事证券相关业务资格的会计师事务所进行体制改革的设想》，内容包括改革的原因、突破口、主要问题等（见附件）。王宗成和李正强参与了起草工作。在分管首席会计师办公室的范福春副主席亲自指导下，我们对文件做了多次修改，还与注册会计师行业的主管部门财政部、中国注册会计师协会一再密切沟通协商，就相关的重大政策达成了一致意见。

1997年11月第一次全国金融工作会议召开。会后，中共中央、国务院下发《关于深化金融改革，整顿金融秩序，防范金融风险的通知》（中发〔1997〕19号文件），明确提出："为了保证投资项目和股票上市评估的公正性、科学性和真实性，尽快将目前隶属于各级政府职能部门的投资咨询、资产评估和会计师事务所、律师事务所等机构改为独立的社会中介服务机构，并抓紧制定相应的管理办法，依法规范其行为。"为配合这场改革，财政部和中国证监会在1997年12月31日发布《关于注册会计师执行证券期货相关业务实行许可证管理的暂行规定》，将"已经与挂靠单位脱钩"作为会计师事务所取得执行证券期货相关业务许可证的首要条件。1998年4月7日，财政部发布《关于执行证券期货相关业务的会计师事务所与挂靠单位脱钩的通知》，对这些事务所在"人事、财务、业务、名称"四个方面与挂靠单位彻底脱钩，改制成为以注册会计师为主体发起设立的自我约束、自我发展、自主经营、自担风险的真正意义上的市场中介组织提出了具体要求。1998年7月7日，财政部和证监会在北京联合召开"全国执行证券、期货相关业务会计师事务所脱钩改制工作会议"。财政部副部长张佑才做了"认清形势，加大力度，抓紧抓实，彻底脱钩"的报告，中国证监会副主席范福春做了"认清形势，加快改革，进一步提高注册会计师规范执业水平"的报告。会后，财政部于1998年8月25日发布《关于进一步加快会计师事务所及审计事务所体制

2002年12月31日，将离任中国证监会主席和赴任中国人民银行行长的周小川，刚到任中国证监会主席的尚福林，证监会副主席范福春、屠光绍和证监会首席会计师办公室的同事们合影。我到中国证监会任首席会计师初期受周道炯主席直接领导；不久开始受福春副主席领导；2004年9月起，我兼任证监会国际部主任，这方面的工作一直受光绍副主席领导。后排站立者都为当时首席会计师办公室的同事，左起：徐艺泰、李海军、李筱强、张为国、邓寰乐、陆德民、吴维春、王宗成、郭旭东、刘云峰、傅依、冯增炜

改革的通知》，明确要求：执行证券、期货相关业务的事务所，必须在1998年12月31日前完成脱钩改制工作；挂靠国务院部委及中央有关单位，由中国注册会计师协会直接管理的事务所，应在1998年底，最迟在1999年第一季度前完成脱钩改制工作；其他事务所于1999年12月31日前完成脱钩改制工作。到1998年底，全国103家具有执行证券期货相关业务资格的会计师事务所相继完成了脱钩改制工作。原挂靠中央单位的117家会计师事务所、审计事务所也完成了脱钩改制工作。第二年其他会计师事务所也完成了脱钩改制工作。

四、几点体会

1.各国证券市场发展的历史都证明，高业务素质和职业操守的注册会计师行业是证券市场基础设施之一，因为证券市场功能的有效发展，有赖于上市公司高质量的信息披露，而信息披露质量的一个重要保障机制，是注册会计师对上市公司财务报表的独立审计制度。

2.我国改革开放和走社会主义市场经济的道路上，有时需要看准机会，大胆闯关，而不应顾虑重重、踌躇不前。20世纪90年代末会计师事务所脱钩改制就是一个成功的范例。此项改革工作在短期内完成，彻底改变了我国会

计师行业的责、权、利关系，为注册会计师独立、客观、公正执业奠定了体制基础，极大地释放和激发了事务所活力，对我国证券市场和注册会计师行业发展的影响深远。

3.确保上市公司信息披露的质量和证券市场在经济资源配置中作用的有效发挥，需要加强对为之服务的注册会计师行业的监管，包括严厉查处违法违规者。但监管不能图一棒子打死之快，而应充分认识到注册会计师受托审计、抽样调查和专业判断等的局限性，以引导提高专业水平与执业操守为先，在淘汰劣者的同时，努力保护整体质量较高的会计师事务所，使之能茁壮成长，并为证券市场和经济发展作出更大的贡献。

我在中国证监会任首席会计师后期，分管领导是证监会纪委书记李小雪。此前，小雪书记任证监会国际业务部、上市部、发行部、机构部主任期间，我们经常就会计和其他监管问题讨论协商。2007年6月，我去伦敦任国际会计准则理事会理事。当年夏季，小雪书记带队来英国考察注册会计师监管工作。这是8月16日我们在伦敦的合影。前排左起：上海证券交易所副总经理周勤业、小雪书记、我、我离开时接任证监会首席会计师之职的周忠惠。后排左起为证监会的同事：宋征、郭晓燕、陆德民、李筱强。20世纪90年代初我在上海财经大学会计系任系主任时，周勤业是系副主任。周忠惠和我在20世纪80年代末是同一导师娄尔行指导下的上海财大会计系博士生同学。2007年为接任证监会首席会计师之职，周忠惠放弃了普华永道中天会计师事务所总经理和主任会计师之职及丰厚的报酬

附件

关于对具备从事证券相关业务资格的会计师事务所进行体制改革的设想

（1997年8月22日）

一、原因

目前在世界上，会计师事务所一般采用合伙制或有限责任制。这种制度的一个显著特征是注册会计师的责任与他们的利益紧密结合，注册会计师因疏忽或舞弊而提供虚假财务信息，可被追究法律责任。这种制度也可使注册会计师保持公正独立，成为可靠的“经济警察”。

我国注册会计师制度自20世纪80年代初恢复以来，会计师事务所一般由政府财政、审计、税收或其他行政机关、学校或其他事业单位投资创立，并“挂靠”在这些单位，或虽由注册会计师出资创立，但“挂靠”在某一单位。绝大多数会计师事务所与“挂靠”单位在业务、财务、人事和管理等方面保持着紧密联系。这种制度的主要弊端如下：

1.事务所普遍成为“挂靠”单位安排离退休人员、亲朋好友和单位创收的场所，不少事务所老龄化问题相当严重，执业相当不规范。

2.当注册会计师或事务所因提供虚假报告而被追究法律责任时，其“挂靠”单位、上级领导往往会设法干预，使查处工作难以进行。因而，责任难以落实到人，从而使注册会计师缺乏风险意识与责任感。

3.各地、各部门普遍实行地区或部门保护主义，这使一些具有较高执业水平的会计师事务所难以跨地区、跨部门开展业务，业务量难以扩大，造成一种数量多、规模小、水平低的，一盘散沙的局面。相当一批事务所迫于生计，降低执业标准，竞相低价拉客，根本谈不上独立公正执业，更谈不上投入巨额资金改善技术条件，高薪聘请高质量的会计师，进行必要的职业培训。所有这些，致使我们的事务所根本无法与已进入我国的国际“六大”会计师事务所竞争。长此以往，我国的主要会计师市场完全有可能被国外会计师事务所占领。

证券市场的健康发展仰赖充分、可靠、及时的信息披露制度，而上市公司所披露信息是否充分、可靠、及时，又和注册会计师的独立性以及由此所决定的执业质量息息相关。但目前我国的情况却相当不尽如人意。最近，我会在对上市公司和会计师事务所的例行检查和专案调查中发现，目前我国上市公司公开披露的信息质量不高，甚至存在着虚假、误导性内容或重大遗漏。对此，注册会计师有不可推卸的责任。山东渤海、琼民源案便是典型例证。

注册会计师违反职业技术及道德准则原因有很多，其中一个最主要的原因是事务所的组织体制问题。如果组织体制迟迟不改，不仅会危及上市公司所披露信息的质量，也会对企业股份化和证券市场的发展造成极其严重的负面影响。

二、突破口

今年初，国务院领导提出，对注册会计师行业进行全面清理整顿，其中心内容无疑应是消除事务所组织体制的不合理现象。但是，我国目前有6700多家会计师事务所，十余万注册会计师，这么多事务所的组织体制问题不可能在短期内解决。最迫切需要解决，且最有可能首先解决的是，具备从事证券相关业务资格会计师事务所的改制问题。目前由财政部和我会共同颁发证券业务许可证的会计师事务所有105家，仅占事务所总数的1.56%，取得证券相关业务资格的注册会计师约1100人，仅占注册会计师总数的0.89%。这批事务所是排头兵，质量相对较高，规模和影响相对较大。先行改制有利于较快出成效。可以考虑要求这105家具备从事证券相关业务资格的会计师事务所在一定时间（1~3年）内必须与其“挂靠”单位脱钩，并按照《注册会计师法》，逐步改为合伙制、有限责任制的会计师事务所，或按新近颁布的《关于发展城市股份合作制企业的指导意见》，改制为只有职工个人股的股份合作制会计师事务所，否则将吊销其许可证。

相信，只有抓住这支会计师事务所的排头兵，注册会计师及其事务所的执业质量才有可能大幅度提高，责任感与独立性才能得到增强，注册会计师及其事务所才能蓬勃发展，才能逐步形成中国自己的“三大”“四大”会计师事务所，与国际“六大”会计师事务所竞争。

三、需解决的主要问题

1.观念更新。陈旧的“公”“私”观是会计师事务所改制的首要障碍。有些同志仍然认为，目前有挂靠单位的事务所姓“公”，而不管挂靠单位是否出过资，能否对这些事务所实施有效的管理。这些同志对“六大”等国际会计师事务所在中国成立合作所、成员所持积极的态度。相反，却将参照国际通行做法成立的本国合伙、有限责任会计师事务所视为“私”而不予支持。其结果是，在短短的几年内，仅占全国会计师事务所总数千分之一的“六大”，已在全国会计师事务所业务收入总额中占十分之一。不少在注册会计师业辛勤耕耘了十多年的国内著名会计师都痛心疾首地说，传统观念不破，现行制度不改，我国的会计师事务所将更加步履维艰，甚至难以立足。用不了几年，中国的主要会计市场将全部拱手相让给“六大”和其他国际会计师事务所。

正确的态度与政策应是，既对“六大”和其他国际会计师事务所保持开放，又积极推进本国会计师事务所按国际通行的做法，实行改制。而要做到这一点，首先必须转变观念，不进行姓“公”姓“私”的无谓争论，而以邓小平同志“三个有利于”思想来指导我国注册会计师业的改革，使我国注册会计师事业的发展与证券市场和市场经济的发展相适应。

转变观念的一个重要内容，是对合伙人、发起人在合伙或有限责任会计师事务所中的地位有一正确认识。会计师事务所很大程度上是一个倚重智力劳动的经济组织，合伙或有限责任事务所的合伙人或发起人地位一般要在事务所劳动、工作10~15年才能取得，而不是根据投资多少取得。合伙人或发起人地位完全是自己辛勤劳动和执业经验的结晶。取得合伙人或发起人地位后，注册会计师仍需继续在事务所与其他会计师一起劳动，才能取得应有的报酬。和股份合作制相类似，合伙或有限责任的会计师事务所也是劳动合作与资本合作有机结合的一种经济组织形式。若事务所改制后实行只有职工个人持股的股份合作制会计师事务所，则事务所真正成为职工共同劳动、共同占有和使用生产资料，利益共享，风险共担的经济组织。

事实上，我国律师界已在前几年成功进行合作和合伙制的改革。律师业可以这样改革，会计师业就没理由不可以进行类似改革；律师业的改革相当成功，会计师业的改革也完全能够成功。

2.资产处置。现有会计师事务所在创立时，原有挂靠单位投入的资本一般并不多，事务所现有的资产绝大部分是全体员工智力劳动的结晶。因此，为保护鼓励勇于改革者的积极性，使改革能成功进行，使改制后的事务所能上等级、上水平，在改制时，既要防止国有资产流失，又要考虑这一行业倚重注册会计师智力劳动的特点，兼顾国家、集体和个人三者利益；既要防止将事务所原有的资产分光吃光，又要避免以防止国有资产流失为幌子，剥夺注册会计师多年辛勤劳动而形成的集体积累，挫伤注册会计师的改革积极性，使改革后的事务所难以为继。

3.公平待遇。我国《注册会计师法》规定，会计师事务所可采取合伙或有限责任制。此法颁布三年多来，各地成立了一些合伙制的会计师事务所，但成立后日子很不好过。这除了前述观念认识障碍外，一个重要原因是财政部、审计署等中央机关属下的事务所，以及地方财政局、审计局等属下的事务所均未改制，而这些部、署、局所属的事务所凭借其特殊地位，控制着市场，极大地限制了已有合伙所的发展。因此，必须要求挂靠财政部、审计署等中央机关的事务所首先进行改制，然后，要求挂靠地方财政局、审计局的事务所必须在一定时间内进行改制。只有这样，才可真正显示国家，尤其是作为注册会计师职业主管部门的财政部的改革决心，也才能得到社会各界的广泛支持。

合伙制会计师事务所成立后日子不好过的另一个原因是，没了挂靠单位，注册登记、入户、住房、用工、职称评审、出国等方面均遇到种种困难。要使改革成功进行，必须会同各政府主管部门，制定相应的政策法规，让各种类型的事务所获得公平待遇，排除注册会计师们的后顾之忧。

4.政策优惠。从改革必须付出代价，承担风险这一点讲，不仅应给锐意改革者以公平待遇，而且应给予一定的政策优惠，以使改革能成功进行，如：

（1）适当放宽由资深注册会计师新成立的事务所取得证券相关业务资格的条件；

（2）在一定年限内适当降低这些事务所的团体会费；

（3）允许已取得证券相关业务资格的注册会计师合理流动等；

（4）在培训等方面给改制后的事务所优先权等。

5.组织领导。具备证券相关业务资格的会计师事务所的改制涉及面广，影响巨大，没有强有力的领导，没有各方面的支持，不可能成功。建议在得到国务院领导的同意和支持的情况下，由财政部、证监会、审计署、国家体改委、人事部、劳动部、国家税务总局、国家国有资产管理局、国家工商行政管理局等组成领导班子，研究协商，联合下文，统一实施。各地也可采用类似的组织形式，领导本地的改制工作。

6.推行步骤。具备证券相关业务资格的会计师事务所的改制涉及面很广，切忌流于形式，一哄而上。今年深圳市政府已做出决定，要求所有事务所必须在今年内完成改制。可考虑在今年年底和明年年初进行一次总结。然后在此基础之上，再选择5~10个省市，扩大试点。进一步总结之后，再逐步推广到全国各地。争取在1999年完成所有具备从事证券相关业务资格的会计师事务所的改制任务。

作者简介：

张为国，注册会计师，曾担任中国证券监督管理委员会首席会计师，清华大学和上海财经大学博士生导师；兼任财政部会计准则委员会成员、中国注册会计师协会常务理事、中国会计学会常务理事、中国评估协会常务理事。1995年获“全国优秀教师”荣誉。

中国资本市场在开放的风雨中前行

孙杰（中国证券投资基金业协会第一任会长）

孙杰

中国证券服务业对外开放和国有大型企业境外上市，是在加入世贸组织（WTO）的过程中逐步展开的，与中国其他要素市场开放基本同行，是中国改革开放四十年的重要组成部分。

在加入WTO的过程中，在当时的历史条件下，不论资本市场对外开放的广度和深度如何，我们毕竟开启了中国资本市场服务业开放的大门。基金的引入和对外开放，对完善金融业、促进居民储蓄转化为资本、发展养老金体制具有深远的意义。

多年的试点显示，引进QFII制度是一项成功的开放举措。一是合格的境外机构投资者富于专业经验，注重理性投资，是约束上市公司的重要市场力量；二是有利于增加境内市场的流动性和规模，增强投资者信心；三是通过示范效应和良性竞争，可促进我国本地机构投资者提高专业水平。

境外上市是我国深化改革和扩大开放的一个重要内容，证监会在成立初期就开始探索和推动企业境外上市，为后来的国有大中型企业境外上市和筹集社保基金奠定了基础。以“三油三电三银”为代表的国有大型企业境外上市高峰，对国有企业第一波大规模的改革，向现代企业制度转变，提供了经验，产生了深远影响。

2018年4月，国家主席习近平在博鳌亚洲论坛宣布的一系列扩大开放的举措，特别是金融领域的全方位开放，历史罕见，世人瞩目。这是对目前国内发展阶段和国际政治经济格局审时度势的正确判断和决策。回顾过去的风风雨雨，更能领会这一决策的重要意义。

历史的车轮永不停滞

中国证券市场就是在这宏大的改革开放大背景下产生的。我是半路出家，是资本市场的后来者。但我很幸运，早前参加工作伊始就幸运地赶上了改革开放的快车。

我曾经在证监会国际部、基金部工作，有幸了解境外一些相关事件。在访问西班牙的股票交易所时，我看到了成为博物馆的交易所旧址。由十二块玻璃组成的穹顶，分别刻有十二个海外国家的名称。证券市场无疑强化了西班牙在海外领地的拓展。再追溯更早时期，有学者考证，意大利人哥伦布在罗马筹资进行海外探险未果，最后得到了西班牙王室支持，以类似有限合伙制形式提供了探险资金。英国早期产生的衡平法，为资产托管制度奠定了基础。1868年英国政府主导发起、世界公认的第一只公募基金，用以投资美国铁路债券。这一整套以受托人义务的忠诚和谨慎原则为核心的制度安排，为居民投资理财提供了制度保障，影响了此后一个半世纪全球的资产管理行业的发展。

我曾陪同时任证监会主席尚福林见过“美国资本集团”代表团，他们展示了一份1931年成立的基金，该份基金的最初票面金额为1万美元。时隔72年后，这份基金的价值为6000万美元。当时，我以为听错了，又问了一次，

2014年孙杰在中国基金业协会年会上

得到确认。这只基金至今还在运行，截至2017年底，这份基金的价值已经达到1亿多美元。美国鼓励基金的发展，成为基金大国，规模相当于全世界近50万亿美元基金总额的44%。中国是储蓄率高达40%以上的国家，美国家庭放在银行的储蓄仅占其财富的13%。但他们的财富中，有23%放在公募基金里；有50%以上直接、间接持有股票；用于养老账户的占18%（有重复计算）。就是这样一个直接融资的金融体系，支撑着美国近百年的经济高速发展和发达的养老体系。

中国历史上曾经有过辉煌的开放历史。张骞西行、汉唐宋元乃至明初时期对外开放的开阔胸怀，令世人侧目。中国明清近500年的封闭，令人痛心。洋务运动尽管受制于清廷制度的制约，但毕竟把始于明末的资本主义工商业向现代机器工业大大推进了一步。清末民初，中国已经出现了当时现代化的制度，出现交通银行、汇丰银行等一大批新型银行业。在1913年后的30年内出现了近百家的信托投资公司，构成当时新型的金融体系雏形。中央苏区在20世纪30年代就成立了国家银行，并创造了在遵义发行货币，两周内以实物兑换成功回笼全部货币的奇迹，显示了高度的诚信水准。1949年后，美国对中国实行长达21年的经济封锁和至今的高科技封锁，严重迟滞了中国的重建和发展。即便在新中国成立后30年的艰难时期，毛泽东等老一辈领导人始终在探索并推动了对外开放。

中国证券市场就是在这宏大的改革开放大背景下产生的。人们已经熟知了当年股票市场的萌动，以及一批“躁动”的海归和改革先驱们的故事。我是半路出家，是资本市场的后来者。但我很幸运，早前参加工作伊始就幸运地赶上了改革开放的快车，感受了改革的脉动，听到了开放的海涛。一些对外开放事件的见闻至今记忆犹新。

1978年9月中国代表团赴阿根廷参加南南合作“特别联大”。路经纽约时，代表团团长与联合国开发署谈中国同意接受联合国援助。这是中国“既无内债、又无外债”后，第一次宣布接受国外资金。在常驻联合国代表团经济社会发展组时，我耳濡目染了同组同事早年关于关贸总协定的研究。联合国和世界银行共同援助项目对1994年外汇并轨、22个经济金融立法技术支持等改革项目，曾起到过积极的作用。两个国际组织资助1987年宏观经济研讨会讨论意见报到邓小平那里，小平同志不顾医生的劝阻，破格接见会议代表90分钟，提出了著名的“长痛不如短痛”的讲话，价格闯关的市场化改革拉开序幕，使中国市场化进程大大向前迈进了一步。国家体改委和国家生产委关于国有大中型企业改革有过较大的争论。前者要以股份制为核心对国有企业进行改革，后者主张要以日本通产省推动大型企业集团的方式改革国有企业。双方都多次用联合国援款赴日本和欧美国家考察和研讨。当时也就是在这些项目中，我第一次接触证券市场发展等活动。

艰难的入世谈判

在当时的历史条件下，不论资本市场对外开放的广度和深度如何，我们毕竟开启了中国资本市场服务业开放的大门。

我到证监会时，中国包括证券服务业开放的对WTO出价已经报上级批准。我是1998年在证监会整合扩编之际来到证监会国际部。上班没几周，就赶上WTO谈判。时任证监会分管外事的副主席陈东征对我说，你到经贸部参加谈判吧。就这样，我和综合部门的谢庚副主任参加了有关会议和谈判。

对美谈判到最后，有个大问题反复争执，其中之一就是金融服务业的对外开放。在保险业，美国一定要在寿险行业突破51%的持股比例，以及保险的销售。银行业的发展对整个经济命脉影响太大，所以很早就形成了相应的方案底线。关于证券服务业，当时非常谨慎。据了解，主要考虑因素是，我国证券市场规模小且脆弱；证券服务业竞争力不强、基金业刚起步且法律不健全；资本项下没有可兑换，因此开放度有限。去经贸部与美国对手谈时，美国一位叫Lundesager的代表十分坚持提高券商和基金的外资股权比例，抓住中方的第三个理由不放，反复解释证券服务业开放不等于资本项下开放，不会导致美元的流出，并且为中国的居民和机构提供投融资服务，还带来了经验与技术。中方用WTO“Infant Industry”（当时翻译为幼稚产业）的

孙杰在“让资本市场回归根本”论坛上发言

保护条款据理力争。经贸部的女代表还用非常严厉的语言驳斥美方代表。最后，很不情愿地通过了。在整个入世谈判的过程中，充满了国内外利益格局的调整和相关利益群体的激烈博弈。在谈判最激烈的几个时期，美国代表团4次威胁要走。

原以为中美达成协定后，欧盟没有障碍，因时任欧盟副主席是对华友好的布里坦，曾表示中美达成协议后欧盟没有太多问题。不料欧盟主管换届，拉米根据十几个成员国的诉求提出许多条件。外经贸部石广生部长在2000年3月28日召集会议，他说欧盟成员国多且发展不平衡，现在内部有很大的压力。欧盟急于在国际社会树立独立的形象，不是和美国谈完了就没事了。欧盟自认为在保险业等方面比美国发达，拉米最终提出了保险、电信、证券、汽车、烟草、动植物、陶瓷等七项对美国没有谈的内容。

在布鲁塞尔欧盟总部非正式磋商时，对方也了解我们将坚持底线。但为了让其成员国接受，第二天中欧双方还是在后排12个成员国观察员的监督下，认真重复了激烈的争论。同时，拒绝了英国关于联合利华要求中国交易所上市的要求。以跨境上市不属于金融服务业范畴为由，对方收回诉求。

回头看来，我国基金业加入WTO承诺（33%~49%），前三年有一个过渡期，最后屏障是51%的绝对控股权，总体上是适宜的。当然也有历史局限。一是外方因股权少，就对合资公司的支持有限。有些不太知名的公司进来，有点财务投资之嫌。二是外方股东和高管对中国情况不熟悉，许多做法、理念和文化还很不适应，使得公司业绩没有显示出来。三是世界最大的几家基金公司，如贝莱德、富达、先锋、资本集团等公司都没有尝试设立合资基金公司。在与其交流中了解到，有些大公司曾在其他新兴市场有过非常不愉快的合资经历，不得不撤出那些市场。因此，中国市场潜力巨大，他们显示出惊人的耐心。

在当时的历史条件下，不论资本市场对外开放的广度和深度如何，我们毕竟开启了中国资本市场服务业开放的大门。基金的引入和对外开放，对完善金融业、促进居民储蓄转化为资本、发展养老金体制具有深远的意义。

随着以基金为主体的资产管理机构的进入，其历经几百年形成的经营理念和管理方式，对我国资本市场的运作产生较大的影响。首先，在合资前，证监会要求拟成立基金公司的机构，须先与外资伙伴合作一年，学习和增进了解，这使许多中方股东从一开始就瞄准国际水准。其次，合资预期增强了基金公司在国内市场开始研究倡导价值投资理念，对证券市场的健康发展有很重要的意义。就市场运营而言，合资基金公司外方股东比较重视风险控制，努力使合资公司的风险控制与其境外机构处于同等水平。此外，外资还对业务规范和公司经营战略提供了有价值的经验。就内部管理而言，合资公司重视人力资本价值，在用人机制、激励机制等方面引入境外的管理方式，形成更具吸引力的人才环境，也对公司治理发挥了相应的作用。这也是许多新成立的基金公司主动要求引入外资股东的原因之一。

我国在重视法制和对外开放中建立的基金行业，总体是健康的，直到现在为止没有出现重大风险和重大的问题。这也是我们加入WTO的重要意义之一。

借QFII引入首批优质投资者

QFII实施后，一些海外国家的央行、主权基金、养老金，还有许多国外大学的基金，像耶鲁、哈佛基金会等优秀的机构投资者相继都进来了，这其中也包括没有在华建立合资基金的著名大型资产管理机构。

1998年，梁定邦（时任证监会顾问）向有关领导提出在我国证券市场实施QFII的建议。QFII是一国在货币没有实现完全可自由兑换、资本项目尚未开放的情况下，有限度地引进外资、开放资本市场的一项过渡性的制度。我国台湾地区、韩国、巴西等都有过这方面的尝试。

2001年春节后上班第一天，我就看到时任证监会主席周小川批示国际部研究QFII。主要有三个问题：QFII/QDII、公司治理准则、IOSCO（国际证监会组织）的目标和原则。公司治理的研究后来转交给规划委。关于QFII，高层领导最初考虑的是引入境外5年封闭式基金，投资中国股市，初期规模为40亿元。在研究方案的过程中，境外投资者表示5年时间太长，并且我们是新兴市场，不确定性太高，较难满足成熟市场募集资金的政策法规，也不利于形成有一定规模和稳定的投资机构群体。所以，我们把最初引入境外封闭式基金的设想改为注重境外投资机构的质量和市场经验。QDII则作为政策储备，进入了研究计划。

多年的试点显示，引进QFII制度是一项成功的开放举措。一是合格的境外机构投资者富于专业经验，注重理性投资，是约束上市公司的重要市场力量，对改进和完善上市公司治理结构可以起到一定的推动作用。二是QFII作为引进外资的一种方式，有助于增加我国市场的资金供给，并配合国有股减持等一系列改革措施的有效实施，有利于增加境内市场的流动性和规模，增强投资者信心。正是在QFII实行10多年后，MSCI才把中国A股纳入其指数，让国际市场更多地了解中国市场。三是通过示范效应和良性竞争，可促进我国内地机构投资者提高专业水平，有利于监管机构积累经验，为将来人民币资本项下逐步可兑换做前期准备。

在QFII政策推出之前，社会上一度存在着许多负面的看法，担心他们会做空、冲击市场。其实这是对QFII的认知不足。中国台湾地区在1992年推出

QFII，整个市场没有发生大的问题。印度曾经部分实行QFII的概念，重点选择机构投资者（养老金、慈善基金、公募基金等），韩国、巴西都不同程度实行类似QFII的概念。为了澄清误解和统一认识，证监会在深圳召开了QFII的研讨会，证监会大部分主任和许多境内外业界人士都参与了，目的是把QFII的概念和利弊向社会说清楚，澄清一些不准确的看法。

上报QFII方案的过程也是一波三折。第一次把方案报到国务院后，相关领导经过综合考虑，批示还要进一步研究。方案又做了一些调整，这一放就是几个月。2002年10月，高层领导批示QFII在严格条件下进行试点。QFII实施后，一些海外国家的央行、主权基金、养老金，还有许多国外大学的基金，像耶鲁、哈佛基金会等优秀的机构投资者相继都进来了，这其中也包括没有在华建立合资基金的著名大型资产管理机构。

生不逢时的QDII

虽然一开始结果有些沉重，但这毕竟是中国资本市场改革开放的一段历史。同时，这也为日后的证券市场逐步开放积累了许多经验教训。

在2001年前后，香港方面曾向中央政府提出，建立投资香港市场的合格内地机构投资者（以下简称QDII）的基金，以便使内地部分外汇资金在有控制的情况下，有限地进入香港资本市场，缓解国际市场对香港的负面影响。QDII推出的大背景是，在1997年亚洲金融危机时，中央曾有力地支持了香港汇率保卫战。这次香港希望中央政府能够通过建立QDII制度，再次支持低迷多时的香港股市。此外，中国内地的储蓄率越来越高，客观上各类资金也需要全球风险配置的渠道。

设立境外投资的封闭式基金方案因外部环境因素变化，被搁置下来。2006年，华安基金公司与雷曼兄弟早已做好了技术层面的准备。在QDII的研发中主要把握住了几个要点。第一是资金安全。他们选择了保本型产品，将大部分资金投资固定收益类产品，只有2%至3%的资金投资高风险品种。这样，即使市场出现重大风险，至少固定收益类产品大体可以保证收益稳定。第二，谁来保证资产安全，讨论结果是委托托管银行监督资金安全使用。在中国的基金法里，托管银行与基金管理人同样是受托人。中国工商银行迅速拿出了托管方案。由于有些基金是境外银行托管，工商银行提出实行双重托管即中国和境外的银行双重托管，这样可以掌握资金去向和有关数据。在报送华安基金QDII方案获批并实施后的一年内，证监会制定了正式的管理办法，并于2007年7月实施。

在华安基金推出QDII产品一年后，即2007年下半年，一批QDII产品相继推出，但是这些产品生不逢时，遇到了罕见的全球金融风暴，各基金无一幸

孙杰在第四届中国私募证券投资研究论坛上回顾私募基金发展历程

免，都使投资者蒙受了巨大损失。尽管一开始结果有些沉重，但这毕竟是中国资本市场改革开放的一段历史。同时，这也为日后的证券市场逐步开放积累了许多经验教训：一是让中国的投资者进一步了解境外市场的风险；二是促进机构对境外市场和投资品种的研究；三是在交易制度及外汇兑换等一系列制度安排上做了大量的探索和调整，使之符合国际化运作的要求。也正是经历了这段历史，才能为后来顺利推出沪港通、深港通、互联互通，乃至即将成行的沪伦通，提供了宝贵的经验。

国企的境外上市之路

通过对这些国有大型企业第一波股份制改造和境内外上市，使我们许多落后的企业，通过资产清理重组、建立现代企业制度、引入现代管理技术、把企业经营从过去政府计划经济的平台转移到市场竞争和法制的平台上去。

境外上市是我国深化改革和扩大开放的一个重要内容，证监会在成立初期就开始探索和推动企业境外上市，为后来的国有大中型企业境外上市和筹集社保基金奠定了基础。以“三油三电三银”为代表的国有大型企业境外上市高峰，对国有企业第一波大规模的改革，向现代企业制度转变，提供了经验，产生了深远影响。

当时市场和社会上有很多人质疑为什么国有大中型企业要到境外上市。其实原因很简单，在20世纪90年代改革大潮中，国企改革是国家经济改革的重要组成部分，特别是加入WTO前后，国企要加速股份制改造、重组，优化配置、降低杠杆、降低债务、剥离不良资产，迎接市场开放的竞争。但是，当时国内股票市场处于发展早期，承接不了这么多大体量的公司上市。而通过境外上市不仅可以筹集资金、优化资本结构，还能推动公司股权多元化，使其在国际资本市场环境下运行，初步建立起现代企业制度，为国有企业改革积累宝贵的经验。同时，有关企业和政府部门将在国际资本市场中加深对市场规律的认识，促进了我国市场化改革的进程。

中海油于1998年曾尝试境外上市，开启了传统产业大型国企的改革，也让海外投资界进一步增强了对国企领导班子的了解。当时，国际油价很低，只有29美元/桶，石油行业是传统行业，卖不出好价钱。中海油首发上市价格定得比较高，并且就在路演的第二周，油价出现大幅下跌，到第三周下跌了25%。面对诸多不利因素，中海油决定暂缓发行股票。经过综合考虑，中海油果断换掉了承销商，选择了中银国际和美林，对承销策略和定价进行了调整。在这个过程中，有一个日后被传为佳话的插曲，承销商劝时任中海油总经理的卫留成用英语参加路演对话，称这会使销售价至少提升一美元。经过多番劝说，卫总终于同意尝试，结果取得了成功。事后分析，国际资本市场对中国国企的管理层不熟悉，希望看到一位真实的国企高管，而不是经过承销商包装过的形象。上市成功说明市场对卫总和他领导的企业的认可。

电信行业上市，大大加快了我国基础电信现代化的进程，为提高经济社会的效率提供了保障。中国移动经历了分段上市的过程。中国移动在1997年先注册的中国电信（香港），首先把公司南方六省市资产转移到拟上市公司，经过一段时间的摸索，在2000年又把另外七省市相关资产都装进去，目的是进一步加快企业改革、剥离资产、处置不良、安置冗员。中国移动境外上市为我国的移动通信基础性建设打下了坚实的基础，此后又有中国联通、中国电信相继上市，形成了中国电信和移动通信的竞争格局；搭起了基础设施和增值服务的框架，增强了电信行业的市场竞争力，特别是有助于应对WTO在基础电信和增值服务方面外资的挑战。

境外上市对国企减员增效提供了有利条件。中国石化上市时机正好与中国移动第二批资产上市时间相撞。在哪个公司先上的协调会上，时任中石化总经理李毅中非常担心中石化在中国移动之后上市会遇到困难，以至于难以面对逾十万待安置的企业员工。因为2000年前后互联网、新技术较热，移动电信类股票比较好销。而石化是传统行业，当时并不好发。出于整体利益的考虑，中国移动让中石化先行，并双双取得了成功。

银行等金融行业以往运行效率较低，难以适应整个经济改革的要求。“三银”的走出去，为金融业整体建立现代金融企业起到了很好的推动作用。中国银行于2001年把旗下香港十几个不同名称的银行整合成中国银行（香港）股份有限公司。时任中国银行董事长刘明康和朱民副行长率团出征路演募资，以强有力的阵容面对国际投资机构。记得在一个资产管理公司的会议室里，对方没有派出高级别的管理层人士出面，而是两位年纪不大的女分析师。她们拿着国外大学生都常用的浅黄色记录稿纸本，履行程序地向中方这位重量级企业高管逐一提出问题。对于这些提问，刘董事长都一一认真地回答解释。市场就是市场，市场不讲究等级，只看企业质量。中银香港的上市取得了非常大的成功，赢得了市场和国务院领导的赞许。金融企业上市的探索，为中国人寿、中国人保，以及其他国有大型银行日后境内外上市积累了宝贵的经验。

一些大型的国有企业境外上市，使我们传统国有企业实现了弯道超车，一下跃入了国际同行的前列。国家电力体制和结构产生于过去的计划经济。公司在上市过程中，将电网剥离出来，形成南北电网，构成一个竞争格局。这是吸收了英国、西班牙等国的电力系统体制的经验，同时也借鉴了美国加利福尼亚州大规模断电的经验教训。电网的格局由原来的眉毛胡子一把抓，变成了现在发电归发电，电网归电网，同时电网还有南北竞争的新体制、新局面。

境外上市加速了老国企的资产清理和整合。有的大型国企是新中国成立以来在很长时间里逐步形成和发展起来的。旧的会计体制使其账务很难适应现代企业制度要求。在有的企业上市过程中，境内外会计师事务所一次就派了几千个会计审计师，把新中国成立以来几十年的企业老账全部清理一遍，对以后提高管理水平有重大的贡献。中国铝业过去是分散在全国各地的零散公司，股权界定不清，隶属关系比较复杂。在2001年春季，中国铝业开始准备整合全国国有铝业公司，由于境外上市成为超越一切的动员令，使得清理整合企业的效率非常高，年底就实现了股票上市。可以想象一下，铝业公司涉及这么多省市，难免会出现一些阻力，如果没有上市，要实现清理界定资产和整合成现代企业集团，难度实在难以想象。

通过对这些国有大型企业第一波股份制改造和境内外上市，使我们许多落后的企业，通过资产清理重组、建立现代企业制度、引入现代管理技术、把企业经营从过去计划经济的平台转移到市场竞争和法制的平台上去，对国家经济的转型有着历史性的意义。

结束语

中国的证券服务业对外开放和国有大型企业境外上市，是在加入WTO的过程中逐步展开的，与中国其他要素市场开放基本同行，是中国改革开放四十年的重要的组成部分。在这个开放过程中有过波折、有过风雨、有过担忧、有过争论。但是并没有出现以前的担心，没有出现对资本市场波动的推波助澜，没有导致大规模的倒闭和人才流失。资本市场开放带来的积极成效是巨大的。市场化的理念深入人心，资本市场纪律开始得到人们的重视，一大批适应现代金融业和企业的管理人才脱颖而出。随着中国经济的进一步发展和开放，中国的金融市场规模和资产将与日俱增。金融业要跟上整体经济改革开放的步伐，要贯彻中央的要求，准备新一轮的开放。

一个民族、一个国家在开放的环境下才能吸收人类进步的素养。中国是国际社会的一员，只有在世界民族之林中相互学习、取长补短、良性竞争，才能成为一个受国际尊重的国家，才能真正实现我们的“中国梦”。

此文2018年11月28日发表于《上海证券报》。

作者简介：

孙杰，北京大学经济学博士。历任中国证监会国际部主任、基金部主任、香港证监会资深副总裁、中国证券投资基金业协会会长。

数说八年：2012—2020 与基金行业共进

洪磊（中国期货业协会会长）

2012年6月6日，中国证券投资基金业协会成立。

八年来，协会坚定不移地贯彻落实党的十八大、十九大和十九届三中、四中全会精神，在中国证监会和国家民政部的正确领导下，秉承“自律、服务、创新”宗旨，积极履行新《基金法》赋予的职责，致力于推进基金行业治理现代化和现代行业协会建设。

立足治理体系和治理能力现代化要求，理事会、会员大会（代表大会）切实发挥作用。

3次会员大会（代表大会）和20次理事会先后召开，共审议通过了69项自律规则，基金行业多层次自律体系建设基本完成；坚定不移落实减费降税政策，2017年至2020年共减免会员会费1.5亿元，2013年至2020年共减免从业人员资格培训费5273万元。

履行《基金法》赋予的职责，不断完善私募基金登记备案。

以保障我国私募基金行业合规健康发展为目标，以标准明确、规则清晰、公信透明为方向，私募基金登记备案不断完善。2014年2月7日至2020年第一季度末，协会累计登记私募基金管理人40351家，累计注销15767家，目前存续24584家；累计中止登记私募基金管理人585家，累计不予登记157家；累计备案私募基金产品124225只，目前存续85071只；累计不予备案私募基金产品195只；累计受理重大事项变更申请46339项。2014年7月1日至2020年第一季度末，协会累计备案私募资管产品101698只，存续31855只；累计备案资产支持专项计划3114只，存续1723只。

2016年9月6日，协会“资产管理业务综合管理平台”（https://ambers.amac.org.cn）上线，实现登记备案无纸化的同时，进一步内化了相关法律法规与协会自律规则要求，完善了相关信息校验比对，提升了用户界面友好性。

基金从业人员增长54倍，从业人员资格考试、培训和资格管理成为从业人员队伍建设的重要保证。

基金从业人员注册规模由1.3万余人增长到71.1万人，其中公募基金2.3万人、私募基金14.8万人、商业银行34.7万人。协会共举办53场基金从业资格考试，报名人数达到465.42万人，其中58.8万人取得基金从业资格证书，处理考试违纪人员1899人，举办面授培训班237期，上线262个课时远程培训课程，参与培训人数达到52.1万人。

管理会员、服务会员、依靠会员，探索让过程信用管理和市场化信用机制建设发挥作用，激发市场活力。

协会各类会员发展到4430家，其中公募基金管理人143家，私募基金管理人3389家，基金公司子公司79家、证券公司及其子公司221家、期货公司及其子公司118家、基金托管机构47家，基金销售机构425家，基金服务机构49家。

2018年1月开始，为建立健全会员机构及其从业人员全生命周期信用管理机制，将会员信用信息与其业务活动和专业性管理有机结合，鼓励会员机构和从业人员主动积累自身信用，协会为会员私募机构出具信用信息报告。截至2020年第一季度末，协会已为3185家会员私募机构出具信用信息报告，会员信用信息报告累计查询9588次。

履行执纪职责，发挥投诉调解机制效用，维护投资者合法权益。

协会累计公示失联私募机构1137家、异常经营私募机构460家，累计注销失联私募机构467家、异常经营私募机构232家；因信息报送异常、虚假填报等原因被当前公示的私募机构4709家；累计公示不接受法律意见书的律师事务所126家，律师277人。协会累计对97家基金管理人、95名基金从业人员实施纪律处分，95人被记入资本市场诚信档案。

针对涉嫌违法行为，协会累计处理执法查询798件，涉及刑事案件机构810家，其中，机构在协会登记且产品在协会备案机构58家，机构在协会登记但产品未备案机构232家，机构未登记且产品未备案机构520家。

协会共开通协会网站、百度私募地图、协会微信、协会400热线、协会邮箱和现场接待6合一投诉通道，累计接收各类投诉信息13781件，处理13018件，接待现场来访人员4361人次，通过和解、调解、撤诉等多元方式化解的纠纷事项311件，为投资者挽回损失28.5亿元。

发挥专业中介机构服务作用，以市场化信用约束制衡机制为目标，推动私募基金信用立身、信用自治。

截至2020年第一季度末，共有2529家律师事务所为20078家私募基金管理人出具专项法律意见书，3500家会计师事务所为22133家私募基金管理人出具了经审计的年度财务报告，以信用竞争与自主发展打破市场与监管博弈的行为惯性。

履行协会服务行业、服务投资者职责，在专业交流、信息服务、行业宣传和投资者教育领域不断发力。

协会共举办养老金、责任投资、私募基金服务实体经济、基金税收、

REITs、公募基金20周年、国际投资基金业协会年会等大型国际会议和大型论坛57场、专业研讨会159场、私募私享会42场、晚间沙龙和专家讲坛205场、普法讲座和法律沙龙25期，累计约10万人次行业人员现场参加。

协会共发布公募、私募、托管、销售、投资者调查、养老金研究等各类行业报告45个，出版《中国基金行业年报》《公募基金社会责任报告》《世界社会保障法律译丛》《美国如何支持养老》《美国ICI基金数据白皮书》《个人养老金：理论基础、国际经验与国际探索》《基金》等书籍和报告24部，发布《声音》及特刊168期，发布私募基金、私募资管和资产证券化定期数据报告和统计类数据350余份。

2016年以来，协会携手行业和媒体开展宣传，共发文2849篇，制作电视专访和专题片超过30部；向投资者定向发放投教扑克牌等实体投教产品超过100万个，通过互联网和手机终端发布协会和行业电子投教作品近1000份，组织线上投资者问答、私募有奖问答等专项投资者教育活动，阅读量超过1亿人次。

打造"网上协会"，让微信公众号成为连接协会与行业、协会与投资者的纽带。

2020年1月1日，协会新版官方网站上线（www.amac.org.cn），包含登记备案、信息报送、信息披露、纪律处分公示、投资者投诉、从业人员管理等45个功能模块和办事系统，发布政策法规、业务服务、研究与统计、自律措施、行业动态等6559条信息，收录360余本法律法规和自律规则。上线以来，日均访问量3.42万次，累计点击519.9万次。

2014年1月13日，协会设立官方微信公众号，共发布微信1903条，文章7494篇，总阅读量以千万计。

从2018年起，协会探索编制《资产管理业务资金来源投向季报》。截至2020年第一季度末，在基金业协会自律管理下的资产管理规模达到53.75万亿元，其中，公募基金规模16.64万亿元，私募基金规模14.31万亿元，持牌机构私募资产管理计划规模18.77万亿元，养老金管理规模2.53万亿元，资产证券化产品存续规模1.69万亿元。私募基金累计投资于境内未上市未挂牌企业股权、新三板企业股权和再融资项目12.06万个，为实体经济形成股权资本金7.15万亿元。私募资管产品股权资产在投项目8635个，形成股权资本金7811亿元。基金行业为优化资本市场结构、促进创新资本形成作出重要贡献。

协会将继续与全体会员机构一道，用耐心和汗水浇灌基金文化，努力打造专业、高效的资产管理服务产业链，在开放中构建核心竞争力，努力建设一个值得托付的资产管理行业，为中华民族伟大复兴贡献基金的力量！

作者简介：

洪磊，1963年2月生，汉族，毕业于北京大学经济学院，2001年进入证监会系统工作，曾担任证监会基金部副主任11年，亲历对基金业的整顿和改革发展，任内大力推动基金行业的制度建设。2015年8月，任基金业协会党委书记、会长。现任中国期货业协会会长。

好雨知时节　润物细无声

——中国证监会机关一段时间的思想文化建设

陆保珍（中国证监会原机关党委书记）

陆保珍

亚洲金融危机之后，在朱镕基总理的领导推动下，我国银行、证券、保险等各家金融机构，由各自为政的地方行政领导，改变为人、财、物全部集中的中央垂直领导体制。与之相对应的是，新成立了以温家宝同志为主任的中央金融工作委员会，全面加强了对各家金融机构党的领导。1999年5月中旬，中国证券期货监管系统从上到下的三级行政、党委领导班子，也正式挂牌成立。在这个大的形势之下，我从中办被调到中国证监会，专职做机关党委工作。

一、必须求真务实地工作

中国证监会是伴随着证券期货市场的产生，而设立的一个新的事业机构，机关干部队伍年纪轻、学历高，处在新兴发展和摸索创新的证券期货市场前沿，为了适应监管工作需要，大家比较注重自己的业务发展和知识更新，容易忽视思想政治素质的提高。我到会里的时候，机关党委才成立三四年，机关党委书记、副书记和各位委员，也都是机关一些部门的主任、副主任兼任的，党的建设工作基础也比较薄弱。加之党内存在的不良风气和腐败现象，以及陈旧教条的党建工作方式，导致机关党组织的吸引力和工作有效性不高。

在这种情况下，如果不创新工作方式，就不可能有吸引力；如果不求真务实，就会是走过场没效果。我们首先对形式主义的事，对大家不欢迎的事，尽量少做和不做，努力以“开拓创新，务求实效”的思路开展工作。“服务中心，建设队伍”，是基层党组织的工作职责。期货监管是证监会的工作中心，机关党委不参与中心工作，又怎么能为中心工作服务呢？我们通过理论学习和实践摸索，逐步把工作重心放在队伍建设上，通过提高机关党员和干部职工素质，增强队伍的凝聚力和战斗力，实现服务中心、服务大局的目标。在队伍建设中我们形成了“四个以”的工作方式，即“以先进的思想教育人，以优良的作风培养人，以健康的活动陶冶人，以真诚的关心帮助人”。这种工作方式受到机关干部职工的认可和支持，也逐步打开了机关思想文化建设的新局面。

二、与时俱进才有吸引力

以先进的思想文化教育人，我们避免简单刻板，注重趣味性和感染力。我们较早建立了红旗飘飘的机关党委网页，及时发布机关各支部党建活动的图文信息，大家注意看自己和看别的支部情况，收到很高的点击率。在证券期货监管系统纪念建党80周年大会筹备活动时，机关党委既要组织评选先进党支部和优秀党员，又要组织一场歌颂党的光辉历史和丰功伟绩的文艺演出。评选先进大家有热情，表演文艺节目确有为难情绪。为了带动各支部准备文艺节目，我们和纪委、组织部、宣传部联合，导演和主演了“十送红军”的表演唱。参加表彰奖励大会的各级党委领导和党员代表们，还有协助演出的中央交响乐团的艺术家们，都对我们的“十送红军”节目报以热烈掌声，对这场文艺演出给予充分的肯定，大大提高了机关党委的威信和影响力。

进行艰苦奋斗的教育，是思想文化建设的长期任务。我们特意邀请了毛泽东生前的卫士周福明同志到机关做报告。为了解决他年龄大、文化低的困难，也为了提高报告会的效果和感染力，我们提前收集有关的图片和资料，下功夫制作了一套有130多张照片的电脑图文资料片，专门配合周福明同志现场报告使用。通过真实生动地介绍毛泽东同志在中南海工作学习、生活待友、教育子女等一系列感人肺腑的故事，使大家受到一次深刻的革命传统教育。报告会之后的好几天里，机关同志们还沉浸在对艰苦奋斗精神的回味和

文艺演出：十送红军

议论之中。

思想文化建设的内容，我们十分注意捕捉思想时事热点，增加宣传思想工作的针对性。在中美撞机事件发生后，我们邀请了中央外事工作办公室主任刘华秋同志，到机关做了内容丰富生动的中美关系形势报告会。针对愈演愈烈的巴以冲突，我们邀请了国家宗教局局长叶小文同志，就巴以冲突和民族宗教问题作了图文并茂的专题报告。这样的报告会场场人员爆满，大家笑声、掌声不断。提高英语水平是机关年轻同志的迫切要求，我们就举办英语听说读写系列培训班，邀请新东方的著名教师到机关连续举办了十场讲座。尤其俞敏洪的首场讲座，简直是座无虚席，不仅有机关的年轻同志，也有中年的局处级干部，还有带孩子带夫人带丈夫来听讲的。时值周末下班以后，室外雷声滚滚、大雨倾盆，室内大家集中精神听讲热情不减，讲座持续了两个小时。当时顾不上到现场听讲座的同志，甚至会领导、领导秘书和一些部门负责人，过后都向我们要讲座的录音带，说要自己抽空再听再学习。

三、虚实结合才有凝聚力

以真诚的关心帮助人，我们虚实结合主动为干部职工排忧解难。股市有风险，投资需谨慎，这是证券期货市场上众所周知的警示。但是市场形势好的时候，投资者闷着头赚钱皆大欢喜。市场形势不好有风险的时候，投资者骂声一片，很多的指责和抱怨都冲着我们证监会来。证券期货市场的透明度很高，作为新兴市场基础性、探索性的工作很多，特色性的难题也很大。尤其在解决股权分置，证券公司综合治理等难点问题上，业务部门的同志几乎天天加班，工作压力很大，工作节奏也很快。机关年轻的同志们传送报告材料的时候，常常看到他们都是在小跑。有关业务部门每天下班后都要开会，大家一起整合讨论情况，会开到晚上十一二点是普遍的情况。这些部门主任被调侃是“会主任”。对于证券期货监管业务工作，我可以说是局外人，但我在证监会工作还应该是局内人，我很心疼业务部门的同事，觉得他们太辛苦了。前不久见到会里一位综合处长，她说基本上还是十点以前下不了班。有一天晚上昏昏沉沉、疲惫不堪地回家，结果钥匙怎么都打不开门，怎么都进不去？我家怎么了？抬头看一眼是18楼，再看看是几单元，哦，走错了单元，真是晕头转向了。市场上都认为证监会的权力很大，其实肩负的责任和风险更大。我一直觉得证监会的领导很难干，尤其是一把手好像坐在火山口上。有位会领导曾经很感慨地说：“在证监会能干满三年就是胜利！”其他领导和机关同事们也有感受。从以后的情况看，这句话是一语成谶！

大家都知道证券市场的人收入高，以为证监会的人收入更高。实际上同等资历的情况下，我们监管者的收入只是市场人士的十几分之一、甚至更少。我们的办公地址从金阳大厦往富凯大厦搬的时候，是一个中秋节、国庆节的前后，大家白天要工作，只能利用早、晚时间收拾东西搬家。当时市场也不大好，各方面对我们的指责也挺多，搬完家大家疲惫不堪，觉得一肚子的辛苦。那些年的中秋、国庆节前后，各个单位都会发月饼、发奖金，我们证监会什么都没发过，是不敢发、也没钱发。会领导对这种事特别谨慎，生怕因为一点事就传得满城风雨。这个时候我们想来想去，很想对大家的辛苦有一个表示。我一直兼任着工会的工作，看了看大家上交的工会会费，日积月累也不少了，按我们当时的人数一个人能发300块钱。涉及全机关干部职工的事，我还要报告分管的会领导决定。范福春副主席分管我们的时间不长，听我汇报了这个想法，感觉范主席有点意外，还说没想到在困难的时候机关党委、工会还能有点办法。这次发的钱虽然少，也算是对大家的一点慰问，大家感到意外和高兴，还没有惹出什么麻烦。

听到一些支部书记反映，部门的一些同志多年都没有享受过休假，我们就想办法给大家组织集体休假。我们从工会的角度，从休闲舒适、方便安全等方面考虑，精心组织和安排机关干部职工以自费公助的形式，携带家属子女分批分期到北戴河短期休假。当时旅游休假还没有流行，很多干部职工都没到过海边，特别是老人和孩子们看到大海都特别高兴。我们连续好几年组织员工到北戴河休假，各部门的人员轮流参加，不仅让大家得到一些休息调整，还起到了减少和抵制不正之风靠市场关系休假旅游的情况。

陆保珍（左）、耿亮副主席（中间）、王京主任（右）

四、思想文化建设上下有合力

开展机关思想文化建设的各种活动，离不开证监会党委的支持，尤其分管领导的支持和指导。最初工作的几年，分管机关党委、工会、团委工作的是耿亮副主席。他从事证券期货市场监管的时间比较早，深知处于资本市场最前沿的证监会监管系统，加强党的建设和思想文化建设的必要性和重要性，他从一开始就重视和支持我们放开手脚去做好工作。我们组织过全系统声势浩大的分区足球赛，组织精彩热闹的机关春节联欢会，组织北戴河休假等，都是在耿亮副主席的支持下进行的，他对机关和系统的干部职工都十分关心爱护。一次我在上海进行督导工作时，突发疾病住院做手术，耿主席还代表会党委专门去医院看望。屠光绍副主席是会里公认的大才子，会里的年轻人都很崇拜他。机关党委成员里我的年龄相对大一些，带着两位踏实能干的处长。屠主席分管我们时，对我们的工作比较信任放手。我的孩子学业快要结束时，国外的大学给我们发来邀请书，很正式地邀请家长和亲友去参加结业式。我开始也没有当回事，觉得工作这么忙怎么可能到国外去参加结业式呢。屠主席知道这件事后，他说国外的大学结业，是一件很隆重的事，不亚于我们国内的结婚仪式。孩子学有所成是大喜事，你怎么能不去呢？速去速回吧！他当时就给我批了假。我没想到光绍主席这么国际范儿，这么开明！李小雪副主席自带红色基因，很重视学习和传承革命传统作风。他从当部门支部书记到后来当副主席，一直都积极主动地参加各种学习教育活动。

他和大家一起乘火车硬座，去河南参观愚公移山遗址和黄河小浪底工程，和机关青年人一起去门头沟参加绿化植树活动。

机关各部门的党员主任，都兼任本支部的书记。当时机构部的姜洋主任，期货部的杨迈军主任，市场部的张景华主任，国际部的孙杰主任，以及发行部的主任等，都十分重视本支部的思想文化建设活动，很好地发挥了支部书记的带头模范作用。他们后来都陆续被调到新的岗位，承担了更重要

屠光绍副主席

照片从左至右张小薇、吴清、陆保珍、李小雪、侯书庆

的领导工作。纪委副书记兼监察局局长的王京同志，组织人事部副主任宋幼斌同志，一直兼任机关党委副书记。他们到证监会比较早，对机关情况很熟悉，具体工作中对我的帮助很多。纪委和机关党委互相配合协作比较好，开展工作时我们多包饺子少下面，减少大家的情绪和负担。

资本市场30年的风雨征程，大家集中回顾了证券期货监管工作。我感到思想文化建设，也是不可或缺的一个部分。也许会被大家忽视或遗忘，但对于我个人来说，在证监会却是我工作生涯的最后一段历程，是我从中办转向资本市场工作的新历程。从调入证监会的那一天起，我就暗自下决心，要努力继承和发扬党的工作部门长期形成的优良传统作风，做一个不辱使命的党务工作者。我努力学习和改进工作方式，就是不要成为刻板教条的“马列主义老太太”。退休这么些年了，但凡遇到原来机关的同事，特别是年轻的同事，他们常常会说陆主任，我们好想你！也会说起当年做过的一些暖心事，很让我欣慰！古诗云，好雨知时节，当春乃发生。随风潜入夜，润物细无声。“好雨，润物”，正是我从事思想文化建设工作的追求。

作者简介：

陆保珍，女，中共党员，1947年出生于陕西汉中。历任陕西省委研究室干部、副处长、处长；中共中央办公厅调研室正处级、副局级调研员；中国证监会党办副主任，机关党委书记。

股权分置改革的经验与启示

安青松（中国证券业协会党委书记、执行副会长）

加快完善资本市场基础制度，是打造一个规范、透明、开放、有活力、有韧性的资本市场的关键。加强资本市场制度建设，在借鉴国际成功经验的同时，应当重视、研究、借鉴我国资本市场改革发展的历史经验。股权分置改革是一场影响深远的全局性、基础性制度变革，其所形成的全流通市场格局，使得我国股票市场出现转折性变化，真正具备现代资本市场的基本特征，为私募市场和私募基金、创业板和科新企业、股指期货和各类金融衍生品的创设打开了发展空间，构建起权利公平、机会公平、规则公平的股权文化和具有股东共同利益基础的公司治理结构。股权分置改革之所以能取得成功，得益于市场化、法治化的改革取向和守正创新的机制设计，可以为当前加强资本市场制度建设、设立科创板和试点注册制提供有益的启示。

坚持创新驱动发展，用增量改革破解“路径依赖”难题

资本市场基础制度改革，涉及千家万户的切身利益和复杂的权责关系及利益格局调整，具有典型的“路径依赖”特征。道格拉斯·诺斯在其制度变迁理论中指出，“路径依赖”是经济机制中由于规模经济、学习效应、协调效应、适应性预期以及既得利益约束等因素存在，事物一旦进入某一路径，就可能对该路径产生依赖。“路径依赖”是制度变革最大的障碍。在我国股票市场建立之初，涉及国有企业改制上市时，为照顾对传统公有制概念的“路径依赖”，采取了“存量不动，增量上市”的方法，使得股票市场在创立之初避免了姓“资”姓“社”的争议。但是随着股票市场的发展，又形成“公开发行前股份暂不上市流通”的新的“路径依赖”。这种状况被称为“股权分置”，一直持续到2005年股权分置改革前。党的十四大确立建立社会主义市场经济体制，十四届三中全会明确股份制是公有制的重要实现形式，基本消除传统公有制概念原有的“路径依赖”，但是由此形成股权分置已成为股票市场积重难返的“路径依赖”。当时的A股市场上，上市公司非流通股达4462.59亿股，流通股为2516.85亿股，分别占总股本的64%和36%。为推动国有企业战略性重组，1999年国务院部署开展减持部分国有股充实社会保障资金的试点，2001年国务院出台《减持国有股筹集社会保障资金管理暂行办法》，两次国有股减持试点均因股市剧烈波动而停止。究其原

因，是上市公司“存量”股份已形成不能流动的“路径依赖”，使得通过减持国有股充实社会保障资金，这一利国利民的重要国策难以施行。

2005年4月启动的股权分置改革，走出聚焦讨论“按取得成本差异，非流通股股东补偿流通股东”误区，回归金融逻辑和制度本源，采取增量改革的思路，以帕累托改进为目标，形成非流通股股东与流通股股东通过协商对价平衡预期收益的改革方案，最终仅用两年时间就顺利解决1333家上市公司股权分置问题。同股权分置改革一样，在上交所设立科创板和试点注册制是增量改革，都是以服务国家战略为方向解决“路径依赖”问题，实现资本市场的基础性制度变革，因此，科创板不是简单地增加一个市场板块，而是资本市场的重大制度创新，将进一步完善我国多层次资本市场体系，补齐资本市场服务科技创新的短板。在机制设计和制度创新上，应当赋予基础性制度改革的基本定位和监管理念、发展逻辑的全新定义，将在盈利状况、股权结构等方面做出更为妥善的差异化安排，增强对科创企业的包容性和适应性，增强服务实体经济和创新驱动发展战略的能力。

坚持市场化取向，发挥市场在资源配置中的决定性作用

股权分置改革是市场化改革的成功实践，在改革的机制设计上要具有鲜明的市场化特征，主要体现在四个方面：一是以机制设计激励形成合作博弈。按照莱昂尼德·赫维奇等提出的机制设计理论，在自由选择、自愿交换的分散化决策条件下，可以设计出一种经济机制解决信息成本和激励相容问题，使得经济活动参与者的个人利益和既定的社会或经济目标相一致。参考机制设计理论原理，股权分置改革构建的“统一组织，分散决策”机制，将政府主导的减持国有股实践中两类股东形成的非合作博弈，转变为市场主导的两类股东协商平衡预期收益的合作博弈。二是以分散决策构建股东共同的利益基础。为解决分散决策的有效性，在非流通股股东的提案机制与流通股股东的票决机制之间形成分权和制衡，即非流通股股东提出平衡预期收益的改革动议，与流通股股东协商形成共同利益方案，由参加相关股东会议流通股股东所持表决权的2/3以上通过，形成提案权、协商权和表决权之间的相互制衡，保障改革方案具有的股东共同利益基础。三是以股东自治包容市场多样性。在规则既定的条件下，尊重股东通过协商形成的自由选择、自愿交换的利益平衡安排，1000多家上市公司形成1000多个改革方案，有条不紊地顺利实施。在改革中134家上市公司存在的127亿募集法人股问题、270家上市公司存在的股东登记名不副实、法人股个人化问题、138家上市公司存在的股东占用资金问题等疑难杂症得到妥善化解。四是以流动性管理稳定市场预期。为防止改革完成后形成流动性冲击，在改革规则中预设“锁一爬二”

安青松

的限售安排稳定市场预期，即改革后公司原非流通股股份，自方案实施之日起，在12个月内锁定不得上市交易或者转让；持有上市公司股份总数5%以上的原非流通股股东，在锁定期满后，通过交易所集中竞价系统出售股份12个月内不得超过5%，24个月内不得超过10%。由于主动加强流动性管理，有效稳定市场预期，在改革完成后市场稳定上涨，两类股东持股市值分别增长3~5倍。

股权分置改革采取“统一组织，分散决策”的机制设计，尊重市场规律，注重保护中小投资者合法权益，充分发挥市场在资源配置中的决定性作用，可以为科创板和注册制的机制设计提供有益的借鉴。资本市场是我国现代金融体系的重要组成部分，是促进实体经济、科技创新、现代金融、人力资源协同发展的重要枢纽。《“十三五”现代金融体系规划》中提出我国发展现代金融的五大战略目标是，实现更高水平的金融市场化、推动更加全面的金融国际化、创新高效安全金融信息化、推进完备统一的金融法治化、实现金融业治理体系和治理能力现代化。资本市场加强制度建设应当充分体现我国发展现代金融的战略目标，特别是发挥市场在资源配置中的决定性作用方面要切实迈出步伐、付诸实践。

坚持法治化方向，建立中国特色的规则体系和责任体系

法治化是股权分置改革顺利推进的基础，体现在四个方面：一是信息披露规则体系健全，在股权分置改革全程中至少在非流通股股东之间协商形成

动议，非流通股股东与流通股股东之间协商确定方案，相关股东会谈对方案形成表决结果的三个时点上，上市公司董事会应当履行信息披露义务，并保证披露信息真实、准确、完整，为分散决策的有效达成提供信息支持。二是切实保障中小股东知情权、投票权和收益权，设定程序要求在停牌期间完成网络投票、征集投票权、现场投票和支付对价。三是改革方案具有广泛的股东基础，在改革进程中参与改革方案投票表决的社会公众股东超过278万人次，股权平等意识得以广泛普及。四是税收政策、会计制度配套有效。股权分置改革中配套出台相关政策发挥激励改革的作用，在税收政策方面，因非流通股向流通股股东支付对价而发生的股权转让免征印花税；通过对价方式向流通股股东支付的股份、现金收入，免征应缴纳的企业所得税和个人所得税。在会计制度方面，允许改革企业设置“股权分置流通权”和“应付权证”科目分别核算各种对价方式取得的权益价值，平时不进行结转、不计提减值准备，待相关权益出售时予以结转。

加强资本市场制度建设，可以借鉴股权分置改革的经验，构建一套反映现代金融特征、具有中国特色的规则体系和责任体系。制度建设是资本市场长期健康发展的基础，需要在法制化轨道上解决好四个问题，理顺四个关系：一是解决好公司治理问题，理顺政府和企业的关系，形成股权清晰、权责明确、政企分开、管理科学的现代企业制度，切实提高上市公司质量；二是重塑信息披露体系，理顺政府与市场关系，落实好发行人的基础信用责任、中介机构的专业信誉责任、监管审核机关的忠实信任责任，强化自律管理、行政监管和司法惩戒三位一体的责任约束机制，使各市场主体归位尽责，形成运作规范、信息透明、竞争公平的市场秩序；三是发挥好市场枢纽功能，理顺激励创新与防范风险的关系；四是健全投资银行功能，理顺市场参与主体权责的关系，激发市场活力。坚持国际化水准，以高质量发展提升国际核心竞争力。

在股权分置改革期间，为消除改革预期不稳定带来的市场波动，按照国际通行的做法，建立上市公司回购股份、大股东增持股份、向券商提供流动性支持等市场化稳定股价机制。这种做法不同于中国香港、中国台湾的官方背景“基金”直接入市，而是通过向市场主体注入流动性，让市场主体采取预先安排好的机制进行短期护盘，市场主体自主投资并承担风险和收益，有效降低政府信用风险和道德风险。同时股权分置改革在方案设计时，统筹兼顾在开放格局下中国国情与国际规则的差异，协调好解决历史遗留问题和接轨国际惯例的关系，把改革边界严格界定为A股市场相关股东协商对价平衡预期收益，同时为H股全流通改革预留空间，清晰界定各类改革主体的权利和责任，有效避免角色错位和利益冲突。

2004年12月，在华彬庄园封闭研究股权分置改革方案时所摄

当前推动设立科创板和试点注册制应当借鉴股权分置改革的经验，对标美国纽交所、纳斯达克、中国香港等成熟国际资本市场的通行做法，高起点、高标准实施注册制试点。

通过实行科创板试点注册制，可以减少对存量IPO和市场的影响，可以采取更加具有包容性和适应性的制度设计，支持不同类型的科创企业IPO上市需求，形成对中小投资者的预期管理。并通过建立以机构投资者为主体的买方市场，引入分析师路演、管理层路演，增加机构投资者配售比例，推广普及“绿鞋机制”，不断强化和完善市场参与方的定价能力，全面推行市场化定价机制。总之，科创板要对标国际水准，以高质量发展提高国际核心竞争力，建设国际领先的创新资本形成中心，把寻求海外上市的科创企业吸引回来，立足于本国资本市场上市融资，让资本市场更好地服务高质量发展、创新驱动发展，让投资者更加广泛地分享新经济增长的成果。

2005年4月29日在万众瞩目中开始的股权分置改革，已在悄无声息中顺利收官。在2012年1月第四次全国金融工作会上，时任总理温家宝在总结本届政府金融工作时指出：“特别是彻底解决了长期困扰资本市场发展的股权分置问题。股权分置是我国股票市场建立初期遗留的最大难题，一直制约股票市场的健康发展。2005年我们下决心启动股权分置改革，按照尊重市场规律，有利于市场稳定和发展，切实保护投资者特别是公众投资者合法权益的总体要求，采取统一组织、分散决策的办法，积极稳妥、循序渐进推进改革，目前已顺利完成。这项重大改革实现了非流通股在股票市场的逐步流通，理顺了两类股东的利益机制，创造性地解决了历史难题，推动了股票市场的转折性变化。股票市场功能不断健全，有力地支持了大型金融机构改制上市，支持了一大批国有骨干企业和民营企业的投融资活动，推动了基础设施、支柱产业和高新技术产业快速发展。”温总理的讲话指明了股权分置改革在我国资本市场改革发展进程中的里程碑意义。

在那场远去的改革中，全系统数千人为改革付出心血和汗水，全行业数万人全身心投入改革，全市场数百万人积极参与改革，致敬一起走过的同事、同行、同路，谨以当时留下的一首小词作为本文的结语——

小重山·股改功成（2006年12月）

一夜雪飘喧嚣静，人踪何处去，月分明。
分散决策求衡平，让一步，海阔凭天空。
百家齐争鸣，定立新契约股同权。
过尽千帆花复明，重读书，满眼是风情。

作者简介：

安青松，现任中国证券业协会党委书记、执行副会长，曾任中国证监会股权分置改革领导小组办公室专职副主任。

从监管者到创造者

王佰川（中国资本学院副院长）

非常高兴参加中央财经大学"三十年风雨征程——资本市场发展研讨会"。我借此次研讨会向大家简要介绍一下中国资本市场学院建设的情况。我1992年因工作需要离开国务院后来到中国证监会，当时正好成立中国证券监督管理委员会，10月份正式挂牌。我是学法律的，先后在企业工作过10年，后被调到国务院秘书局工作并从事秘书工作一干就是10年。当时离开国务院也是政府换届，领导曾问过我，"你是否想在政府机关继续工作等待提拔，还是想干一些具体事？"我当时也琢磨了许久，想起我父亲曾对我说过，人在社会上要干实事，才能有本事，因此，根据工作需要由国务院安排到中国证监会工作，从事具体经济工作，我抱着很大的希望离开了中南海。到中国证监会为办公室工作，在机构没升格前叫办公室，我被任命办公室副主任兼服务中心副主任，基本上主管中国证监会后勤方面的工作。在2000年的时候会机关遇上全国房改，按照会党委的要求负责为大家筹地、建宿舍楼，为中国证券市场的发展解决职工的后顾之忧，稳定队伍，打好基础。解决干部职工住房困难问题，当时也是会机关后勤工作的重中之重，协助会领导全力组织大家建楼买楼，克服许多困难，采取一切措施为保证中国证监会职工都能有房子住的目标，在2000年末，我们在民族文化宫北面买了两栋宿舍楼，同时又在金融街选址盖宿舍楼，圆满完成了会党委和会领导交办的光荣任务。此后不久，中国证监会要求加强地方监管，又将我调到北京证监局工作，到北京证监局负责办公室和稽查工作，我由一个外行人逐步转变到内行，最突出的是做稽查工作，在首都组织打非工作做得比较出色，北京监管局曾获得全国打非示范单位。现在看全国打击非法证券交易清理得最干净，为全国打击非法证券模式树立了良好的典范。北京地区打击非法证券工作在全国打击得最干净，随后全国各地证监局都学习北京证监局的打非模式。记得当时我和北京市公安局时任局长傅政华同志（现任司法部部长）做了认真汇报后，就如何打击北京地区出现的非法证券工作达成了共识，当即联系相关部门陪同北京市公安局长傅政华同志一同去上海经侦局和上海证监局就打击非法证券工作进行了学习和调研，回京后由北京市公安局牵头召集北京市各公安系统召开动员大会，同时北京证监局负责组织公安局、检察院和法院联合中国证监会联合打非办进行多次培训，在北京市公安局共同建立领导小

王佰川

组办公室，将所有案件移交到北京市公安局建立黑名单，严厉打击证券市场的违法活动，为保障首都安全和北京地区的证券市场的安全作出了贡献。

此后不久根据工作需要我又被调回到中国证监会，经会领导推荐和会党委的决定，其中一位会领导找我谈了一次话，告诉我准备让你去干一件证券市场基础建设的大事。他说："佰川同志，人一生当中会干无数件事儿，没人会记起你干过。但是在你有生之年去建一个学院这件事你可以干，这不是任何人都能赶上的机会，也不是任何人都能干成功的事。"我认为很有道理，对我来说在我人生的道路上将又是一次新的挑战，能为中国的证券市场贡献自己的力量也是难得的机遇，当时我想两年干完就回来，那点事儿有啥大事儿。自2009年离开中国证监会去了深圳后，一干就是十年，经历和克服了许多困难终于在2018年在深圳建立起了全国唯一由中国证监会六所（深圳证券交易所、上海证券交易所、中国金融期货交易所、郑州商品交易所、大连商品交易所）一司（中国证券登记结算公司）共同出资兴建的学院，专门培养全国资本市场专业人才的学院，十年磨一剑，学院建成历任中国证监会四任主席。

下面我想讲一下资本学院是怎样建成的。我奉中国证监会党委的委托带着会议纪要从一张白纸开始干起，那时候也没给我什么条件，没有任何任命，我到深圳以后想了许久，怎么干？怎么也得要个"名分"吧？2009年我记得有人说，"佰川，你去找找领导，给你解决一个职务有什么不可以"。但我自始至终都没有对任何领导提及过，我考虑的还是先做事儿，提不提职务是组织的事。我受老父亲影响很深，就是：人一定要做事儿，做好事，做对人民有意义的事。建学院我虽没干过，但是我是党培养的干部，还是应服从党的需要，让我去建学院是组织上对自己的信任，因此没有过多考虑自己的待遇问题。经过十年的锻炼，将学院建立起来了，我觉得建筑这行业又树人但也毁人，毁人是没人待见，树人是经受住了组织上对自己的严格考验。记得2015年中央巡视深圳证券交易所界时找我谈话，从他们问话的表情上看好像我在他们眼里是一个坏人。问得让你还真难受，辛辛苦苦由北京到深圳去兴建学院，还能被这么问，像审有问题的人一样，心里总是不那么舒服。还好，我一开始干就在思想上有所准备，在工程建设全过程中，我曾向会领导保证过三点：第一，建设学院不给证监会添恶心，毕竟过去是在重要机关培养现在是代表中国证监会出去的干部；第二，不给深圳市人民政府添麻烦，同时还必须得到市政府的支持；第三，不给深圳证券交易所添乱，但还要依靠深圳证券交易所作为平台才能建设好学院。我就是本着这三个基本承诺和我的团队共同建设好中国第一所培养全国金融人才的学院，全力以赴积极独立地开展工程建设工作，认真思考，以深圳证券交易所的名义，向深圳市人民政府申请设立基建办公室，第一次市政府以办公厅的抬头对我们进行了批复，但我们没有接受，我说你们以办公厅的名义给我们的批复没有法律效力，那是机关内部运作所需要的文件，但我们也不是政府的内设机构。当时深圳市政府的领导对办公厅讲不能让中国证监会的项目离开深圳，因建设中国资本市场学院的项目在全国共有四个城市在竞争，有上海、北京、天津和深圳，我们应抓住机遇。为此我们又以深圳证券交易所的名义向深圳市人民政府提出了第二次申请，要求深圳市人民政府尽快批复在深圳证券交易所成立基建办公室，当时深圳市人民政府领导对我讲，“你为什么要政府盖章”？我坚定地说，“我来深圳既不是法人又没有机构更不符合法律程序，无法开展工作，尤其是建工程项目，有机构后才能立项和办理相关建筑手续”。为此又受政府委托，代市政府草拟了代拟稿，发挥出了我在国办工作的优势，加强与地方政府协调和沟通的能力，不久就收到了深圳市人民政府带国徽字头的批复，同意中国证监会在深圳证券交易所设立中国资本市场学院基建办公室，为建设中国资本市场学院奠定了基础。此后我拿着市政府的批复，在深圳市人民政府各委办局跑来跑去，深感到这座城市的包容，政府各部门都很支持我们的建设项目；开始建设都很顺利，虽然没有拿到土地手续，但在深圳市人民政府的帮助下，前期所有手续都是以函代证完成的，随着建设的不断深入推进，对于建设工程建设项目，总是以函代证也不是个办法，关键的问题基建办不是法人主体，不能取得土地手续，需要招拍挂程序。当时学院还没有成立，如要无偿划拨土地怎么办？此时我想起在深圳证券交易所成立基建办公室时，曾先后在罗湖区和南山区刻过两枚公章。南山是我们的建设工地，罗湖区是老深圳证券交易所为我们基建办公室提供的办公场所，而在罗湖区公安机关办理一枚抬头具有法律效力的印章，当时学院又没有建立，只能在罗湖区刻了一枚公章，是深圳证券交易所中国资本市场学院基建办公室的公章，那将来的建筑项目在南山区办公怎么办呢？这时我派了一位处长带着深圳市人民政府的批复文件到南山区市公安局又刻了一枚中国资本市场学院基建办公室的公章，但我们深知学院没有成立，这枚公章还是不能用，但奇迹发生了。有一次我在飞机上遇见了深圳人民政府的领导，我借此机会向领导就学院建设过程拿不到土地手续问题做了汇报，我问中国资本市场学院办公室的印章管不管用，市领导说管用。事后市领导在深圳市常务会议上就以中国资本市场学院的名义拿地先干了起来。到了2005年中央巡视组到深圳证券交易所巡查，有人告状说学院没拿地就干事儿。但很多人没想到的是深圳市人民政府正式通过常务会批准了土地手续，当中央巡视组2005年进入深圳证券交易所后，对学院进行了审查，学院建设属于合法建筑。工程建设过程中，证监会历任主席都很操心，怕出问题，因为干工程建设这个活儿本身就是个苦差事，要面对所有的施工单位，施工单位是以经济利益为中心，是各种利益冲撞和相互博弈的战场，关键是自己能不能把握，我是经过国务院特殊训练出来的干部不能丢脸，有没有职务不重要，别干丢脸的事。从红墙出来的人，一定要干出个样子，无论吃多少苦也要坚持到底，所以我在这个岗位上一干就坚守了10年，终于还是把这个学院建成了。说实话，我想干就要干出个样子，干出个杰作。在各部委的心目当中，中国证监会能建成这么好的学院，还是仅此一例。我们是把工程建设的事当成自己的事儿去干，就像是自己生的孩子一样，组建班子始终带领13位同志经过艰难困苦、坚忍不拔，坚持到最后取得了辉煌战绩，面对所有的利益和诱惑，始终坚持不忘初心，牢记使命，在近10年的建设工程周期，我们没有遭到任何单位和任何人的投诉，这个坚强的集体没有一个人掉队。最终建成了一座在整个深圳地区具有典型意义的保留了具有岭南风格的建筑，而且用了很少的钱。按深圳建筑界方面专家讲，没有几十个亿这个学院是建不起来的，在今天这个会议上我可以先告诉大家在结算和决算没有结果的情况下按照概算是12个多亿。许多人都在讲干你这工程，施工单位应该没有挣多少钱，恨我的人一定很多，但到现在为止我跟大家讲，通过这个工程我们都早已经成为朋友了，施工过程中的博弈很正常，现在看我们的朋友遍天下，我们目前已进入结算期只付出了8亿元，留着将近4亿~5亿元准备结算；在中国证券市场近30年的历史上，我们在此进程中亲自建设了一所学院，为证券市场的基础设施建设，有了自己的培训基地填补了一项空白。

中国资本学院2011年12月开始奠基的仪式，2019年1月7日学院校园正式启用。工程完工后，我累倒了，因高血压回北京住院一个月。但是我无怨无悔。春蚕到死丝方尽，出院重返深圳后依然在为资本学院更多的创新工程奋斗着。

中国资本学院是中国证监会根据资本市场快速发展需要着眼于资本市场整体布局而作出的重要决策，定位为高层次、市场化、国际化的研究、教育、培训机构，强调高起点、高标准、高质量、严要求，致力于为中国资本创新发展提供智力支持和人才支持

中国资本学院，位于深圳市西北的原西丽湖度假村内，东邻深圳野生动物园，西邻西沥水库，背靠麒麟山。用地周边自然环境优美，水资源尤其丰富。学院分为教学科研区和生活配套区，在生活区内建筑与环境融为一体，各个建筑散落在优美的环境之中，教学科研则利用现有地形做出一个形态丰富的平台，主体功能采用规整的“回”字形结构体量架设之上，形成卫城式的空间格局，学习者每天需要拾级而上进入卫城，从卫城的梧桐广场走到相应的教学及科研场所。教学区采用集中式布置，将多种功能化整为零。在43.2米标高处做出一个大型平台，集中的方式提高了教学区功能的使用效率，平台上的梧桐广场展现了学院在功能、形象和精神上的核心所在。生活区内的建筑，采用分散布局，各学员公寓，自由散步于自然地形之中，建筑与景观融为一体，为生活区创造出良好的居住品质。中国资本学院建设工程获“广东2020年度优质工程奖”

（2019年11月23日中央财经大学“三十年风雨征程——资本市场发展研讨会”发言记录）

照片带来的回忆

——献给中国证券市场建立30周年

崔伟（海南证监局原局长）

崔伟

1998年2月，陈耀先同志率领中国证监会代表团参加证监会国际组织年会（IOSCO年会），并顺访菲律宾和越南，帮助越南建立证券市场。作为国务院证券委副主任，中国证监会的党组书记，这些国家，尤其是同为共产党领导的社会主义国家的越南还是高看一眼的，越南政府总理潘文凯会见了我们代表团全体并举行了会谈，越南证券委主席全程陪同。

2月9日，我们取道香港出境，先到深圳，然后由桂敏杰（时任深交所总经理）派车送我们过关，在深圳停留的酒店意外遇到了刘鸿儒先生，两位老同志深圳相见格外高兴，共进晚餐，并回到房间畅谈，我在陪同中合影一张。那年30周岁，而立之年。

到香港后，耀先同志会见了香港地区证监会主席梁定邦，相约共同出席IOSCO年会。

从香港到达孟买的时间是晚上十点，虽然是2月份，但那里仿佛夏天一样，这个印度最大的城市，1200万人口，有600万人无家可归，沿途的路边

左起：陈耀先、崔伟、刘鸿儒

全是搭帐篷过夜的人，且交通拥堵，卫生条件很差。我们乘坐大使馆的车到了酒店才算松了一口气。酒店在城市边缘，靠海，与喧嚣的城市完全隔离。

会议开了五天，比较枯燥，耀先主席在第一天上午代表中国证监会，更代表新兴市场做了主题演讲，反应很好。这是他主政证监会以来第二次在国际上亮相，第一次是在1997年中国香港举行的世界银行和国际货币基金组织年会上。

第二天，中国驻印度大使在大使官邸宴请了代表团，伙食不错，尤其是1982年的五粮液印象深刻，只是没多给，只上一瓶，意犹未尽。

第三天，在会议期间，耀先同志提议，祖国大陆和港台地区的证监会同仁在一起交流一次，邀请香港的梁定邦主席，台湾证券交易委员会主任吕东英及各代表团全体。于是我和戴总（深交所副总经理戴文华）负责筹办，订好了酒店，苦于没有酒喝，于是领导出主意跟大使馆（总领事馆）拆借两瓶，按价付费。印度的菜实在太难吃，全是咖喱、油炸，一桌八个菜，分不清什么东西，好在茅台比较过硬，大家还是很开心，在枯燥的会议间隙有了一个轻松的时刻。

会议结束后，我们参观了泰姬陵，至今没什么印象，但集体活动还是很愉快的。新德里是印度首都，要比孟买清静得多，街边的住宅和人流还是能看出来严重的两极分化，平民与上流社会的现实已经被印度人所认可，所以社会非常稳定，治安也不错。我们去的时候，正赶上印度大选，公共场合禁酒，防止酒后闹事，具有英国传统的警察在街上、酒馆巡逻。

离开印度，长出一口气，因为那里的卫生条件太差，我们出国前都在北

陈耀先率中国证监会代表团参加IOSCO年会

左起：王京、崔伟、金旭、陈耀先、李冬萍、戴建国

京的蒋宅门防疫站打了预防疟疾和霍乱的疫苗，很痛苦。到达马尼拉就轻松了，那里的气候跟三亚差不多，2月份也是30多度，但是空气清新，餐饮与中国非常接近，标准粤菜、海鲜。我们考察了马尼拉股票交易所，那里的股票交易很不活跃，看了十多分钟，电子显示屏也没变动一下，与我们欣欣向荣的A股市场比起来，相距甚远，不是同一个重量级，于是我们放松了一天，搞了一个露天海边的聚餐。大家把酒临风，一扫印度的拘束。

亚洲金融危机之后，东南亚各国的经济普遍萧条，商场里的东西都比较便宜，菲律宾的比索也不值钱，我们采购几件纯棉衬衫，质量还不错，后来我居然穿了十年。

赴越南之旅并不轻松，也不是太顺利。第二天中午，我们告别菲律宾，准备从马尼拉飞胡志明市（西贡），因为时间充裕，先参观一下夏龙湾，再去河内。

登上越南航空的飞机，就感到很闷热，坐了一个多小时，也没有起飞，机械师一会儿上来，一会儿下去，地面上还开来两辆发动车。我们坐在前排，戴总是瑞士海归，通晓各种口音的英语，隐约听明白原来是飞机发动有问题，需要地面上靠外力把飞机鼓动起来。我们代表团紧急研究，认为飞机不靠谱，为安全起见，我们决定改签航班，跟航空公司迅速沟通后，我们离开飞机，回到机场。但这时，我们已经出境，再重新入海关遇到麻烦，而改签最近的航班是第二天早晨，这样就需要在机场过夜。我们在机场的帮助下，在附近找了一家酒店，为了节约，7个人只开了两间房，保证领导休息，我们男男女女六人聚在一起打扑克，挨到天亮就直奔机场了。虽然交易所很有钱，但是我们也没有浪费。虽然熬了一夜，但是都很愉快，毕竟年轻嘛。

华夏证券（现在的中信建投）与越南同行有业务合作，也想在越南设立机构，他们派出国际部的负责人薛岚协助接待。这个女同志比较心细，把越南官方安排之外的事项都承揽下来。

胡志明市也称为南越南、西贡，位于湄公河三角洲地区，越南直辖市，为越南最大的城市，也是越南的五个中央直辖市之一，还是前越南共和国的首都。1975年4月30日，越南民主共和国（北越）统一全国后，为纪念越南共产党的主要创立者胡志明，便将西贡改名为“胡志明市”。我感觉这个城市类似中国的广州的地位，由于历史的原因，在越南改革开放之后，胡志明市自然成为了改革的前沿，这里车水马龙，一片欣欣向荣的景象。这个城市的夜景是最著名的，说其像广州也是这个意思。

下龙湾，位于北部湾西部，离越南首都河内150公里。1994年，联合国教科文组织将下龙湾作为自然遗产，列入《世界遗产名录》。下龙湾是越南北方广宁省的一个海湾，风光秀丽迷人，闻名遐迩。风景区共分为东、西、南3个小湾。因其景色酷似中国的桂林山水，因此被称为“海上桂林”。我们在前往河内之前，先到下龙湾参观游览。

我们租了一条游船，顺流而下，在辽阔的水域上尽情地游览。不时有小船接近游船，叫卖着他们当天捕获的海鲜。船上可以提供食品加工，可以买来海鲜在船上吃，还有当地的米酒。戴总出手阔绰，100美元买了一船的海鲜。当时，在越南，美元和人民币都是很受欢迎的，一美元兑一万越南盾，相当于我们人民币10块钱，所以给小费时，给上10元人民币，他们乐得不得了。这些海鲜，我们10个人吃了一天也没吃掉。随后我们来到河内，开始了

陈耀先（左）与潘文凯（中）交流

越南总理潘文凯会见中方代表团一行

越南市场的援建工作。

社会主义国家的改革开放无一例外地从计划经济向市场经济转变，而证券市场又是市场经济中必不可少的组成部分。但是证券市场又是市场经济发展到一定阶段的产物。贸然建立证券市场，越南人心里没底。而中国就是一个很好的学习样本。受越南证券委的邀请，我们此行就是帮助他们建立自己的证券市场的基本框架，包括法律体系、交易制度、发行制度等，尽管我们也是新兴市场，但是毕竟有了6年的经验和教训。

中越交流座谈会

越南证券委主席率领团队与我们会谈了两次，双方达成了许多援助的共识，后续由各自的工作部门具体衔接和讨论。20世纪90年代的越南开始加快了改革开放的步伐，为了建立证券市场，他们先是跟韩国学习，我们到访的时候，他们已经成立了证券委员会，并组建了两家证券公司，还要引进中国的券商，但如何在转轨中建立证券交易所，最有借鉴意义的就是中国，尤其是潘文凯总理想听听中国同志的介绍，以便最后下决心拍板。

按照计划，越南总理潘文凯第三天下午在总理府会见了代表团一行，对我们的到来表示欢迎和感谢，并详细询问了中国证券市场改革与发展的状况，表示越南要认真地学习中国同行的经验，尽快地把越南证券市场建立起来，推进改革开放的进程。

会见落下帷幕，我们此行的出访任务也就完成了。越南证券委的同志们手捧鲜花在河内机场与我们话别，一个半小时后我们到达香港启德机场，并迅速回到深圳。

这里要补充说明一下，潘文凯（Phan Van Khai）是越南杰出的政治家、改革家，他1933年12月25日出生于西贡，1947年参加革命，是一位老革命家，在苏联留学回国后一直在胡志明市从事计划工作和地方政府和党委的领导工作。1989年至1991年，潘文凯任国家计划委员会主任、越共中央委员；1991年8月任部长会议常务副主席，后于1992年9月改称政府常务副总理，1997年9月在越南十届国会上当选为政府总理。2002年7月当选连任。2006年从政府总理的职务上离任。2018年3月17日，潘文凯在胡志明市的家中去世，享年85岁。他不仅带领越南创造了经济高速增长的一段辉煌，而且在反对腐败，推动政治体制改革方面也作出重要贡献，可以说今天越南改革开放的局面基本上是按照潘文凯的路线来运行的。从当年证券市场建立这样一个细节上就可以看出他推动改革的决心和缜密。

许多年过去，回忆起来还是感慨良多，越南的改革已经远远超过中国，越南的证券市场也在谨慎、稳健中逐渐发展起来，同时其政治体制改革也在努力地探索和尝试。

（初稿于 2013年8月，修改于2020年6月）

作者简介：

崔伟，1997年10月至2000年4月，任中国证监会办公厅（办公室）秘书处党组秘书、副处长、处长；2000年4月至2004年9月，任中国人民银行东莞中心支行党委委员、副行长，汕头中心支行党委书记、行长；2004年9月至2008年9月，任中国证监会海南监管局党委委员、副局长，党委书记、局长；2008年9月至2010年8月，任中国证监会协调部副主任，2012年2月起，任东北证券股份有限公司董事、东方基金董事长。

创业板：助飞国家自主创新的翅膀

——回顾中国创业板市场建设的战略布局和历史足迹

隆武华（中国证券金融公司党委委员、副总经理）

隆武华

积极推进我国创业板市场建设，是新世纪新阶段党中央审时度势的重大战略决策。2018年是我国改革开放40周年和资本市场建立29周年，中国创业板历经十年酝酿，九年发展，为创业投资提供了有效的退出渠道，吸引带动了大量的政府和社会资金流向科技创新型中小微企业，缓解其发展初期的资金难题并建立规范的现代公司治理结构，取得了辉煌的成绩。

为此，据一些史料，笔者追溯了中国创业板市场建设的战略布局和历史足迹。自1999年中国证监会首次提出建设高新技术企业板块，到2009年中国证监会发布《首次公开发行股票并在创业板上市管理暂行办法》和中国创业板正式推出，创业板从设计、论证到最终问世历时十年（如下图），这真是“十年磨一剑”！

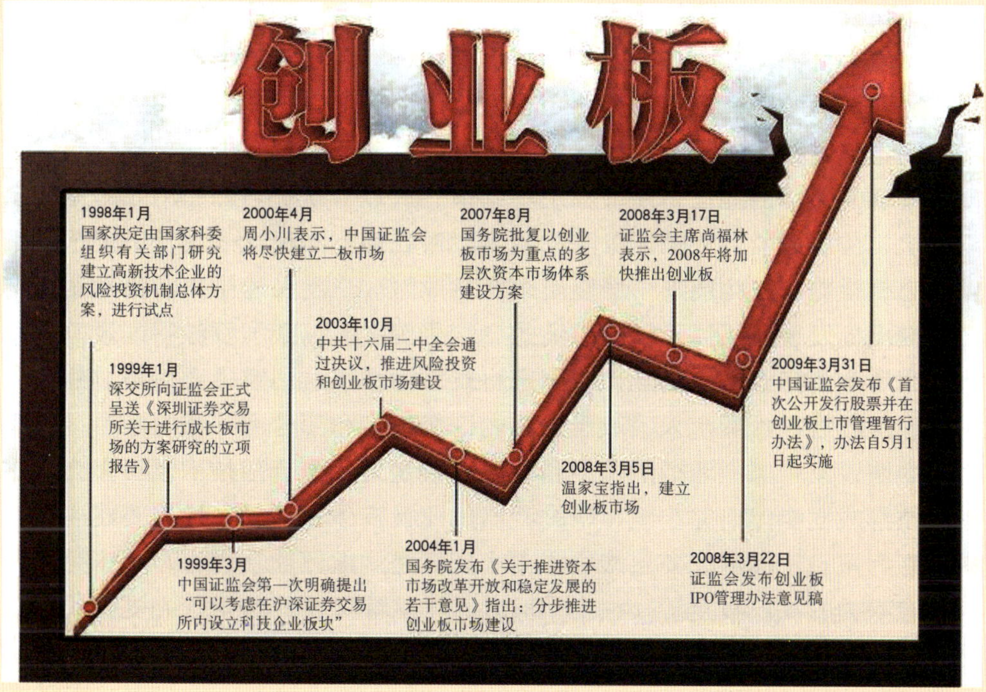

创业板十年

（一）

资本市场自诞生之日起，即与科技创新结下不解之缘。19世纪初美国的“铁路热”与“运河热”，19世纪末电子和电讯革命，20世纪初的汽车与飞机制造，无不打上资本市场的烙印，与伦敦金融城和华尔街股票融资息息相关。波音、通用电气、通用汽车、AT&T、杜邦、柯达、IBM等现代企业，就是在早期资本市场的支持下，由小到大发展起来的。伴随着这些企业的成长，早期资本市场进入了传统资本市场的行列，表现为纽约、伦敦等股票交易所上市的标准越来越高，要求拟上市公司规模大、盈利稳定，致使众多的中小企业被拒之门外。

正是在这一时代背景下，旨在为中小企业提供融资服务的创业板市场才得以登上历史舞台。创业板市场继承了早期资本市场支持科技的传统，成为20世纪70年代以后全球资本市场的新探索和新亮点。得益于全球微电子技术、信息处理与软件技术、计算机技术为代表的第二次新技术革命浪潮，一大批科技型中小企业通过资本市场壮大起来，如微软、戴尔、英特尔和思科等，既缔造了纳斯达克神话，又开创了美国多层次资本市场的经典案例。纳斯达克的神话在全球引起广泛的蝴蝶效应，各国竞相模仿。中国更是志在必得，志在成功。

1998年，是中国创业板论证比较特殊的一年，主要有五件事情。一是江泽民总书记为中国证监会主席周正庆主编的《证券知识读本》作序，强调证券市场已经是社会主义市场经济的重要组成部分，肯定了证券市场的作用，明确了证券市场的地位，使证券市场结束“试点”状况。二是为应对亚洲金融危机，中国证监会根据国务院的指示，对各地非法设立的场外市场采取了清理整顿措施，关闭场外市场以防范金融风险。三是民建中央向第九届全国政协提出了发展我国风险投资事业的“一号提案”，我国香港特区政府和香港联交所准备正式推出创业板，国家科技领导小组、国家计委、科技部、广东省人民政府、深圳市人民政府、国内许多学者和部分海外华裔学者，均表达了尽快设立中国创业板的愿望和建议。四是为筹备全国技术创新大会，国家科技部成立专门研究小组，研究我国创业投资体系建设，提出要建立以场外交易为主导、梯形的多层次资本市场。五是中国证监会宣布对真正有成长性、有潜力的高科技企业，在上市额度、排队等待方面给予优先支持，形成比较独特的科技部和科学院“双高”论证优先上市的格局。

1999年，是中国创业板论证和决策极为关键的一年。为回应各方的建议，中国证监会对中国是否需要设立创业板进行了认真研究和论证。1999年3月2日，中国证监会在给国务院秘书三局《关于“加强技术创新、加速科技产业化决定”的函》中，第一次明确提出“可以考虑在沪深证券交易所内设立高科技企业板块”。科技部采纳了中国证监会的意见，在征求中国证监会的意见后，在其报给国务院《建立我国科技创业投资机制的请示》中提出，“可以在上海、深圳证券交易所探索设立‘高新科技创业企业板块’”。中国证监会的提议和思路得到国务院主要领导的肯定。国务院领导在此项提议的前面，用毛笔增加了“今后”两字。“今后”两字，虽然表面上看没有拒绝，但推出时间却遥遥无期。

但事情很快就峰回路转。1999年4月，国务院领导为中国加入世界贸易组织对美国进行了访问，13日上午参观了著名的纳斯达克市场。置身于纳斯达克市场热烈、高昂的市场氛围中，国务院领导欣然在贵宾留言簿上留言：“科技与金融的纽带，运气与成功的摇篮。”这一句饱含哲理的话语，出于科技尚不发达、资本市场尚不健全、科技与资本市场结合尚不充分的中国国家领导人之口，其政策含义已经是昭然若揭了。

国务院领导参观纳斯达克市场后的效果很快就体现出来，“今后”变成立即行动，创立高新技术企业板块之事马上被提上议事日程。1999年8月20日，全国技术创新大会在北京召开。这次会议是继1956年和1978年全国科技大会之后的第三次科技大会。中国证监会主席周正庆在会上宣布，证券市场在对高新技术企业上市方面已经突破了规模和指标的限制，但一些法规不适应高新技术企业发展的特点，不能满足高新技术企业发展的需要，必须对现行的《公司法》进行修改和调整。全国技术创新大会通过了《关于加强技术创新，发展高科技，实现产业化的决定》，提出“要培育有利于高新技术产业发展的资本市场”“适当时候在现有的上海、深圳证券交易所专门设立高新技术企业板块”。

在市场操作层面，与许多仅限于一般政策呼吁有所不同，深圳市政府和深圳证券交易所较早地进行了制度规划和方案设计。早在1999年初，深交所就完成了《深圳证券交易所设立成长板市场的前期论证》。在这个报告中，深交所提出：“由深圳证券交易所率先进行成长板的试点，将上市资源的区域限制在广东地区，严格市场准入制度，充分考虑风险因素和对风险控制做出周密的安排，能够保证将设立成长板市场的风险控制到最低程度和范围。在试点取得经验后再全面推广。”

2000年1月16日，国务院办公厅批转了科技部、国家计委、国家经贸委、财政部、中国人民银行、国家税务总局和中国证监会等7部委共同起草的《关于建立风险投资机制的若干意见》，强调：“条件成熟时，在现有的上海、深圳证券交易所专门设立高新技术企业板块。”

2000年1月26日，中国证监会主席周正庆在全国证券期货工作会议上指出，2000年证券期货工作要着重抓好十项工作，其中第一条就是建立高新技术板块，推进技术进步和产业升级。

（二）

2000年4月17日，新上任的中国证监会主席周小川在“2000年中国企业峰会”上表示，中国证监会对设立二板市场已做了充分的准备，一旦立法和技术成熟，我国将尽快促成二板市场，为我国证券市场补充新的内容。周小川主席只说是“二板市场”，没有说“2000年中国证监会十项工作之首的高新技术板块”。第二天，时任中国证监会副主席高西庆明确表示：“昨天周主席讲的是二板，不是高科技板。因为对于究竟什么是高科技，恐怕连瑞典皇家科学院也难以拿出一个判断的标准来。”4月18日，中国证监会向国务院报送了《关于支持高新技术企业发展设立二板市场有关问题的请示》。5月中旬，国务院原则同意中国证监会关于设立二板市场的请示。在名称上，则主要采纳香港创业板市场的提法，将我国即将建设的新市场取名为创业板市场，决定由深圳证券交易所来承担创业板建设的任务。创业板这个提法直接来源于电影《创业》，带有奖励流汗、鼓励创业、激励创新的原始含义，确实形象、生动和直观。在创业板启动之时，为配合国际宣传和英文网站建设，创业板有了一个英文名字，这就是“ChiNext”，直译为“中国的未来”。

2000年6月24日，国务院发布《鼓励软件产业和集成电路产业发展的若干政策》，提出要“为软件企业在国内外上市融资创造条件”“尽快开辟证券市场创业板。软件企业部分所有制性质，凡符合证券市场创业板上市条件的，应优先予以安排”。这是在国家层面第一次以国务院文件的形式公开明确提出建设创业板。

2001年8月2日，中国证监会首席顾问梁定邦在广东南海表示，创业板可能在2002年推出。对于创业板迟迟不能推出的问题，梁先生认为主要有三个原因：第一个原因，是各方人士还有疑虑，就是创业板把关的手段是不是适当，会不会产生巨大的风险；第二个原因，是中国证监会也在不断优化有关程序；第三个原因，是大家对推出创业板的最佳时机还没有达成共识。他透露，国务院已委托香港证监会主席沈联涛先生对内地创业板做了一个评估。香港这个评估报告的主要观点是，内地创业板筹备的硬件没有问题，但内地相关法律环境还不利于创业板建设。果然，香港方面的意见影响到了决策。2001年11月7日，国务院领导在访问文莱时表示，吸取中国香港与世界其他市场的经验，把主板整顿好后再推出创业板。在证券市场未整顿好之前，如果贸然推出创业板，担心会重复出现主板的错误和弱点。

在此之前，创业板的推出如箭在弦上，在倒计时的最后一刻，冲锋的号角却没有吹响。这在客观上也要求深交所对创业板的筹备工作进行系统总结。根据创业板筹备的进展材料，形成了《创业板市场推进方案之思路》的报告。这篇报告洋洋两万言，从宏观到微观，从境外到境内，对创业板的筹备和下一步工作进行了全面的探讨。这篇报告的开篇语：“扎扎实实的筹备工作是我国顺利推出创业板市场的最根本条件。自2000年9月创业板倒计时以来，创业板启动的前期基础工作深入而细致。起草和修订创业板市场的相关法规，动员各方力量筛选和培训拟上市创业公司；按市场化原则落实发行审核程序，以信息披露为中心设计上市公司的持续监管……所有这一切，浸透着深交所人的心血和汗水，浓缩了深交所人的智慧和才华。”短短一句话的背后，是无数人事无巨细的工作和夜以继日的辛劳。时至今日，重读这些话语，依然会让为之付出辛勤汗水的人们百感交集、激动不已。

2002年10月初，国务院领导来到深圳，在听取创业板筹备工作汇报后，他明确表示，关于创业板，当初急了一些，乐观了一些，后来发现条件不成熟。尽管创业板的推出还期限未定，尽管相关各方已经为此付出了许多辛劳和智慧，尚没有达成共识，但这些探索是不会白费的，它犹如百尺之台下的一块块垒土，最终有利于推动共识的形成。从肯定到否定，表面看起来退步了，但离否定之否定却又进了一步。

（三）

鉴于进一步推出创业板短期内难以实现，如何选择推进路径、把握推进的分寸，就显得特别重要。问题的关键在于拓展中小企业的直接融资渠道，路径是贯彻落实《中华人民共和国中小企业促进法》。2002年6月29日，第九届全国人大常务委员会第二十八次会议审议通过《中华人民共和国中小企业促进法》。7月19日，深交所在深圳五洲宾馆召开《中小企业促进法》座谈会，中国证监会主席周小川、国务院法制办副主任宋大涵、全国人大法工委副主任卞耀武以及国家经贸委中小企业司相关领导、一些中小企业研究专家参加了座谈会。这是国内首次学习《中小企业促进法》的活动，深交所反应之快，为国家战略服务的意识之坚决，前所未有。从此，深交所把自己的命运与中国中小企业的命运紧紧地联系在一起。经过各方充分沟通，2002年11月28日，深交所向中国证监会递交了《关于当前推进创业板建设的思考和建议》的报告，建议采取分步实施的方式推进创业板建设。

在这个论证过程中，报告甚至测算过上海、深圳市场大小互换的情况。从测算结果上看，存量调整操作难度巨大，没有可行性。存量不动、增量分工的分步推进方案，在当时情况下应该是唯一的选择：只动增量，暂不动存量，最后增量超过存量，改革水到渠成，这种改革有时又被形象地概括为“旧的旧办法，新的新办法”。1994年分税制改革，因素法、基数法，大家争得面红耳赤，但在当时的利益格局下，基数法难道不是唯一可实现的办法吗？

2004年4月，中小企业板块启动在即，有人曾无情地送了两个评价，“新瓶装旧酒”“穿新鞋走旧路”，硬是不看好。但中小企业“给点阳光就灿烂”，成长得很好，让中小企业板块居然杀出了一条“血路”来，让不看好他们的人变得心服口服。转瞬间，中小企业板块就由“毒草”变成了香花，率先完成股权分置改革，行业细分龙头多，分红多，自主创新就业多。“既生瑜，何生亮”，有人居然会想、会问：有了中小企业板，还要创业板吗？创业板的重新提出，切合新时期中国经济转型和创新的需求，符合广大创新型中小企业直接融资和规范发展的愿望，具有历史的必然性。中国证监会和深交所作为具体的设计者、规划者和推动者，顺应了这种历史发展的方向，做到了顺势而为。“魔鬼在细节，神仙在大局”，新时期谋划创业板主要围绕两条主线推进：在多层次资本市场体系的框架下，在自主创新和产业升级的旗帜下。

2006年3月，纳斯达克交易所宣布了重大改革方案，把市场划分为3个体系，这给规划我国多层次资本市场以很大的启发。犹如孔明借东风，以这次变革为契机，2006年9月，针对纳斯达克交易所“3+1”的市场模式，我们提出了深交所“3+1”市场模式。2006年12月1日，“第五届中小企业融资论坛”在深圳召开，中国证监会尚福林主席在主题报告中首次公开阐述了多层次资本市场的4个层次：第一，积极培育蓝筹股市场，继续推动大型优质企业境内上市；第二，积极推进制度创新，大力发展中小企业板；第三，适时尽快推出创业板市场，增强自主创新能力，建设创新型国家；第四，整合代办股份转让系统，建立全国统一的股份报价转让平台。

从此，创业板市场的论证名正言顺地被提上日程。2007年7月底，中国证监会研究中心和深圳证券交易所在新疆举办“资本市场支持自主创新研讨会”。中央政策研究室、中国人民银行、中国证监会的主要领导，就加快创业板市场建设以推动自主创新国家战略进行了充分的讨论和沟通，可以说是创业板启动前一次十分重要的动员大会。2007年9月18日，中国证监会尚福林主席一行视察深交所，对创业板市场进行部署。

2008年3月，温家宝总理在政府工作报告中明确提出“建立创业板市场”。3月30日，《首次公开发行并在创业板上市管理办法》公开征求社会意见。创业板市场建设从论证进入了宣传和寻找推出最佳时机的阶段。2009年3月31日，历史会记住这一天，中国创业板的主要规则终于发布了。同年10月30日，首批28家公司挂牌上市。

创业板在推动自主创新、促进投资与就业、实现经济转型中发挥了重要

创业板启动仪式

创业板首批公司上市仪式

作用。一是创业板已经成长为我国多层次资本市场中非常重要的一部分。截至2018年6月底，创业板共有729家上市公司，总市值48917.46亿元，成交金额占深市总成交金额的37.69%，已成为资本市场重要的组成部分。二是创业板培养了一大批高新技术企业，有效推动了自主创新国家战略的实施。创业板门槛相对较低，更贴近中小企业和高科技创新型企业，引导经济资源向具有“专、新、特、精”特点的创新型企业聚集。9年来，创业板先后为650家左右的高新技术企业提供了融资需求，有力推动了企业的创业发展。三是创业板对全社会具有巨大的激励和示范效应。创业板市场化梳选机制可以把符合条件的中小企业纳入资本市场，优化资源配置，提高投资效率，给其他企业树立一个标杆，促进其规范运作。创业板带动民间创业的热情，通过创业板的示范作用和财富效应，在全社会营造出创新、创业的良好氛围，激励和引导更多的优秀人才进行创业和创新，带动更多的人走向创业致富的道路。

开板九年以来，创业板融入并有力配合了一系列国家战略的实施，是落实国家自主创新战略的重要渠道，激发投资和促进创业的平台，已成为创业创新型企业的聚集地，被称为自主创新与产业升级的“发动机”，为助飞自主创新插上有力的翅膀。没有创新就没有未来，“ChiNext”的称呼当之无愧！

回望创业板十年的建设历程，十年辛苦不寻常，浸透着无数人的心血和汗水，浓缩了无数人的智慧和才华，在坎坷中孕育，瓜熟蒂落，水到渠成。创业板从破茧而出、应时而生，到逐渐成熟、稳步发展，立足于中国经济的长远发展，切合了广大中小企业的迫切需要，满足了自主创新国家战略和振兴产业规划的现实要求。在中国特色社会主义发展进入新时代，开启全面建设社会主义现代化国家新征程、经济结构调整转型升级和高质量发展之际，中国创业板市场一定能够扬帆远航，必将为整个市场带来更多的机遇和希望，谱写科技与资本结合的最美乐章。

作者简介：

隆武华，经济学博士，深交所博士后。曾在财政部财政科学研究所、证监会政策研究室、深交所任职。创业板市场设计者及实践者。现为中国证券金融公司党委委员、副总经理。此文发表于2018年11月证监会系统庆祝改革开放四十年征文活动专刊。主要专著：《清代外债史论》《外债两重性》《投资创业板》《守望创业板》《资本时代——中国资本市场的战略思考》等。

第四篇

政协委员与监管者的对话

我与资本市场相关的政协提案

贺强（全国政协委员、中央财经大学金融学院教授、证券期货研究所所长）

2011年两会期间，全国政协委员贺强在人民大会堂做《进一步完善证券市场监管，有效保护投资者利益》的大会发言

引　言

我从2008年起担任全国政协委员，现在已经是第三届。从第十一届政协会议（2008—2012年）开始，我结合专业提交了多项与资本市场相关的提案。

我相信“精诚所至，金石为开”。一个人只有相信自己在做一件有益、有价值的事情，才能全心全意地去做，才会苦心孤诣地坚持长期做，最后才有可能真正实现其价值。身为全国政协委员，我发现很多人其实对政协的功能不够了解。有一个长期流传的说法，说政协委员是花瓶，但我认为政协是个可以有所作为的平台。

国家成立之初确立的这种政治制度，当然是能起到一定的作用的。政协本身是一个政治架构，要参政议政，对政府要起到监督作用。关键就是你写的提案有没有深入调研，有没有花时间精力不断研究，有没有创新地反复思考。如果提案是好的，政府有关部门当然是愿意采纳的。如果一个政协委员，只把这个身份当成荣誉，提案不认真准备，每次应付交差了事，自然也不会有什么作用。

实际上，政协在推动国民经济发展和改革的各个阶段都起到了很大的作用。比如广西的环亚太经济圈的建立，就是因为政协考察团不断调研，政协委员不断写报告反映给中央，最后中央批准的。

我们全国政协经济委员为推动海洋经济的发展也是不遗余力的，我对政协委员为推动海洋经济而到南海的两次考察记忆犹新。

一次是十年前包括我在内的全国政协经济委员会的部分委员去西沙群岛。去远离祖国大陆的西沙群岛是很不容易的，为此我们连续申请了三年。第一年报上去了，海军和渔政船都联系好了，结果那边当时风险比较大，没有批。第二年我们继续申报。这次，在出海前，海军和渔政船也联系好了，政协委员们先飞到三亚，在三亚开了一天的会，探讨南海问题、资源问题等很多问题。晚上登船，可是登船没到10分钟又让把行李拎下来了，因为当时天气预报说从三亚到西沙群岛，海上有10级横风，会导致船舶加剧摇摆，影响到委员们的安全，于是行动取消。直到2011年，这些政协委员们的南海之旅终于成行。在西沙群岛一靠岸，委员们受到了驻岛海军官兵们热烈的列队欢迎。岛上有个将军林，里面有胡锦涛、江泽民等历届主席、多位将军亲手种植的树，都是椰子树。委员们每个人种了一棵将军树，这些树木都由战士纳入到计算机管理，包括哪棵树长多大了，浇了多少水等信息都能从上面查出来。岛上偶尔会有一些游客来住一个星期，蔚蓝的大海，白色的沙滩，风光非常美丽。游客刚来都很好奇，第二个星期就觉得无所事事了，到第三周就坐立不安了。就是在这样一个没有淡水的岛上，守岛部队要在那里长期驻扎，生活非常艰苦，因为太阳在头顶上直射，把战士们晒得像非洲人一样，部队叫作“西沙黑”，部队的审美观念就是看谁晒得黑，越黑越美。

2012年5月，我们又去了一趟南沙考察。我们从三亚出发，在海上待了一个星期，吃住都在船上。这次南沙之旅，让委员们对我国的海域管理和海洋资源有了更加直观的概念和更加具体的印象。我国海域面积一共300多万平方公里，光南海就占了200多万。我们一般人都爱说中国地图是一只大公鸡，这是因为我们只看到陆地，没关注海域特别是南海海域。我们的各种地图，包括天天都看到的中央电视台天气预报节目显示的地图，都把南海缩到一个角落，让人忽略了。实际上，加上九段线内的南海海域，我国地图实际上是一个火炬，火炬柄就是200多万平方公里的南海疆域。所以从南海回来以后，委员们的第一条建议就是把中国地图横版变成竖版，直接把火炬把露出来。这次的考察其实也并不轻松，船上有个会议室，我们每天都要在船上开会，而且把中海油的领导，还有很多其他相关部委的领导都请去一起参加考察。南海的资源非常丰富，不光是油田、气田，还有锰结核、可燃冰、丰富的渔业资源等。委员们考察了几个礁盘。这些礁盘远离大陆，退潮就露出来，涨潮就被淹没到海面下，没有淡水，遇到台风，多少日子船都过不来。边防战士就在那么远的礁盘上，长期在为祖国把守南海的大门。早些年，他们的岗哨加住所就是几个铁架子打到礁盘上，跟长桩子似的，然后在上面建个铁皮屋，人就长期在那里面闷着，高温闷热没有空调，也没有水洗澡，因为喝淡水都非常困难，地方又那么狭窄。一涨潮，岗楼下面全都是水，根本就看不到礁盘，漂来漂去的。那种艰辛，不是一般人能想象的。现在好一点了，修建了像水泥码头的那种平台，上面建起了两三层楼和一些设施、库房，但是总体还是相当艰苦。可是这些战士苦中求乐，在自己楼边上辟一块小地方，然后把省喝俭用节约出来的淡水拿来种花浇花，弄了几层铁架子，他们称为“海上花园”。委员们带着一些慰问品去慰问他们，战士都非常热情，热烈欢迎。走的时候，冲锋舟都开出老远了，战士们还站在那挥手，因为见到亲人太不容易了，很舍不得。

有了深入考察的经验积累，委员们回来写了关于海洋经济的报告提交到中央后，得到了高度重视，从“十二五”规划到中共十八大文件，再到政府工作报告，都提到了要发展海洋经济。要求南海必须要有一个战略规划，包括外交部、国土资源部、海洋局等各个相关部门，统筹搞海洋经济发展和南海的战略发展规划，这个进程很重要。

在南沙群岛的考察过程中，每个人吃完饭以后都喜欢在宽阔的甲板上溜弯儿，海面上的空气特别新鲜，甚至让我长久以来的鼻炎，都在不知不觉之中自愈了。

我是两会代表中唯一专门研究资本市场的委员。因此我的提案大多与金融市场有关。作为中央财经大学金融学院教授、中央财经大学证券期货研究所所长，我长期从事股份制与金融证券的教学和科研工作，对国内外、特别是国内证券市场进行长期的跟踪与研究，可谓几十年如一日。所以才有了提案的“高命中率”。

在这里我想跟大家分享几个提案。

一、关于我国证券市场单边收取证券交易印花税的提案

2008年贺强政协提案之一：

关于我国证券市场单边收取证券交易印花税的提案

证券交易印花税是从普通印花税发展而来的，是专门针对证券交易发生额征收的一种税。

目前，世界上绝大多数发达国家，如美国、日本、新加坡、德国、瑞典和芬兰等都已经取消了证券交易印花税。其他一些国家和地区也大多是单边收取证券交易印花税，例如英国目前采取的是向买方单边收取5‰的证券交易印花税，我国的台湾地区也只对证券交易的卖方征收3‰的证券交易印花税。而我国的香港地区虽然采取双边征收证券交易印花税的政策，但是征收的税率较低，对买卖双方只征收1‰的证券交易印花税。

在我国证券市场建立之初，我们实行的是只对卖方单边征收证券交易印花税的政策。1990年底，我们将证券交易印花税改为双边征收。历史上，我国证券交易印花税的税率伴随着证券市场的波动也几经调整。2007年，由于证券市场大幅暴涨，为进一步促进证券市场的健康发展，经国务院批准，财政部决定从5月30日起，调整证券（股票）交易印花税税率，由1‰上调至3‰。

从目前证券交易印花税征收的情况来看，税率调整前后，征税金额变化很大，数据分析表明，我国证券交易印花税征收明显过高。

2006年我国证券交易印花税收入为180.94亿元，而2007年证券交易印花税收入一跃达到2062亿元。与2006年相比，2007年我国证券市场的成交金额上涨了5.09倍，而证券交易印花税却增长了11.4倍，总额几乎达到证券交易印花税开征以来前16年的总和，证券交易印花税占中央财政收入的比重也从2006年的1.05%猛增到7%左右，平均每位投资者贡献的印花税达到2946元。

2006年我国上市公司净利润总额为3400.76亿元，我国证券交易印花税收入为180.94亿元，占上市公司净利润的5.32%。2007年，我国上市公司净利润总额约为6524亿元（按1503家上市公司上半年报告的净利润×2计算），而我国证券交易印花税收入已达2062亿元，占上市公司净利润的31.61%。如果加上2007年券商的佣金收入（按全年成交金

额×1.5‰计算）690.83亿元，投资者的交易成本，即印花税加佣金的总额已达到了2752.83亿元，占上市公司净利润的42.2%。

2006年我国上市公司共发放红利1006.44亿元（含H股红利），当年印花税加佣金两项总计316.643亿元，占到了红利总额的31.46%。2007年我国上市公司共发放红利1513.37亿元（含H股红利），与2007年交易成本2752.83亿元相比，投资者付出的交易成本远远超过了分配到投资者手中的红利，是发放红利的1.82倍。特别需要引起注意的是，仅2007年征收的2062亿元证券交易印花税一项就超出了上市公司发放的红利总额，是发放红利总额的1.36倍。

我国证券交易印花税征收得过高，将会带来一系列的问题：

首先，我国证券交易印花税征收过高极大地提高了投资者的交易成本，增加了投资者的交易风险，降低了市场交易效率。特别是在不断下跌的市场状态下，证券交易印花税税率过高，将有可能导致市场的持续低迷，不利于我国证券市场健康发展。

其次，我国证券交易印花税征收得过高，大大超过了同期上市公司分红总额，投资者获得的红利收入远远小于他们付出的交易成本，使我国的证券市场变成了一种零和交易的场所。在这种情况下，投资者进入市场买卖股票的目的不是为了分享上市公司的利润，而纯粹是为了博取价差收益。人们只能投机，互相搏杀。违法违规操纵价格、操纵市场的现象不断发生，极大地增加了监管的难度。

因此，我们建议把证券交易印花税改为单边收取，即不对买方收取，只对卖方征收3‰的证券交易印花税。这样做的好处就是：

第一，单边收取证券交易印花税，降低了税负，减少了投资者的交易成本，降低了投资者的交易风险，提高了市场的交易效率，促使市场交易活跃。

第二，单边收取证券交易印花税，促使税收合理，有利于投资者重视上市公司的红利收入，引导人们理性投资。

第三，单边收取证券交易印花税，可以在一定程度上刺激投资者买入证券，抑制卖出证券，有利于投资者对证券的长期持有，从而达到减少投机，鼓励投资的目的。

第四，在证券市场不断下跌的弱势状态中，推出单边收取证券交易印花税的政策，有利于提高投资者的信心，稳定证券市场的运行。

这个关于调整印花税、单边征收印花税的提案，是在2008年3月，我第一次参加两会时提交给全国政协的。提案随后由全国政协经济委员会转到财政部。

当时很多人关注到了这个提案，特别是媒体和股市投资者，大有为这个提案“鼓与呼”之势。

大家反映这么热烈，原因在于当时的国内股市正在从2007年10月份的历史高点（上证指数6124点）下跌，到2008年2月底跌到了不到4300点。大家期望国家能来个政策救市。

这个提案公布以后，在社会上引起了极大反响，各个媒体蜂拥报道，可谓争相拥护，很多人误认为我这个提案是为了救市写的。然而我这个提案的出发点并不在此。

在开两会之前，我和研究团队看到了2007年股市的数据，从中看到了一个非常明显的问题，整个2007年一年的印花税为2005亿元，比前一年高出10倍以上；而当年整个市场全部上市公司分红额加在一起只有1500亿～1600亿元，分红额还不够交印花税的，如果再加上券商的佣金等，整个市场是减量的。这种情况说明中国的股市跑偏了。

我们认为，股票市场绝对不应该是一个零和交易的市场，因为股市有增量。股市的增量是来自哪里？股票市场存在一个利润的源泉，源源不断地为市场提供利润，这源泉就是上市公司创造的利润。

作为股民也好，基金也好，券商也好，在市场里都是投资者，他们出钱购买上市公司的股票，等于是向上市公司投资，那么上市公司就应该向股民分红，让他们分享利润。

谁的钱都不能白交给你，给了你你就得给他们分红，这是再名正言顺、顺理成章不过的事情。

可是，一旦市场出现了分红额不够交印花税的情况，更不用说佣金了，那么这个市场就出现负和交易的情况，还不如零和市场，那么这个市场就充满巨大的风险。

投资者进入这个市场，是想赚钱的。然而当他们发现通过投资获取上市公司的收益实际上的意义不大，从上市公司得到的分红额还不够交印花税的。既然从上市公司不能赚到钱，还要面对很大的风险，大家就只好互相去赚钱，我赚你的，你赚他的，所以你赚的就是我赔的，你赔的就是他赚的，大家只能靠投机，靠获取股票差价来赚钱。

虽然说在股票市场博取差价似乎是天经地义的，但我们认为，如果所有投资者不再指望上市公司的利润对股票市场的增量输入，就必然导致过度投机，证券市场长期健康发展就会受到损害。在这种状态下，很多市场不良现象就会出现，监管者你再想管，也不可能管得住、管得好。只要有一定可能，必然是八仙过海、各显神通，打擦边球甚至违规误导欺骗股民，让其上当受骗，操纵市场、操纵价格，加剧证券市场的不规范。

因此，从加强证券市场基础性制度建设的角度出发我才提出这个提案。

减少印花税是顺应交易市场的发展趋势的。减少印花税不仅可以降低市场压力，减轻投资者负担，而且交易市场的发展趋势就是降低交易成本，提高交易市场的交易效率。

然而不能不说，这个提案提出的时点是恰逢其时。

当然这个提案也考虑了股市走势这个因素，尽管这不是我写这份提案的主要因素，但是在2008年的股市暴跌的市场背景下，投资者极度缺乏信心。如果政府管理层降低印花税，可以极大提高交易者信心，有利于增加交易量，活跃市场。

正是因为这些原因，我说“这事必须要做，而且要做好”。

一个好的提案不是说一个想法就行了。提一个想法很容易，要想让提案不空泛，就必须能给出好的、具体的操作方法。

要降低交易印花税，还涉及一个怎么降的问题。

我在提案中建议，买时不征收，卖时征收。这样做有利于购买，也有利于长期投资。持有时间长的，不是反复买卖的，交易成本就低。关键是能体现一种政策导向，鼓励长期投资的政策导向。

关于政策对证券市场的巨大影响，我给大家分享几个小故事。

1993年，上海股市产生过一个“12·20”大暴跌。那时候有个杂志的记者，发布了一条消息，说他采访了国家税务总局的干部，说是要征收资本利得税。这成为当时三大利空之中最重要的一个利空。上海股市开盘半小时暴跌，由于暴跌太猛了，后来上交所紧急停机，停止交易了。当时的报道说是按照你买卖股票赚取的差价为基数，征收20%，属于所得税，赚了交税，亏了不管。

当然，后来又辟谣了，说没这回事，是个假消息，于是那个记者也被撤职了。

虽然是个假消息，但可以看出税收政策对股市的影响非常巨大。

还有一个是新版的“半夜鸡叫”。

就在2007年大牛市的时候，5月30日，当时财政部半夜突然公布要大幅提高印花税，一下子从1‰提高到3‰。结果第二天早上一开盘，大牛市里突然来了个大盘跌停，后来很多股票连续出现了五个以上的跌停板。这个决定让投资者、特别是新股民受到了严重的损害，遭受沉重的打击，大家意见非常大。因为新华社公布这个公告是在半夜，投资者对此又非常反感，就把这次公告称作“半夜鸡叫”。

不仅内地股市如此，海外股市同样对税收政策特别敏感。

1989年，台湾股市从2000点后来暴涨到8000点，怎么抑制，怎么压都压不住。后来是一位女士，而且是很文弱的一个女士，在麦克风前面说了一句话，一下子就把台湾股市打回了原形。她说的那句话就是要征收证券交易税，说明这个税对于股市的影响是非常大的。

说起台湾股票征税问题，还有这样一个“段子”，说明了股票交易征税的复杂性。

当时说要征收资本利得税，按照股票的差价收税，税务员就跑到一个大户家里，去登门拜访，告知他说，股票交易要收利得税了。这个大户听了之后，给这个税务员毕恭毕敬地鞠了三个躬，说您放心，我一定奉公守法，认真交税。这样吧，我交易的量太大，我得统计一下。你看这样行不行，我明天去你们税务所登门拜访，到时候你们帮我看看，我应该缴多少，我一定该缴多少缴多少。税务员很高兴就回去了。第二天税务员一上班，就有人敲门。税务员一看，原来是大户来了，说我的交易资料带来了，在门外放着呢，你们帮我算下应该缴多少，我肯定一分不少。结果税务员打开门一看，外边停了一辆大卡车，大户说，所有交易单据都在这大卡车上了。税务所的主管一看，说，你还是先回去吧，这个没法算，就你一个人的交易，我们专门找几个人算几个月也算不清楚，你这事情没办法弄，不好操作。

后来呢，就是不了了之了。

实际上，我一直在持续关注和研究中国股市的印花税问题。

印花税在历史上几经调整，往往在市场比较火爆的时候提高印花税，市场低迷的时候降低印花税，管理层把调整印花税看成是调整市场的一个手段。

但是我觉得把印花税作为调整市场的手段是有问题的。

我们内地股市的税收，不止印花税，分红派现要收税，送红股要收税，上市公司要交营业税、企业所得税等。涉及股市的税收，方方面面，有很多。税收政策对股市也是最管用的。但确实不能简单地通过调整印花税的税率来达到增加税收、调整市场走势的目的。

也有人认为，从政府角度来讲，往往希望多征收印花税。我认为，即使从增加税收的角度考虑，简单地提高印花税从思路上也是有问题的。因为他们没有想到多征收印花税对股市是一个比较大的利空，会导致股市下跌，成交量减少，所以反而可能征收不到更多的印花税。因为没想到这个负面影响，所以结果很可能适得其反。反过来，印花税降低，股市上涨了，投资者的交易积极性高了，交易量增加了，税收没准反而会增加了。

关于印花税的提案提交后不久，2008年4月24日晚上，财政部就采取了第一个动作，大幅下调了印花税，由千分之三下降到了千分之一。

第二天一早，大盘涨停，印花税调整充分体现了市场投资者的意愿。因为这个举措顺应民心民意，才引起市场的强烈反应。

不久之后，我收到了财政部的一份红头文件，是专门对我的提案作的答复。文件里说，关于股市印花税，财政部已经作了调整，而我提议的关于单边征收印花税的问题，也正在积极地研究之中。

2008年9月18日，经国务院批准，正式实施单边征收印花税。我对那天前后的金融市场状况也记忆犹新。

2008年9月，美国金融危机最为标志性的事件之一是美国的雷曼兄弟破产，美国政府没有伸手施救，导致全世界股市包括中国股市暴跌。就是在这个关头，9月18日晚上，中国财政部宣布，经国务院批准，印花税改为单边征收，而且就是按照我提的“买的时候不收，卖的时候收”。第二天，A股大盘涨停。

自此，关于印花税的提案全部得到落实。这份提案从提出到执行，整个过程在半年之内完成。

尽管印花税的提案引起了政府和市场的重视，但在我自己的心目中，关于防范金融体系风险的提案却更加重要。

我写这个提案的背景是美国爆发了次贷危机，而这一危机很可能向美国之外的国家传导，如果传导到中国而我们没有做金融防范的话，会对我们的金融体系造成巨大的冲击。

事实证明确实如此，美国的金融危机最后对全世界、对我们国家都造成了巨大的冲击，我国的GDP连续7个季度大幅度下滑，从14%以上，下探到2009年第一季度的6.1%，对我国经济的冲击非常大。仅仅2008年上半年，我们公开公布的就有67000家中小企业都破产了。

可惜这个提案没有得到应有的关注。

有关印花税的提案，之所以广受关注，是因为那个提案离大家比较近，有千百万股民的切身利益，有大部分人能看到的现实利益。防范金融风险的提案之所以被忽视，是因为当时美国刚发生次贷危机，还不叫金融危机，所以当时有些人有一种想法——不就是美国穷人付不起房款引发的一场次贷危机吗？跟中国有啥关系？危机在美国，离我们远着呢。

很多人不了解金融风险，没有引起高度的重视。金融风险一旦产生它可以迅速转移，迅速传导。即使远隔万里，隔着太平洋，隔着重重国界，已经开放的中国也将无法置身事外，而会受到极大的冲击。

二、关于注意总结美国次贷危机教训　防范我国金融体系风险的提案

2008年贺强政协提案之二：

关于注意总结美国次贷危机教训　防范我国金融体系风险的提案

目前，美国次级贷款危机愈演愈烈，不仅国际著名金融机构纷纷报告巨亏，而且国际股市也一再暴跌。美国次贷危机对我国的金融体系也产生了一定的影响，必须引起我们的高度重视。

首先，随着金融全球化，金融机构对外投资已经形成了一种必然的趋势。但是，美国次贷危机表明，国际金融市场变化复杂，风险巨大。而我们缺少对外金融投资的经验，缺少国际金融市场风险识别和风险控制的能力，缺少对外金融投资的派出机构，缺少熟悉对外金融投资的高级人才。在这种情况下，一旦发生类似次贷危机的风险，我们的对外投资就有可能遭受重大损失。

其次，近年来，美国金融机构大量发放次级贷款，主要原因在于美国的房价不断上涨。而美国次贷危机爆发，主要原因在于美国房价的下跌。目前，我国各大中城市的房价持续上升，银行将住房抵押贷款视为优良贷款，竞相发放。2007年底，全国金融机构个人住房贷款余额达到27031亿元，占个人贷款的比例达到82.5%。同时，我国进入了加息周期，从2004年到2007年底，贷款基准利率已经连续上调9次，一年期贷款利率由5.31%提高到7.47%，房贷利率又高于基准利率水平，借款人的还款压力不断增大。一旦出现贷款利率过高，而住房价格明显下跌的局面，房贷违约率就会不断上升，很可能给银行造成大量损失。特别需要注意的是，目前我国商业银行住房抵押贷款的资产证券化程度很低，如果出现房贷违约问题，风险将难以分散，只能由银行自身承担。由于风险集中，如果房贷违约现象大幅增加，整个商业银行体系将有可能受到巨大冲击。

最后，2007年10月17日，我国股市（沪市）涨至6124点之后，出现了连续下挫的走势，呈现明显的弱市特征。在这种市况下，美国的次贷危机以及国际股市的下跌，在国内股市产生了负面的放大作用，投资风险急剧增加。一旦美国次贷危机加重，在风险传导的作用下，国内股市将有可能出现恶化的局面。

为了吸取次贷危机的经验教训，防范我国金融体系风险，特提出以下几点建议：

第一，在投资海外市场时，要加强对国际经济和国际金融市场运行规律的研究与分析，要对国际金融市场的风险具有清醒的认识，建立海外金融投资的风险预警、风险监测和风险防范机制，要加强海外金融投资监管，培养国际投资人才。

第二，要加强对国内房地产市场价格走势的分析和预测，要采取积极可行的措施预防房地产价格下跌带来的金融风险，银行要重视房贷风险的动态控制，规避风险的大规模集聚。

第三，商业银行应对个人房贷申请进行严格审核，提高房贷标准，完善房贷法律法规，避免发放房贷时的恶性竞争。

第四，分散商业银行房贷风险，建立风险转移机制，加快住房抵押贷款资产证券化的步伐，建立证券化产品市场，并向海外投资者开放，让他们在获取合理收益的同时承担相应的风险。

第五，进一步加强证券市场基础性制度建设，建立多层次证券市场，增强证券市场弹性，提高证券市场抵御风险的能力。高度重视当前证券市场存在的问题，通过适当抑制股票供给、扩大市场需求、推出单边收取证券交易印花税等利好政策重新恢复投资者信心，保持我国股市的稳定发展。

第六，建立统一的金融风险监管委员会，并在将来时机成熟时实现金融业统一监管。在金融全球化的大趋势下，一旦出现金融风险，可能会具有很强的传导性。一旦出现金融问题，可能就是全局性的。因此，在防范金融风险方面，分业监管已经不能满足金融发展的需要。我们在防范金融风险方面，要更加注重金融监管的协调性和统一性。

实事求是地讲，当时我们国家整体对美国次贷危机的认识是非常迟钝和滞后的。2008年上半年，美国金融海啸都冲击过来了，很多中小企业都掉进金融海啸的旋涡里苦苦挣扎，非常困难。结果我们的货币政策还是从紧的货币政策，没有根据现实的状况及时扭转、及时调整。2008年以前是适度从紧，2008年是紧上加紧，所以企业的资金非常困难，再加上美国的金融危机冲击，非常多的企业一下子破产了。

那么，美国的次贷危机为什么会从国内传导到国外，甚至影响了中国，对我们造成了很大的冲击？

有人说次贷危机源于美国的穷人无力偿还房贷，跟我们中国没有多大关系。然而就是这样一件看似不起眼的、美国穷人欠钱的事情，给全世界造成了无法统计的损失。

单是我们中国的直接经济损失可能就高达美国当初欠账的几十倍甚至上百倍。而且在直接经济损失之外，仅仅半年时间，就有几万家企业倒闭，多少人失去了生活来源？

是一场灾难，一场不折不扣的灾难。

美国损失当然也不小。

可是作为危机的源头、风险的源头，他们制造出的危机和风险冲击了全世界，到现在美国有一家玩火的大银行破产吗？

没有。破产的只是五大投行。

正是美国人搞出来的金融衍生工具放大了金融风险，美国也就破产了一些抵御风险能力差的、较小的银行，而且最后还被美国的大银行收购了。美国的大银行，它们放的次级贷，它们放的火，反而让它们自己壮大了。

为什么会是这样的结果？

不搞明白这个问题，不思考清楚应对之策，一定还会吃亏。

首先得记住金融风险是可以放大的。美国的衍生金融工具放大了它的风险。

还必须了解，美国的银行是如何转嫁风险的。美国银行是利用创新把巨大的风险转嫁了。

美国在银行和贷款者之外，还有一个重要的中间环节，就是“两房”——房利美和房地美，专门从事住房抵押贷款资产证券化。

“两房”的地位很独特。虽然“两房”是私人公司，但美国政府支撑它们几十年，即使爆发这么大的危机也愣是没让它们破产。

当然美国政府也不是谁的靠山都去当，力挺“两房”是因为美国政府认准了，“两房”干的这个事儿太重要了。

美国的大银行玩火，大量发放次级贷而且零首付，按理说一旦爆发危机，美国大银行应该遭遇很大风险，但是事实上它没有多大的风险。因为它发放次级贷，转手又把次级贷卖给了“两房”，收回了现金，它就没有多大风险了。

银行把风险转嫁给了“两房”，“两房”当然也不会当冤大头。它用现金收购了美国的次级贷，再把收购到的次级贷再打包，再卖给全世界，靠这个赚钱。于是次级贷变成次级债卖出去了，风险也跟着转嫁给全世界了。

从这次危机我们也看到了美国不断的金融创新。通过不断创新来极大地提高流动性，并转移风险。

提高住房抵押贷款资产流动性的办法就是将其证券化，证券化的作用一是可以把一笔长期贷款占用的资金在短期内迅速回笼，增加银行的流动性变现性，这个功能非常强大；第二个更强大的功能是可以在很短时间内，迅速转移风险、分散风险。

美国就是这样把次贷危机的风险迅速转移到全世界的金融机构。两房的次级贷卖到了全世界，风险就转移到了全世界，分散到了全世界。谁买了谁倒霉，包括中国大大小小的银行，大家都买了美国的次级贷，所以咱们的金融机构都遭殃了。

他们的大银行、大金融机构在风暴过后，依然屹立不倒。

当然，美国也有倒霉蛋。雷曼就是其中之一。那么这些美国投行为什么会破产呢？因为它们也买了“两房”的次级债，然后再打包出售，变成金融衍生工具卖到全世界，利用杠杆赚钱，又卖了一次。但是跟“两房”类似，当它不断地往手里买，再打包出售的时候卖不出去了，因为泡沫破裂得太快，开始买的人已经遭受损失了，没有人再买了，所以他们买进来的次级债砸自己手里了，资金玩不转了，政府没有伸手力挺，于是破产了。

别看都是美国的巨无霸型金融机构，大型商业银行和投资银行在政府心里也是有远近的。真不能说“手心手背都是肉”。

美国的金融危机给了我们很多经验教训，我们一定要深刻认识到金融危机的风险可以转移、扩大，而且速度是很快的，并且很可能快得超乎想象。

现在，我国的房地产价格很高，如果我们的房地产泡沫也像美国一样破灭了的话，中国的金融业，比如我们的银行将面临巨大的风险。我国房地产市场有巨量的房贷，银行的房贷又没有搞住房抵押贷款证券化，风险难以转移，就只能在银行体系内保存，如果我们的房价下跌，后果不堪设想。

第十届全国政协的证券委员会，有一些银行家联名起草了一个建议，递给中央，要求尽快把银行的住房抵押贷款资产证券化。实际上早在2005年下半年，央行就批准了证券化的做法。但之后，只有建设银行和开发银行象征性地进行了一笔交易，然后就停了，一直停到现在。最主要的原因是没有认识到这项举措的重要性，也受到了种种制约，再加上美国金融危机的冲击之下，这些就都停了下来。

我国推动住房抵押贷款证券化非常有必要，可以帮助银行转移风险。但是另外一方面，只搞银行住房抵押资产证券化还不够。如果把这种债券卖给国内老百姓和国内机构，等于只把风险在国内进行了转移。应该积极想办法，把债券卖给国外的投行和投资者，让他们一起来分担风险。

我对这个提案很重视，写得也很早。3月初交提案，我1月初就写好了。

在次贷危机还没有演变成金融危机、没有蔓延开来的时候，我就一直关注太平洋对岸正在生成的暴风眼，并且马上意识到很可能传导到中国，于是马上提议规避中国自己的金融风险。

遗憾的是，有这种先见之明的人不多，很多人对这个风险认识不足，麻痹大意，因而也没有采取多少应对措施。

国内大大小小的银行或多或少都买了“两房”的次级债。

据说当时有人问那些银行的操盘手，为什么买了这么多的次级的债券，他们竟然说我们不管风险不风险，只要标了双A级就可以买。不明白那些操盘手为什么不想一想那个双A级是谁给评的。那不就是美国私人评级公司给他们美国的另两个私人公司评的双A级吗，谁保证这里面就不会有关联交易？

后来美国政府都信誓旦旦地说要查穆迪、标普、惠誉等评级机构，毕竟是因为这些机构的评级，标的级别那么高，导致很多国家的金融机构上当购买，给全世界带来这么大的风险，不追究一下它们的责任实在太说不过去，美国政府自己都觉得抹不开脸了。当然美国政府对这件事最终也不过是做做样子，象征性地一说了之。

但对于我们自己的银行而言，也要吸取教训。不能再说什么因为它标了双A级我就买，亏损了我没有责任，这种论调绝对不能再有。

现在我国的住房抵押贷款资产证券化处于停滞的状态。这个工作应该尽早抓，特别是我国现在的房价越来越高。什么东西都不可能只涨不跌的，不跌说明不到时候，有政策托着，开发商在那里举杠铃硬挺着，但是当形势一变，泡沫一破，那肯定得下跌的，一下跌就会对银行造成巨大的金融风险。

日本和中国香港都是我们身边活生生的例子。20世纪80年代末90年代初，日本为了刺激经济，大量资金从银行挤压出来，流入股市、房市，股市和房市都涨了好几倍，暴涨之后出现暴跌，最后把银行、券商等金融机构全部套牢在房市和股市上，日本经济从此一蹶不振，直到现在。1997年以后的好几年时间，中国香港的股市、房市也双双暴跌。

日本经济比咱们发达，中国香港也算经济最发达的地区，都有这个先例，因为房价暴跌导致整体经济低迷了好几年。

有日本、中国香港、美国一个个例子放在这儿，中国的房价没理由一直涨而不下跌。一旦房价出现大幅回调，那么金融风险就会发生，所以这是经验教训，一定要吸取。

这可不是兵来将挡，水来土掩，临时抱佛脚的事情。

三、关于适时推出股指期货的提案

2008年，中国股市大幅下跌，不仅是散户股民损失惨重，各种类型的股票基金也遭受了严重的损失。由专业人士操盘的金融机构的自营账户同样溃不成军。几乎可以说是眼睁睁地看着账户缩水贬值。

为什么会这样?

原因其实也不复杂，中国的股市没有做空机制，也没有股指期货这种避险工具。股市连续暴跌，船大难掉头，有时投资人连卖出的机会都没有，只能遭受损失。

这样的市场条件、市场机制下，基金也好、券商也好，没有可利用的避险工具，如果不去坐庄操纵股价，他们在股市里几乎只能靠天吃饭。大牛市来了，天晴了，就大赚特赚；大熊市来了，天阴了，就大赔特赔。

考虑到当时证券市场不完善，为了给金融证券机构提供避险工具，我提出了要适时推出股指期货的提案。

2009年贺强政协提案：

关于加强证券市场基础性制度建设，适时推出股指期货的提案

从1990年至今，我国证券市场从无到有，从小到大，取得了突飞猛进的发展。证券市场在促进国有企业改革、扶持民营企业发展、推动国民经济增长等方面均起到了十分重要的作用。

但是，长期以来，我国证券市场基础性制度建设很不完善，其中一个重要的问题就是在我国的证券市场中，还没有避险工具，这一状况给投资者带来了极大的风险。从2007年10月至2008年10月，在短短的一年时间内，上证综合指数从6124点连续下跌至1664点，最大跌幅达到72.8%。在这种大幅下跌的市场中，由于没有避险工具，广大投资者遭受了严重的损失。

因此，我们建议应当适时推出股指期货，为证券市场提供有效的避险工具。推出股指期货可以极大地降低证券市场的投资风险，促进证券市场更加健康稳定发展。

第一，股指期货可以有效地规避证券市场的系统性风险。

国际金融危机的冲击，经济的衰退，宏观调控政策的变化都有可能导致证券市场整体性下跌，从而引发较大的系统性风险。通过投资组合，只能规避由个别股票引发的非系统性风险，无法规避系统性风险。只有通过股指期货进行套期保值，反向操作，才能锁定现货成本和风险，从而在较大程度上规避系统性风险。

第二，股指期货有利于平抑证券市场的不合理波动。

我国的证券市场只能先买后卖，不能先卖后买，是一个典型的单边

市，由于市场内缺乏多空两种力量的互相制衡，因此经常引起暴涨暴跌的情况发生。而股指期货可以双向交易，既可以先买后卖，又可以先卖后买。在股指期货交易中，存在大量的套期保值者和套利者，如果证券市场现货价格出现了不合理的大幅波动，或者现货价格与股指期货价格价差增大，就会引起投资者的反向操作以及大量套利行为产生，从而抑制证券市场价格的过度波动。事实证明，在美国金融危机的冲击下，凡是推出股指期货交易的新兴国家，其证券市场的跌幅均相对较小。

第三，股指期货能够合理引导证券市场现货价格，优化社会资源配置。

股指期货交易，流动性强，信息量大，多空双方互相制衡，能够形成正确预期，引导现货价格合理波动，从而优化社会资源配置。

第四，股指期货有利于促进证券市场机构投资者的不断壮大。

机构投资者是保证证券市场稳定发展的中坚力量。但是，在我国的证券市场中，由于没有避险工具，证券投资基金以及证券公司等机构投资者，在系统性风险导致的大盘连续暴跌过程中显得被动无力，有可能遭受巨大损失。例如，2008年由于股市大幅下跌，证券投资基金这一证券市场的主力机构，只能被动遭受损失，基金净值整体缩水了近1.3万亿元。而推出股指期货就为机构投资者提供了有效的规避系统性风险的工具，从而使机构投资者无论在市场大幅上涨中还是在市场大幅下跌中均可以正常交易，从而推动了机构投资者的不断发展。

第五，股指期货是连接证券市场与期货市场的纽带，可以有力地推动我国期货市场的发展。

长期以来，我国证券市场与期货市场各自独立运作，没有形成一个可以互相联动的完整的资本市场体系。股指期货的推出，可以将我国的证券市场与期货市场紧密地连接在一起，既互相补充，又互相促进，有效地发挥资本市场的整体作用。同时，在我国期货市场中，长期缺乏重要的金融期货。股指期货的推出，对期货市场的品种创新和规模的不断扩大，将会产生非常重要的作用。

实际上，早在1993年，我国海南证券交易中心就曾经推出了有关深圳综合指数与深圳A股指数的股指期货。但是由于当时的条件很不成熟，被管理层及时叫停了。

目前，我国证券市场经过十几年的发展，推出股指期货的条件已经基本成熟。一方面，我国证券市场的容量和规模已经很大，机构投资者日趋成熟，监管者的经验不断丰富，这些基础性条件已经具备。另一方面，近几年来，证券市场的监管者为推出股指期货已经做了大量的工作：其一，中国证监会已经制定了一系列有关股指期货交易的法规；其二，2006年9月8日，成立了中国金融期货交易所，在长达两年多的时间里，中金所已经制定了一系列有关股指期货交易的规则及风险控制的管理办法，并推出了股指期货的模拟交易；其三，我们已经推出了全国统一的沪深300指数作为股指期货的交易标的。

我们应当看到，目前证券市场点位不高，在现阶段如果推出股指期货，有利于机构投资者增持大盘蓝筹股，可以提振投资者信心。如果证券市场在点位较高时推出股指期货，则容易引起现货市场的大幅下跌。因此，当前是推出股指期货的较佳时机。

此外，在刚刚推出股指期货时，规模不大，品种单一，门槛较高，对现货市场的负面影响较小。我们完全可以在推出股指期货交易之后，通过不断总结，不断完善逐渐将股指期货规模做大，从而真正发挥股指期货的重要作用。

再有，美国金融危机的一个重要原因是滥用衍生产品，盲目进行场外衍生工具交易和缺乏监管。而我国目前的情况是缺乏工具创新，缺少衍生工具避险。同时，我们推出的是场内的股指期货交易，并已经做了大量有关加强监管的工作。

我们的情况与美国完全不同，因此不能因噎废食。我们应当坚定金融创新的信心，不断完善证券市场基础性制度建设，适时推出股指期货。

有人反对搞股指期货，认为会引起现货市场——股市的暴涨暴跌。之前商品期货市场上，国债等期货品种的暴涨暴跌仍然让一部分人心有余悸。

我不赞成这样的观点，现在的股指期货对现货的影响不如现货对它的影响力大。人们炒股指期货时，需要盯着现货市场的涨跌，股指期货的价格完全受到现货价格涨跌的影响，而几乎不会考虑通过拉高或者打压股指期货从而影响现货，反而有可能有些机构拉高现货市场从而在股指期货上获利。因为现货想拉高也比较简单，就集中力量，拉大盘蓝筹股，股票指数就启动了，打压大盘蓝筹股，股指就会下跌。所以拉抬大盘蓝筹股引起股价上涨比拉抬股指期货引起股价上涨作用力要强得多。

其实，在当时，我做股指期货方面的研究已经有了十五六年了。从1993年，我就开始研究日本东京的股指期货，甚至研究了股指期权，同时对国内商品期货市场也多有关注。

不光是个人早早开始了对股指期货的研究，1994年4月，我创办了国内最早的证券期货研究所——中央财经大学证券期货研究所。两年之后，随着中国人民大学金融与证券研究所和北京大学金融与证券研究中心的成立，形成了国内高等院校金融证券研究力量的三足鼎立之势。

2009年3月，我提出提案，当年年底的时候证监会就明确表示要推股指期货。第二年的4月16日就在中国金融期货交易所正式推出了股指期货。

股指期货正式上市那天，中金所请我去参加了开锣仪式，算是对我这个功臣的感谢。

股指期货推出后的几年时间里，运行比较平稳，没有大幅的暴涨暴跌，或者严重投机，市场总体上还是表现不错。

当然，目前的股指期货市场发展状况跟我期望的还相距甚远。

国外比较发达的成熟市场，股指期货有价格发现的功能。但是在我国，股指期货这个功能还没有完全发挥出来。特别是我们大多数股民在现货市场上炒股票，基本上就是看大盘指数怎么走，大盘股怎么走，不懂得关注股指期货的走势；即使有的人看也只是作为参考之一。

期货市场的另外一个重要功能——套期保值的功能，也还没有显著地发挥出来。

因为政策的缘故，一开始刚推出股指期货，没让基金公司等一些大的机构入场，而只是让一些炒期货和炒股票的散户和小的机构在里面炒来炒去。这部分人是没有套期保值的需求的。2012年开始，随着政策的一点点放开，陆陆续续才有一些基金的、委托理财的产品投资于股指期货，进去做套期保值。我认为，股指期货对机构开放有点晚，应该一开始就允许它们进来。

在经过几年运行，股指期货市场比较平稳，这样的条件下，应该注意发挥它的套期保值功能和价格发现功能，只有这样，衍生工具的市场才有意义。

对于投资者，也有个投资理念转换的问题。跟散户投资者一样，我国的机构投资者也习惯股市搏差价。股指期货套期保值的主要目的是规避风险，所以套期保值功能，在锁定了风险的同时，也锁定了利润，这与大家的期望有差异。

从监管者到投资者，大家对股指期货的思想认识都需要一个过程。这是一个学习的过程，摸索和实践的过程。

总体而言，国内金融期货发展还是很快，目前股指期货的交易量几乎超过了所有商品期货的交易量的总和。下一步的重点，是让股指期货发挥其应有的功能。

四、连续写两年的关于新三板市场的提案

2010年贺强政协提案：

关于有效解决中小企业融资难　大力发展证券场外交易市场的提案

中小企业在国民经济发展中占有十分重要的地位，中小企业创造的国民收入已达到60%以上，中小企业在增加税收和实现充分就业等方面起到了至关重要的作用。但是，我国中小企业融资难的问题已经成为严重制约中小企业发展的一个主要障碍。在扩大政府投资、扩大银行贷款的过程中，大量的资金流向国有企业而没有流向中小企业。资金的瓶颈使很多中小企业陷入困境。

中小企业融资难的关键在于中小企业单一的融资模式，中小企业的资金来源主要是商业银行贷款。商业银行的天性是追逐利润，厌恶风险。而中小企业普遍规模较小，抵御风险能力不强，信誉程度不高。在这种情况下，银行必然不愿意向中小企业贷款。

为了解决中小企业融资难的问题，各级政府做了许多努力，例如：大力建立中小企业担保体制，成立中小企业合作基金等。这些措施能够在一定程度上解决中小企业的资金问题，但是不可能彻底解决中小企业融资难的问题。

解决中小企业融资难的根本办法在于彻底变革中小企业的融资模式，政策上要鼓励和支持中小企业进军资本市场，发展直接融资，增加中小企业融资渠道。通过大力发展交易所场内的中小企业板和创业板直接向中小企业融通资金，这不仅在一定程度上解决了中小企业融资难的问题，而且，中小企业从资本市场融通的资金是长期性资金，可供中小企业长期使用，这在一定程度上可以避免中小企业获得银行贷款后，为了应付短期的还本付息压力而出现的短期行为。

但是我们应当看到，交易所场内的中小企业板和创业板容量有限，门槛较高，大量的中小企业是不可能通过这些途径发行上市融资的。因此，交易所场内的中小企业板和创业板在解决中小企业融资难方面的作用也是有限的。

要想有效地解决中小企业融资难的问题，就必须要大力发展场外的证券交易市场。场外交易市场可以遍布全国，容量很大，门槛较低，场外交易市场可以大量地容纳中小企业发行上市，在很大程度上解决中

小企业融资难的问题。不仅如此，场外交易市场的建立将极大地促进风险投资和私募股权投资的发展，使中小企业在资本市场融资的渠道不断拓宽。

实际上，我国在1998年以前就已经建立了一个初具规模的证券场外交易市场。当时我们建立了29个地区性的证券交易中心和NET与STAQ两家全国性的法人股市场，场外交易市场的建立，扶持了当时一大批中小企业的发展。但是由于1998年东南亚金融危机的不断扩大，我们为了防范金融市场的风险，将证券场外交易市场全部关闭。

经过十多年的发展，我国证券市场的监管水平不断提高，证券市场的法规不断完善，目前已经完全具备重新建立证券场外交易市场的条件。我们相信，场外交易市场的建立不仅增加了证券市场的层次，而且能够在很大程度上解决中小企业融资难的问题，有力地促进我国中小企业的发展。

中小企业融资难，不光在中国，在全世界范围内都是一个问题。

中国中小企业融资难，也不是刚出现的新问题，这是个老问题了。即使是在2009年，我国扩大投资、扩大信贷，在这样的背景下，中小企业融资难的问题依然没有缓解。

中小企业融资难，到底难在哪里呢？

我认为主要问题就在于我国中小企业融资模式比较单一。中小企业融资主要靠借贷，包括银行贷款、高利贷等间接融资，直接融资很少。企业缺钱的时候，只能找银行贷款。

银行的特点是“嫌贫爱富”，它追求利润，厌恶风险。中小企业跟大型企业相比，它的特点是信用程度和创利能力、抗风险能力都比较低。这两者的特点比较一下看，就知道为什么银行不愿意给中小企业贷款了。

银行排斥中小企业还有一个原因，就是贷款的发放成本和后续管理成本比较高。银行把10个亿贷给像宝钢那样的一家企业，只要做一套文件就行了。为保证资金安全，甚至可以专门派一个风险监督员到企业常驻，紧盯着这笔贷款的使用，或者天天催着它回收，这样干成本都不算高；可如果10个亿资金贷给几百上千家中小企业，每家贷几十万，几百万，只做文件得做多少套文件，更别提每家派一个风险监管员了，管理成本非常高。贷款给宝钢，有那么多的人和媒体关注着它，银行还自己派驻了风险监管员，一旦有风险了，几乎随时可以发现；但是贷给成百上千个中小企业，大多数媒体根本不关注，你自己也没法经常去看，发生风险的时候，可能绝大部分都无法及时发现。日常监管管不过来，出了问题查都查不过来，所以银行不愿意给中小企业贷款，是有原因的。

实事求是地讲，这两年跟过去比，银行对中小企业的扶持力度加大了很多，几乎每家银行都推出了专门面向中小企业甚至是小微企业的业务和产品，但实际效果似乎不佳。毕竟银行就那么几家，而2000多万家中小企业的情况又千差万别。

有人提出了大银行服务大企业、小银行服务小企业，小企业的贷款主要靠小银行的对应服务模式。客观地说，这种想法有一定的道理。因为小银行人头熟，地头熟，了解企业，哪家好哪家不好，当地的银行更清楚，这是它的优势。但是这种分离模式对中小企业也有弊端。有一次全国政协在天津开会，谈到中小企业融资难问题的时候，当时的政协副主席李金华同志对有人提出的“大企业由大银行贷款，小企业由小银行贷款”的观点表示了反对意见。他说，如果这种观点成为主流，大银行就更加有了不给小企业贷款的借口。他还表示，小银行承担不了大量给小企业贷款的重任。

李金华副主席的话有一定道理，小银行相对大银行而言，本身也是较小较弱的企业，也具备小企业抵御营运风险能力比较差的特点，你把大银行不愿意承担的风险让小银行去承担，不见得是好的模式。

我的主张是由大银行办小银行，搞连锁银行制，就像沃尔玛搞连锁店一样，搞成功一家以后不断复制，这样就兼有了大银行和小银行的优点。

全世界银行的体制有三类，一种是独资，一种是股份制，还有一种就是连锁制。中国最欠缺的就是连锁制银行。所以我那个时候指导学生写论文，就专门让他们写连锁银行制，研究国际连锁银行的情况，以及在中国发展的情况。

连锁银行制有什么优点呢？连锁银行制下的小银行因为有大银行做靠山，所以它就有大银行的品牌，大银行可以给它输出管理制度、输出金融技术、培养各方面人才，一开始甚至可以直接给他们派高管，因为大银行内部有着严格的监管和风险控制，连锁制银行引入后运作起来可能会更加稳妥，这样不仅降低了他们的风险，也可以迅速地提高连锁制银行的声誉和运作水平。在这些方面，私人投资的小银行跟连锁制银行相比，有很大的差距。尽管它可以挖大银行的人才，但总体而言，它缺乏银行的资金、管理、技术和人才优势。而连锁银行，作为当地成立的小银行，在了解当地的中小企业方面，同样具有优势。

我曾经参加一个全国政协经济委员会组织的考察团，跟着刘明康老先生一起考察了泉州、温州的金融改革试验区。泉州银行介绍情况，说他们在全国各地成立了一些村镇小银行，这些小银行早期的董事长，主要是他们派人，他们出技术，统一内部管理，统一内部监控风险，已经搞了11家，有了连锁制银行的雏形，但没有连锁制银行的概念。

还有民生银行也表过态，说如果政策允许，民生银行能够在全国成立200家银行，哪怕不赚钱都没事。民营企业的老板们，投资银行业的意愿还是很强的。

我在国内率先明确提出了连锁银行的概念，我认为目前各种形式的社区银行都是孤立的，风险很大，成立社区银行，应该搞连锁银行制。

尽管可以要求大银行主动地做好对中小企业的服务工作，银行对中小企业的间接融资情况也在改观，但靠间接融资，不可能根本改观中小企业融资难的状况。

要想解决中小企业融资难，就必须彻底改革中小企业融资模式，让中小企业利用资本市场大力发展直接融资。

资本市场融资跟银行贷款是有区别的。银行贷款，在企业的财务报表上体现的是金融负债，并且银行为了自己安全，给中小企业的贷款一般是短期的，在很短的时间内要还本付息，当然“压力山大”，短期能不能产生那么多效益啊？能不能还得起呀？压力太大的话，就会导致企业的短期行为，眼前什么赚钱就跟风投什么，往往是一窝蜂全砸进去了，反而赚不到钱把资金套死了。相比之下，资本市场给它的直接融资属于金融资产，没有还本付息的压力，可供企业长期使用。

资本市场发展得好，对解决中小企业融资难的问题，潜力是很大的。只是我国的资本市场发展得还很不充分，需要认真研究资本市场应该怎么发展，才能有利于解决中小企业融资难的问题，不从深层次思考、研究、规划、设计，不系统解决资本市场的发展问题，就算想让中小企业直接融资，还将是僧多粥少，杯水车薪。

经过深入研究，我提出了大力发展多层次的证券市场和股票市场的建议，为中小企业直接融资推开了一扇大门。

中央文件早就提出了要发展多层次的资本市场。可是，很多人不理解为什么要发展多层次的证券市场，对它的功能和意义不了解，而把它变成一个空洞的标语和口号了。

多层次的资本市场，就是使资本市场多元化发展，使资本市场更加活跃、更加完善。发展多层次的资本市场和证券市场，意义是非常重大的。

一是可以增加资本市场的弹性。什么是资本市场的弹性？为什么要增加弹性呢？打个形象的比喻，这就好比体操运动员玩高空翻。如果是在水泥地上翻，那么高掉下来，一落地，骨折了；可是如果铺上几层垫子，怎么翻都没事。资本市场也一样，有了弹性可以提高资本市场的安全性，弹性大了，哪怕有较大的危机冲击它可以承受得了，从而可以保证资本市场的稳定运行。

二是增加了资本市场的容量，可以使资本市场不断地扩张，有利于资本市场金融创新、工具创新。

三是多层次的资本市场，可以满足不同类型的投资者、不同客户的差异化需求。投资者有喜欢冒风险的，有厌恶风险的。厌恶风险的可以去做固定收益的债券。喜欢冒风险的可以去做股票，做期货。当然也可以进行不同的匹配，这样，金融工程也才有了意义。

现在常常讲顶层设计。资本市场包括股票市场未来怎么发展，也存在顶层设计的问题。这里，首先就是股票市场应该多层次。

这些年我们大部分人把股票市场的多层次理解偏了，他们把它简单理解为交易所场内市场的多层次。于是，场内市场搞了主板搞中小板，搞了中小板又搞创业板，把股票场内市场分了好几个层次。但是，股票场内市场层次再多，都有一个共同特点是改变不了的，那就是在交易所场内进行交易。这个特点决定了它们的另一个共同点，就是门槛高，容量有限。特别是中小板与主板，根本就没有什么区别，发行上市条件都一样。同样的公司放到上交所上市就是主板，放在深圳就是中小板了，没有什么本质的区别。创业板虽然发行上市的条件有所降低，可是，由于想上创业板的企业太多了，竞争很激烈，以至于审批的时候，条件依然还是很高，并不是符合创业板的条件就可以上。在这种情况下，指望大量中小企业通过资本市场融资，是不可能的。按照工商总局的数据，全国企业包括个体工商户有3000多万家，国有大型企业最多也就几十万家，剩下的可以说都是中小企业，将近3000万家企业，如果都想通过资本市场融资，按照目前场内市场的规模，怎么都解决不了。就算创业板符合要求的全都允许上，几年之内再上一万家，能进入场内市场的依然是很小的比例。

当然，我对创业板是持肯定态度的。2009年10月30日，创业板正式开板了。我们几位资本市场的专家应深圳证券交易所的邀请，从北京飞到深圳参加了庆典。就是这样一个年轻的创业板市场，在其发展过程中取得了很大的成果。到2019年10月底，创业板成立10周年时，其市值已经达到5.68万亿元，占A股总市值的10.2%；创业板上市公司数量达到775家，占A股上市公司总数的20.4%；创业板上市公司10年累计现金分红近1485亿元，增长22.78倍。

场内市场的特点，使得它的门槛不得不定高点。门槛高了，满足条件的凤毛麟角，证监会审核的数量当然会少些，可是有些达不到这个条件的公

2009年10月30日，贺强、吴晓求、曹凤岐、刘红鹏四位教授参加深交所创业板开板庆典

司，因为没别的门路，条件不够也想上，结果就造假了。它冒着高风险，勇闯独木桥，因为一旦过了关，就是一本万利！比如海普瑞，本来一个小公司，一上市，夫妇二人成了中国首富。当时说是拿了美国的一种药——肝素钠的特许经营权，其实整个都是假的。类似的还有万福生科，收入95%以上都是造假。为什么审查制度这么严格，它还是能顺利上市呢？最关键的还是，股票市场不可能在更大范围内解决中小企业融资问题。

所以，一个真正的多层次股票市场，不仅是场内的多层次，更重要的是场内市场和场外市场的多层次和场外市场本身的多层次。只有这样，一个完善的多层次股票市场体系才算建立起来。

实际上，只有场外市场才能真正做到门槛比较低、容量比较大。

我们不仅可以搞全国统一的场外市场，全国各地也可以搞区域性的场外市场，上市条件可以比场内低很多。全国各地都搞起来，规模大了，容量就很大，就可以在更大的范围解决中小企业融资问题。

场外市场的作用不仅限于此。

如果场外市场做大了，由于门槛低、容量大，还可以进一步地刺激和鼓励VC（风险投资）和PE（私募股权基金）的发展。因为场外市场给VC和PE提供了更加方便、更加便捷、更加简单的退出机制，也降低了VC和PE的风险。因为在交易所上市太难了。作为VC和PE，本来是看你公司可能上市，才把钱提前投进去的，结果好几年都上不了市，有巨大的风险，而且资金收不回来，也无法再去投别的项目。有了场外市场，VC和PE把股权卖出机会就大很多，退出就很方便、很容易，所以说场外市场能进一步推动资本市场VC和PE的发展，而很好的发展又会激励他们不断地、主动地向中小企业去投资，进一步把中小企业利用资本投资的盘子做大，吸收融资的范围扩大，而且很多VC和PE都是管理专家，可以指导中小企业正确地去经营，这雪球就越滚越大了。

在场外市场，首次发行的融资不够用了，同样也可以增发；但比场外市场增发更好的鼓励方式是通过联系机制上主板，上主板可以获得更多的资金。这种动态的联系机制，把场外市场和场内市场有机地结合了起来。

联系机制还为退市制度的推出创造了条件。好多人想推进退市制度改革，因为没有退市制度很多人都在狂炒亏损股，炒壳资源，无法引导树立价值投资理念。可是退市制度喊来喊去改不了，为什么呢，因为摘牌后投资者会血本无归，他不干，他说这么差的公司，你政府，你监管部门为啥允许它上，你怎么审核的，怎么监管的？投资者会认为是监管部门的不负责任，导致他们血本无归的。

实际上，投资者的说法并非全无道理，因为退市制度和发行上市制度是密切相关的。我国一开始是审批制，后来是核准制，但不管审批制还是核准制，都是由政府部门—证监会—聘请专家组织的发审委来审核，最后审批权还是在证监会，既然有政府部门把关，他们就应该为老百姓、为投资者把好关的，按照法规的条件来审核申请上市公司的情况，符合条件就批准，不符合条件就不批准。排队的企业很多，未能通过的很多，投资者觉得证监会的审核很严格。不过还是有类似万福生科这样的公司成功过会，“成功”上市。这种现象说明，目前看似“严格”的做法起不到实质性审核的作用。从审核方式上看，出现万福生科这样的事情也不奇怪，因为发审委审核的时候并没有实地考察企业经营状况，而是坐在首都北京的机关大楼里，对企业报上的纸质文件进行审核，只要纸质文件做得天衣无缝，基本上就能蒙混过关。发审委会说，他们的时间有限，不可能一家一家去企业现场考察审核，可是老百姓不管啊，只要你已批准上市，大章一盖，老百姓就认为经过政府、专家严格审查了，这样上市的肯定是信得过的好公司，上来就抢着买，买完套牢了，这时候你说摘牌，老百姓能同意吗？老百姓会说，这公司不是我自发选择让他上市的，是你们替我把关的，出事儿了你能说不管？这有一个审批的责任问题。所以公司一旦上市就不敢轻易摘牌。但是有了场外市场，并且建立起场内场外市场的联系机制，这个事就好办一些。主板或者场内市场不够条件的公司的股票可以退市，但是不是让公司直接停止一切交易，让股民血本无归，在制度上还给他留了一个变通的交易场所，让它退到场外市场交易。只要能够继续交易，他就不至于血本无归，他就有一线希望。这样从场内市场转向场外市场，既给了惩戒，也给了出路，对股民也能起到一定的风险教育的作用。另外，从场内市场退出的公司，在场外市场交易期间，随着业绩的提高或者并购重组，跟其他场外市场交易的公司一样，达到条件还可以复牌，这样就灵活多了。

场外市场与场内市场的联系机制十分重要。我有一种观点，就是今后随着场外市场越来越发达，所有想进入场内市场交易的公司，想成为公众上市公司的企业，一律先在场外市场进行充分交易，让场外市场的大海把他淘洗两遍，如果包装出来的靓女变成丑女了，就不让他上主板，自然淘汰；经过大浪淘沙，表现真正好的公司再选择去上主板，这样就能真正保证上市公司的质量。这样的做法是让广大投资者选择，绝对比一些专家用纸质文件审批的质量要高。同时，因为这些企业本来没有资本市场的经验，通过在场外市场交易，可以学习积累、增加经验，掌握了资本市场怎么运作、怎么管理的经验，然后再上主板的话，就会更有利于企业发展。

有了场外市场的多层次，有了场外市场的联系机制，场内市场和场外市场就连接成一个动态的、有机的整体，资本市场就会充满活力，中小企业的融资渠道，就成为了一条通畅的大路、奔腾的大河，中小企业直接融资就成为了现实。

2011年贺强政协提案：

关于做好中关村试点范围扩大工作，加快建设统一监管的全国性场外交易市场的提案

我在2008年10月曾经提出了关于在北京建立统一监管的全国性证券场外市场的参事建议，提出在中关村代办股份转让系统范围逐步扩大的基础上，最后建立统一监管的全国性证券场外市场。2010年我又在全国政协递交了关于有效解决中小企业融资难，大力发展证券场外交易市场的提案。我的参事建议和全国政协委员提案得到了各有关部门的高度重视。

2010年10月公布的《中共中央关于制定国民经济和社会发展第十二个五年规划的建议》指出：加快多层次资本市场体系建设，显著提高直接融资比重。积极发展债券市场，稳步发展场外交易市场和期货市场。在2011年1月证监会召开的全国证券期货监管会议上，尚福林主席指出：抓紧启动中关村试点范围扩大工作，加快建设统一监管的全国性场

外市场。

据媒体报道，有关部门已经准备将代办股份转让系统的相关建设工作全面铺开，将以中关村代办股份转让系统为基础，分批扩展至其余国家级高新技术开发区认定的企业。在此基础上，将会建设统一监管的全国性场外交易市场。

代办股份转让系统的扩大将会出现许多新的局面，也可能会产生许多新的问题。面对这种新的发展形势，我特提出以下建议：

第一，中国证监会、中国证券业协会应加强与各地国家级高新技术开发区及有关各级政府的沟通，强化对代办股份转让系统的监管，实行规范运作，坚决防止违规操作、内幕交易以及违法犯罪的情况发生，保证市场平稳健康发展，为建立统一监管的全国性场外交易市场创造必要的前提条件。

第二，在获得批准的各地国家级高新技术开发区不断增加企业挂牌数量，更好地为本地区高新技术企业提供直接融资服务的同时，有关部门应该严把质量关，避免一哄而上。鼓励公司治理结构比较合理，技术水平较高，盈利能力较强，成长潜力较大的企业到代办股份转让系统挂牌。为大量高新技术企业能够顺利转入未来的统一监管的全国性场外交易市场打下坚实的基础。

第三，在代办股份转让系统向统一监管的全国性场外交易市场过渡的同时，有关的监管工作也应当由中国证券业协会向中国证监会过渡。由中国证监会成立专门的部门，负责全国性场外交易市场的统一监管工作。并由中国证监会负责研究与考虑是否有必要建立一个独立于上交所、深交所之外的全国统一的场外电子交易平台，为建立统一监管的全国性场外交易市场提供技术支持。

第四，考虑建立证券场内市场与场外市场的转板机制，在主板市场挂牌的上市公司，因为在经营中达不到主板的上市条件，可以退市，转入场外交易市场。这样不仅可以解决目前上市公司退市难的问题，保证主板市场上市公司的质量，也可以避免因为上市公司退市而投资者血本无归的现象。此外应当考虑，今后凡是在场内市场上市的公司一律从场外市场挂牌的企业中选拔，在场外市场不断得到发展与完善的企业才最适合进入场内市场。建立转板机制可以增加多层次证券市场的弹性，增强证券市场运行的稳定性。

第五，努力加强和完善代办股份转让系统相关法律法规体系建设，根据场外市场的新特点，制定切实可行的交易规则。对于如何防止地方保护主义，如何避免内幕交易，如何打击虚假哄抬价格、操纵市场的行为，应当设有明确的条款。通过科学合理的法律法规体系建设，保证市场规范有序运行，切实保护投资者利益。

我在2008年给北京市政府写了一个参事建议，建议北京抓住建立全国统一监管场外交易市场的机会，确立自己的金融中心地位。上海要建设成为我国的国际性金融中心，除了其自身的区位优势、历史优势，还是靠了中央很多政策的支持。相比之下，北京即使不用政策推动，也是自然而然的金融中心，道理很简单，因为北京在经济领域什么都不缺，"一行三会"，国内各大银行总部，各大券商总部，外国银行的办事处，都云集北京，所以说北京别的什么都不缺，唯一缺少的就是金融交易的市场。我建议北京市政府，应该积极找证监会，找有关部门进行商讨，把这个市场设在北京，这样北京就全了，就成了真正的金融中心。

我对场外市场可以说是"情有独钟"，在2011年、2012年连续两年都写了关于资本市场发展场外市场的提案。尽管是两会代表委员里唯一研究资本市场的委员，但是我给自己划了条线，有关资本市场的提案每年只写一个，不重样。目前唯一的例外，就是有关场外市场的提案连续写了两个。因为我觉得场外市场太重要了，而中关村有了一定的基础，在中关村三板市场的基础上把它扩大，就能逐步建立起全国统一的场外市场，这对我国资本市场的发展将有深远的意义。

2012年，国务院批准成立全国中小企业股份交易系统的统一市场，并决定先搞几个试点，在上海、武汉、天津、中关村四家国家级高新园区进行试点，完善以后再扩大到全国，使场外市场逐渐扩大、扩张。

我曾经考察过场外市场的状况，发现各地对建立场外交易市场都很积极，简直就像雨后春笋似的，基本都是各地地方政府推动下办起来的。有的叫交易所，有的叫股权转让中心。虽然数量不少，但是很不规范，特别是风险控制方面，急需予以规范、引导，我认为应该把这些转让系统，都变成地方性的证券交易中心。

对于这些分散的、各自为政的地方性场外市场，最需要注意的就是风险控制。因为进入门槛比较低，到这些转让中心挂牌交易的公司往往业绩不是很好，经营水平不是很高。而且，由很多地方政府各自进行控制，不免让人担心会形成当地的一些机构和企业内部之间的关联交易、内幕交易。另外，信息披露怎么做，市场的监管，风险的防范，都是非常需要注意的问题。

这也是我呼吁建立全国统一监管的场外市场的重要原因。

其实场外市场本身并不是个全新的事物。

从理论上讲，场外市场本身就存在着几个层次：

一是柜台交易市场，最早出现的是在证券机构柜台上进行的交易，所以有人把场外市场就叫柜台市场。其实现在柜台市场已经不是场外市场的主体了，几经市场发展演变，真正在柜台一手交钱一手交货的已经很少了。我国台湾地区有个新柜市场，其实就是借用个名。

另一个是三级市场，指的是场外的大宗交易市场，专门针对机构大户的大额批发式买卖，交易量很大，这个市场也非常重要。除了场内没有挂牌交易的股票可以在三级市场买卖，场内挂牌的也可以在三级市场进行大宗交易。场内挂牌的股票把大宗交易放在场外交易的好处有两个，一个是交易成本比场内低，机构大户为了降低交易成本拿到场外进行交易；另一个是可以避免大额交易对场内交易的冲击。因为交易数量巨大，在场内交易会引起股价大幅波动，而场外的交易不会影响场内的价格。以美国为例，美国76%~78%的股票在场外交易，只有大约20%在场内交易。而且，美国的场外市场占大头的就是大宗交易，是有代表性和典型意义的场外市场。

另外还有四级市场。四级市场指的是联系到全国的电子自动报价系统，定性为场外交易，它不属于交易所，投资者对着电脑报单交易。在国外，投资者在四级市场交易效率很高而且成本更低，因为他需要缴的不是佣金而是订户费，就跟订报纸似的。

就我国而言，1998年以前，国内就已经有多个层次的场外市场在运作。当时我们不仅有深交所、上交所，而且全国有地方性的29个股票交易中心，也是电子报价，就像局域网似的，是地方性的交易市场。另外，还有NET、SDAQ两个全国性的法人股市场，各挂牌了七八只股票在那儿买卖，这有点类似四级市场。这两个市场是怎么来的呢？20世纪90年代成立交易所，对国有企业进行股份制改革的时候，企业的股份分为几类，除了普通可上市流通、在交易所买卖的股票，还有国家股，法人股，这些是不上市流通的。国家股指的是国有资产在股份公司所占的股份。法人股是指企业法人支配的资产在股份公司占有的股份。NET和SDAQ这两个市场之所以叫法人股市场，是因为市场买卖的对象就是场内市场不可流通的股份公司的法人股份，而且只允许企业法人机构来买卖。但是由于进入市场审批不严，最后都是私人进去买卖，法人股都被转到私人手里，都被私人接单。可是因为交易不活跃，有些人被长期套牢。这两个市场都是全国性的市场，但不是场内的，相当于四级市场。三级市场我们也有，到现在还存在着，比如深交所正常开盘时间之后的半小时就用来进行大宗交易，属于在特殊的时间段、由特殊的符合资格的投资者进行买卖，有些方面像场内，有些方面像场外。从本质上而言，因为不在正常的时间段进行交易，也并非所有投资者都能参加，所以仍然要归于场外市场。

1998年5月，国务院发了个10号文，考虑到这个市场风险较大，为了防范东南亚危机在我国重演，就全部关掉了。当时运作规模比较大的是淄博SDAQ系统，不仅淄博本地的一些中小企业股票利用这个系统进行交易，甚至远在沈阳、汕头的一些企业都去挂牌交易。

其实，从当时的情况看，交易很红火，也没有太大危险。当地甚至有一个说法，大姑娘要结婚先不买嫁妆，先去炒一把股票赚了钱再说，赚了钱再买。这种市场实际上也解决了一些企业的融资问题，但总体规模不大、不成气候，毕竟只是地区的市场。

法人股市场关闭以后，投资者反响很大，甚至出现了一些群体事件。投资者即使被套牢得很深，可是只要可以交易，他总还有一线返本的希望，但是市场彻底关了，他的投资就血本无归了。因为失去了希望，才出现了群体事件。

我和中央财经大学刘桓教授当时带了几个研究生专门对法人股问题进行了大范围的考察，跑了广东、福建两省的多个地方，广泛接触了法人股的上市公司、法人股投资者、券商和当地的政府部门。经过广泛深入的考察之后，撰写了24000多字的调查报告，直接递交到朱镕基总理那里，朱总理亲自签字，批给证监会认真研究。中央财大的教授们当时的建议是，摘牌不是不可以，但是摘了牌以后，应该让地方政府进行重组，注入优良资产，然后作为历史遗留问题，继续在交易所进行交易。因为一共也只有七八家，数量上不多；而且当时股市上已经有上百家公司都是所谓有历史遗留问题的公司，都仍然在交易着，包括一些很烂的公司都上市了。既然这样，中央财大的老师们建议，这七八家法人股，应该同样可以作为历史遗留问题来处理，这样做可以减少矛盾。后来，国家在一定程度上听取了我们的意见，所以南海发展、海南航空这些公司各找了一家原来的法人股公司，在主板上市了。

我们在南海那家法人股公司调查的时候，当时的股价就几毛钱，听说中央来人了，哗一下翻一倍，涨到了八毛。其实说的所谓中央来人，指的就是中央财大的老师，并不代表政府，不过从字面上看，似乎也没错，中央财大四个字里面就是有“中央”两个字。南海发展注入原来的那家法人股公司后，到主板一上市一下子就炒到了十六块一股。有家没上市公司的股票也从一毛八炒到了9块，以至于私下很多人跑到工厂大门对面，租上一层楼，就地收购原始股，期望一夜也能搭上顺风车赚上一笔。后来由于种种原因，各上了一家以后，政策又变了，剩下的法人股公司就被送到了上海券商柜台那里进行交易，这就是中国历史上最早的三板。

总体来讲，我国的资本市场发展过程跟其他国家差不多。改革开放以后，咱们的证券市场是先有场外市场，后有场内市场。场外市场最早是1984年，上海发行小飞乐股票，由中国工商银行上海分行的静安证券服务部负责发售，然后就在柜台上进行交易，这是新中国成立比较早的柜台式的场外交易市场。小飞乐可以说是中国的金融名片。上海发行小飞乐股票的时候，感觉全世界都知道了。因为邓小平1979年以副总理身份访美的时候，考察过美国纽约证券交易所，所以1986年11月14日，美国纽约证券交易所的董事长约翰·范尔林访华的时候，邓小平接见了他。约翰·范尔林向邓小平赠送了一枚纽约证券交易所的证章，一枚徽章虽然很小，但很珍贵，是一种荣誉和权力的象征。据说，不管是谁戴这枚徽章，都可以进出纽约交易所里戒备森严的各个部门。小平同志提到新中国也发行了股票，并决定赠送范尔林一张中国股票，最后选中的就是一张飞乐音响的股票。后来有一些外国的领导人来了，我们也把这作为礼物赠送给人家，所以小飞乐股票当时号称是中国的金融名片。约翰·范尔林提出来看一看上海股票市场，小平同志很高兴地同意了，并派人陪他到上海，去一条小街上看了静安证券服务部。当时静安服务部设备简陋，就一柜台，外边连沙发都没有，就一间很小的屋子。看到约翰·范尔林来访，静安服务部的人很不好意思，说市场刚刚建立，很简陋，结果没想到约翰·范尔林却说，你们的条件已经很不错了，当时他们纽约证券交易所成立之初，连房子都没有，是在华尔街旁一棵梧桐树下24人宣读了一个宣言成立的。约翰·范尔林还说，他看到了中国资本市场即将迅猛发展的大趋势，应该说他确实有眼光，这之后没多久，中国股市确实就迅猛发展起来了。这是上海柜台市场的起源。

深圳的柜台交易市场的出现大概是在1988年。中国人民银行深圳市分行派了一个叫廖熙文的年轻人到欧洲去学习、考察，他在海外学习的时间接触了国外资本市场的知识，了解到国外资本市场有一种机构叫证券公司，他很感兴趣。回国以后，他向领导做了汇报，建议也成立一个证券公司，深圳当时的干部都还是思维很开放的，领导很快就批准了，并派他当总经理，于是新中国第一家证券公司——深圳特区证券公司成立了。当时，深圳已经有包括深发展、深宝安在内的5家企业发行了股票（俗称老五股），但都是在街边公园里买卖，跟黑市一样。当时还流传这么一个故事：一些内地的老干部到深圳去考察特区，还专门跑到地摊上买两张，说买回去给儿子留个纪念，就是好奇。这边股票没个正式的地方交易，而那边深圳特区证券公司成立以后却没有什么业务做，主要是到处跑着推销国债，后来才想到去做深圳老五股的转让业务。他们主动去找了深宝安，深发展的高管，说我们帮你卖股票，把你的股票拿到我们的柜台上交易，因为这几家公司股票买卖也不好做，所以他们一拍即合。这样在深圳就出现了比较早的柜台市场。

那些比上海、深圳的柜台交易更早的交易市场，就是马路街头的场外市场，有些地方叫一级半市场。因为它既不是一级市场——发行市场，也不是二级市场——交易市场。这种街头的一级半市场，实际上就是黑市，是自发形成的。有几个是比较典型的，包括成都的红庙子市场等，另外，鞍山有一条街，后来挪到了体育馆里，每天人头攒动，都是在那里面进行股票交易，哪家公司想出售股票、发行股票就在那个市场进行交易，这两个市场当时在全国黑市里是比较有名的。

比较规范的就是通过柜台交易的上海静安、深圳特区证券营业部，后来两边都争新中国证券史的第一。

不仅营业部争谁早谁晚，交易所也争。深圳特区交易所1990年12月16日开业，从开业日期来看要比上海交易所的12月19日成立早了3天，但深交所忘了一件事——报请中央政府批准。它认为它是特区，特区特办就行了，没有及时办理报批手续，直到1991年7月4日深交所才经过中央政府批准，比上交所的1990年11月26日，晚了半年还多。从这点上说，上海又是最早的。

对于目前各地新成立的场外交易市场来讲，大家都在争抢企业资源，希望更多企业到自己市场里来挂牌交易，但其实数量不重要，重要的是如何保证质量，特别是如何做好信息披露，保证企业发布信息的真实性，避免误导投资者。不能像搞大跃进似的，一哄而上，只要有信誉了，对企业有帮助，自然会有企业愿意来。

对于如何让场外市场活跃起来，除了建立和强化与场内市场的联系机制，还要引入做市商制度。场外市场一开始是适合做市商的，因为可以增加成交量，促进市场活跃，稳定价格。做市商和集合竞价相比，效率比较低，后期可能满足不了市场扩大后的需要。但是在初期，市场层次比较低、规模比较小的时候，做市商制度比较合适。

做市商制度在中国也不是新东西，过去的SDAQ（法人股）系统就采用了做市商制度。目前各地试点的场外交易市场，包括全国统一监管的场外交易市场运行初期，都可以考虑引入做市商制度。但是做市商不能多。有人提出一个建议，是全面采用做市商模式。我认为这个思路是有问题的，因为做市商多了，大家都想赚钱，就会互相竞争，弄不好就跑偏了，变成操纵价格了，结果肯定会乱套。

做市商应该由资质好、信誉程度好，而且愿意并且能够担负起稳定市场的大公司担任。比如，当股市暴涨的时候，它不能为了多赚钱握着筹码不放手，坐轿子赚大钱，而是要大量出售手里的股票，去抑制价格猛涨；暴跌的时候，做市商有义务大量买进，保持股价平稳。如果股票全卖出去，还抑制不了上涨，做市商才没有责任，如果股票一直上涨，你手里有股票还不卖，你就是有责任的。一个做市商比较容易被监管，如果存在好多家做市商，容易说不清谁承担什么责任，就变得没有责任了，都成了盈利为主了，也不好管理。所以，有几家做市商就足够了，这里面用不着充分竞争，那样反而导致股价不稳，做市商稳定价格的功能就失去了。

当然，场内市场与场外市场之间，场外市场的各层次之间，并非存在一条明显的界限，各自独立，老死不相往来。资本市场本来就应该是一个有机的整体，各个层次之间保持良性的互动，这样，整个资本市场才能不断发展、完善、壮大。比如NASDAQ，有人认为是场外市场，它一开始确实是属于场外市场，是美国的证券交易委员会下面的一个电子交易系统，但是随着不断地发展，越来越大，最后变成交易所。NASDAQ一开始也是做市商制度，但是在2011年改变了交易规则，变成了集合竞价制度。因为随着规模越来越大，做市商制度满足不了大规模交易的需要，为了提高交易效率，就需要引入集合竞价制度。

总之，各方面都要积极想方设法，推动场外市场的发展，推动多层次资本市场的发展。

在2012年9月，国务院发布了《关于建立全国中小企业股份转让公司与股份转让系统》，全国统一的证券场外市场终于建立起来了，这一市场就是被大家称为新三板的市场！

后　记

亲历《证券风雨　导航实录——监管人资本市场口述史》

季仙华（中央财经大学教授、证券期货研究所研究员）

2019年11月23日，中央财经大学证券期货研究所举办“三十年风雨征程——资本市场发展研讨会”，会议邀请了证监会陈耀先、马忠智、范福春、高西庆、李小雪、李为等领导参加，并邀请了校友邵淳和中国政法大学刘纪鹏教授，陈浩武、廖一等知名学者和证券专家参与研讨。

中国资本市场的发展可以说是历经风雨，取得了丰硕的成果。因此，中央财经大学证券期货研究所决定记录我国资本市场发展历程中的点点滴滴，拟出版一部中国资本市场口述史，包括中国监管层亲历的中国资本市场点点滴滴。

首先，我与证监会原副主席马忠智联系，在向马主席表明我们的初衷和编著资本印迹的想法后，马主席很是开心，还说这个是非常好的事情，可以留下资本市场上最珍贵的历史资料和影像。随后马主席讲述了他在资本市场工作的一些事情，我听完马主席的讲述，心里很是震撼，又认真拜读了马主席提供给我的三篇期刊文章，一篇是《师者风采》，这一篇文章是发表在《五道口校友》期刊上的；还有一篇是《一部车子两个轮子，充分发挥协会作用》，这一篇是发表在《中国证券》上的；另外一篇是《中国资本市场四十年发展历程回顾》，这一篇是发表在上海证券博物馆所办的期刊上的。看完马主席的这几篇文章后，受益匪浅，才知道原来还有个叫国务院证券委员会的机构。1991年6月19日中国人民银行批准成立中国证券业协会。1991年8月28日中国证券业协会在人民大会堂举行正式成立大会。中国证券业协会在我国证券市场重新恢复和建立初期，为推进证券市场发展，完善证券市场管理体系作出不可磨灭的贡献，发挥了不可替代的作用。

在马主席兼任中国证券业协会首任秘书长期间，正值中国证券市场开创阶段，证券发展基础薄弱。可以说马主席在任期间对证券知识普及、参加国际证券商协会年会，以及积极开展国际交往和合作等多方面，起了推波助澜的作用。回首往昔，现在的证券业协会已今非昔比，不可同日而语，有了如此之大的平台，进一步发挥“一部车子两个轮子”的功能，在波澜壮阔的资本市场上奔驰，为中国证券市场规范发展作出了较大贡献。

2020年1月底，在春节期间，因湖北武汉暴发新型冠状病毒肺炎疫情，各方面的事情受到较大的影响，记得在与马主席联系的过程中，我想请马主席给我提供一些他经历过的珍贵的历史图片，因为疫情，都分别被阻隔在不同的地方，很多资料都不在他身边，也无法及时提供。我与马主席说了情况后，马主席考虑到我的紧急需要，也怕耽误我的工作进度，还特意让家人在北京找一些原版的图片提供给我，并让我与其家人直接联系，真的很感谢马主席的支持和帮助，谢谢他提供给我这么珍贵的历史资料图片。最后，我想说，非常期待马主席的专著出版。

2020年初湖北武汉发生新型冠状病毒肺炎疫情，本书的稿子印制耽误了一些时间。因2019年研讨会领导的发言稿需要确认，2020年5月初，我就与证监会原信息中心副主任李为取得了联系，希望李主任帮忙确认一下发言稿，李主任非常热心，本来是有证监会几位领导的发言稿想请李主任确认一下，但李主任收到我发给她的发言稿后，看了一下名单，迅速做了分工，然后说她负责一部分证监会领导的稿子，我负责一部分证监会领导之外的稿子，随后，我们俩就开始了彼此的任务分工工作。在与李主任的交流中，我发现李主任非常认真，帮助修改确认领导的稿件，有几次我都是晚上11点多与李主任发微信，发现深夜李主任还在帮助我们修改稿子，很是辛苦。每隔几天，我们俩都会交流一下稿子的进展情况，有时候李主任说高主席比较忙，但也确认了；范主席的修改了几次已经修改好；张首席的也是修改了几次已修改好；陈主席的已经约了亲自与他谈，听陈主席的口述，她来成文；说小雪书记的已经改好，说还差屠主席、黄湘平会长、王局、何局等的稿子。隔三差五，我都会和李主任核对一下稿子的内容和进展情况。有时候深夜，我还时不时地发信息给她“骚扰”，催她负责的领导们确认后的稿子，真的谢谢她。有时候与李主任在交流的时候，发现李主任深夜还在弄稿了，也还没有休息，还在忙碌着这些稿子，三伏天中午也还在写稿子，亲自执笔写出了六七万字，还有她负责的修改和编审一些稿子，真的非常感谢！

另外，特别要提的是《锦瑟无端五十弦》这篇稿子，这里面记录了当年我国证监会创建过程中从最初的保利时期，到方庄时期、金阳大厦、富凯大厦的四个时期，详细描述证监会发展的艰苦历程。作为证监会信息部的领队和负责人，徐雅萍主任的思想和远见。她20年前主张做的事情直到今天证监会也依然在做，她在证监会绘制的蓝图证监会也还在施行。最让人震撼的是，从这篇文章里我们看到了证监会信息系统应用技术“从无到有”，最后到“全球领先”，这无疑得益于徐主任以及和她一样的一群对事业充满理想和情怀的建设者们，没有她当初主导在证券系统建设起的信息高速公路和制定信息化的标准，我国证券市场要实现市场化、现代化、国际化就很难跨越国际和现代化的技术基础。当初徐主任建成了CIDGAR 系统（China Electronic Data Gathering，Analysis，and Retrieval System），即中国电子化数据收集、分析及检索系统。这13年来，证监会在信息技术应用与监管系统建设方面所做的努力一直都没有突破徐主任建立的这个系统框架。徐主任曾经学习和研究过美国的EDGAR系统，并以美国的EDGAR系统为标杆建设中国的系统，但13年后，美国的EDGAR系统正在被XBRL系统所取代。XBRL技术在中国资本市场的应用最早，也是徐主任全力推动的，而中国的XBRL监管系统与信息披露系统的技术早已在全球资本市场遥遥领先。可以说徐主任给中国资本市场留下了宝贵的精神财富，真不愧是证监会永不凋谢的铿锵玫瑰。在我们记录这部资本印迹著作的时候，证监会的元老和她的同事们依然没有忘记她，也让资本市场的后浪们知道资本市场的铿锵玫瑰为我国资本市场信息系统建设所做的贡献和她的前瞻远见思维！希望她在远方能看得见这部中国资本市场上的“资本印迹”。

几位主席的稿子，质量较高，追求完美，李主任非常重视，精心雕琢，仔细核对，认真反复修稿。最后，在稿子快结束的时候，我对李主任说，我们定的名单里稿子差不多基本就完成了，只是还差刘鸿儒主席和她本人的了，我还对李主任说：“收到最后两篇您和刘主席稿子后，我们的证券风雨　导航实录——监管人资本市场口述史》可以说就完美收官啦！”李主任回复了一个“OK，是的”，并附上了一朵玫瑰花给我。为了本书李主任特别辛苦，花了很多时间，付出了很多的心血，在这里，非常感谢李主任的帮助，给本书提供了最宝贵的历史资料和珍贵的图片，感谢李主任对我的信任，也谢谢李主任一直以来对中财证券期货研究所的帮助与支持！

感谢证监会十几位主席和领导们对本书的大力支持和帮助，他们是陈耀先、屠光绍、刘鸿儒、马忠智、高西庆、肖钢、李小雪、范福春、陆保珍、张为国、隆武华、张云东、安青松、李为、张宁、孙杰、汪建熙、姚峰、张新文、何龙灿、王佰川、洪磊、崔伟等。

在此，特别要感谢小金牛俱乐部的姑姑，感谢小金牛姑姑的大力支持和帮助，姑姑为《证券风雨　导航实录——监管人资本市场口述史》付出了很大的努力和辛劳，也谢谢姑姑长期以来对中央财经大学证券期货研究所的关注和支持，谢谢姑姑！

本书还特别邀请到了中央财经大学陈明副书记亲自为本书题写书名《证券风雨　导航实录——监管人资本市场口述史》，在此表示真诚的感谢！谢谢陈书记！

最后，感谢所有参与《证券风雨　导航实录——监管人资本市场口述史》的人，感谢证监会的元老，他们的口述为我们提供了大量的宝贵资料和珍贵的历史图片，这些元老们很多是资本市场的参与者、亲历者和见证者，他们为我国资本市场建言献策和推动发展作出了一定贡献。再次表示感谢！

季仙华

2020年7月26日

中央财经大学证券期货研究所简介

（Institute of Securities and Futures）

中央财经大学证券期货研究所（以下简称证券期货研究所）在全国著名的金融专家刘光第教授亲自倡导下，成立于1994年4月，是国内第一家专门从事证券期货研究的高级研究机构，现任所长为知名金融证券专家贺强教授。研究所依托中央财经大学金融学院和中央财经大学的学科优势，借助校内外专家资源，致力于对多层次资本市场的最新理论发展和政策实践进行研究。

证券期货研究所自建立以来，就设定了三个宗旨，宏观与微观相结合，理论与实际相结合，国际与国内相结合。长期以来，证券期货研究所按照这个宗旨，密切跟踪中国经济运行、政策运行和资本市场运行的实际，进行深入研究，取得了一系列的成果。

证券期货研究所始终贯彻将金融理论与金融实务相结合，全面发挥引领学术研究与服务社会的功能。研究所目前拥有专职、兼职研究员近20名，其中包括多名教授、博导和业内知名专家，2010年为研究需要还先后成立了上海分所和深圳分所。证券期货研究所实行所长负责制，有固定的研究团队，同时，外聘多名兼职研究员和学术顾问，对研究工作进行指导。

二十多年以来，中财证券期货研究所坚持理论与实践相结合，以扎实、务实的学风对我国的多层次资本市场进行了全面系统的研究，取得了大量的研究成果，这些研究不仅引起社会上的极大反响，得到广大专家学者的认同，也得到了中央领导的高度重视。

在学校和学院的支持下，中财证券期货研究所积极地开展校内校外的学术研讨活动，曾多次成功举办大型高级学术会议，取得良好的社会效果。研究所十分重视参加社会实践活动，走访了许多上市公司，写出了一系列专题研究报告。多次受到国家证监会及银行部门领导的邀请，反映证券市场情况、提供监管意见，研究所提出的建议得到了中央有关部门的高度重视。研究所还接受了全国人大的邀请，参加了《中华人民共和国基金法》修改意见会，提供了许多重要的建议。我们还积极参与报社、杂志社、中央电视台及广播电台等新闻媒体的合作，开辟学术专栏，担任撰稿人和主讲人，宣传国企改革和资本市场的有关知识，产生了很大的社会影响，在学术界占有了比较显著的地位。研究所“多层次资本市场系列课题”累计出版多部专著，连续多年推出的“新三板市场发展报告”在市场上也产生了较大影响。

在学校的支持下，研究所积极开展校内外的学术交流活动。曾在北京举办了“巨额游资高级研讨会”，取得了很好的社会效果。1998年又与泰国朱拉隆功大学在曼谷合作举办了“东南亚金融危机国际研讨会”，引起了强烈的反响。此外，证券期货研究所还受学校的派遣，曾为外贸部各司局的干部，国家开发银行的干部，北京市38所大学处级以上干部以及北京市团市委系统干部讲授金融证券知识，受到热烈欢迎，取得非常好的效果，为学校争得了荣誉。

证券期货研究所十分重视参加社会实践活动，走访了许多上市公司，在此基础上，写出了《我国上市公司业绩水平研究》及《北京市上市公司业绩分析》等研究报告。积极与报社、杂志社、中央电视台及广播电台合作，开辟学术专栏，研究所领导担任撰稿人和主讲人，宣传国企改革和资本市场的有关知识，产生了很大的社会影响，在学术界占有了比较显著的地位。

近年来，研究所承担了一些重大课题，出版了多部专著。主要的课题有：证券自律组织职能定位与发展国际比较研究，公司市值提升与资本运作战略研究，新三板市场现状及问题，运营数量模型设计及运用研究，重推国债期货的意义、可行性和展望，我国多层次资本市场建设——我国股指期权市场建设研究，“新三板”市场对北京金融街发展影响研究，中国证券市场发展研究，上市公司百强榜指标体系研究，新三板市场发展问题研究，人寿相互保险社运营资金补充及回报机制，供给侧结构性改革下券商差异化发展研究。出版的专著主要有：《新三板市场：操作原理》（人民日报出版社）、《新三板市场：运作与创新》（人民日报出版社）、《新三板市场规范发展研究》（中国经济出版社）、《中国证券市场发展研究》（人民出版社）、《中国科创板：理论与实践》（中国经济出版社）。

证券期货研究所参与并做了许多金融方面的业务，包括与资本市场相关的业务。研究所曾多次受到国家证监会及银行部门领导的邀请，反映证券市场的情况，提供监管意见，提出的建议得到有关部门的高度重视。

证券期货研究所参加考察活动及提交报告建议等主要有：

1995年12月，研究所领导接受国家证券委马忠智副主任的邀请，到中国证监会反映我国证券市场存在的主要问题，并提出了相关对策建议。

1998年3月，研究所接受中国证监会及证券业协会的邀请，在奥林匹克饭店参加了有关证券市场发展问题的座谈会，对解决股市的问题提供了积极的建议。

1998年9月，研究所在对广东和福建等地的法人股市场进行了深入调查之后，写出的《关于法人股市场的调查报告》受到中央领导的高度重视，国务院朱镕基总理亲自签名批示，并转证监会领导研究。

1998年10月，研究所接受全国人大财经委的邀请，为《证券法（草案）》提供修改意见。

2000年12月，研究所参与主持编辑的大型文献著作《中国证券1942—2000》出版，当时的全国人大常委会委员长李鹏对此书亲笔写了批语，各大新闻媒体纷纷报道，产生了巨大的社会影响。

2000年，研究所对广东佛山照明股份有限公司进行了调查研究，写出了有关佛山照明的分析报告，该报告由于具有很高的权威性和可信性，引起了强烈的社会反响。

2001年，重点对创业环保资产重组案例进行了研究，并为有关部门写出了专题报告。

2001年，研究所主持了国家自然科学基金课题"我国股市周期波动研究"。该课题由全国人大副委员长成思危紧急立项，是上报中央领导审阅的项目。

2002年，研究所接受全国人大《基金法》起草小组及中国证监会基金部的委托，为《基金法》第六稿提供修改意见。

2003年11月，研究所参加了证券监管部门主持的有关股市政策的研讨会，并提出合理化建议。

2005年，研究所再次接受全国人大财经委的邀请，为新修订的《证券法》提供修改意见。

2005年5月，研究所接受中国证监会主席尚福林的邀请，参加了股权分置改革座谈会，提出从战略的高度解决股权分置问题。

2006年11月，研究所接受天津市政府的邀请，参加了在京津新城举办的"滨海特区多层次资本市场建设研讨会"，提出了建立场外市场的有关建议。

2007年3月30日，研究所参加了证监会组织召开的中国资本市场发展报告会议，对中国资本市场的发展和战略问题进行了讨论。

2007年5月中旬，研究所应人民日报社内参部的邀请，为向中央领导反映证券市场发展状况，提出调节股市供求，保证股市稳定发展的建议。

2007年5月下旬，研究所接受了新华社内参部的采访，为向中央领导反映证券市场发展状况，提出了抓住股票市场大好时机，积极推动国企改革，变停滞的国有资产为流动的国有资本的有关建议。

2007年7月14日至15日，研究所受扬州市维扬区区政府的邀请，带队组成考察团，对当地经济进行考察，并与市区领导两次会谈，共同探讨扬州市维扬区经济发展问题。

2008年5月6—9日，研究所负责人参加了全国政协经济委员会委员考察农村金融的活动，去山东济南、滨州、青岛等地广泛与当地的金融局、农业银行、开发银行、农村信用社的有关领导进行了深入的交流，并集体向中央写了有关的调查报告，为党的十七届三中全会有关农村经济改革提供了重要的第一手资料。

2008年7月，研究所在全国政协十一届二中全会常务委员会议上向有关领导反映了服务的情况，并提出了稳定股市的政策建议。

2008年9月，研究所参加了北京市发展改革委的专项调研，在此基础上向北京市政府提交了参事建议：《关于在北京建立统一监管的全国性证券场外市场的建议》，已报至北京市委领导。

2008年9月22日，研究所负责人在全国政协参加了经济委员会组织的关于经济形势的讨论会，许多政协经济委员会委员纷纷要求调整宏观调控政策，要求推出积极财政政策，根据会议精神，由全国政协经济委员会副主任、国家统计局局长李德水同志负责写出了有关报告，递交全国政协主席贾庆林同志作了批示，被高度评价，并转呈国务院主要领导。

2008年10月6日至9日，研究所负责人随全国政协经济委员会考察深圳金融市场，与当地银监局、证监局、各商业银行及深交所进行了广泛的交流，并写出了调查报告递交中央有关部门。

2008年10月，研究所通过中央统战部，提交了关于当前宏观经济政策的建议：应当结束长达五年半的从紧宏观政策调控，推出积极的财政政策，适度放松货币政策，以防范金融风险，刺激经济增长，该建议已通过中央统战部上报至中央政治局，11月5日国务院常务会议上已宣布实行积极的财政政策和适度宽松的货币政策。

2008年12月24日，研究所以北京市政府参事的名义向北京市政府提出了关于在首都建设零排放大楼作为地标式建筑的参事建议，得到了北京市委书记及市长的批准。

2010年2月，研究所提交关于加强第三方支付管理的提案，人民银行高度重视，作为重点提案，并组织了八部委联合考察团，研究所参加联合考察团，刘士余副行长作为团长亲自带队到杭州阿里巴巴调研。刘团长当着马云及其高管的面宣布：中国人民银行准备给支付宝发放国内第一块第三方支付牌照。

2010年4月16日，上海中金所股指期货正式挂牌交易，研究所受邀参加了敲锣盛典。

证券期货研究所参加参事建议等主要有：

2008年10月23日，参事建议，关于在北京建立统一监管的全国性证券场外市场的建议，为后来建立的新三板市场提供了理论基础。

2008年11月22日，参事建议，关于在北京建设零排放大楼的建议案，仅一个月北京市委书记和市长就作出了同意的批示。

2009年12月10日，参事建议，建议北京市政府建立大型养老示范中心，比较超前地研究了我国的养老问题。

2009年12月28日，参事建议，关于北京建设低碳城市的建议，引起北京市政府与国家发展改革委的关注。

2011年2月21日，参事建议，关于完善中关村代办股份转让系统，为在北京建立统一监管的全国性场外交易市场创造基础条件的建议，为新三板市场的建立提出了具体的设想。

2013年2月16日，参事建议，关于积极采用多种方式，努力抓好北京市蔬菜生产的建议，为稳定北京市的物价提供了从源头抓起的政策建议。

证券期货研究所提交给全国政协的提案报告主要有：

2008年2月24日，全国政协提案：关于我国证券市场单边收取证券交易印花税的提案，得到各方的支持，社会反映强烈。管理层很快采纳了建议。在当年9月24日晚上，财政部公布：经国务院批准，股市印花税改为单边征收。

2008年2月25日，全国政协提案：注意总结美国次贷危机教训，防范我国金融体系风险的提案，较早研究了美国金融危机对我国金融体系的影响。

2009年3月，全国政协提案：研究所在十一届全国政协会议上共提出了6篇提案，1.《加强证券市场基础性制度建设，适时推出股指期货》，当年10月，证监会表示要推出股指期货，第二年4月16日股指期货在上海中金所挂牌上市交易，2.《防范美国金融危机对我国实体经济冲击的对策建议》，3.《加大金融支持力度，彻底改革我国经济增长模式》，较早对我国转变经济发展方式的问题进行了研究，提出了建议，4.《协调市政规划与高校园区建设矛盾》，5.《将社会保障卡纳入中华人民共和国社会保险法范畴》，6.《在国有控股上市公司绩效考核中引入市值指标》。

2010年2月28日，政协提案：关于规范和发展电子支付服务产业的提案，该提案提出由央行进行监管，发放牌照，持证上岗的建议。这一提案被列入央行重点提案，央行围绕该提案组织了八部委联合考察团，到杭州考察了阿里巴巴集团，央行的领导在杭州的会议上当场宣布准备给支付宝发放国内第一块业务牌照。从此我国的第三方支付行业进入有监管的规范发展阶段，在我国第三方支付至今没有产生巨大的金融风险。

2010年2月28日，全国政协提案：关于转变经济发展方式，大力发展低碳经济的提案。

2011年与2012年，政协提案：连续两年写给国务院办公厅和证监会，提出为了解决中小企业融资难问题，建议应当把中关村三板市场扩大，建成全国性统一的证券场外市场。2012年9月，国务院下发了建立全国中小企业股转公司与股转系统的红头文件。

2011年2月23日，全国政协提案：关于建立我国养老金融体系，有效解决社会养老问题的提案。

2011年3月7日，全国政协提案：关于充分利用多种方式，显著提高直接融资比重的提案。

2011年3月2日，全国政协提案：关于大力发展云计算产业的提案，该研究与建议在当时是比较超前的。

2011年两会期间，全国政协提案：在人民大会堂做《关于进一步完善证券市场监管，保护投资者利益》的大会发言，引起全国政协与国家有关部门的高度重视。

2012年3月1日，全国政协提案：关于中国股市恢复T+0交易的提案，至今已经连续递交有关提案9年。

2012年3月1日，政协提案：关于重新推出国债期货的提案，经管理层批准，国债期货在上海中金所上市交易，至今运行良好。

2013年3月1日，全国政协提案：关于制定期货法促进期货市场创新发展的提案，提出结束我国期货市场无法可依的状态。

2013年3月1日，全国政协提案：关于推出股指期权的提案，后来，在上交所推出了ETF股指期权，结束了我国没有股指期权的历史。

2013年3月1日，全国政协提案：关于大力支持我国移动智能操作系统自主研发的提案，在我国，人们使用的手机中，智能操作系统绝大部分都是使用美国的，严重地影响了我们国家的信息安全，因此必须进行自主研发。目前华为已经开发了我国自己的移动智能操作系统。

2014年3月2日，全国政协提案：加快大数据应用，促进社会经济健康发展的提案，该提案提出了一系列前瞻性的建议。

2014年3月6日，政协提案：关于促进互联网金融健康发展，注意防范金融风险的提案，在P2P刚刚出现金融风险隐患时，及时提出了意见。

2014年3月2日，全国政协提案：关于加快农村电子商务发展，推动新型城镇化的提案，该提案为农村推广电子商务，促进农村就业和商品交易起到积极的作用。

2015年3月1日，全国政协提案：关于注册制要创造条件循序渐进的提案，较早地对股市注册制改革的问题提出了政策性建议。

2015年3月1日，全国政协提案：关于完善税收优惠 推进员工持股计划的提案，证监会作出积极响应，在上市公司中推行了员工持股计划。

2015年3月1日，全国政协提案：关于在北京开展碳期货交易试点的提案，为发展低碳经济与低碳交易市场提出了合理化建议。

2016年3月1日，全国政协提案：关于深入理解与全面推动供给侧结构性改革的提案，为供给侧结构性改革这一战略决策的实施提出可行的建议。

2016年3月1日，全国政协提案：关于推动新三板市场规范发展的提案，新三板市场在发展中出现了许多不规范的问题，为此，提出如何规范发展的建议。

2017年3月5日，全国政协提案：关于加强国家碳市场公共基础设施建设的提案，该提案引起国家发展改革委的高度重视，国家发展改革委以该提案内容为中心，邀请了全国7个环交所以及当地金融局的领导到北京部委机关，召开了有关碳市场公共基础设施建设的研讨会。

2017年3月3日，全国政协提案：关于解决“财税140号文”所涉及问题的提案，财政部下发的“财税140号文”在执行中，有关基金收税的问题引发了较大的争议。该提案递交到财政部之后，部领导高度重视，派巡视员与特派员几次找作者交流，征求意见。

2018年3月6日，全国政协提案：关于保持我国移动支付产业全球领先地位的提案，我国移动支付产业在境外迅猛发展，成为中国一张新的金融名片。如何使我国移动支付产业在国际竞争中保持领先地位，在提案中提出了一系列合理的建议。

2019年2月26日，全国政协提案：关于发挥资本市场作用促进粤港澳大湾区建设的提案，该提案受到中央统战部的重视，把主要观点编进上报中央领导的《零讯》，受到表扬。

2019年3月6日，全国政协提案：关于设立科创板应该注意几方面问题的提案，为科创板平稳推出，提供了宝贵的意见。

2020年5月20日，全国政协提案：关于创业板试点注册制需要注意配套实施的提案，该提案总结了科创板试行注册制的经验，对于创业板推出注册制提出了针对性的意见。

2020年5月10日，全国政协提案：关于联合降低支付费用 共同为小微商家纾困的提案，该提案对各金融机构的支付费用问题进行了深入分析，提出了联合降费的建议。

截至2020年5月底，研究所所长在连续担任三届全国政协委员期间，共写出了88个全国政协提案，其中有46个全国政协提案是关于我国资本市场的提案。

2019年11月23日，中央财经大学证券期货研究所举办“三十年风雨征程——资本市场发展研讨会”

中央财经大学金融学院高精尖学科建设经费资助

鸣谢：

深圳理想投资股份有限公司

北京中方信富投资管理咨询有限公司